国家社会科学基金重大项目

非洲阿拉伯国家通史

王铁铮　主编

利比亚史

韩志斌　等　著

商務印書館
创于1897 The Commercial Press

国家社科基金重大项目
西北大学“双一流”建设项目资助

献礼西北大学建校120周年

《非洲阿拉伯国家通史》总序

王铁铮

当今的阿拉伯世界由22个阿拉伯国家所构成，其中12个国家[①]分布在亚洲西部和西南部，10个国家分布在非洲北部和东北部，即阿尔及利亚、利比亚、突尼斯、摩洛哥、毛里塔尼亚、埃及、苏丹、吉布提、索马里和科摩罗。这些国家均以伊斯兰教为国教，国民的绝大多数是信奉伊斯兰教的穆斯林。由于种种局限，国内世界史学界对阿拉伯国家的研究，通常主要聚焦于西亚和西南亚诸国，以及北非的埃及；从事非洲研究的学者，其侧重点则是撒哈拉以南非洲国家。这种状况导致国内学界对非洲阿拉伯国家历史的研究长期处于边缘化地位，以至于国内至今尚无一部全面反映非洲阿拉伯国家的综合性通史著作，同时也缺乏比较系统的非洲阿拉伯国家国别史研究的专著。

2010年底，以北非突尼斯的“布瓦吉吉事件”为导火线及以埃及“一·二五”革命为发端，西亚北非地区引发的政治剧变迅速在阿拉伯国家蔓延，最终导致突尼斯、埃及、利比亚和也门四个阿拉伯共和制政权的垮台和更迭，而叙利亚则处于旷日持久的血腥内战

① 这12个阿拉伯国家为伊拉克、叙利亚、约旦、黎巴嫩、沙特阿拉伯、巴林、卡塔尔、科威特、阿拉伯联合酋长国、阿曼、也门和巴勒斯坦。

中。此次阿拉伯变局折射出的内生性、突发性、连锁性和颠覆性这四大特点出人意料。但可以肯定的是，它是由阿拉伯国家多年来累积的各种内外矛盾所酿成。人们需要从历史的维度对其进行多层面、多视角的解读和反思，从而凸显了非洲阿拉伯国家通史研究的必要性和迫切性。

几乎在阿拉伯变局爆发的同时，即2010年12月下旬，我作为首席专家申报的国家社科基金重大项目“非洲阿拉伯国家通史研究”，在北京京西宾馆顺利通过答辩，获准立项。真是恰逢其时！2011年3月，项目组正式启动研究工作。历经八年磨砺，终于完成项目设定的目标：推出总篇幅近300万字的八卷本《非洲阿拉伯国家通史》这一最终研究成果。该成果包括：

《埃及史》

《阿尔及利亚史》

《利比亚史》

《摩洛哥史》

《突尼斯史》

《苏丹史》

《毛里塔尼亚史》

《索马里、吉布提和科摩罗史》

《非洲阿拉伯国家通史》是我国学者撰写的第一部比较全面反映非洲阿拉伯国家自古迄今的通史著作，各卷作者努力追求“通古今之变”，并以打造“信史”和“良史”为目标。首席专家负责全书的规划和统编，并对各卷初稿进行审阅和提出修改建议。后经作者反复打磨而成书。我们真诚希望这部八卷本的著作能够填补我国学界在非洲阿拉伯国家通史研究上的空白，从而丰富我国的世界史研究。

马克思主义认为，历史学是一切学科的基础。通史研究则被喻为历史学学科建设的龙头。通史研究不仅是衡量学科发展的一个重要标志，而且也在不同侧面代表一个国家史学研究的综合学术水平。[①]通史研究的特殊功能决定了其撰著的难度，而就非洲阿拉伯国家通史来说尤为如此。究其原因：一是国内学界对非洲阿拉伯国家历史研究的积淀极为有限，尚未形成一种可供借鉴的比较成熟的理论和研究体系；二是非洲阿拉伯国家历史研究的资源，特别是有关非洲阿拉伯国家古代史研究的文献史料十分匮乏。出现这种状况的一个重要因素是，阿拉伯人大都不太重视伊斯兰教诞生前的阿拉伯历史研究，称之为"贾希利亚"[②]，即蒙昧时期。这便造成阿拉伯人有关伊斯兰教诞生前阿拉伯历史论著的稀缺。而非洲阿拉伯国家中的一些小国，诸如吉布提和科摩罗等国，更是被国内学界喻为学术"盲区"，关注者和探究者亦属凤毛麟角。这就进一步加大了非洲阿拉伯国家通史研究的局限。

非洲阿拉伯国家通史的整体和系统研究涉及诸多问题，一部能够比较客观地把握和勾勒非洲阿拉伯国家历史演进脉络的撰著，需要对其中的一些重大问题进行审慎的梳理和辨析。这些问题主要可归纳为以下几方面：

一、非洲阿拉伯国家通史研究的理论指导。史学研究离不开理论指导，理论指导也是强化历史学科学性的前提。非洲阿拉伯国家通史属于综合性研究，涉及面宽广，包括历史、政治、经济、社会、外交、军事、民族、宗教、文化教育、妇女问题和生活习俗等诸领域。用理论来指导研究的重要性不言而喻。对于非洲阿拉伯国家通史研究来说，它首先面临的是选择或依据何种理论来带动历史研究。1978年之前，中国的世界史研究先后受"西方中心论"和"五种经济形态说"的影响和制约，特别是"五种经济形态说"作为苏联史学的主要模式而被中国的世界史研究所效仿。"苏联史学研究模式是一个完整的体系，虽然学术性很强，但缺点也很明显，即过分简单化，把一部丰富多彩的人类历史过程压缩成僵硬的发展模式，这就

① 彭树智主编：《阿拉伯国家史》，高等教育出版社2002年版，第3页。

② "贾希利亚"为阿拉伯语的音译，阿拉伯人将伊斯兰教诞生前的时期泛称为蒙昧时期。

否定了历史发展的多样性。”[①]故此，这一时期问世的中国世界史研究成果不可避免地带有类似的缺憾。

1978年后，伴随改革开放，中国的世界史学者开始围绕史学理论和方法论不断进行开拓性的探索，努力构建世界史研究的新体系。20世纪90年代以来，中国世界史学者通过深刻反思，并在吸纳西方新史学流派和“全球历史观”[②]有益养分的同时，着力于马克思主义唯物史观基础上的理论创新，先后提出了三种新史观，即吴于廑先生提出的“世界史纵横发展整体史观”、罗荣渠和钱乘旦教授提出的“现代化史观”、彭树智和马克垚先生提出的“文明史观”。“三大世界史观的提出是中国世界史学界20多年来的进步和成熟的标志，体现了中国世界史学界与世界史学的交流和融会，以及史学理论和方法应有的丰富性和多样性。”[③]

三大新史观的建构在理论上对非洲阿拉伯国家通史研究的路径和方向具有指导意义。非洲阿拉伯国家多达10个，这些国家的国情独特而复杂，呈现多元的色彩：一是非洲阿拉伯国家中既有历史悠久的文明古国和大国，也有历史短暂的蕞尔小国；二是各国普遍带有自身浓重的家族、部落、宗教习俗和族群文化的烙印，彼此在社会基础、经济禀赋、文化传统和价值取向等方面存在明显差异；三是多数非洲阿拉伯国家自古以来在不同历史阶段都曾长期经受轮番而至的异族王朝或帝国，以及列强的统治和奴役，强权和殖民枷锁对这些国家造成的严重创伤和后遗症，致使各国的历史进程迥然不同。三大新史观对世界史研究的新认知和新构架，不仅拓宽了世界史的研究范围和研究思路，而且开创性地对世界史的概念进行了再

---

① 钱乘旦：《中国的英国史研究》，《历史研究》1997年第5期。

② “全球历史观”兴起于20世纪50年代，代表人物是英国历史学家杰弗里·巴勒克拉夫、美国历史学家L.S.斯塔夫里阿诺斯和威廉·麦克尼尔等。该派为适应全球一体化发展所带来的新的时代特征，突破西方学术界根深蒂固的“欧洲中心论”，主张建立一种“将视线投射到所有的地区和时代”，“超越民族和地区的界限”，并从宏观的、联系的角度考察和分析人类社会历史演变走向的方法、观念和理论体系。

③ 李学勤、王斯德主编：《中国高校哲学社会科学发展报告1978—2008：历史学》，广西师范大学出版社2008年版，第273页。

界定，从而为我国的世界史研究注入新的活力。因此，三大新史观的创新理论亦可对非洲阿拉伯国家通史的研究提供理论上的借鉴和指导，并以此为杠杆，从不同层面和维度来探讨非洲阿拉伯国家不同时期历史演进的基本规律和主要特点，以及非洲阿拉伯国家通过何种途径，怎样由相互闭塞逐步走向开放，由彼此分散逐步走向联系密切，最终发展成为整体世界历史的一个有机组成部分。

二、多元文明的流变与古代北非历史。古代北非的历史实际上就是非洲阿拉伯诸国历史的源头。北非曾是多种古文明汇聚、碰撞与融合之地，不同文明在互相杂糅和兼容并蓄过程中所凝聚的强大能量，不仅推动着北非的历史演进，并使其成为人类社会生活最早实践的地区之一。古代北非的多种文明大致经历了三个发展阶段，每一个阶段都彰显出各自文明在古代北非历史上留下的极其深刻的烙印。

首先是古埃及和古波斯文明对古代北非历史的影响。埃及地处北非的十字路口，它把非洲和亚洲连接起来。埃及文明的历史发展具有“沉淀性”的特点，埃及也是多种文明层层累加而成的国家。[①]埃及古文明形成于公元前4000年左右，古埃及人借助母权制、传统宗教制度和“神授王权”的意识形态，先后经历了早王朝、古王国、中王国、新王国和后埃及等多个发展时期，建立了31个王朝，延续时间长达3000年之久。在漫长的历史进程中，古埃及人以其卓越的智慧创造了绚丽多彩的独特的传统文化：象形文字、金字塔和狮身人面像、卡纳克神庙、帝王谷、孟农巨像等遗存，以及发达的数学、建筑学、天文星象学和医学等，无不浓缩着古埃及人为人类文明做出的伟大贡献。因此，一些学者称埃及是非洲历史的真正精华。[②]古埃及文明构成了古代北非历史演进的一条鲜明的主线。

---

① 〔美〕菲利普·C.内勒：《北非史》，韩志斌等译，中国大百科全书出版社2013年版，第3页。

② 〔美〕埃里克·吉尔伯特、乔纳森·T.雷诺兹：《非洲史》，黄磷译，海南出版社、三环出版社2007年版，第42页。

古波斯人是雅利安人的后裔，大约在公元前2000年前期进入伊朗。[①]公元前550年左右，阿契美尼德人在伊朗高原崛起，建立了当时版图最大，也是世界上第一个地跨亚欧非三大洲的古波斯帝国，从而奠定了古波斯文明的根基。古波斯文明的辉煌，表现为宏伟华丽的新都——波斯波利斯、精美的浮雕和岩雕、连接帝国各地的被称为“御道”的交通网络，以及沟通尼罗河和红海的运河等基础设施。同时，它还集中体现在政治、经济、军事、法律和文化等典章制度建设上，尤其是波斯帝国的政治制度和法律体系成为后来中东地区出现的各个帝国和王朝纷纷效仿的样本。由于波斯帝国长期以琐罗亚斯德教为国教，古波斯文明又彰显出鲜明的宗教特征。如同古埃及一样，其对君权神授和正统观点的强调，深刻影响了波斯的发展。波斯曾一度是几乎囊括整个古代近东文明地区的奴隶制大帝国，它吸收了多种文明的先进性，表现出古波斯文化的多样性和一定的包容性特征，而且它超越了原有的文明中心，即两河流域和古埃及文明，成为主导文明。所谓“波斯帝国的文明秩序”，就是以生产力大发展所提供的强大经济、政治和军事力量为后盾，并通过更大规模的对外交往建立起来的。古波斯文明的重要价值还在于，在波斯帝国统治埃及大约130多年的时间里[②]，它完全打破了地域性单一文明交往的局限，实现了亚非两大古文明的互动性交往，推动了古代北非历史空前的跨越式演进。

古代北非文明的第二个发展阶段是古希腊、迦太基和古罗马文明对北非历史的再塑造。从公元前334年亚历山大东征，到公元前30年罗马消灭托勒密王朝，在300余年的时间里，北非进入“希腊化时代”。希腊人创造的文明是一种综合了古代东西方文明诸多因素而发展起来的独特的、新型的阶段性文明。它使古代北非原有文明区域的语言、文字、风俗、政治制度等都受到了希腊文明的洗礼。

① 〔美〕埃尔顿·丹尼尔：《伊朗史》，李铁匠译，东方出版中心2010年版，第3、27页。

② 自冈比西斯二世起，波斯人先后在古埃及建立了两个王朝，即第27王朝（前525—前404年）和第31王朝（前343—前332年），两个王朝在埃及的统治共计长达130余年。

希腊化时期的埃及经历了辉煌和繁荣，亚历山大城不仅是各种商业活动的中心，而且引领西方文明，兴起了第一次“科学革命”。[①]关于太阳系的理论、解剖学的诞生，以及物理学和地理学方面的诸多新成就，如阿基米德定律的创立、圆周率的划分、运用经线和纬线计算出的地球周长的近似值等，都陆续出现于亚历山大城。同时，这个时期的埃及也成为北非历史上跨文化主义的典型案例，马其顿人的宗教信仰与埃及的宗教信仰交融在一起。[②]但从根本上说，东方文明仍是希腊化文明的根基，正如美国著名科学史家乔治·萨顿所说：“希腊科学的基础完全是东方的，不论希腊的天才多么深刻，没有这些基础，它并不一定能够创立任何可与其实际成就相比的东西。”[③]

迦太基是作为马格里布地区第一个文明单元出现在古代北非舞台的又一个重要国家，大致位于今天的突尼斯。它是由来自地中海东南沿岸黎凡特地区[④]的腓尼基人在公元前1000年左右建立的殖民地。后来，历经几个世纪的发展演变，它成为一个独立的城市国家，并控制着从利比亚的的黎波里塔尼亚到伊比利亚的地中海沿海和大西洋海岸线的广大地区。腓尼基人通过不断与操柏柏尔语的当地居民的交往和通婚，创造了一种叫作“布匿”[⑤]的混合语言文化。腓尼基移民建立的迦太基城展示了古代人强大的适应性，而创建一个混合了腓尼基和非洲柏柏尔人要素的“布匿”社会，又说明了民族文化具有变通性。迦太基人主要从事海上贸易以及跨越撒哈拉大沙漠的黄金和象牙交易。及至公元前1000年的后半期，迦太基成为覆盖西地中海大部分地区的强大贸易帝国，是当时的政治和农业中心之

① 〔美〕菲利普·C.内勒：《北非史》，韩志斌等译，第22页。

② 同上书，第24页。

③ 〔美〕乔治·萨顿：《科学史和新人文主义》，陈恒六等译，华夏出版社1989年版，第64页。

④ 黎凡特是指现今的黎巴嫩、叙利亚、巴勒斯坦和约旦等地，另有“肥沃新月带”之称。

⑤ 布匿（Punic），即“古迦太基的”，是迦太基的腓尼基人和北非人混居而形成的文化和语言的称谓。

一。有研究者评论："作为城市国家的迦太基试图像一个帝国那样进行统治，并能够维持几个世纪之久，在世界历史上还是第一次。"[①]亚里士多德赞扬迦太基的"政体"，实际上是一个贵族寡头制政体。雇佣兵由柏柏尔人和伊比利亚的辅助兵补充，构成了贵族政府的武装力量。[②]

但是，随着迦太基人在与罗马人争夺地中海西部霸权的三次布匿战争[③]中的败北，迦太基古城终被罗马人夷为平地。罗马势力迅速向北非拓展，陆续征服希腊化时代的埃及和柏柏尔部落，统一了北非，先后设阿非利加（即突尼斯）和埃及两个行省，北非的沿海地区与内陆在不同程度上又实现了所谓的"罗马化"。罗马人对北非的统治长达近6个世纪（公元前146—公元439年），在罗马人的治下，罗马文明继承了希腊文明、迦太基文明、腓尼基文明、日耳曼文明和埃及文明的精华，更具多样性特征。北非的农业和商业得到迅猛发展，发达的农业不断为罗马提供大量给养，成为帝国的粮仓。同时，罗马人还在北非修建了上百座城市，这些城市大都以罗马的商业区、竞技场、运动场和浴室等为建筑风格。故此，北非的罗马遗迹也是世界上现存最闻名的历史古迹。[④]

古代北非文明的第三个发展阶段是早期基督教在北非的扩张和影响。基督教是继犹太教之后在公元1世纪发源于巴勒斯坦的第二个一神教，具有跨文化的突出特点，它反映了希伯来人的一神论、古埃及宗教死而复生的永恒观念和希腊人的哲学思想。同时，基督教的普世主义和平等主义教义深深吸引着追随者。北非、尼罗河流域和非洲之角等地区的各民族是世界上最早的基督教信仰者群体之

---

① B. H. Warmington, *The North African Provinces from Diocletian to the Vandal Conquest*, Cambridge: Cambridge University Press, 1969, pp.47–48.

② Stephane Gsell, *Histoire Ancienne de l'Afrique du Nord*, 8 Vols, 4th ed., Paris: Librairie Hachette, 1920—1928, p.389.

③ 布匿战争指古罗马和迦太基两个奴隶制国家之间为争夺地中海西部统治权而进行的著名战争，前后共三次：第一次于前264—前241年，第二次于前218—前201年，第三次于前149—前146年。布匿战争的结果是迦太基被灭，古罗马争得地中海西部的霸权。

④〔美〕菲利普·C. 内勒：《北非史》，韩志斌等译，第9页。

一。公元2世纪，埃及和北非其他地区的一些城市中已出现众多基督教团体，而且基督教在穷人和政治上受压迫的人中间传播得最快。2世纪末，非洲基督教徒在亚历山大创办的教理学校——迪达斯卡利亚，成为早期的基督教学术中心，并培养了一大批对基督教早期发展起决定性作用的神学家和理论家。

早期基督教的不同教派围绕耶稣在多大程度上是神或人这个本质问题曾展开激烈争论，参与争论的两个重要派别，即阿里乌主义派和基督一性论派[①]，都以埃及为据点。由于这两个派别的教义同基督教主张的圣父、圣子、圣灵三位一体的正统教义相左，先后被罗马教会和帝国宣布为“异端”和“异教徒”。基督一性论派在公元451年的卡尔西顿会议被宣布为异教徒后，经受住了罗马教会和帝国权力旨在取缔和摧毁其信仰所发动的进攻，形成了埃及新的基督一性论的科普特教派。较之其他地区，科普特教派改变了北非和尼罗河流域的基督教发展轨迹，其内部产生了一种有别于罗马天主教教会或东正教教派所辖领地的宗教形式。[②]

公元7世纪上半叶，另一新的一神教——伊斯兰教在阿拉伯半岛诞生，并迅速向北非扩张，最终确立其主流宗教的地位。伊斯兰教并非简单地取代北非的地方宗教和基督教，而是逐步与这些宗教体系彼此混合，也就是经历了一个体系适应另一个体系，从而创造一种新的独特的宗教思想意识的所谓“调和”过程。[③]作为征服者，初创时期的伊斯兰教“顺应现世”，大量基督徒纷纷改宗。同时，阿拉伯帝国实行伊斯兰教的低税制，与拜占庭对北非属地的强制高税形成明显反差，扩大了伊斯兰教的吸引力。与此相反，基督教却因

① 阿里乌主义派（Arianism）亦称阿里乌斯派，是以生活在公元3世纪后期的亚历山大基督教司铎阿里乌命名的基督教派别。阿里乌坚持基督在各方面都与天父的本体和特性不同，基督也与人不同，基督没有人的灵魂，耶稣次于天父，是受造物，圣灵更次于圣子，并反对教会占有大量财产。该派在公元325年的尼西亚会议上被确定为“异端”后逐步向罗马以北地区扩张。基督一性论派（Monophysite）认为耶稣的神性超过人性，耶稣并非兼有全神和全人的本性，而是完完全全的神，故而只有一个本性。

② 〔美〕埃里克·吉尔伯特、乔纳森·T.雷诺兹：《非洲史》，黄磷译，第91页。

③ 同上书，第109页。

不同教派之间的长期内斗和分裂不断削弱着自身力量，特别是其教义始终未能真正融入北非大多数本地人的社会生活和意识形态中，无法应对伊斯兰教强劲的拓展之势，基督教因而经历了由盛转衰的变化。唯有科普特教派在埃及扎下根，时至今日，科普特教派仍是代表埃及、埃塞俄比亚基督教团体和信仰的教派。

多种文明的汇聚、碰撞、融合和更替，构成了古代北非历史流变波澜壮阔的画卷，并为北非古代史的探究提供了不可或缺的源泉和重要线索。它们不仅能够弥补阿拉伯人因忽略伊斯兰教诞生前古代北非史研究所造成的文献史料方面的缺憾，而且启迪人们从文明交往的视阈来进一步认识和领悟不同文明间交往的内涵、类型、因素、属性、规律和本质等，以及文明交往作为人类社会发展的动力，又是如何在具体的社会生产实践中，使不同文明的交往由低级向高级演进，由野蛮状态向文明化升华，尤其是如何从物质、精神、制度和生态等层面来实现文明交往自身的价值，推动社会历史的进步。简言之，文明交往论也是研究和解读古代北非历史的一把钥匙。

三、非洲阿拉伯民族国家构建中的氏族（家族）、部落、部族与民族国家认同问题。这是非洲阿拉伯国家历史研究中一个不可回避的重要课题。氏族、部落和部族通常被视为民族共同体发展中的一种历史类型，属于不同历史时期的社会政治形态。氏族和部落均以血缘关系为纽带来维系其存续，氏族是组成部落的基本单位，在氏族内部又可分为血缘家庭。氏族和部落观念根深蒂固，其成员对所属氏族和部落的忠贞是无止境、无条件的。[1]而部族已不再以血缘为纽带，它主要以地域为联系，建立在私有制的基础上，并有一套适合本部族的社会和政治制度。美国著名人类学家摩尔根将部落定义为“一种组织完备的社会”，其功能和属性是：具有一块领土和一个名称，具有独用的方言，对氏族选出来的首领和酋帅有授职和罢免之权，具有一种宗教信仰和崇拜祭礼，有一个由酋长会议组成的

① 〔美〕希提：《阿拉伯通史》，马坚译，商务印书馆1979年版，第29页。

最高政府，在某种情况下有一个部落大首领。[①]另一位人类学家约翰·霍尼格曼认为部落是“具有共同的领土,共同世系的传统,共同的语言,共同的文化,以及共同的族称,所有这一切就构成了连接诸如村落、群居、区域或世系等较小集团的基础”。[②]

北非的部落组织主要包括两大类：一类是由土著的柏柏尔人或是已被阿拉伯同化的柏柏尔人组成的部落；另一类是伴随伊斯兰教的兴起及对外扩张，大规模进入和分散到北非各地区的阿拉伯部落。阿拉伯著名学者伊本·赫勒敦认为，部落中的每一个小区域、每一个小部分，都属于同一个大的部落，它们又可分为许多小的族群和小的家族，比大的宗谱血统团结得更紧密、更牢固。部落的领导权就属于它们中间的核心族群，掌握领导权的族群必须具备优势和控制能力。[③]由于历史和社会发展的局限，非洲的多数阿拉伯国家都是由不同的部落或部族发展而来，这些部落或部族历史悠久，血缘谱系关系密切，部落社会基础牢固，内部结构庞杂，社会政治影响极大。在非洲各阿拉伯民族国家构建过程中，家族和部落因素始终是困扰其实现民族和国家认同、确立公民意识的难以消除的障碍。在一些国家，家族和部落甚至扮演着决定国家稳定、左右国家发展方向的关键角色。

以利比亚为例，利比亚国内有140多个部落，其中影响较大者有30多个。但在国家社会、政治和经济生活中真正发挥主导作用的则属于三大部落联盟，即东部地区的萨阿迪部落联盟、中部地区的阿瓦拉德–苏莱曼部落联盟[④]、西部和西南部地区的巴哈尔部落联盟。历史上，利比亚的各家族、部落和部落联盟之间积怨很深，矛盾重重，难以形成所谓国家层面的公共权力。因此，以血缘关系和共同

① 〔美〕路易斯·亨利·摩尔根：《古代社会》上册，杨东莼等译，商务印书馆1977年版，第109页。

② 转引自〔法〕莫·戈德利埃：《部落的概念》，沈静芳译，《民族译丛》1984年第4期。

③ 〔突尼斯〕伊本·赫勒敦：《历史绪论》，李振中译，宁夏人民出版社2015年版，第163—164页。

④ 卡扎非家族所属的卡扎法部落和利比亚最大的部落瓦拉法部落都属于该部落联盟。

祖先凝聚而成的家族和部落以及伊斯兰传统，始终是处理政治和社会问题的主要方式和依据，致使利比亚在历史上有部落无国家，呈现出“碎片化”的政治地理特征。[①] 1969年卡扎非发动军事政变夺取政权后，采取一系列措施和“革命手段”，试图对利比亚的部落社会进行自上而下的彻底改造，以便打破部落藩篱，并以国家认同取代部落意识，强化国家的内聚力，但收效甚微。根据民调，及至20世纪90年代末，利比亚民众对部落的认同仍高达96%，城市人群对部落的认同也有90%。[②]正是由于利比亚强大的部落势力，迫使卡扎非在其统治利比亚近30年后不得不改弦易辙，转而重新回归传统，更加仰赖利比亚的三大部落势力来维系其统治，直到2011年垮台。时至今日，政权更迭近10年后的利比亚，依然处于互不统属、一盘散沙式的部落割据态势，由此折射出部落因素对利比亚政局的根本性影响。

再以苏丹为例，根据考古学和人类学的研究成果，苏丹可能是世界上最早的人类诞生之地。早期的人类在苏丹经历了从氏族到部落再到部族的发展过程。在漫长的历史演进中，苏丹古老的部落体制经久不衰，并呈现多样化的特征，亦即以氏族部落构成的原始公社形态，或是以主体部落与不同血缘部落组成的酋邦，乃至大、小王国交替出现。因此，氏族部落自古以来始终是苏丹社会的基本单元和细胞。现今的苏丹大约仍有将近600个部落，使用2000多种语言。[③]苏丹的部落有南北之分，北方主要为阿拉伯部落和非阿拉伯部落。两者的区别有二：一是苏丹阿拉伯人必须以阿拉伯语为母语；二是其祖先必须来自阿拉伯半岛，或是具有阿拉伯的谱系关系，或是其部落已完全阿拉伯化。然而，所谓苏丹纯正的阿拉伯部落之说很可能只是一个历史虚构，它实际上反映了苏丹阿拉伯人对阿拉伯

① 闫伟、韩志斌：《部落政治与利比亚民族国家重构》，《西亚非洲》2013年第2期。

② Amal Obeidi, *Political Culture in Libya*, London: Routledge, 2001, p.121.

③ Mawut Achiecque Mach Guarak, *Integration and Fragmentation of the Sudan: An African Renaissance*, Bloomington: Authorhouse, 2011, p.12.

半岛谱系关联的强烈认同。这与出生于黎巴嫩的美籍历史学家希提的看法如出一辙：血缘关系，不管是虚构的，还是真实的，总是维系部族组织的重要因素。[①]苏丹北方规模最大、分布最广的阿拉伯部落是贾阿林部落，此外还有丹拿格拉和朱海纳部落。苏丹南方的部落主要为黑人部落，丁卡人构成了原苏丹的第二大部落，占原苏丹全部人口的10%，[②]约310万。[③]苏丹南北双方庞杂的部落结构，使它在独立后构建民族国家进程中屡遭挫折，内战绵延不绝，以至于在2011年苏丹南北双方分裂，南苏丹宣告独立。显然，苏丹的南北分裂同种族或部落冲突相关，但这只是一种表象，透过表象可以发现其中更深层的原因：一是南北双方明显存在伊斯兰教宗教文化和基督教宗教文化的差异，特别是当彼此的穆斯林和基督徒身份在强制性的伊斯兰化过程中被不断放大时，必然会导致矛盾的激化；二是苏丹土地贫瘠，自然条件恶劣，经济资源分配的不均衡致使不同部落和部族之间经常为争夺牧场、水源和其他生活物资而兵戎相见；三是苏丹南北双方政治权利方面的不平等。苏丹长期存在阿拉伯人和非阿拉伯人、白人和黑人之间的种族不平等，阿拉伯文明被人为地凌驾于黑人文明之上，北方隶属贾阿林部落的阿拉伯河岸部落[④]始终主导和控制着苏丹的政治和经济政策，并通过强制推行阿拉伯化和伊斯兰化把持国家大权，致使其他部落处于边缘化状态。家族和部落因素在苏丹民族国家构建中表现出了另一种特点。简言之，苏丹的家族和部落不过是民族国家构建过程中凸显各种矛盾冲突的一个载体。

---

① 〔美〕希提：《阿拉伯通史》，马坚译，第28页。

② John Obert Voll and Sarah Potts Voll, *The Sudan: Unity and Diversity in a Multicultural State*, Boulder, Colo.: Westview Press, 1985, p.13.

③ Mawut Achiecque Mach Guarak, *Integration and Fragmentation of the Sudan: An African Renaissance*, p.635.

④ 阿拉伯河岸部落是指那些生活在尼罗河河谷和青白尼罗河之间热带草原东、西部的部落，他们几乎都说阿拉伯语，均为穆斯林，并尽可能将自身谱系与阿拉伯半岛先知时代的圣裔家族联系在一起。参见R. S. O'Fahey, "Islam and Ethnicity in the Sudan", *Journal of Religion in Africa*, Vol.26, No.3,1996, p.259。

摩洛哥的部落社会，较之其他阿拉伯国家则有所不同。摩洛哥的部落社会主要由土著柏柏尔人构成，其人口约占摩洛哥全国总人口的40%，主要生活在摩洛哥南部的苏斯地区、中部的阿特拉斯山区和北部的里夫地区。尽管摩洛哥柏柏尔人人口众多，但摩洛哥柏柏尔部落社会与摩洛哥中央政府的关系却相对平稳，彼此之间总体上维持较好的融合度，代表了非洲阿拉伯国家部落与政府关系的另一类型。事实上，摩洛哥于1956年独立后，在民族国家的构建过程中同样经历了柏柏尔部落社会与中央政府长期的紧张对抗时期，双方为此都付出了沉重代价。直到20世纪80年代后，摩洛哥政府和柏柏尔部落在认真的反思中，渐次向理性回归，相互不断调整策略，管控矛盾和冲突，努力实现和解。促成这种变化的根本原因在于：摩洛哥作为一个“平民化”的君主制政体（摩洛哥阿拉维王朝国王的妻子、母亲、祖母和外祖母通常均来自平民，故而有平民化君主制之称），王权对柏柏尔部落的治理表现出适度的变通性和宽容性。例如，摩洛哥君主在政治上与柏柏尔部落上层和精英建立恩庇关系；在经济上实施安抚政策，承认柏柏尔部落土地的集体所有权；在文化上倡导将共同的宗教信仰，而不是单一的阿拉伯族群认同，作为摩洛哥的国家认同。而柏柏尔人的基本诉求也以温和的文化运动为主要内容，谋求柏柏尔语言文化应赋予的权利等，并不追求摆脱中央政府的自治、分立或独立。2011年，摩洛哥宪法修订案规定柏柏尔语和阿拉伯语享有同等的语言地位，从而为摩洛哥中央政府与柏柏尔部落关系的进一步发展创造了条件。然而，从长远看，如何解决柏柏尔部落社会内部不断扩大的贫富差距，以及柏柏尔偏远山区与摩洛哥城镇之间在社会经济发展方面存在的明显断层，依然是考验摩洛哥中央政府与柏柏尔部落关系深度融合的关键。

家族和部落因素在非洲阿拉伯民族国家构建中的影响无疑是多元而复杂的。其他国家诸如毛里塔尼亚、索马里和吉布提等国的家族和部落组织也都有自身发展演变的路径和规律，它们对各自民族国家构建的影响自然也是不同的。探究非洲阿拉伯国家的家族和部落问题必须把握两个维度：一是应该厘清非洲阿拉伯诸国主要家族和部落的基本情况，包括家族和部落的区域分布、成员的构成、生态环境和经济生产方式、组织结构和运作机制、内生矛盾冲突的调解、对外交往原则、文化传统和习俗的维护，等等；二是在全面认识非洲阿拉伯各国的家族和部落基本情况的基础上，需要运用经济基础决定上层建筑的唯物史观来阐释和解读非洲阿拉伯各国的家族和部落长期存续的原因。总体来说，非洲阿拉伯国家在获得独立和建立民族国家后，大都经历了不同程度的现代化发展，并对部落社会进行了相应改造，各国的部落呈现一定的萎缩之势。但家族和部落依然在国家的政治、经济和社会生活等领域发挥着重要影响，甚至是决定国家稳定的关键因素。而关于部落意识向国家认同的转化，也是一个双向度的问题。非洲阿拉伯国家滞后的社会发展和固有的传统文化，决定了各国根深蒂固的部落意识的转换将是一个缓慢的渐进过程。部落意识的弱化有赖于部落民众能够充分感受到他们在没有或失去部落庇护的情况下，同样能够享有更多的权益和更好的生活。这是一个不可替代的前提条件。而要实现这样的目标，不仅仰仗各国社会和经济发展所能提供的雄厚财力和物质基础，同时还依靠各国政府能够有效实施各种有利于协调部落与国家关系，促使部落民众生成国家认同的一系列相关手段和政策。因此，对上述问题的考量和辨析是探究非洲阿拉伯国家家族和部落问题的一种新的尝试。

四、列强对非洲阿拉伯国家的殖民统治及其影响。在近现代历史上，非洲阿拉伯国家不论大小，几乎都曾长期饱尝西方列强残酷的殖民掠夺和统治。法国率先在北非的马格里布地区建立了以阿尔及利亚为中心的殖民统治圈。1830年，阿尔及利亚沦为法国的殖民地；1881年，突尼斯成为法国的“保护国”；1888年，法国占领吉布提全境，并于1896年，在吉布提建立“法属索马里”殖民政权；[①]1912年，摩洛哥沦为法国的“保护国”，同年科摩罗四岛也成为法国的殖民地；1920年，毛里塔尼亚成为“法属西非洲”管辖的领地。英国紧步法国的后尘，它在奥拉比领导的埃及反英起义失败后，于1882年占领埃及，并将其变为“保护国”；1899年，在英国操纵下，苏丹成为英国和埃及的共管国；1887年，英国将索马里北部地区作为它的“保护地”，并于1941年控制整个索马里。1912年，意大利在意土战争后将利比亚变为它的殖民地；1925年，在索马里南部建立“意属索马里”。1943年，英国取代意大利，占领利比亚南、北两地区。西班牙在列强瓜分北非殖民地的浪潮中也分一杯羹。1912年，摩洛哥沦为法国的“保护国”后，西班牙旋即与法国签订《马德里条约》，摩洛哥北部地带和南部伊夫尼等地划归为西班牙的“保护地”。至此，非洲阿拉伯诸国陆续被西方列强纳入各自的殖民体系中。

马克思在《不列颠在印度统治的未来结果》一文中评价英国在印度的殖民统治时指出：“英国在印度要完成双重的使命：一个是破坏性的使命，即消灭旧的亚洲式的社会；另一个是建设性的使命，即在亚洲为西方式的社会奠定物质基础。”[②]但是，以法国为首的西方列强对非洲阿拉伯国家的长期统治只是完成了其破坏性的使命，即各国原有的传统社会经济结构在西方势力的冲击下遭到了毁灭性的破坏；而殖民者要完成的建设性使命则成了一个虚幻之梦。

以阿尔及利亚为例，马克思在马·柯瓦列夫斯基所著《公社土地占有制》一书摘要中揭露，自1830年法国入侵阿尔及利亚后，法国的殖民统治“手段有时改变，目的始终是一个：消灭土著的集体财产，并将其变成自由买卖的对象，从而使这种财产易于最终转到

---

① 在历史上，吉布提和索马里同属一个文化圈。法国于1850年前后入侵吉布提，1885年法国同吉布提地区的酋长们签订条约，确认法国在吉布提的统治地位。1888年，法国又同英国达成协定，两国以吉布提和泽拉之间的中线划分势力范围，吉布提一侧为“法属索马里”，泽拉一侧为“英属索马里”。1896年，法国在吉布提正式建立“法属索马里”殖民政府。

② 中共中央马克思、恩格斯、列宁、斯大林著作编译局编：《马克思恩格斯选集》第2卷，人民出版社1972年版，第70页。

法国殖民者手中”[①]。恩格斯撰写的《阿尔及利亚》一文，也对法国在阿尔及利亚的殖民统治进行了针针见血的深刻描述：“从法国人最初占领阿尔及利亚的时候起到现在，这个不幸的国家一直是不断屠杀、掠夺和使用暴力的场所。征服每一座大城市或小城市，每一寸土地都要付出巨大的牺牲。把独立视为珍宝、把对外族统治的仇恨置于生命之上的阿拉伯和卡拜尔部落，在残暴的袭击下被镇压，他们的住宅和财产被焚毁和破坏，他们的庄稼被践踏，而幸存的受难的人不是遭到屠杀，就是遭到各种奸淫和暴行的惨祸。”[②]

利比亚被形象地喻为第二次世界大战后由联合国“制造”出来的一个国家。实际上，这也是域外大国之间相互博弈、各自谋求在利比亚权益的一种妥协的产物。美国驻利比亚首任大使亨利·赛拉诺·维拉德（Henry Serrano Villard）曾指出，利比亚的历史基本上是征服与占领交替更迭的历史。[③]据统计，1912年利比亚被征服后，在意大利殖民统治的30年间，大约有11万利比亚人被关押在集中营，4万人死于疾病、虐待或者饥馑。最新的利比亚解密档案显示，意大利殖民者处死的囚禁者多达7万人。[④]而本土人口则从1907年的140万降至1933年的82.5万人。[⑤]

西方列强长期的殖民统治，造成非洲阿拉伯国家的贫穷和落后，社会发展异常缓慢。同时，被置于殖民体系中的非洲阿拉伯国家不得不在屈从或服务于各宗主国殖民权益的前提下，实施自身的政治、经济、外交和文化政策等，致使这些政策普遍带有明显的殖民依附色彩。例如，科摩罗的许多现代政治和法律制度就源于殖民时代，一位科摩罗律师比喻：“科摩罗国家是从法国复制而来的，它是复印

① 《马克思恩格斯全集》第45卷，人民出版社1985年版，第316页。

② 《马克思恩格斯全集》第14卷，人民出版社1964年版，第104页。

③ Henry Serrano Villard, *Libya: The New Arab Kingdom of North Africa*, New York: Cornell University Press, 1956, p.11.

④ Ronald Bruce St. John, *Libya: From Colony to Independence*, Oxford: Oneworld, 2008, pp.73-74.

⑤ Ibid., p.81.

件。”又如，吉布提独立后，法国在此长期驻扎4000人的军队，并宣称为吉布提提供所谓的“安全保障”。

此外，西方列强对非洲阿拉伯国家实施的殖民手段和方式，也因对象国不同而有所区别：对于那些战略和经济利益重要的国家，通常采取直接统治的方式；对于那些小国或经济权益有限的国家，它们往往通过挑选代理人，诸如当地的封建主和有名望的部落酋长、首领等实行间接统治。非洲阿拉伯国家对于西方列强的殖民统治一直进行着顽强抗争，但各国谋求独立和解放的途径，则因国情和殖民者统治方式的不同而呈现反差。一般来说，在那些殖民统治最残酷的国家，民众浴血反抗的斗争就更加激烈。阿尔及利亚是一个最典型的案例。阿尔及利亚人自1954年在奥雷斯山区打响武装斗争的第一枪后，经过七年艰苦卓绝的反法解放战争，最终粉碎了法国强加于阿尔及利亚人长达132年之久的殖民枷锁，于1962年赢得独立。科摩罗、吉布提和毛里塔尼亚这些小国基于自身的局限，以及它们同前宗主国法国的无法割断的各种联系，因而选择了非暴力的和平方式走向独立。利比亚历来是大国逐鹿争雄之地，它的建国彰显了大国在联合国舞台上折冲樽俎、不甘舍弃已有权益的博弈。故此，西方列强在非洲阿拉伯国家的殖民史是非洲阿拉伯国家近现代史的重要研究内容。殖民统治对各国历史进程所衍生的各种关键问题及影响，都需要依据可靠的史料做出尽可能符合客观事实的更深层次的再分析和全新的解读。

五、现代化运动与阿拉伯社会主义的治国实践。现代化源于西欧，是伴随近代工业革命所聚集的强大内动力而兴起的。“二战”结束后，作为新生的现代民族独立国家，非洲阿拉伯国家在战后世界现代化浪潮的冲击和驱动下，陆续走上现代化发展道路。外源性和后发性是非洲阿拉伯国家推进现代化的基本特点。非洲阿拉伯国家启动现代化的原动力、经济结构、资源禀赋、社会基础和价值取向等完全不同于西方，由此决定了它们不可能照搬西方模式。

现代化是人类文明发展和演进的最复杂的过程。世界各国的现代化实践，按经济形态来区分，大致可归纳为三大类，即资本主义类型、社会主义类型、混合类型，而每一种类型都有多种发展模式。[①]但任何一种发展模式都要适应一定的生产力发展水平，符合本国的具体国情。非洲阿拉伯国家的现代化总体上都属于混合类型，是一种尚未定型的现代化选择。它兼采资本主义现代化和社会主义现代化两种模型的不同特色，是将两大对立模型合成而产生的一种中间发展形式；在本质上是一种边缘资本主义的发展模式。[②]

阿拉伯社会主义的发展道路堪称战后多数非洲阿拉伯国家推进现代化的一种主流。这一现象的出现同战后西亚北非地区盛行的阿拉伯社会主义思潮密切相关。阿拉伯社会主义主要由阿拉伯民族主义、伊斯兰传统和科学社会主义的个别原理所构成，是一种带有浓厚阿拉伯-伊斯兰特色的社会思潮。非洲阿拉伯国家的所谓社会主义主张，名目繁多，形式不一。其中包括埃及的纳赛尔主义、阿尔及利亚的自管社会主义、突尼斯的宪政社会主义、利比亚的伊斯兰社会主义，以及索马里西亚德总统自封的“科学社会主义”[③]等。阿拉伯社会主义有几个共同点：一是把社会主义等同于伊斯兰教的教义精神，认为伊斯兰教是社会主义原则的渊源；二是把社会主义作为一种发展经济和振兴民族，进而实现国家现代化的纲领和手段；三是拒绝科学社会主义，明确反对无神论，强调以伊斯兰教信仰为基础，尊重民族和宗教文化传统，主张阶级合作和私有制的永恒性。[④]纳赛尔就曾表示，他的阿拉伯社会主义与马克思主义存在根本

---

① 罗荣渠：《现代化新论——世界与中国的现代化进程》，北京大学出版社1993年版，第150页。

② 〔埃及〕萨米尔·阿明：《不平等的发展》，高铦译，商务印书馆1990年版，第169页。

③ 索马里总统西亚德·巴雷自称奉行“科学社会主义”，但从不提以马克思主义为指导思想。他宣称其“科学社会主义”是与伊斯兰教“和谐一致”的，“伊斯兰教义中有社会主义的基础”。参见唐大盾等：《非洲社会主义：历史·理论·实践》，世界知识出版社1988年版，第37页。

④ 黄心川主编：《世界十大宗教》，社会科学文献出版社2007年版，第310—311页。

性差异，并且具体表现在五个方面。[①]这便昭示了阿拉伯社会主义的特殊属性。

阿拉伯社会主义之所以能够成为多数非洲阿拉伯国家选择的现代化发展模式，一方面是由于非洲阿拉伯国家长期深受殖民主义之害，导致其本能地排斥西方发展模式。亦如研究者所言，当资本主义与殖民国家和剥削特权联系在一起后，社会主义作为一种相反的意识形态，在非洲无疑成为普遍的诉求。[②]自20世纪50年代中期到70年代中期，阿拉伯社会主义在多数非洲阿拉伯国家的实践，确实取得了一些不容否认的成效。一些数据也可说明这一点。例如，埃及的工业总产值从1952年的3.14亿埃镑增加到1979年的61.6亿埃镑，增长了近19倍。同一时期，农业总产值由3.87亿埃镑提高到36.6亿埃镑，增长了8.46倍。[③]阿尔及利亚在1967—1978年国民经济保持年均7.2%的增长率，十多年间人均国民收入从375美元增至830美元。[④]突尼斯经过十年的建设，基本形成自身的民族工业体系，国有企业从1960年的不足25家发展到1970年的185家，国有经济在国民收入中的比例从1.8%上升到33.7%。[⑤]

然而，由于内外和主客观多种因素的局限，非洲阿拉伯国家在现代化进程中遭遇的挫折与失败远大于成功，是一种不成功的现代化尝试。它们面临一系列难题，诸如政治发展明显滞后于经济发展，经济发展对外的严重依赖性，生产结构的单一性与脆弱性，社会经济的二元性与对立性，工业分布的条块性与不均衡性，过度城市化和人口增长失控，生态环境不断恶化，等等。这些问题使非洲阿拉

① 1962年5月30日纳赛尔在全国人民力量代表大会上的发言，《金字塔报》，1962年5月31日。转引自唐大盾等主编：《非洲社会主义新论》，教育科学出版社1994年版，第96页。

② E. A. Alport, "Socialism in Three Countries: The Record in the Maghrib", *International Affairs*, Vol.43, No.4, Oct. 1967, p.692.

③ 唐大盾等：《非洲社会主义：历史·理论·实践》，第116页。

④ Massoud Karshenas, Valentine M. Moghadam, ed., *Social Policy in the Middle East: Economic, Political and Gender Dynamics*, New York: Palgrave Macmilian, 2006, p.42.

⑤ I. William Zartman, ed., *Tunisia: The Political Economy of Reform*, Boulder: Lynne Rienner Publishers, 1991, p.111.

伯国家在全球化时代难以摆脱被边缘化的命运。20世纪70年代中期以后，以阿拉伯社会主义为主导的非洲阿拉伯国家的现代化实践，无不经历了趋于衰势的变化。80年代末期，伴随东欧剧变和苏联解体，有关阿拉伯社会主义的议题在多数非洲阿拉伯国家逐渐成为一种历史记忆。从反思的角度看，理性处理宗教与现代化的关系问题，仍是非洲阿拉伯国家在现代化实践中不能回避的课题。宗教地域特征和传统文化使非洲阿拉伯国家的现代化之路充满了“悖论”。由于近代以来伊斯兰世界尚未真正出现比较彻底的宗教改革运动，未能在人的解放和价值取向等问题上实现跨越性的突破，伊斯兰世界在近代的各种社会改革基本上都没有超出改良范畴，其主轴大都以捍卫伊斯兰教传统价值观和巩固当权者的统治为目标。其所触及的仅仅是应对外来挑战的表象问题，而回避对其政治和思想体系的批判性内省与更新，从而制约着各国的文明演进和现代化进程。

阿拉伯社会主义作为一种民族主义思潮在战后的非洲阿拉伯国家盛行20年之久，它是独立后的非洲阿拉伯各国选择的一种现代化模式和社会制度。因此，其核心仍是国家定位和发展道路的问题，也是一个具有重大现实意义和理论价值的问题。对这些问题的深入研究和探索，将有助于充实和丰富马克思主义关于经济落后国家发展道路选择的相关理论。

六、早期的伊斯兰教和当代非洲阿拉伯国家的伊斯兰潮。恩格斯在《论早期基督教的历史》一文中指出：“伊斯兰这种宗教是适合于东方人的，特别是适合于阿拉伯人的。”[①]早期伊斯兰教在非洲的传播肇始于第二任哈里发时期穆斯林军队于公元639—642年对埃及的征服。非洲本土人最早的伊斯兰教皈依者大多为社会的上层，其中又以统治者和成功的商人最愿意改信伊斯兰教，穷人和乡村居民的改宗要晚得多。故此，早期的伊斯兰教在非洲被称为“宫廷和商业宗教”[②]，这一宗教首先在政界及商界权势人物中传播开来。后来埃

---

① 《马克思恩格斯全集》，第22卷，人民出版社1965年版，第526页。

② 〔美〕埃里克·吉尔伯特、乔纳森·T.雷诺兹：《非洲史》，黄磷译，第109页。

及人纷纷皈依伊斯兰教，这在很大程度上是因为当时的拜占庭统治者强加于埃及人的各种赋税过重，而新的伊斯兰政府所征税率很低。同时它对宗教自由的态度也比拜占庭要更宽容。科普特基督教徒直到11世纪依然占埃及人口的大多数，便是一个颇具说服力的佐证。

在伊斯兰教创立的初期，北非实际上也是那些发现自己与中央伊斯兰国家日益强大的逊尼派正统观念不合的穆斯林的庇护所。[①]伊斯兰教初期的两个重要少数派教派——什叶派和哈瓦利吉派[②]都在北非找到了避难地。哈瓦利吉派落脚于北撒哈拉沙漠中的小绿洲，以及卡比利亚和阿特拉斯山脉中的丘陵地带，他们同土著柏柏尔人建立了比较亲密的关系。什叶派在北非的势力和影响更大。什叶派首先在阿尔及利亚东南部站稳脚跟，并不断向外拓展。10世纪初，他们先后推翻了阿巴斯王朝在突尼斯的统治和打败柏柏尔-哈瓦利吉派。公元909年，什叶派首领奥贝德拉在突尼斯以先知穆罕默德之女法蒂玛的苗裔自居，被拥戴为哈里发，建立法蒂玛王朝，这是伊斯兰教什叶派的第一个王朝。国都为马赫迪亚。[③]随后，法蒂玛王朝征服摩洛哥，进而占领整个马格里布地区。969年攻占阿拉伯帝国统治下的埃及，973年迁都开罗，并在埃及实施了长达200余年的统治，直到1171年被推翻。基督教和伊斯兰教的初期，在北非的一个共同现象是：无论是基督教的少数派阿里乌斯派和一性论派，还是伊斯兰教的少数派什叶派和哈瓦利吉派，都把北非或是作为大本营，或是作为庇护地，这一现象的历史蕴含令人深思。或许正因为如此，近代以来北非阿拉伯诸国出现的各种伊斯兰复兴思潮或运动，都按

---

① 〔美〕埃里克·吉尔伯特、乔纳森·T.雷诺兹：《非洲史》，黄磷译，第95—96页。

② 哈瓦利吉派（Khawāridj），伊斯兰教早期派别之一。哈瓦利吉意为“出走者”。657年隋芬之战期间，穆阿维叶在面临失败时提出“以《古兰经》裁判”的停战要求。当时阿里营垒内分为主战和主和两派，阿里倾向和解，遂接受穆阿维叶的要求，引起主战派的极端不满，约有12 000人离开阿里的队伍出走，组成哈瓦利吉派。此外，该派认为哈里发应由穆斯林公选，当选者不应只限于古莱什人；同时主张在所有穆斯林中共同分配土地和战利品，故又称军事民主派。

③ 法蒂玛王朝初建都拉卡达，即今突尼斯的凯鲁万，后于920年迁都马赫迪亚，位于凯鲁万东南海岸。

照其自身的逻辑发展。就地缘政治来说，它不像西亚阿拉伯国家那样，处于中东各种矛盾的旋涡中，因而受外部影响相对较少。就对外交往来看，北非诸国毗邻欧洲，在历史上多为法、英等国的殖民地，与西方有密切的联系，故此对东西方文化和价值观差异的体验也比西亚阿拉伯国家更深刻。这些因素凝聚了北非伊斯兰复兴运动的多元化色彩。

20世纪80年代以来的北非伊斯兰复兴运动主要在埃及、苏丹和阿尔及利亚等国形成几个中心。一般来说，北非阿拉伯国家伊斯兰复兴运动的主调趋于温和与理性。这里并不否认在某些特定时空下出现的极端倾向。以埃及为例，由哈桑·班纳于1928年组建的穆斯林兄弟会（以下简称为“穆兄会”）是埃及最大的民间伊斯兰组织。20世纪70年代，虽然穆兄会分裂出一些激进组织，包括“赎罪与迁徙组织”和“圣战组织”等，但总体上看，埃及历届政府基本能够掌控来自宗教势力的挑战。纳赛尔时期，埃及政府与穆兄会的关系在合作、利用和打压中轮换。萨达特和穆巴拉克时期，穆兄会基本放弃暴力手段，转而采取和平、合法和半合法的斗争策略。穆兄会中占主导的温和派强调，以和平和渐进的方式实现伊斯兰化，以理性和现代的角度看待伊斯兰法和伊斯兰政府的功能。[①]由此，政府与穆兄会之间形成了容忍、妥协、限制和反限制关系的动态性变化，从而维持埃及社会的稳定。

哈桑·图拉比是20世纪90年代苏丹最有影响力的宗教政治思想家，有“非洲霍梅尼”之称。图拉比同1989年发动军事政变掌权的巴希尔合作，在苏丹建立了伊斯兰政权。图拉比主张实行政教合一，全面实现社会生活的伊斯兰化，并于20世纪90年代在苏丹实施所谓的“伊斯兰试验”。图拉比认为，他的伊斯兰试验是“建立在人民价值观基础之上，由知识分子引导，动用宗教资源促进不发达国家发

① R. H. Dekmejian, *Islam in Revolution: Fundamentalism in the Arab World*, New York: Syracuse University Press, 1985, p.181.

展的新尝试”[①]。他还认为，伊斯兰复兴最理想的情况是在没有内部压制和外部干涉的形势下通过和平、渐进的方式发展。[②]因而，一方面，他反对暴力，强调伊斯兰教的温和与宽容，认同与时俱进的宗教改革，倡导妇女解放和提高妇女地位等。这些都体现了图拉比伊斯兰试验的温和性。另一方面，图拉比的伊斯兰试验始终被限定在其合作者世俗的苏丹总统巴希尔设定的轨道内，巴希尔决不允许图拉比的宗教权势凌驾于其权力之上。事实上，代表国家政权的巴希尔与代表伊斯兰势力的图拉比的政教结合，从一开始就是一种权力借重和彼此利用的关系。在苏丹这种多部落多宗教的复杂的政治环境下，教权显然无法与世俗政权相抗衡。

阿尔及利亚是北非伊斯兰复兴运动的另一个类型，体现了阿尔及利亚宗教政治化和政治暴力化的双重特点。1989年诞生的阿尔及利亚“伊斯兰拯救阵线”（以下简称“伊阵”）是阿尔及利亚国内最大和最具影响力的伊斯兰复兴组织，其主要领导人阿巴斯·迈达尼是一个拥有英国教育学博士学位的大学教授，另一个是清真寺的伊玛目阿里·贝尔哈吉。实际上，他们分别代表阿尔及利亚伊斯兰复兴运动中的温和派与激进派两大势力。尽管存在思想意识上的分歧，但这并未成为双方合作的障碍，有研究者将他们对外发出的不同声音形象地喻为“双头性领导”下的“多声部合唱”[③]。两人迥然不同的风格，相得益彰，吸引了大批不满的阿尔及利亚人。[④]伊阵主张维护穆斯林共同体的统一，捍卫伊斯兰历史和文化遗产。[⑤]其最高目标是通过和平斗争的策略，实现阿尔及利亚的伊斯兰化。但是，军队作

---

① Hassan Al-Turabi, “U.S. House Foreign Affairs Africa Subcommittee Hearing on the Implications for U.S. Policy of Islamic Fundamentalism in Africa”, www. Islamonline.net/iol-english/qadaya/qpolitic-14/ qpolitic1.asp.

② 王铁铮主编：《全球化与当代中东社会思潮》，人民出版社2013年版，第269页。

③ 蔡佳禾：《当代伊斯兰原教旨主义运动》，宁夏人民出版社2003年版，第132页。

④ Robert Motimer, “Islam and Multiparty Politics in Algeria”, *Middle East Journal*, Autumn 1991.

⑤ John Ruedy, *Modern Algeria: The Origins and Development of a Nation*, Second Edition, Bloomington: Indiana University Press, 2005, p.252.

为阿尔及利亚独立战争胜利者的象征，不允许伊斯兰势力改变国家的世俗发展方向。当伊阵通过市政和议会选举即将掌控国家政权时，军队毫不犹豫地予以干涉，终止了其迈向权力舞台的步伐。而伊阵内部和政府内部对事态的不同认知，最终酿成了一个分裂的政府与一个分裂的伊斯兰反对派之间对抗的危机。[①]据统计，在随后四年多的时间里，暴力冲突和相互残杀此消彼长，约有6万平民和军人死亡。[②]阿尔及利亚被打上了暴力政治的特有符号。这种状况一直持续到1995年11月泽鲁阿勒赢得阿尔及利亚历史上首次自由选举的胜利，由此证明了阿尔及利亚人最终抛弃了困扰国家政治的宗教和世俗极端主义。[③]

从北非三国的伊斯兰复兴运动来看，尽管其目标和行动手段有相似之处，但三国互不统属，几乎不存在彼此的协调和支持。这种状态表明北非伊斯兰复兴运动的分散性和多样性，因而外溢影响有限。同时，它也揭示了北非伊斯兰复兴运动所聚集的能量和张力，无论是在同世俗政权合作还是在抗衡方面，都不足以占上风的总趋势，更无法改变世俗政权主导国家政治秩序和发展方向这一历史事实。

七、政治剧变和北非阿拉伯国家的未来走向。北非是2010年底2011年初阿拉伯政治剧变的发源地，诱发了整个阿拉伯世界的震荡。从本质上看，此次阿拉伯剧变的根源在于，阿拉伯威权主义政权在政治上的极度僵化和现代化发展的"错位"，以致无法满足阿拉伯民众对民生、民主、民权的期盼。换言之，阿拉伯变局实际上也是阿拉伯民众谋求重新选择现代化发展道路的一种抗争。

然而，旧政权的垮台并不意味着新制度的建立。早在政治剧变之初，巴林思想家贾比尔·安莎里在一篇文章中就写道："一层厚厚的浪漫主义之膜，正裹绕阿拉伯国家当前的变革要求。这种情形，

---

① William B. Quandt, *Between Ballots and Bullets: Algeria's Transition from Authoritarianism*, Washington, D. C.: Brookings Institution Press, 1998, p.58.

② 蔡佳禾：《当代伊斯兰原教旨主义运动》，第135页。

③ Martin Stone, *The Agony of Algeria*, London: Hurst & Company, 1997, p.120.

我们这一代人也曾经历过，我们曾经梦想过统一、自由和社会主义，但我们等来的却是专制，它带给我们的只有挫败和失望。”[①]另一位阿拉伯政治家指出，变革不应止于改变统治者，而应致力于改变社会，即改变社会的经济、文化基础。问题是：如何让变革从表面及于纵深，从形式过渡到实质？[②]这些担忧和发问似乎已预感到阿拉伯变局前景的迷惘。而后来阿拉伯变局的走向也印证了这一点：埃及经历了翻烧饼式的政权“轮回”，从穆巴拉克的垮台，到穆兄会的穆尔西在权力之巅的昙花一现，再到穆尔西被军人政权所取代，民主政治似乎离埃及依然遥远；卡扎菲之后的利比亚陷入四分五裂的武装割据状态，各派系之间的混战绵延不绝，新的政治秩序的重建渺无音讯；唯有突尼斯的局势让人看到了一缕“阿拉伯世界微弱的曙光”。2014年12月，突尼斯诞生首位民选总统，国内局势趋于相对稳定。但突尼斯的腐败之风并未得到有效遏制，根据国际组织提供的数据，2010年突尼斯在“透明国际”清廉指数中位列178个国家的第59位，2016年则在176个国家中名列第75位。[③]因此，突尼斯的社会改造和政治变革任重道远。

与此同时，阿拉伯国家的政治生态因政治剧变而发生明显变化，一些地区和国家出现权力“真空”。为抢占地盘和扩张势力，不同派系之间的恶斗持续升温。北非马格里布地区和非洲之角的索马里成为两个恐怖主义的渊薮。利比亚境内的恐怖活动日甚一日，它们所释放的破坏力对近邻突尼斯的稳定构成威胁；索马里青年党作为东非臭名昭著的恐怖主义组织，在阿拉伯政治剧变后进一步扩大活动领域，频繁制造一系列暗杀和暴恐事件，破坏索马里和平进程与民

① 〔巴林〕贾比尔·安萨里：《只有革命浪漫主义还不够》（阿拉伯文），《生活报》，2011年4月25日。转引自马晓霖主编：《阿拉伯剧变：西亚、北非大动荡深层观察》，新华出版社2012年版，第437页。

② 〔叙利亚〕阿多尼斯：《布阿齐齐的骨灰》（阿拉伯文），《生活报》，2011年4月28日。转引自马晓霖主编：《阿拉伯剧变：西亚、北非大动荡深层观察》，第438页。

③ Sarah Yerkes, Marwan Muasher, “Tunisia’s Corruption Contagion: A Transition at Risk”, https://carnegieendowment. org/2017/10/25/tunisia-s-corruption-contagion-transition-at-risk-pub-73522.

权社会。同时，索马里猖獗的海盗劫持活动[①]，也在严重干扰着国际水道的航行安全和各国间的经贸交往。

阿拉伯政治剧变距今已有十余年，反观非洲阿拉伯诸国的社会、政治、经济和意识形态的现状，多数国家仍然在过去的老路上徘徊不前，尚未在探寻新的发展道路中取得突破性进展，也没有找到能够理性化解长期困扰国家的社会、经济和族群割裂问题的有效策略。非洲阿拉伯国家的发展和创新之路如此之艰难，可从两个层面来解析：一是缘于自身的局限。多数非洲阿拉伯国家实际上都没有经受过现代大工业血与火的洗礼，迄今还不能形成一个真正能够体现或代表先进生产力，领导民众并得到民众广泛支持的社会阶层。这表明非洲阿拉伯国家仍处于由传统农业社会向现代工业社会转型的过程中。二是基于非洲阿拉伯国家固有的宗教地域特点。宗教被人为地承载了过多的非宗教因素，因而需要不断理顺信仰与理性、宗教与世俗、传统文明与现代文明等方面的关系，并且必须防止伊斯兰教义被随意曲解和“工具化”，从而挑起宗教狂潮，使国家的正常发展迷失方向。“伊斯兰社会民主演进的障碍不仅是政治层面的，而且在根本上还与价值观念有关。因此，要建立相对性、多元化的民主理性，就必须撼动神学与教法的基本结构。”[②]由此可见，实现与时俱进的宗教变革和激活人的创造力，将是非洲阿拉伯国家长期和不可懈怠的使命。

八、关于国外文献史料的使用。任何一项研究都离不开相关资源的支持，丰富可靠的史料是完成非洲阿拉伯国家通史研究最重要的前提条件。因此，这一研究必然要借助国外的各种文本资源。从语种来说，以英语为主，并且尽可能地吸纳阿拉伯语、法语、俄语等，以及中译本的文献史料；从文本来说，包括有关非洲阿拉伯10国各个时期

---

① 据国际海事署报告，在索马里海域发生的海盗袭击次数为：2006年18起，2007年48起，2008年111起，2009年215起，2010年219起，2011年236起。参见Elwaleed Ahmed Talha, *Political and Economic Impact of Somalia Piracy during the Period (1991–2012)*, The University of Tokyo, 2013, p.14 (http://www.pp.u-tokyo.ac.jp/courses/2013/documents/5140143_9a., 2014-10-2)。

② 〔突尼斯〕本·阿舒尔：《民主派和神学派的政治活动》，阿拉伯联合酋长国《联合报》，2011年3月14日。转引自马晓霖主编：《阿拉伯剧变：西亚、北非大动荡深层观察》，第438页。

的历史著作，重要人物的传记和回忆录，对重要政策和重大事件的专题研究，相关国家陆续解密的档案资料，新媒体和网站的各种述评，以及国内外学者发表的一系列相关学术论文等。项目组在研究和写作过程中，对于这些庞杂的文献史料，都须经过审慎筛选、相互比对和甄别，以便使所用史料客观、可靠和可信。项目组遵循的原则是，注重对文献史料的合理吸纳和消化，确保研究成果的质量和应有水准。

如前所述，非洲阿拉伯国家作为一个国家群，各国国情独特而复杂，呈现纷繁和多元的色彩。但非洲阿拉伯国家同样存在共性，在历史演进中面临的许多问题也是相同的。按照传统观点，对于国别通史的研究，通常的聚焦点大多是诸如政治制度、经济模式、社会结构等这些显性要素在历史发展进程中的演化。毋庸置疑，这些要素是通史研究不可或缺的核心内容。但本项目的作者并不仅仅拘泥于这些显性要素，而是审慎地选择更贴近客观社会现实，且能折射事物本质的一些问题来解析非洲阿拉伯国家的历史发展。这实际上是力图从一个不同的新视角，来探讨非洲阿拉伯国家综合性通史的一种尝试。而这种尝试完全取决于非洲阿拉伯国家的固有的独特国情，也是非洲阿拉伯国家历史进程中必须直面的重大议题。它有利于突破惯性思维的窠臼或定式，从更深层次认知非洲阿拉伯国家的变迁。更重要的是，这些问题能够从根本上深刻反映不同时期非洲阿拉伯各国社会、政治、经济和宗教文化等领域的独特样貌及嬗变，凸显非洲阿拉伯国家历史演进的脉络和轨迹。从一定程度上讲，它们构建了非洲阿拉伯国家通史研究的一个总体框架，也提供了一种宏观的视野和路径，以便在纵横维度的比较研究中揭示非洲阿拉伯国家历史发展的基本规律和主要特点。我们企盼八卷本《非洲阿拉伯国家通史》的问世能够为读者和研究者深度了解非洲阿拉伯国家的历史提供借鉴，并发挥其应有的社会效应。同时，对于书中的不足之处，恳请行家不吝指正和赐教。

2022年3月于西北大学中东研究所

目　录

Contents

绪论　利比亚概况

独立前的“利比亚”仅是地理学上约定俗成的表达方式，利比亚人更喜欢被称为的黎波里塔尼亚人、昔兰尼加人和费赞人。[①]学术界关于“利比亚”这一名词存在多种说法。И.А.盖宁认为，“利比亚”是希腊人对整个非洲的称呼。[②]约翰·赖特认为，“利比亚”是古代希腊人对埃及以西的整个北非的称谓。[③]罗纳德·圣约翰认为，“利比亚”一词源于古代埃及人所称的柏柏尔人部落的名字。[④]但这个名称已被历史遗忘。公元300年，罗马皇帝戴克里先（Diocletian）将昔兰尼加以北的两个省份命名为上利比亚省（Libya superior）和下利比亚省（Libya inferior）。1903年，意大利地理学家弗朗西斯科·米纽伊尔（Francesco Minuill）再次使用利比亚一词，指的是奥斯曼帝国治理下的的黎波里塔尼亚省和昔兰尼加省。1934年，意大利殖民政府将的黎波里塔尼亚、昔兰尼加等地命名为利比亚。[⑤]费赞是在1951年利比亚建国后才与的黎波里塔尼亚和昔兰尼加联系起来。[⑥]事实上，作为行政、经济与政治浑然一体的、现

---

① Majid Khadduri, *Modern Libya: A Study in Political Development*, Baltmore: The Johns Hopkins University Press, 1963, p.v.

②〔苏〕И.А.盖宁:《利比亚》，冠奇、萧欣译，新知识出版社1957年版，第1页。

③ John Wright, *A History of Libya*, London: Hurst & Company, 2012, p.viii.

④〔美〕罗纳德·布鲁斯·圣约翰:《利比亚史》，韩志斌译，东方出版中心2011年版，第2页。

⑤ Anna Baldinetti, *The Origins of the Libyan Nation: Colonial Legacy, Exile and the Emergence of a New Nation-State*, London:Routledge, 2010, p.1.

⑥ John Wright, *A History of Libya*, p.viii.

代国家意义上的利比亚，从1951年大国博弈、联合国大会推动建国算起，其历史仅有60多年。[①]为了叙述方便，本书将历史上属于的黎波里塔尼亚、昔兰尼加和费赞地区统称为“利比亚”。

一、地理位置和自然条件

利比亚地处非洲大陆北端和中东地区西翼，从地中海沿海深入北非腹地，地跨东经9°—25°，北纬18° 45′—33°，北临地中海，东部和东南部连接埃及、苏丹，南部和西南部接壤乍得、尼日尔，西部和西北部分别毗邻阿尔及利亚和突尼斯。利比亚国土面积176万平方公里[②]，居非洲第四位。长期以来，利比亚是埃及和马格里布的重要连接地带。同时，它也是地中海文明与非洲内陆黑人文明沟通的桥梁，是上述行为体之间贸易、军事、文化、民族、宗教交往中具有重要意义和地位的联系纽带。[③]19世纪中期，利比亚作为文明交往十字路口的重要地理位置更加凸显出来。这里一方面是贯通地中海与南部非洲的交通要冲，的黎波里地区是从地中海通向中南非的必经之路；另一方面，这里也是欧洲国家同非洲国家经济交往的贸易中心和中转站，贸易涉及羽毛、象牙、黄金和奴隶。到19世纪中期，非洲奴隶贸易的1/2都经由的黎波里、昔兰尼加和费赞地区。[④]的黎波里和昔兰尼加的对外贸易对象国是马耳他、英国、土耳其、法国和意大利。因此，利比亚具有非洲、阿拉伯、地中海多重属性，是一个世界历史文化的重叠区与走廊地带，体现了当代非洲、

---

① 利比亚数易国名：1951—1963年为“利比亚联合王国”；1963—1969年为“利比亚王国”；1969—1973年为“阿拉伯利比亚共和国”；1973—1986年为“阿拉伯利比亚人民社会主义民众国”；1986—2011年为“大阿拉伯利比亚人民社会主义民众国”。2011年9月16日，利比亚国名更改为“利比亚国”（State of Libya）。

② 利比亚国家概况，中华人民共和国外交部网站，https://www.fmprc.gov.cn/web/gjhdq_676201/gj_676203/fz_677316/1206_678018/1206x0_678020/，上网时间：2017年9月10日。

③ 王泰：《论北非文明交往与利比亚城市的历史变迁》，《史学理论研究》2003年第2期。

④ A.A.Boahen, *British, the Sahara and the Western Sudan*, *1788—1861*, London: Clarendon Press, 1964, p.128.

中东、地中海区域的许多政治经济与文化现象的独特性。

利比亚大部分国土为撒哈拉沙漠的一部分，90%以上是沙漠和半沙漠的干涸高原，沙海占全国面积的20%。埃及地理学家塔·谢尔夫将利比亚地形分为三个地区：即沿海平原区、北部山地和沙漠区。[①]沿海平原区包括吉法赖平原、苏尔特平原、班加西平原等，各地地形不同，宽窄不一。北部山地包括的黎波里山、绿山、拜特南和代夫奈高原。沙漠区包括山地，如哈鲁杰山、图莫山等；北部低地，如杰格布卜、迈拉代等；南部低地，如库夫拉、费赞和加特等绿洲；具有特殊地表形态的地区，如哈姆拉石漠。此外，在地中海沿海地区以及费赞的沙漠绿洲也可以从事农业。利比亚人口主要集中在上述农业区。正因如此，希腊地理学家斯特拉博（Strabo）将利比亚比喻为一只花斑豹，斑点就是相互隔离的定居点。[②]

利比亚气候可分为如下类型：一是亚热带地中海式气候。位于北部低地，特点是夏季炎热干燥，气温最高达40℃以上，平均气温为30℃左右。冬季温暖多雨，年平均降雨量为380毫米。二是热带沙漠气候。位于南部内陆地区，特点是冬季寒冷、夏季炎热，季节和昼夜温差极大。1月平均气温为12—15℃，7月份平均气温为32℃，最高气温可达50℃。利比亚平均降雨量不足100毫米，北部年平均降雨量在150—400毫米之间，降水主要集中在内富萨地区和绿山，最高降雨量可达600毫米。南部沙漠地区降雨量不足50毫米。中部的塞卜哈是世界上最干燥的地区之一。

“吉卜利风”（Ghibli）是利比亚沙漠地区的特殊气候，经常发生在4月、5月和6月以及夏季末。“吉卜利风”将阿尔及利亚南部的沙尘带到了利比亚，能使沿海地区的气温在几小时之内骤升30或40摄氏度，风沙遮天蔽日，庄稼被摧毁，尘土在建筑物上飞扬。[③]

---

① 〔埃及〕塔·谢尔夫：《利比亚地理》，唐裕生译，商务印书馆1982年版，第20页。

② Jonathan Bearman, *Qadhafi's Libya*, London and New Jersey: Zed Books Ltd., 1986, p.2.

③ Henry Serrano Villard, *Libya: The New Arab Kingdom of North Africa*, p.60.

费赞地区深受其害。“吉卜利风”在的黎波里地区持续时间较短，一般为2—3天。有利比亚谚语说：“如果‘吉卜利风’持续40天——真主会保佑这种情况不会发生——母骆驼会在没有公骆驼的情况下受孕。”①

利比亚矿产资源极为丰富。石油探明储量为430亿桶，天然气探明储量达1.54万亿立方米。②其他资源有铁（蕴藏量20亿—30亿吨）、钾、锰、磷酸盐、铜、锡、硫磺、铝矾土等。沿海水产主要有金枪鱼、沙丁鱼、海绵等。

二、人口状况

利比亚是非洲地区人口增长较快的国家之一。1954年利比亚第一次人口普查时人口总数为104.1万，2021年增长到698万。③利比亚人主要是阿拉伯人，其次是柏柏尔人。阿拉伯语为国语。绝大多数居民信仰伊斯兰教。利比亚人口增长的原因：一是邻国突尼斯和埃及以及非洲其他国家的外籍劳工源源不断地进入利比亚；二是卡扎菲政府时期采取奖励生育政策致使婴儿出生率猛增；三是随着居民公共卫生条件和医疗设施的改善，居民平均寿命延长，死亡率降低，出生率增长。在1949年到2002年间，婴儿死亡率从30%降到2.44%，而同期平均寿命从42.4岁增加到69.5岁。④

利比亚人口分布极不平衡，大都集中在地中海沿岸。全国65%的人口居住在的黎波里塔尼亚，30%的人口居住在昔兰尼加，费赞人口仅占5%。1973年以前，利比亚的城乡界限并不明确，贝都因人依赖于农业和游牧业，利比亚更像一个乡村。1973年后，利

① John Wright, *A History of Libya*, p.xvi.

② 利比亚国家概况，中华人民共和国外交部官方网站，https://www.fmprc.gov.cn/web/gjhdq_676201/gj_676203/fz_677316/1206_678018/1206x0_678020/。

③ 同上。

④ Waniss Otman and Erling Karlberg, *The Libyan Economy: Economic Diversification and International Repositioning*, Berlin: Springer, 2007, p.87.

比亚城市化的速度迅速上升。城市人口从1973年的134.4万增加到1995年的481.2万，年均增长6%。其结果，城市化率从1973年的59.8%，增加到1995年的85.6%。同期乡村人口相应地从40.2%减少到14.4%。[①]及至1995年，利比亚大多数地区的城市化率已超过73%。[②]利比亚快速城市化的原因在于：一方面，利比亚城市的基础设施逐渐完善，包括街道路灯、排水系统、道路桥梁以及住房设施，教育、医疗、公共安全等市政部门也建立起来，吸引大量农民进城。另一方面，城市化的扩大使利比亚城市延伸到了乡村地区，推进了乡村地区的城市化。

女性人数逐渐增加且地位提高。从1964年起，利比亚人口性别比例开始发生变化。男女比例在1964年、1995年和2000年分别为108.5：100、103.2：100和102.6：100。[③]毫无疑问，妇女进入劳动力市场以及份额的增加是社会进步和男女平等的重要标志之一。一位利比亚女政治家指出："20世纪70年代的利比亚政策是让妇女像男人一样在社会中扮演重要角色，参与国家建设。"[④]1969年，利比亚宪法规定，法律面前男女平等。20世纪80和90年代，利比亚颁布一系列法律，改善了妇女地位。妇女担任各种职业，如医生、护士、律师、飞行员、警察。妇女还参与政治事务和政治决策，如卡扎非执政时期的人民大会就有许多女性。1997年，利比亚基层人民委员会的760名成员中有36名女性，占全体委员的4.7%。2006年，两名妇女在总人民大会社会事务部和妇女事务部任职。

非法移民增多是人口结构变化的重要特征。据2007年欧盟提供的数据显示，利比亚的合法移民有60万，而非法移民人数在75万

---

① Waniss Otman and Erling Karlberg, *The Libyan Economy: Economic Diversification and International Repositioning*, p.89.

② Ibid.

③ Ibid., p.92.

④ Obeidi, "Changing Attitudes to the Role of Women in Libyan Society", *Journal of Economic Research*, October 1999.

到120万之间。[①]利比亚非法移民增多的原因：一是由于利比亚与6个国家相邻，即突尼斯、阿尔及利亚、尼日尔、乍得、埃及和苏丹，约有1970公里的海岸线，来自各国的移民很容易从边界进入利比亚。二是利比亚石油、天然气部门的发展，能提供大量就业岗位。三是20世纪90年代末期，利比亚领导人卡扎菲的对外战略从阿拉伯地区转向非洲，目标是成立一个非洲合众国，因此对撒哈拉以南非洲的移民采取不加限制的政策。非法移民不但造成利比亚犯罪现象增多，而且使医院、学校等基础设施非常紧张。非法移民造成了利比亚社会的持续动荡，影响了利比亚社会秩序的稳定。

三、教育体系的演变

利比亚的教育起步于奥斯曼帝国时期，形成于意大利殖民时期，动荡于英法管理时期，型塑于赛努西君主制政权时期，发展于卡扎菲执政时期。

第一阶段：奥斯曼帝国时期利比亚的精英教育体系。

奥斯曼帝国统治下的利比亚，统治者并不关心教育，这种状况在19世纪后期逐渐改变。起初，教育被宗教势力所垄断，老百姓接受教育必须到古兰经学校等宗教场所。这些宗教机构大都位于独立的地方社区，讲授阿拉伯语、古兰经、伊斯兰教法和圣训，教育主要体现了伊斯兰教的宗教诉求。奥斯曼帝国时期，利比亚教育的课程设置有限，女性由于受性别歧视缺乏受教育的机会。19世纪最后10年，奥斯曼帝国政府开始向利比亚引进现代教育制度。创办了四类学校。一是小学。利比亚的小学主要由私人创办，学制为三年，办学地址在班加西和的黎波里。课程包括：阿拉伯语、土耳其语、伊斯兰教、土耳其历史、地理和数学等。二是成人学校（mature school）。学制三年，招收完成小学学业的生员，入学年龄为11—

① Waniss Otman and Erling Karlberg, *The Libyan Economy: Economic Diversification and International Repositioning*, p.96.

14/15岁。学校分为军事和民事两类，由土耳其教师讲授科学课程。奥斯曼帝国在利比亚成立了5所成人学校，地点分别在的黎波里、班加西、胡姆斯、德尔纳和费赞。的黎波里还专门成立了一所女子学校。三是预科学校（preparatory school）。相当于中学阶段，学制四年，学生学习阿拉伯语、土耳其语、波斯语和法语。土耳其语为主要语言。四是技术学校，如1898年创办的艺术与工业学校，1909年创办的农业学校，二者都位于的黎波里。此外，奥斯曼帝国于20世纪初还在的黎波里和班加西成立了一些师资培训学校，学制两年。

奥斯曼帝国在小学、成人、预科和技术学校取得了一些成就，但利比亚学生要接受高层次教育就必须到埃及的艾资哈尔清真寺，突尼斯的宰图纳（al-Zaituna）清真寺求学。但由于巨额学费，只有富家子弟才有上学的机会。学校主要向学生灌输忠于奥斯曼帝国的思想，目的是长久维持帝国霸权，培养政治精英。奥斯曼政府鼓励利比亚人到军事院校学习。

第二阶段：意大利占领时期的“意大利化”教育体系。

意大利占领时期，利比亚的学校数量增加。这些学校讲授意大利语，在学生中传播意大利政治文化。这也是其对利比亚“意大利化”（Italian）殖民项目中的一部分，目的是培养效忠意大利政府的“顺民”。塞勒姆·哈贾吉（Salem Hajjaji）在其《新利比亚》一书中指出，意大利历史、语言和文化成为学校必修课，如果阿拉伯语不及格，意大利语及格就可以拿到学分。反之，则不可以。[①]意大利在利比亚成立卫生学校、小学、中学和技术学校。意大利成立了阿拉伯学校，目标有二：一是吸引阿拉伯学生学习意大利文化；二是让意大利学生学习阿拉伯语，从而为有效控制利比亚创造条件。学校课本主要宣扬意大利对利比亚民众的保护、尊重以及古罗马统治时期利比亚的繁荣状况，从而暗示意大利殖民利比亚的历史继承与

① Amal Obeidi, *Political Culture in Libya*, Richmond, Surrey: Curzon Press, 2001, p.34.

法西斯意识形态的合法性。

利比亚民众反对“意大利化”教育政策。利比亚人采取的措施：一是由于担心小孩丧失伊斯兰信仰、传统和文化，拒绝让孩子上学；二是坚决抵抗，许多人为此被意大利人杀死；三是出资成立古兰经学校，保留并继承伊斯兰传统。

第三阶段：英法管理时期的不稳定教育体系。

1943年，意大利法西斯政权被推翻，英国占领昔兰尼加和的黎波里塔尼亚，法国占领费赞。此时，利比亚各地区实行不同的教育体系。法国占领的费赞地区采取法国在突尼斯的教育政策，而昔兰尼加采用埃及的课本。的黎波里地区起初采用英国委任统治下巴勒斯坦的教育政策，由于利比亚人反对，也采用埃及的教育制度。

这一时期，利比亚又开办了一些学校。由于民众接受知识的渴望，第二次世界大战时期被关闭的学校重新开放。英国人非常重视世俗教育和成立职业学校，为利比亚培养技术人才。英国人从其他阿拉伯国家引进教师，利比亚青年人开始接受阿拉伯民族主义和阿拉伯民族认同等较前沿的思想观念。利比亚女性接受教育的机会增加。1950年，利比亚成立女子师范学校。女教师数量也快速增加。

第四阶段：赛努西王朝时期利比亚教育初具规模。

尽管在奥斯曼帝国、意大利殖民以及英法占领时期，利比亚教育有所发展，但独立之初，教育事业仍十分落后。除了几所中学外，没有一所像样的大学。赛努西王朝时期，利比亚教育面临着诸多困难：

一是需要接受教育者数量庞大。1954年的利比亚官方人口普查显示，81.1%的利比亚人是文盲。驻利比亚的联合国官员艾德里安·佩尔特（Adrian Pelt）在1951年的提交给联合国的年度报告中指出，利比亚“需要接受教育的学生超过10万”。到1953年，的黎波里塔尼亚省约40%的学生都接受教育。20世纪50年代后，利比亚教育的发展步伐逐渐放慢。数据显示，6—14岁的学龄儿童有268086人，而入学人数仅144511人。学生的复读率较高，辍学现象十分普遍，女孩的辍学率比男孩更高。[①]到1961年，接受过小学教育的人口为13.1万。[②]1969年“九月革命”爆发时，利比亚全国200万人口中受教育者只有29万人，占居民总数的14.5%。[③]

二是师资缺乏与教师“埃及化”。的黎波里塔尼亚仅800名教师，200名教师接受过正式的师资培训，其余的仅接受过1—2年的教育。1964—1969年间，中小学教师需求量分别为291名和4484名，而师资培训学校仅能培训1844名，占需求量的39%。[④]利比亚人只好向埃及等国家聘请师资，课本也是使用埃及的。其结果是埃及教师宣传的阿拉伯民族主义等政治意识形态在利比亚学生中扎下了根。正如摩赫拉比（El-Mogherbi）所说：“课本中根本没有塑造一种利比亚认同和民族主义情感，而是充满了阿拉伯历史和阿拉伯民族主义的话语体系，呼吁阿拉伯民族统一，反对帝国主义”。[⑤]课本内容突出宣传阿拉伯人的优秀、阿拉伯民族的杰出，阿拉伯帝国历史的辉煌，弱化利比亚国家观念。埃及化的教育体系为利比亚培养了一批反对西方殖民主义，推翻赛努西王朝的中流砥柱。

三是基础设施落后。据1965年的黎波里公立学校提供的数据显示，利比亚小学十分拥挤，1年级一个教室容纳87个女生，6年级一个教室容纳66个男生。仅在1969/1970—1975年，62所新建学校就需要修建1740间教室。[⑥]

赛努西王朝时期在教育方面也取得了一些成就：

一是从制度上保障教育的发展。1952年，赛努西王朝颁布利比亚教育法，规定各省负责教育的具体实施，人人有接受免费义务教

① Waniss Otman and Erling Karlberg, *The Libyan Economy: Economic Diversification and International Repositioning*, p.98.

② Ibid.

③ 潘蓓英编著：《列国志・利比亚》，社会科学文献出版社2007年版，第224页。

④ Waniss Otman and Erling Karlberg, *The Libyan Economy: Economic Diversification and International Repositioning*, p.99.

⑤ Amal Obeidi, *Political Culture in Libya*, p.37.

⑥ Waniss Otman and Erling Karlberg, *The Libyan Economy: Economic Diversification and International Repositioning*, p.99.

育的权利，学生必须学习阿拉伯语。1958年，利比亚颁布免费教育法，要求私立学校都必须处于教育部的监管之下。

二是高等教育初具规模。独立之初，利比亚仅有14人拥有大学学位。1957年，利比亚成立两个高等研究院：即班加西商业和经济学院和的黎波里科学学院。1961年，在联合国教科文组织的支持下，利比亚成立高等工学院。1962年，班加西成立法学院。贝达（Beida）的杰格布卜（Jaghboub）大学设立讲座教授。尽管如此，利比亚高技能专业领域，特别是油气行业的人才仍十分缺乏。1964—1969年，利比亚国有和私人部门缺乏21998名油气行业毕业生，仅利比亚政府就需要1760名接受过大学教育的专门人员。1965年，利比亚332名医生中有316名是外国人。①

三是财政投入、学生入学率增加，文盲率下降。20世纪60年代末和70年代，利比亚日出口原油300万桶，石油收入的增加使得国家有更多的资金投入教育。例如，1967/1968年利比亚财政预算1.01亿利比亚镑，其中拨付教育费用2081.2万利比亚镑，占总预算的2.06%。学校人数成倍增加。1960—1968年间，利比亚有学生25万人，有1000所公立和私立学校。1964年，利比亚人口普查显示，仅0.13%的利比亚学生顺利毕业。男子文盲率从1954年的72%，降到1964年的59.6%，女性文盲仍有95%。②

第五阶段：卡扎菲时期利比亚教育的快速发展。

1969年上台的卡扎菲政府十分重视文化教育事业。1977年利比亚宪法规定教育的目标为：维护阿拉伯利比亚文化的优秀传统和加强民族意识，适应政治和社会变革的需要，推进利比亚的现代化大业。为此，利比亚采取各种措施大力支持教育事业。

第一，从制度和财力上大力支持教育事业的发展。1975年利比亚颁布教育法，要求6—15岁的儿童必须接受免费的初等教育。全体

① Waniss Otman and Erling Karlberg, *The Libyan Economy: Economic Diversification and International Repositioning*, p.99.

② Ibid.

利比亚公民有接受教育的权利。在制度上提供保障的同时，利比亚革命政府还利用石油美元为发展教育事业提供财政保证。1999年由于联合国解除对利比亚制裁，再加上国际油价飞升，利比亚加大教育投入。2000年和2002年，教育投入占财政收入的20%，2004年，又降到16.8%。①

第二，大力推进中学和高等教育的发展。革命政府成立初期，利比亚中学和大学生人数较少，小学生占学生总数的84.9%。随后，利比亚加大中学和大学的建设力度。20世纪80年代初，初高中学生分别占学生总数的22.1%和4.9%，小学生占学生总数降到67%，师范学院和大学生分别占学生总数的2.7%和1.99%。女学生规模明显增加。1974—1975年，利比亚女学生数量增加到45万人，占学生总数的45%，而前5年，女学生为8.9万人，为学生总数的30%。1979—1980年，利比亚有4800名女大学生，而前十年仅400名女大学生。②利比亚师生比率也是教育投入和质量的重要指标，从1969年到2000年，基础教育的师生比率从25%减少到10.2%，初中教育师生比率从9.2%减少到5.9%。

第三，发展职业技术教育，开展成人教育和扫盲工作。卡扎非革命政府建立之初，全国各行业百废待兴，技术人员和专业人才十分缺乏，直接影响了政权的稳定与经济的发展。因此，革命政府发展职业技术教育，开展成人教育。1987—1988年，高中技校学生增加到2.71万人，而前8年，利比亚全国技术学校学生仅1975人。革命政府重视开展成人教育，在全国建立培训中心和夜校，对成年人进行专业和技术培训。革命政府的扫盲工作也成效显著。据1992年统计，利比亚成人识字率已经达到66.5%。③到2004年，利比亚文盲率为12.6%，大多数是年岁较大的老人。利比亚年轻人的识字率较高，

---

① Waniss Otman and Erling Karlberg, *The Libyan Economy: Economic Diversification and International Repositioning*, p.107.

② 潘蓓英编著：《列国志·利比亚》，第226页。

③ 同上书，第226—227页。

男女识字比率并没有多大差距。据2000—2004年的数据显示，利比亚15—24岁青年人的识字率达到99.8%，[①]高于阿曼、约旦和巴林。

第四，加强师资培训。学生质量的好坏，与教师水平的高低息息相关。20世纪90年代，利比亚教育部门加强了师资培训。1995年，成立师资培训机构。主要有如下目标。一是培养教师个性，提高他们的职业道德、科学水平、教育水准和专业能力。二是培养基础教育的各专业学生。三是采取选择性的方式接受这些机构的教师和学生。四是给这些教师提供足够的专业和文化培训。五是定期为工作期间的教师提供培训。因此，利比亚的师资培训机构迅速扩大。1998—1999年间就有44所，招收学生25518人，包括学前教育、专业教育和应用科学。

四、利比亚历史发展的特点

马亚·诺尔（Maja Naur）指出，利比亚是一个政治上存在争议，经济上富有潜力，社会面临各种挑战的“例外国家”（An Exceptional Country）。[②]地处北非的利比亚由于其地理位置的独特性使之成为世界上多种文明交往的十字路口，在人类文明的演进中做出了巨大贡献，具有重要的历史地位。利比亚的历史发展特点主要体现在：

第一，利比亚位于阿拉伯世界、非洲与地中海三个世界之间，其政治文化与认同具有多元性、流变性、历史悠久以及分裂性地缘结构的特点。利比亚处于阿拉伯半岛、非洲与地中海三大世界的边缘区域，这一独特的地理位置对其核心领域的历史发展产生了重要影响。利比亚地理范围包括三个区域：即东部的昔兰尼加，具体城市包括班加西、德尔纳（Derna）、贝达和图卜鲁格（Tobruq）；西部的的黎波

① UNESCO, EFA Global Monitoring Report, 2006.

② Maja Naur, *Political Mobilization and Industry in Libya*, Copenhagen: Akademisk Forlog, 1986, p.12.

里塔尼亚，具体城市包括扎维耶（Zawai）、米苏拉塔（Misarata）和塔朱拉（Tajoura）；西南部的费赞，主要城镇是塞卜哈（Sebha）。[①]在以马和骆驼为交通工具的时代，三者之间距离遥远。从的黎波里到昔兰尼加的主要城市德尔纳要行走三周，二者要想到费赞地区要走两个月。[②]从历史脉络演变来看，昔兰尼加倾向于同马什里克（Mashriq）或伊斯兰世界东部交往，而的黎波里塔尼亚则认同马格里布与伊斯兰世界西部。[③]由于利比亚南部延伸到撒哈拉沙漠深处，因此与非洲邻国享有相似的社会经济特征，费赞自然就同南面的非洲中西部国家交往甚密。因此有学者指出，利比亚成为一个国家纯属偶然，利比亚的历史就是各地区历史的简单相加。[④]从历史视野来看，利比亚处于马格里布（包括突尼斯、阿尔及利亚、摩洛哥和毛里塔尼亚）和马什里克（包括埃及与中东其他国家）之间，这两大区域力量使利比亚处于被东西方国家竞逐的状态，利比亚不知道自己应该属于哪一方，更不知道应该与哪一方联合。[⑤]而更不幸的是，利比亚历史上遭受了一连串殖民者的入侵：奥斯曼帝国、意大利、德国、法国、英国都曾在利比亚进行过殖民活动。

第二，利比亚既具有非洲的地缘性，也具有阿拉伯的民族性，还具有伊斯兰的宗教性，是阿拉伯世界有影响力的大国，利比亚伊斯兰社会主义现代化模式在中东非洲地区具有独特性和代表性。20世纪下半叶，利比亚在第三次现代化浪潮中开启了现代化的漫漫征途。各国发展条件和历史遭际不同，选择工业化与现代化的道路也不尽相同。从中东现代化视野来看，利比亚的历史发展道路经历了一系列曲折而富有革命冒险的民族主义转型：从君主制早期现代化

---

① Alison Pargeter, *Libya: the Rise and Fall of Qaddafi*, New Haven and London: Yale University Press, 2012, p.12.

② Seton Dearden, *A Nest of Corsairs: The Fighting Karamanlis of Tripoli*, London: John Murray, 1976, p.1.

③ Ronald Bruce St John, *Libya: from Colony to Independence*, Oxford: Oneworld, 2009, p.2.

④ Alison Pargeter, *Libya: the Rise and Fall of Qaddafi*, p.12.

⑤ Janice Monti-Belkaoui and Ahmed Riahi-Belkaoui, *Qaddafi: The Man and His Policies*, Aldershot Brookfield: Avebur, 1996, p.vi.

的两条道路之争到革命民族主义体制的系统构建，从传统部落集聚的落后国度到具有现代鲜活气息的文明社会。

第三，卡扎菲“伊斯兰社会主义”的特点与变革对世界社会主义理论与实践的借鉴意义。20世纪70年代以来，利比亚的历史发展主要是在卡扎菲的“伊斯兰社会主义”思想指导下，同时杂糅了纳赛尔社会主义和古典马克思主义的基本概念。用曼苏尔·吉希亚（Mansour O.El-Kikhia）的话说，是一种极为特殊的意识形态（Idiosyncratic Ideology）。[①]这种发展模式首先是要在意识形态上对利比亚社会实施自上而下的彻底改造，它带有明显的“乌托邦”和“理想化”色彩。同时，利比亚现代化发展的各种举措又被完全置于政治需要和政治考量的前提之下，目的在于无条件地树立和确保卡扎菲个人的绝对权威，并由卡扎菲人为地来设定利比亚的发展方向。从本质上看，利比亚伊斯兰社会主义和现代化发展动力并未超越传统权威主义的范畴，经济领域主要是国家资本主义模式。由于联合国和国际社会的制约，卡扎菲在利比亚的现代化实验大都成为空洞的政治表演，很难实现既定的发展目标。在遭遇了一系列碰壁和挫折后，利比亚伊斯兰社会主义的现代化进程在伊拉克战争后开始改弦易张，探索新的变革。卡扎菲政权被推翻后，利比亚处于各种政治力量群雄逐鹿的状态。

① Mansour O.El-Kikhia, *Libya*'s *Qaddafi*, University Press of Florida, 1997, p.2.

第一章　利比亚古代文明的历史交往

美国驻利比亚首任大使亨利·赛拉诺·维拉德（Henry Serrano Villard）曾说过，利比亚的历史基本上是外来力量征服与占领交替更迭的历史。[1]自远古时代，北非地区已有多种文明不同形式的交往、碰撞和融汇。在历史上，腓尼基人、希腊人、罗马人、汪达尔人、拜占庭人、阿拉伯人等以征服者的光环走马灯似的在这里轮转，并先后在利比亚留下各自的治理印迹，而本土居民柏柏尔人反而显得无足轻重。阿拉伯部落进入利比亚奠定了利比亚部落社会的基本结构。穆拉比德人、穆瓦希德人与哈夫西德人等族群的纷至沓来体现了多种文明行为体的嬗变。阿瓦拉德王朝的兴衰轨迹揭示了利比亚外来力量本土化、本土力量边缘化的历史演变逻辑。作为北非文明的有机组成部分，利比亚对世界文明的演进与发展做出了应有贡献。

一、多种文明行为体的递嬗

史前文明

在远古时期，北非的历史已经具有地区联系，利比亚的历史也必须从地区的角度进行探讨才更有意义。作为北非文明的一部分，利比亚对世界文明的演进与发展做出了重大贡献。利比亚史前

---

① Henry Serrano Villard, *Libya: The New Arab Kingdom of North Africa*, New York:Cornell University Press, 1956,p.11.

史的考古资料较为缺乏，即使有一些资料也充满争议，仅能通过希腊-拉丁（Greco-Latin）文献以及费赞地区的史前岩画探悉其早期历史的原貌。1850年，德国考古学家海因里希·巴斯（Heinrich Barth）首先发现了岩画艺术的历史意义。通过这些岩画，可以洞晓北非早期历史的某些信息。1万年以前，北非地区是原始人类狩猎和食物采集的理想之所，这里生存着大象、犀牛、鳄鱼等动物。[①]旧石器时代晚期，棕色皮肤人群移民至此，后来白肤、金发、蓝眼的白种人居住在北非，希腊人称之为“利比亚人”。[②]公元前7000年开始，利比亚的沿海地区进入了新石器时代。这里的居民会驯化动物，精于耕作并收获粮食，这些都标志着利比亚农耕与畜牧文明的开始。今天的撒哈拉沙漠地区，当时是丰茂葱茏的草原，以豢养牲畜为特征的游牧文明较为流行，民众生活富足。[③]公元前3000年左右，埃及早王朝和西部的沙漠部落民之间发生冲突。利比亚部落民迅速入侵尼罗河流域。这是游牧部落和埃及定居农民之间的文明冲突。[④]公元前2000年，北非地区气候干燥，居民或移民苏丹，或融入本地柏柏尔人。利比亚的早期居民，从柏柏尔人到汪达尔人都没有自己的文字。目前所知的历史事实都是昔日到过北非地区的希腊罗马官员、地理学家以及其他旅行家所描述的情况，其真实性值得商榷。

我们至今无从考证利比亚柏柏尔人的起源。从埃及古王国时期考古出土的铭文，可以了解柏柏尔人的大致信息。柏柏尔人属于少数族群，但影响范围较广，从利比亚西北部的内富塞山（Jebel Nefousa）向西南延伸进入阿尔及利亚南部、马里东部以及尼日尔西部。阿尔及利亚北部以及整个摩洛哥，都有柏柏尔人的足迹。[⑤]

---

① John Wright, *A History of Libya*, Revised and updated edition, p.3.

② Ibid., p.4.

③ Ronald Bruce St John, *Libya: from Colony to Independence*, p.3.

④ John Wright, *A History of Libya*, Revised and updated edition, p.4.

⑤ 〔美〕罗纳德·布鲁斯·圣约翰：《利比亚史》，第3—4页。

腓尼基人

3000年前，腓尼基人到达了北非沿岸。[①]腓尼基人是富有进取心的商业民族，讲闪族语，居住在迦南北部，即今日黎巴嫩和叙利亚南部，等同于西亚北部迦南地区沿海地带一条狭长的区域。[②]腓尼基人（Phoenician），或者叫布匿人（Punics），是北非地区最早的外来居民，布匿文明的主角。[③]腓尼基人生活的家园包括现代叙利亚、黎巴嫩与以色列北部的沿海地区。腓尼基人从事多种职业，受海上贸易文化的浸染善于经商，出航海家、商人。公元前12世纪，他们在地中海地区修建了诸多商业据点。他们在迦南地区种植农作物，在沿海地区建立城市国家，如西顿、提尔等，并发展海上运输。腓尼基人横渡地中海在大西洋沿岸建立殖民地。从公元前1200年到公元前850年，这些地区繁荣昌盛，且处于独立地位。腓尼基人善于经商，是西亚、北非和欧洲贸易交往的中间人。腓尼基人出口的商品深受喜爱，如紫色纺织品的颜料是从一种小型软体动物骨螺的分泌物中提取的。出口的商品类型多样，有迦南雪松、酒、武器、玻璃器皿、珠宝、纸草、象牙等。

腓尼基人在北非地区建立了贸易殖民地。公元前1100年，他们建立了尤蒂卡（Utica）和加德斯（Gades）殖民地。公元前814年，布匿人修建了迦太基城，即现在的突尼斯。[④]几个世纪后，迦太基发展成为独立国家，控制了从利比亚的的黎波里塔尼亚到伊比利亚的地中海沿海地区，以及大西洋海岸的广大区域。正如沃明顿（B.H.Warmington）所说："作为城市国家的迦太基试图像一个帝国那样统治，并能维持几个世纪之久，这在世界历史上还是

---

① John Wright, *A History of Libya*, Revised and updated edition, p.7.

② 〔美〕菲利普·G.内勒：《北非史》，韩志斌等译，中国大百科全书出版社2013年版，第1页。

③ John Wright, *A History of Libya*, Columbia University Press, 2010, p.1.

④ John Wright, *A History of Libya*, Revised and updated edition, p.9.

第一次。”①

迦太基占领的黎波里塔尼亚后修建了三大沿海城市，即：欧伊亚（Oea，即的黎波里）、莱布代（Labdah）[后来的莱普提斯麦格纳（Leptis Magna）]和萨布拉塔（Sabratha），这三个城市统称为的黎波里斯（Tripolis，也叫三城）。公元前5世纪，迦太基的统治已经遍及北非的地中海沿岸大部分地区。

布匿文明对柏柏尔人的影响较大。由于柏柏尔人力量虚弱，迦太基人轻而易举地征服了北非内地的柏柏尔人部落。二者长期进行贸易交往，取长补短。迦太基人在充当了柏柏尔人和地中海商人中间商的过程中积累了大量财富。柏柏尔人也参与跨撒哈拉贸易，为迦太基人提供商品。柏柏尔人不仅是迦太基人的商业伙伴，还是骑兵的辅助力量。在迦太基的影响下，柏柏尔人也发展起来，后者发现前者的文化富有魅力。柏柏尔人的语言和宗教一定程度布匿化，后者将布匿崇拜仪式融入了他们的民间宗教。到罗马统治后期，的黎波里塔尼亚城市与沿海乡村地区的柏柏尔农民仍然说布匿语言。在第一次布匿战争（前264—前241年）和第二次布匿战争（前218—前202年）期间，迦太基得到柏柏尔部落的大力支持。

希腊人

希腊人在历史上一直有着对外移民的传统，或者说热衷于移民。②希腊城邦建立以后，便在叙利亚优卑亚岛建设商站，开启了海外殖民运动的序幕。公元前750年左右，希腊人又在意大利那不勒斯附近的皮提库萨岛建立了殖民点，建成一个最早的殖民城邦。从此直到公元前6世纪的200多年间，希腊殖民者在地中海区域广泛开展殖民活动。其原因：一是人口过剩导致希腊本土难以容纳如此多的居民；二是贫困导致许多人背井离乡，前往北非谋生度日。而昔兰尼加则是他们的重要目的地，其原因亦有二：一是昔兰尼加与希

① 〔美〕菲利普·G.内勒：《北非史》，第14页。

② John Wright, *A History of Libya*, Revised and updated edition, p.15.

腊本土距离较近；二是希腊人认为，昔兰尼加是一块生存的福地和沃土。这里水源充足、土质肥沃。①

据希罗多德的记载，“利比亚人”（非洲人）与希腊人之间的交往已经持续了几个世纪：“在我看来，希腊人手持‘羊皮盾’，他们用利比亚妇女的衣服装饰阿西娜的雕像……希腊人从利比亚人那里学到的另一件事情是驾驭战车［表明了希腊人与加拉曼替人的交往］”。②希腊人把北非作为他们建立殖民地的目标。公元前631年，希腊人建立了昔兰尼城，而且利比亚东部被称为昔兰尼加。希腊人在昔兰尼附近又修建了另外四个城市，建立了一个地域性的“大城邦”（Pentapolis）。③迦太基和昔兰尼建立了友好关系，并和平地划分了疆界。④在君主的统治下，昔兰尼繁荣起来，最终被希腊化时代的埃及所控制。

公元前525年，波斯国王冈比西斯三世（Cambyses Ⅲ）在占领埃及后，征服五座城邦。公元前331年，这些城邦又被希腊马其顿亚历山大帝国所控制。公元前322年，该地区并入埃及，接受托勒密一世（Ptolemy Ⅰ）的统治。公元前96年，统治昔兰尼加的最后一位希腊国王托勒密·阿丕安（Apion）将王位赠送给罗马人。

希腊人控制下的昔兰尼城是希腊世界最重要的智力与文化中心之一。这里的医药学、建筑学闻名于世，也是北非地区著名的学术

---

① John Wright, *A History of Libya*, Revised and updated edition, p.15.

② Herodotus, *The Histories*, Translated by Aubrey de Selincourt, New York: Penguin Books, 1978, p.334.

③ 这四个城市包括欧里庇德斯（Euesperides，即班加西）、巴尔切（Barce）、乌切拉（Teuchira）和阿波罗尼亚。希腊人在今日被称为绿山（Jabal Akhdar）定居，这是一个由高原和丘陵组成的地区，而且是利比亚最湿润的地区。参见 Henry Serrano Villard, *Libya: The New Arab Kingdom of North Africa*, p.101.

④ 据说两国界线是这样设定的，奔跑者分别从迦太基和昔兰尼出发，朝着对方城市奔跑，并确定他们会面之地便是两国边界。代表迦太基的奔跑者费拉尼兄弟与代表昔兰尼的奔跑者在苏尔特湾南岸相遇。希腊人拒绝承认，认为比赛有违公平。迦太基两兄弟发誓没有进行欺骗行为，并要求将他们活埋在疆界上，这是个荣誉问题。他们的要求得到了满足，而两兄弟也变成了迦太基美德的榜样，赢得了希腊人的尊敬。参见 Sallust, *Jugurthine War, The Conspiracy of Catiline*, translated by S.A.Handford, Baltimore:Penguin, 1967, pp.111–112.Ronald Bruce St John, *Libya: from Colony to Independence*, p.12.

中心。在其文化发展的高峰时期，昔兰尼出现了三位名声显赫的学者，他们是亚历山大的诗人卡利马科斯（Callimachus，前305—前240年）、科学家埃拉托色尼（Eratosthenes）以及雅典的哲学家卡涅阿德斯（Carneades，前214年—前129年）。昔兰尼和雅典相互交换学者，柏拉图为昔兰尼城草拟一部昔兰尼法律并为政府积极献策。几何学家埃拉托斯特尼（Eratosthenes）是昔兰尼加人，柏拉图曾求教于他。[①]

到公元6世纪末，昔兰尼成为北非重要的贸易中心，与地中海的希腊城市进行贸易交往，贸易线路最远到达锡瓦绿洲。昔兰尼的财富主要来自昔兰尼加北部肥沃的农区。希腊人认为务农是一件高尚的工作，许多希腊人定居于此，农业因此发展起来。希腊人引进了新的农业物种，昔兰尼加种植了大麦、玉米和油棕，数量较大，可以出口海外，苹果远近闻名。[②]

昔兰尼濒临重要的贸易路线，本可以与迦太基相匹敌。尽管昔兰尼拥有共同的宗教、语言与文化，但其城市内部派系林立，没有形成凝聚力。希腊人和本土利比亚人之间关系并不友好。但是，迦太基人不但控制自己的城镇，还与利比亚人合作。希腊人则不断地应付部落民，偶尔应对迦太基人的入侵。公元前331年，亚历山大大帝入侵埃及并建立亚历山大城，他到锡瓦绿洲遇见昔兰尼使团，后者送给他战车和马匹为礼物。公元前323年，年仅33岁的亚历山大去世，埃及成为亚历山大手下的托勒密王朝的领土，昔兰尼加归属埃及。[③]

昔兰尼加人并不喜欢托勒密王朝的统治，在统治的前20年里，昔兰尼加地区至少发生两次起义。托勒密王朝为昔兰尼制定了一部法律，有利于消弭政治分歧，维持社会稳定。公元前300年，托勒密一世的继子马加斯（Magas）成为总督。公元前283年，他自称

---

① John Wright, *A History of Libya*, Revised and updated edition, pp.19–20.

② Ibid., p.19.

③ Ibid., p.20.

为王，九年后甚至一度想入侵埃及。马加斯死后，其女儿贝蕾妮丝（Berenice）与托勒密三世联姻，昔兰尼和埃及的关系重归于好。托勒密王朝统治下的昔兰尼加呈现出繁荣状态，犹太人也在这里建立殖民地。

希腊人在利比亚做了许多事情，至今利比亚境内的许多遗迹都是古希腊人留下来的。但希腊人从来没有控制费赞，后者当时在柏柏尔人和图阿雷格人的祖先——加尔曼特人（Garamantes）的手里。希罗多德描述他们是“世界上最健康的人群”。①

二、罗马与迦太基角逐下的的黎波里塔尼亚

迦太基战争

公元前3世纪，罗马与迦太基为控制地中海而进行激烈的角逐。在罗马人看来，地中海是“我们的海”，②循此逻辑，地中海南岸的的黎波里塔尼亚自然也是罗马的统治区域。迦太基人先是和希腊人竞争，后与罗马人修好关系。公元前6世纪末，二者签署和约，划分了势力范围。公元前348年，双方修订条约。在皮洛士战争中，迦太基向罗马提供军事和财政援助。罗马在征服意大利南部后，将矛头指向西地中海，而劲敌则是昔日盟友迦太基。罗马与迦太基争夺北非的动机不同：罗马的政策属于防御型帝国主义（Defensive Imperialism），迦太基的政策属于开拓型商业帝国主义（Exploiting Commercial Imperialism）。③公元前264年到公元前146年，罗马与迦太基进行了三次战争，被称为“迦太基战争”或“布匿战争”。前两次战争决定哪个国家控制西地中海，后一次使罗

① Alison Pargeter, *Libya: the Rise and Fall of Qaddafi*, p.15.

② John Wright, *A History of Libya*, Revised and updated edition, p.27.

③ H.H. Scullard, *A History of the Roman World 753 to 146 BC*, Fourth edition, London: Methuen, 1980, p.167.

马在马格里布地区平稳立足。[①]迦太基战争爆发的原因：一是掠夺土地。罗马经济迅速发展，许多居民没有土地，希望通过对外扩张获得土地；二是控制迦太基，夺取地中海的商业优势；三是罗马对外征服的惯性所致，罗马人对外征服捷报频传，他们相信“战争可以使共和国繁荣”；[②]四是公元前3世纪的迦太基是地中海世界最富强的海上商业帝国，组建了强大的海军，拥有与罗马争夺西地中海霸权的雄厚资本。

公元前264年—公元前241年，罗马和迦太基人为争夺西西里岛爆发了第一次迦太基战争。罗马初战告捷，但迦太基凭借强大的海军封锁了西西里和意大利海岸，罗马扩大海军规模，变陆战为海战。但罗马远征迦太基本土的军队大败而归，惨败的罗马舰队又遇到暴风雨袭击，损失惨重。尽管罗马在海战中屡战屡败，但在公元前241年的埃加迪群岛（Aegates Islands）战役中取得了决定性胜利，双方缔结和平条约，迦太基放弃了它在西西里岛的领土，并同意赔款。[③]

公元前218年，第二次迦太基战争爆发。战争爆发的原因是：罗马趁迦太基国内空虚，撕毁条约，占领科西嘉岛和撒丁岛，并要求缴纳大量赔款。罗马军队兵分两路，进攻迦太基和西班牙。迦太基名将汉尼拔先与南部高卢的凯尔特人结盟，后在公元前218年率大军翻越白雪皑皑的阿尔卑斯山，率领2.6万名战士入侵亚平宁半岛。骁勇善战的柏柏尔骑兵是汉尼拔远征军的重要组成。公元前216年，汉尼拔在坎尼会战中重创罗马军队，罗马盟友纷纷倒戈投奔汉尼拔。据历史学家李维估计，罗马人损失了4.55万名步兵和2700名骑兵。[④]还有军事史家认为，迦太基损失了6000人，罗马损

---

① 〔美〕菲利普·G.内勒：《北非史》，第27页。

② 杨共乐主编：《世界史资料丛刊——罗马共和国时期》（上），商务印书馆1997年版，第67页。

③ John Wright, *A History of Libya*, Revised and updated edition, p.23.

④ Livy Titus Livius, *Hannibal's War: Books Twenty-one to Thirty*, Translated by J.C.Yardley, New York: Oxford University Press, 2006, p.118.

失了6.2万人。[①]为了挽救危局，罗马招募军队，重新使用费边的拖延战略。罗马破坏汉尼拔的补给线，同时派大军攻克位于西班牙的新迦太基城，切断了汉尼拔的后方支援。公元前204年，罗马军队在北非登陆，进逼迦太基城。汉尼拔只好回师保家。公元前202年，罗马军队和汉尼拔在扎玛决战，再加上努米底亚（Numidian）军队的帮助，汉尼拔被打败。公元前201年，双方签订条约，要求迦太基归附罗马并将其活动局限于北非一隅，割让西班牙，支付巨额赔款，将迦太基战舰减至10艘。只有在罗马的允许下，迦太基才可以发动防御战争。[②]迦太基丧失海外一切属地，包括的黎波里塔尼亚，罗马确立了在西地中海的霸权。

为了防止迦太基重新崛起，罗马鼓励盟友努米底亚国王马西尼撒（Massinissa）对外扩张，吞噬迦太基的领土。[③]在战争结束的半个世纪里，马西尼撒定都锡尔塔，扩建陆海军，促进经济发展，推动农业繁荣。[④]马西尼撒乘机大肆扩张，构建一个从毛里塔尼亚到昔兰尼加的利比亚王国。这是撒哈拉地区第一个本土国家。[⑤]“游牧民摇身变为农民，将农场变成国家”。[⑥]

50年后，迦太基农业发展，商业繁盛。为了遏制迦太基的再次崛起，罗马于公元前149年挑起第三次迦太基战争。事情起因于公元前193年的迦太基—努米底亚冲突，这与后者国王马西尼撒密切相关。李维称马西尼撒是天生奇才。[⑦]精明能干的马西尼撒是马赛利部落的王子，曾在西班牙的迦太基军队服役。马西尼撒的父亲去世

---

① R.Ernest Dupuy and Trevor N.Dupuy, *The Encyclopedia of Military History from 3500 B.C. to the Present*, New York: Harper & Row, 1977, p.66.

② Abdulhafid Fadil Elmayer, *Tripolitania and the Roman Empire*, Markovz Jihad al-Libya Studies Center, 1997, Deposition Number 1996/1915/Dar. Kotob.P.O.Box: 5070/Tripoli, p.14.

③ John Wright, *A History of Libya*, Revised and updated edition, p.23.

④〔美〕菲利普·G.内勒:《北非史》，韩志斌等译，中国大百科全书出版社2013年版，第41页。

⑤ John Wright, *A History of Libya*, Revised and updated edition, p.23.

⑥ Abdulhafid Fadil Elmayer, *Tripolitania and the Roman Empire*, p.14.

⑦〔美〕菲利普·G.内勒:《北非史》，第33页。

后，本部落中的一位名叫赛法克斯（Syphax）的对手在迦太基人的支持下推翻了马西尼撒的统治，马西尼撒被迫流亡异乡。随后，在罗马的支持下，马西尼撒打败赛法克斯。在第二次迦太基战争中，马西尼撒帮助罗马击败汉尼拔，罗马随之承认马西尼撒为努米底亚国王，并把迦太基的一小块土地赠与他做奖赏。

公元前195—前193年，马西尼撒国王追逐叛军，后者逃亡到昔兰尼加。国王要求借道的黎波里塔尼亚，遭拒绝后宣战，占领了该地。当地居民被迫向努米底亚国王交税，以前是向迦太基交税。双方都派使者前往罗马，要求罗马政府裁定。罗马派出以西庇阿·阿非利加努斯（Scipio Africanus）为首的使团调查事情的真相。西庇阿与马西尼撒过从亲密，后者通过向罗马缴纳谷物、提供骑兵等方式宣誓效忠。因此，调查委员会承认努米底亚占领迦太基领土的合法性。

公元前165年，马西尼撒夺取的黎波里塔尼亚。公元前161年，努米底亚进攻迦太基的恩波利亚（Emporia），后者向罗马求援。罗马支持努米底亚，要求迦太基将恩波利亚交与马西尼撒管理。公元前161年（一种说法是公元前193年），努米底亚占领的黎波里塔尼亚部分地区，但三座城市莱普提斯麦格纳、欧伊亚和萨布拉塔仍在迦太基控制之下。公元前150年，努米底亚占领恩波利亚。迦太基发动反攻，夺回了部分领土。

公元前153年，罗马元老院派出以加图（Cato）为首的第二批使团。加图要求迦太基接受现实，遭拒绝。公元前152年，主张和平解决问题的西庇阿第三次带领使团前往北非。他要求努米底亚撤出迦太基被占领土，但加图在元老院宣传迦太基崛起对罗马的威胁，马西尼撒也一再声称迦太基正在雄心勃勃地扩军。公元前151年，第三批使团提交的报告认为，迦太基正在积极备战。①

公元前150年，罗马军队围困迦太基达四年之久。公元前146

① Abdulhafid Fadil Elmayer, *Tripolitania and the Roman Empire*, p.19.

年，迦太基城破，被夷为平地。尽管迦太基被灭，但迦太基文明保留下来，其社会和政治制度持续产生影响。[①]迦太基成为罗马一个省，努米底亚边界从摩洛哥延伸到大锡尔特湾。努米底亚统治下的的黎波里塔尼亚仍然处于不发达状态，人口稀疏，是一个落后的省份。[②]

朱古达战争

公元前148年，努米底亚国王马西尼撒离世，罗马将努米底亚王国交由他三个儿子管理。长子米奇普撒（Micipsa）控制了王国的首都锡尔塔（Cirta），次子古鲁撒（Gulussa）掌握着军队，三子马斯塔纳巴尔（Mastanabal）处理司法事务。米奇普撒放弃了乃父扩张主义的政策，发展农业，鼓励游牧民定居。他铸造钱币，发展对外贸易，将城市管理得井井有条。用斯特拉博（Strabo）的话就是：城市可以为民众提供一切。[③]的黎波里塔尼亚享有较大的自治空间，尽管也缴纳税赋，但可以按照自己意愿制定法律。此时，罗马和的黎波里塔尼亚的贸易交往更为频繁。罗马商人开始在的黎波里塔尼亚定居。公元前1世纪，一位在西西里岛和北非之间从事进出口贸易的罗马银行家赫伦尼乌斯（Herennius）在莱普提斯麦格纳地区经营业务。

努米底亚新国王米奇普撒统治后期痴迷于教育哲学的学术研究。他的两个儿子年幼，外甥朱古达（Jugurtha）深受重用，并帮助罗马人到西班牙镇压善战的伊比利亚部落，建立奇功。萨鲁斯特称朱古达为“天赋神力，外表俊朗，智慧超群”。[④]公元前118年，米奇普撒死去，他的两个儿子，一个被杀，一个被驱逐。公元前116年，朱古达成为努米底亚王国的主人。被他驱逐的王子阿德赫巴尔

---

① John Wright, *A History of Libya*, Revised and updated edition, p.24.

② Ibid.

③ Abdulhafid Fadil Elmayer, *Tripolitania and the Roman Empire*, p.22.

④ Sallust, *Jugurthine War, The Conspiracy of Catiline*, p.39.

（Adherbal）向罗马求救，而朱古达则向罗马馈赠厚礼进行贿赂。公元前117年，罗马元老院将努米底亚王国一分为二，的黎波里塔尼亚、锡尔塔和拉斯基克达（Rusicade）划归阿德赫巴尔，西部地区由朱古达占领。

公元前111年，北非地区爆发了朱古达战争。战争的起因是朱古达再次进攻阿德赫巴尔，并在拉斯基克达一役大败后者。随后，罗马元老院派出斡旋使团在尤提卡调解冲突。两个国王态度强硬，互不妥协。朱古达占领锡尔塔，将阿德赫巴尔折磨致死，许多罗马居民惨遭屠杀，原因是他们也参与了城市防御。朱古达暴行激起罗马民众的愤怒，元老院被迫向朱古达宣战。朱古达故伎重演，试图贿赂元老院重臣，但以失败而告终。

罗马在朱古达战争初期并不顺利，三支远征军都被击败，第四支远征军打败了努米底亚王国和毛里塔尼亚联军。朱古达被毛里塔尼亚国王，也就是他的岳父博胡斯（Bocchus）一世擒获并送给罗马军队。朱古达被押解到罗马，死于狱中。朱古达抵抗罗马在阿尔及利亚人的历史记忆深处产生共鸣，成为20世纪的民族主义者打击法国殖民主义的精神动力。著名的诗人和随笔作家让·安鲁什（Jean Amrouche，1906—1962）写了《永恒的朱古达》（*L 'Eternal Jugurtha*）一书，认为这位努米底亚国王具有现代阿尔及利亚人的特征。①

的黎波里塔尼亚在战争中被迫给朱古达提供兵源。②莱普提斯麦格纳、欧伊亚和萨布拉塔三座城市派代表到罗马要求结盟并得到应允，签署盟约。公元前106年，莱普提斯麦格纳要求罗马派兵驻防，罗马派军队驻扎在的黎波里塔尼亚。

朱古达战争失败后，努米底亚被朱古达同父异母的兄弟高达（Gauda）瓜分，后者实际上是罗马的傀儡。到朱巴一世（Juba Ⅰ）担任努米底亚国王之时，罗马帮助莱普提斯麦格纳、欧伊亚和萨布

① 〔美〕菲利普·G.内勒：《北非史》，第35页。

② John Wright, *A History of Libya*, Revised and updated edition, p.25.

拉塔防御沙漠部落和努米底亚人的侵扰。公元前74年，罗马人成立了昔兰尼加省。公元前67年，昔兰尼加与克里特省合并，成为罗马的一个省。

部落起义

公元前49年，罗马巨头恺撒和庞培之间爆发内战，北非是二者内战的第二个舞台。努米底亚国王朱巴一世坚决支持庞培，占领莱普提斯麦格纳，后者被迫提供军队和武器。公元前48年，恺撒和庞培在法萨卢决战，后者战败逃亡埃及，为托勒密廷臣所杀。恺撒进兵埃及，消灭北非和西班牙的庞培残部。到公元前45年，罗马内战以恺撒的胜利暂告结束。

恺撒为了便于统治，防止出现朱古达和朱巴一世类似的人物，将努米底亚王国一分为三。

恺撒毫无争议成为罗马世界的主人。但恺撒被埃及女王克娄巴特拉迷住了，并把后者带回罗马。公元前44年，恺撒被刺杀，罗马进入后三头政治，即安东尼、雷必达和屋大维的权力角逐。他们在成功击败元老院后，开始了为控制罗马而进行的终极对决，屋大维最终获胜，称为"奥古斯都"。屋大维意识到埃及的巨大财富，将埃及置于罗马的直接统治之下，并把昔兰尼加并入克里特和爱琴海的管理体系。[①]

奥古斯都治理下的北非，部落叛乱频仍。其原因：一是北非地区的部落桀骜不驯，拒绝接受罗马委派官员的统治；二是罗马境内发生农业危机，许多农民破产，纷纷前往北非地区谋生，与本地部落争夺土地；三是一些罗马商人也想到北非投资，种植小麦，谋求丰厚收益，导致许多柏柏尔人的土地被占，引发起义。

起义主要涉及三大部落：

---

①〔美〕菲利普·G.内勒：《北非史》，第37页。

一是加埃图里（Gaetulii）部落起义。奥古斯都派朱巴二世到毛里塔尼亚担任国王，加埃图里部落对朱巴二世向罗马奴颜婢膝的态度较为反感，拒绝努米底亚的统治并发动起义。公元前20年，罗马驻当地总督平息了部落起义。

二是加拉曼特（Garamantes）部落起义。加拉曼特人是的黎波里塔尼亚南部地区势力最大的部落，控制着的黎波里塔尼亚海港到内陆的贸易路线。据希罗多德记载，他们主要居住在沙漠地区，英勇好战、进攻性极强，马拉战车，过着穴居生活。[①]大本营在费赞的加拉曼特部落鼓动其他部落发动起义，占领罗马控制下的的黎波里塔尼亚。公元前20年，罗马驻北非总督科尔内留斯·巴尔布斯（L.Cornelius Balbus）率大军征服加拉曼特人。征服军队从的黎波里塔尼亚沿海城市出发，突破了加拉曼特人城市卡德摩斯（Cydamus），到达加拉马（Garama）。[②]

三是塔克法里纳（Tacfarina）领导的穆苏拉密（Musulamii）部落起义。起义原因是罗马政府侵占穆苏拉密部落的牧场和领地。塔克法里纳是一名努米底亚王国的逃兵，曾经在罗马接受过军事训练。公元17年，塔克法里纳率领穆苏拉密部落发动起义。的黎波里塔尼亚的齐尼斯（Cinithii）部落、加拉曼特部落加入其中。塔克法里纳领导的部落在巴加尔达斯（Bagardas）湖大败罗马军队。罗马政府增派军队镇压，部落起义失败。公元21年，部落再次发动起义。罗马驻北非总督朱尼厄斯·布雷斯乌斯（Junius Blaesus）采用软硬两手打击部落起义：一是派三路大军征剿，部落只好逃往茫茫大漠，二是赐予叛乱者无罪，条件是放下武器，割让土地。公元23年，朱巴二世去世，其子托勒密软弱无能，毛里塔尼亚人加入塔克法里领导的纳部落起义。罗马驻北非总督多拉贝拉（Dolabella）第三次派兵围剿。公元24年，塔克法里纳及其部落被击败，他本人也兵败

---

① Abdulhafid Fadil Elmayer, *Tripolitania and the Roman Empire*, p.58.

② John Wright, *A History of Libya*, Revised and updated edition, p.27.

身死。[①]

罗马对利比亚的统治

公元前27年1月13日，奥古斯都在一次元老院会议上宣布放弃自己的权力，将之归还给元老院和人民。元老院恳求奥古斯都不要离开他所挽救的共和国，他同意了，并与元老院达成共识：罗马的行政和军事权力分别由元老院和皇帝掌管。这样，奥古斯都将北非分为两部分：一部分隶属元老院，地方总督行使管理权；另一部分则由其亲自治理。经常出事的边疆地区，由奥古斯都第三军团负责。这支大约5000人的军队驰骋在从锡尔提加（Sirtica）到大西洋沿岸的广阔地区。[②]公元前25年，朱巴二世调任毛里塔尼亚，努米底亚并入罗马控制下的阿非利加行省。当时，北非是罗马的粮仓，为罗马提供2/3的谷物。罗马对北非谷物的依赖日益增强。[③]腓尼基人十分擅长农业和商业，在罗马人到来之前，这里的农业一直很发达。

阿非利加行省划分为四个区域：迦太基主教区，首府在迦太基，公元前29年，由奥古斯都创建；希波尼恩西斯（Hipponiensis）区，首府在希波迪尔图斯（Hippo Dirrhytus），哈德良（Hadrian）时期创建；哈德鲁米图姆（Hadrumetum）区，首府在哈德鲁米图姆；的黎波里塔尼亚区。

公元3世纪末之前，的黎波里塔尼亚是阿非利加行省的一部分。卡利古拉皇帝（Caius Caligula）将之划分为两部分：内陆地区处于奥古斯都第三军团的控制之下，沿海地区则接受地方总督的管理。卡利古拉允许努米底亚、的黎波里塔尼亚、突尼斯接受迦太基地方总督的管理。

努米底亚辖区包括的黎波里塔尼亚、费赞内陆以及腓尼基边界的苏尔特（Syrtis）湾。罗马政府用市政制度打破昔日的部落社会

---

① John Wright, *A History of Libya*, Revised and updated edition, p.19.

② Ibid., p.28.

③ ［美］菲利普 · G. 内勒：《北非史》，第40页。

结构，这在莱普提斯麦格纳表现得更为明显。公元70年，欧伊亚和莱普提斯在领土问题上发生冲突，前者邀请加拉曼特人相助，而后者则向罗马军队求援。最终，罗马使者瓦列里乌斯·费斯图斯（Valerius Festus）派兵干预，打败了加拉曼特人。尽管欧伊亚参与部落叛乱，但并没有受到惩罚。这也表明欧伊亚的准独立状态。在罗马共和国末期和1世纪，欧伊亚一直在行政、司法方面保持独立。公元85—86年，罗马人击败了的黎波里塔尼亚东部和苏尔特地区的部落起义，占领了利比亚北部，的黎波里塔尼亚和昔兰尼加之间敞开了一条安全通道。[①]

罗马统治对利比亚的社会影响也逐渐显现出来。莱普提斯麦格纳是罗马皇帝塞普蒂米乌斯·塞维鲁（Septimius Severus）的出生地，这位罗马皇帝在公元193年上台，说话带有非洲口音。[②]他的妹妹到罗马探望兄长，由于不会说拉丁语而被遣回。莱普提斯麦格纳的居民开始采取罗马的生活方式，日常用语既说拉丁语，也说布匿语。在奥古斯都统治的最后20年，莱普提斯麦格纳的城市街道、市镇风貌尽显罗马风格，成为彻头彻尾的罗马化城市。图拉真（Trajan）统治期间，莱普提斯人拥有罗马公民的合法地位。然而作为罗马帝国的一部分，昔兰尼在公元115—117年的犹太人起义中被严重毁坏。公元262年、365年，利比亚的两次大地震对这座城市再度造成大面积的毁坏。300年，罗马皇帝戴克里先对帝国的行省进行调整，将克里特从昔兰尼加分离出来，组成上利比亚省与下利比亚省，这也标志着利比亚第一次被官方作为行政区划。303年，戴克里先将昔兰尼加的首府迁移到普托莱迈达（Ptolemais）。324年，罗马帝国发生了分裂，的黎波里塔尼亚附属于西罗马帝国，而利比亚东部地区的控制权归属拜占庭帝国。

---

① John Wright, *A History of Libya*, Revised and updated edition, p.30.

② Ibid., p.33.

三、罗马治下的的黎波里塔尼亚的社会、经济与文化

农业产区

利比亚的部落分为两种类型：即内地的游牧部落和沿海的定居部落。纳撒摩涅司（Nasamones）部落在沿海地区长期拥有定居点，夏天迁移到南部的奥季拉（Augila）收集椰枣。加拉曼特部落也是定期迁移，他们习惯于到内陆地区狩猎，然后返回。一些利比亚人居住在绿洲地区，如奥吉拉、贾洛（Jalo）和锡瓦（Siwah），房子用淤泥和岩盐混合建造。南部地区的游牧民处于独立状态。罗马政府划出一些雨水丰沛地区鼓励他们从事定居农业。如克林普斯（Clinyps）地区土地肥沃，部落民在这里种植庄稼，产量较高。的黎波里居民拥有肥沃的土地，出产谷物、大麦和优质食用油。费赞加拉曼特部落拥有许多肥沃的土地，十分富有。河谷地区水源丰沛，庄稼生长旺盛。从考古发掘可以推断，公元前5世纪左右，这里有马、山羊、猪、绵羊以及牛等动物。公元1世纪，这里的居民开始用石头建造房屋。

罗马在北非地区建成了许多大农场和庄园。它将的黎波里塔尼亚的定居点十分整齐地划分为三个区域：沿海平原；南部高地，这里雨水稀少，但却能够耕作；东南部靠近沙漠，农业必须依靠灌溉。[①]考古发现，的黎波里塔尼亚地区有许多灌溉渠，游牧与定居人群居住得杂糅交错。罗马征服北非以前，迦太基人是古代的农业专家。他们充分开发已征服地区的农业，在巴加尔达斯（Bagradas）山谷、塞尔塔（Certa）和泰贝萨（Theveste）等地种植谷物。尽管迦太基官方鼓励人民去种植谷物，但并不向他们传授先进的种植方法。莱普提斯麦格纳地区十分富足，土地产量惊人，每日向迦太基支付1塔兰特[②]（talent）谷物。

---

① Ronald Bruce St John, *Libya: from Colony to Independence*, p.15.

② 古代的一种计量单位，可用来记重量或作为货币单位。

费赞的加尔曼特部落地处内陆，居住在一些被沙漠隔开的绿洲地区，罗马人并没有注意到他们。考古发掘证明，这些地区的建筑风格优雅，空间宽敞，装饰讲究。萨布拉塔、莱普提斯麦格纳的大剧场和欧伊亚的奥勒留（M.Aurelius）拱门与罗马本土建筑风格极为类似。公元前3世纪，这里的文明发展到顶峰，其物质基础就是的黎波里塔尼亚地区发达的农业。

的黎波里塔尼亚的一些部落也在罗马限定的地区定居。这里定期降雨，适合发展农业，许多部落放弃游牧生活，成为定居农民。然而，在撒哈拉广大地区还生活着一些游牧和半游牧部落。这些部落入侵罗马领地，破坏北方的农业定居生活。罗马人进行了报复，派兵去镇压了那些桀骜不驯的部落。公元17年，罗马政府为开发内地，修建了埃利乌斯拉米亚（Aelius Lamia）公路。公元1世纪，莱普提斯麦格纳地区的肥沃土地都种植了橄榄树，罗马政府给这些地区配备了橄榄树榨油机，为罗马政府源源不断地提供橄榄油。总之，罗马治下的北非呈现出繁荣景象。

的黎波里塔尼亚的农业区较为广阔。农业区包括绿山（Gebel）东部，以及从塔尔胡纳（Tarhuna）、米苏拉塔（Misarata）山区到沿海地区。贾法拉（Gefara）平原土地肥沃，水源丰富。普林尼（Pliny）提及，这里的水有两臂深。[①]欧伊亚和萨布拉塔等东部平原存在大量农场。罗马时代早期，的黎波里塔尼亚沿海和米苏拉塔地区存在着大量橄榄农场。绿山沿海平原是古代世界的粮仓，这里出产谷物和水果。靠近贾法拉（Gefara）的萨布拉塔地区盛产小麦，主要向罗马出口。位于奥斯蒂亚（Ostia）的萨布拉塔平原是谷物产地。欧伊亚是的黎波里塔尼亚地区的主要市场。大麦和小麦一直是这里的主要食粮，玉米在本地区经济中扮演着重要角色。格雷斯（Graces）山区郁郁葱葱，米苏拉塔的木材也闻名于世。木材贸易是的黎波里塔尼亚地区的重要交易。

---

① Abdulhafid Fadil Elmayer, *Tripolitania and the Roman Empire*, p.139.

绿洲是重要的经济区域，这里出产的椰枣、毛织物以及兽皮是贸易交换的畅销商品。沙漠边缘地区的混合农场自给自足，或者有剩余供应地方市场。昔兰尼加南部出产小麦、大麦、蜂蜜、橄榄油和无花果。这里的居民以豢养马匹、骆驼和牛等为生。

农业种类

罗马人一直没有丢掉农民的品格，对土地无限热爱。①在罗马时代以前，的黎波里塔尼亚已经开始大规模种植橄榄树。其果实成为利比亚人的食物，纤维可以用来制作绳索。从恺撒大帝时代起，的黎波里塔尼亚沿海地区出产优质棕榈油，苏尔特地区就以种植棕榈树而闻名。②恺撒强迫这里的居民每年向罗马贡献300万磅的橄榄油。③公元前47年，罗马从北非运回300磅棕榈油，这些橄榄油是恺撒对莱普提斯麦格纳的惩罚。④罗马统治后期，尽管塞普提米乌斯·塞维鲁免除了居民的赋税，这里的城市居民还是源源不断地进献橄榄油以示感恩。这种现象一直持续到奥斯曼帝国统治时期。意大利的奥斯提亚（Ostia）港口出土了大量的土罐，标有西班牙、意大利和毛里塔尼亚的城市名，一小部分土罐标有莱普提斯麦格纳的名字。这些储油罐来自的黎波里塔尼亚，可能是从莱普提斯麦格纳向罗马运送橄榄油的容器。当时，的黎波里塔尼亚的罗马农场有许多石头制造的榨油机。

的黎波里塔尼亚的葡萄种植极为普遍，葡萄汁是利比亚人喜欢的饮料。葡萄树浑身是宝，葡萄叶可当做燃料，还可制作马鞍，植物纤维可以编制绳索。纳撒摩涅司部落在昔兰尼加秘密从事串叶松香草的贸易，以此到卡拉克斯（Carax）交换葡萄。欧伊亚地区也有一些葡萄大农场。公元92年，罗马帝国皇帝图密善（Domitian）

---

① John Wright, *A History of Libya*, Revised and updated edition, p.30.

② Ronald Bruce St John, *Libya: from Colony to Independence*, p.15.

③ Abdulhafid Fadil Elmayer, *Tripolitania and the Roman Empire*, p.194.

④ Ibid., p.191.

明令禁止种植葡萄树，原因是葡萄树的疯狂蔓延已经威胁到谷物的种植。

谷物种植对罗马帝国的粮食安全至关重要。众多文献证明，当罗马处于困境时，大多与来自北非的谷物供应中断有关。[①]北非被誉为罗马的粮仓，的黎波里是罗马粮食的主要供应源。自从公元前2世纪以来，罗马人口不断增长，粮食问题极为紧张。尼日尔曾经占领北非，切断罗马的粮食供应。没有北非的粮食供应，罗马人很快就陷入大饥馑。为了稳定谷物价格，帮助罗马人渡过粮食短缺危机，公元19年，罗马皇帝提比略（Tiberius）固定粮食价格，要求出售价低于市场价格，差价由政府补差。参议院每年按照市场波动设定价格。从公元1世纪中期起，罗马皇帝克劳狄乌斯（Claudius）和尼禄（Nero）要求商人和供应商增加谷物供应量。尼禄对运谷物船只免除税收。罗马皇帝康茂德（Commodus）[②]组织一支浩大的运粮舰队，任命一行政长官常驻非洲监督谷物运输，确保粮食运输安全。小麦和橄榄油一直是非洲的主要出口产品。的黎波里塔尼亚的橄榄油出口始于恺撒时代，终于罗马皇帝君士坦丁大帝（Constantine）。

畜牧业是罗马治下的的黎波里塔尼亚的另一经济构成。这里的动物有绵羊、山羊、牛、马、骆驼、鸟和鸵鸟。加拉曼特部落以狩猎为生。的黎波里塔尼亚人利用野生动物和家畜的皮做衣服。牛羊作为部落的财富很少被食用，主要用来挤奶、做农活。肉类大多来自狩猎的动物。内陆的的黎波里塔尼亚人以野生动物肉为主食。纳撒摩涅司部落生活在苏尔特，以渔猎为生，还以蝗虫为食。利比亚人出售动物的毛皮、奶、乳酪、黄油、鸵鸟羽毛等。公元前70年，欧伊亚和莱普提斯麦格纳由于互相劫掠牛羊而时常发生战争。大量牛羊的存在则是因这里有肥美的草场。

---

① Ronald Bruce St John, *Libya: from Colony to Independence*, p.15.

② 鲁基乌斯·奥雷里乌斯·柯莫杜斯·安东尼努斯（Lucius Aurelius Commodus Antoninus，又译为柯摩达、科莫德斯、高摩达、柯姆德斯），公元2世纪末的罗马帝国皇帝，180—192年在位。

沉重的农业税收。罗马帝国统治时期，的黎波里塔尼亚农业税有两种：直接税和间接税。的黎波里塔尼亚直接税种类繁多，不同地区名称各异。土地所有者经常抗议赋税过重，甚至以暴力相威胁。公元238年，蒂斯德鲁斯（Thysdrus）地区的地主鼓动农民暗杀罗马税收员。这一事件很快演化成反抗罗马皇帝的叛乱，甚至推翻了罗马皇帝马克西米努斯（Maximinus）的统治。非洲总督戈尔迪安（Gordianus）也被皇帝称为叛乱分子。

社会生活

罗马统治下的的黎波里塔尼亚，经济发展和繁荣。史料显示，当时人们生活得很悠闲：乳品店外，羊羔在吃奶，一位老妪在葡萄园锄地，农场女主人悠闲地看着牛、马踩踏玉米。①

社会生活也表现出不同的特点：

首先是使用奴隶劳作。奴隶一般从非洲捕获，并被带到沿海市场出售，成为富人的劳动力，或者贩卖到其他地区。沙漠边缘地带搭建了许多临时房舍，供奴隶居住。沿海地区也有此类混合农场。欧伊亚附近的农场种植玉米、大麦、橄榄树、葡萄以及其他农作物和果树。农场里牛羊成群，有成百上千的奴隶。普登提拉（Pudentilla）是的黎波里塔尼亚的一位富婆，在欧伊亚附近有豪华别墅和15个奴隶，城里也有住所。②

第二，地产的多样性。罗马帝国统治利比亚的早期，土地由柏柏尔人和小农耕种，其中许多人是退役士兵。③地产类型有四种：一是共有地产，即不属于罗马帝国控制的土地，也不属于私人地产，如绿山；二是帝国地产，主要在格法拉（Gefara）平原地区，靠近萨布拉塔和欧伊亚；三是私人地产，大都位于的黎波里塔尼亚沿海地区，他们修建房屋，供奴隶居住，或开零售店；四是别墅地产。

---

① Abdulhafid Fadil Elmayer, *Tripolitania and the Roman Empire*, p.206.

② Abdulhafid Fadil Elmayer, *Tripolitania and the Roman Empire*, p.212.

③ John Wright, *A History of Libya*, Revised and updated edition, p.31.

别墅是达官富人的居住之所，通常坐落在交通便利的海边。富丽堂皇的别墅内有浴室、卫生间等日常生活设备，极尽奢华。别墅内镶嵌着精美的壁画，画面内容包括：普通老百姓的日常生活起居；一年四季的农业活动，如犁耕、收获、打谷等场面。

第三，罗马在北非地区修建了许多神庙与雕像。莱普提斯麦格纳的历史遗存保存得较为完整，其圆形大剧场在安东尼庇护（Antonius Pius）时得以重建，每尊大理石雕像费用昂贵，质量上乘。莱普提斯麦格纳的坟墓也极尽奢华。公元前2世纪中期出土的雕像用白银制成。[①]塞维兰拱门是不同寻常的遗迹，据说是为了纪念罗马皇帝谢普提米乌斯·塞维鲁于203年访问此地而修建的。哈德良浴场是罗马在本土外最大的建筑群，修建于公元126年。[②]

第四，先进的水利系统。罗马在北非引进先进的水利系统，修建水井和灌溉设施。的黎波里塔尼亚南部土地面积广阔，灌溉体系发达。的黎波里塔尼亚农民在河床修建梯田和拦河坝，最大限度地利用洪水，化害为利。拦河坝可以防止水土流失。的黎波里塔尼亚的水利系统包括拦河坝、灌溉渠道、储水池和导水管，这里的农业形成了一套固定的发展模式。

第五，出口贸易繁荣。出口物品多样，有宝石、黄金、象牙、野兽（圆形剧场角斗用）、奴隶、盐、鸵鸟羽毛等。的黎波里塔尼亚是非洲象牙出口中心，莱普提斯麦格纳的街道上就有象牙交易。罗马时期，非洲是圆形斗兽场中大型野兽的提供者，一般从乍得获得，途经费赞，运送到地中海地区。莱普提斯麦格纳是野兽最重要的出口中心，它包括熊、豹、鹿等，每日达5000多头。[③]沿海地区的出口产品还包括：橄榄油、谷物、绵羊皮、马匹、骆驼皮、海绵、橡胶、草垫、篮筐、干蔬菜和毛织品。苏尔特湾的硫磺也出口到昔兰尼加。

---

① Abdulhafid Fadil Elmayer, *Tripolitania and the Roman Empire*, p.215.

② Ronald Bruce St John, *Libya: from Colony to Independence*, p.16.

③ Abdulhafid Fadil Elmayer, *Tripolitania and the Roman Empire*, p.220.

第六，的黎波里塔尼亚制造业规模不大，其产品仅能供本地百姓使用。的黎波里塔尼亚饲养长毛绵羊，羊毛制作衣服，皮革制造的物品以质量上乘而知名。克劳狄（Claudius）统治时代，的黎波里塔尼亚地区已有一些贩卖斗篷和服装的商人。的黎波里塔尼亚内陆和阿尔及利亚的柏柏尔人在家中从事编织业。本地产品并不在城镇市场上畅销，但在部落领地上颇受欢迎。罗马统治对的黎波里塔尼亚地区也带来一些好处，维持了地区安全，改善了民众的经济收入，刺激了跨撒哈拉贸易的发展。的黎波里塔尼亚的莱普提斯麦格纳等沿海城市逐渐繁荣起来。

第七，进口商品的多样化。公元前70年，罗马军队征服加拉曼特部落，平息的黎波里塔尼亚内地叛乱。安定的社会秩序为商贸业的发展奠定了基础。公元前1世纪末，罗马开始从的黎波里塔尼亚内地进口商品。利比亚部落不再像以前那样随意抢劫，而是保护过往的商队，前提是收取固定税费。在罗马统治下，由于旅途安全，跨撒哈拉贸易逐渐兴盛起来。的黎波里塔尼亚成为通向沙漠的门槛，苏丹的商品不完全经过尼罗河、尼日尔河等水路，还要经过的黎波里塔尼亚。

进口商品繁多，从的黎波里塔尼亚的城市面貌就可见一斑。莱普提斯麦格纳和萨布拉塔的房屋墙面和路面都使用进口的大理石，这些大理石来自不同的采石场，黑色大理石是奢侈品的代表。其他进口商品有：陶瓷、玻璃、罗马出产的灯具、丝织品、金属和毛衣。

第八，犹太社区的形成。犹太人在的黎波里塔尼亚一直存在。耶路撒冷被毁后，许多犹太人移民昔兰尼加，形成了固定的犹太社区。犹太人对罗马政府不满，频繁发动叛乱，被罗马政府镇压。[①]公元1世纪末，遍布各地的犹太社会都动荡不安。昔兰尼加的一个名叫乔纳森（Jonathan）的犹太人因挑起事端被罗马政府处决。

的黎波里塔尼亚在塞维鲁王朝（193—235年）统治期间出现繁

① John Wright, *A History of Libya*, Revised and updated edition, p.31.

荣局面，相对安全的贸易环境促进了农业进步，刺激了经济发展。235年，亚历山大·塞维鲁被暗杀，的黎波里塔尼亚逐渐衰败。其原因：一是罗马帝国因军费增加而加大税收，的黎波里塔尼亚的老百姓负担沉重；二是的黎波里塔尼亚的商队贸易环境恶化，盗匪横行；三是由于货币贬值，贸易逐渐陷入停滞，的黎波里塔尼亚地区政府陷入财政危机。

语言与文化

罗马治下的的黎波里塔尼亚的语言与文化特点明显，并体现在诸多方面：

第一，布匿语的兴衰。布匿语，亦称迦太基语，是一种与希伯来语有关联的闪米特语，也是北非从沿海到内地广泛使用的语言。公元前15或前14世纪，腓尼基人借鉴埃及象形文字草体的24个常用表音字母创制了最早的音素文字，成为希腊语、阿拉米语、阿拉伯语和婆罗米系列字母的雏形。而从阿拉米字母又衍生出希伯来字母及蒙古、满、回鹘人使用的回鹘字母，从婆罗米系列字母衍生出藏语、泰语、缅甸语及阿姆哈拉语字母等，从希腊字母衍生出拉丁、西里尔、卢恩等字母。腓尼基语于公元前500年前后在迦南地消失，却在迦太基殖民地存续到公元前后，罗马人称之为布匿语（Punic）。

罗马征服以前，的黎波里塔尼亚流行两种语言：柏柏尔语和布匿语。从奥古斯都的神庙可以看出，这两种语言在的黎波里塔尼亚均为官方语言。实际上，布匿语作为口语和书写文字仍持续了相当长的时间，甚至比拉丁语更受欢迎。①公元2世纪末3世纪初，当地的一些富裕家族逐渐罗马化。在罗马统治初期，拉丁语为官方语言，但当地人仍使用布匿语。②莱普提斯麦格纳的大多数人说布匿语，部分人说柏柏尔语（或叫利比亚语）。奥古斯都要求他的官员学习布匿语，以便与从大西洋海岸到的黎波里塔尼亚的北非民众进行良好的

① John Wright, *A History of Libya*, Revised and updated edition, p.31.

② Abdulhafid Fadil Elmayer, *Tripolitania and the Roman Empire*, p.237.

沟通，后者受到迦太基文化的深厚影响。在罗马皇帝奥古斯都、提比略和图密善统治时期，布匿语是官方语言。

第二，迦太基成为贤哲聚居之地。莱普提斯麦格纳、欧伊亚等地的学校在罗马治理下名声斐然，迦太基城成为北非的智力中心。阿普列尤斯（Apuleius）称赞这座城市是众省之师（teacher of the province），诗歌的乐园，非洲最伟大的城镇；民众都是饱学之士。[①]许多迦太基人不必远赴他乡求学，就可以功成名就，成为作家和诗人，如阿普列尤斯。世界各地的圣贤之士都被迦太基深深吸引，来自克里特岛的希腊哲学家在这里度过终身。

第三，迦太基的学校提供优质教育。努米底亚的一些小镇可提供基础教育，为进入迦太基高层次学校（Central University）深造打下基础，如阿普列尤斯就曾经在这里读书。学习科目有文学、拉丁作文、音乐、哲学、数学和天文学等。古罗马诗人维吉尔（Vergil）研究是必修科目之一。学生必须能背诵维吉尔作品的某些章节。不知道维吉尔作品的会被认为是没有教养和受教育程度不高。教师对学生的管理十分严厉，近乎野蛮。奥古斯丁（Augustine）曾经说过，童年的求学时光太痛苦了，他宁愿死，也不想再回到那个年代。[②]一些学生根据自己的专长，如速记、拉丁语和希腊语，为将来从事书记员和秘书职业而做准备。读书改变命运，许多学生的梦想就是通过读书去罗马或迦太基谋求发展。这也是塞普蒂米乌斯·塞维鲁皇帝当年的梦想。迦太基学校的存续时间长于罗马的统治时间，在很长时间内一直保持着较高的教育水平。即使在汪达尔人统治期间，这里的非洲文学也取得了丰硕成果。

第四，勤学博思与雄辩口才者颇受尊重。从罗马帝国早期开始，那些拥有雄辩演讲术和修辞学涵养的非洲人享有较高声望。古罗马讽刺诗人尤维纳尔（Juvenal）认为，非洲是“雄辩家的摇

---

① Abdulhafid Fadil Elmayer, *Tripolitania and the Roman Empire*, p.242.

② Ibid., p.243.

篮”（foster mother of advocate）。[1]罗马皇帝塞普蒂米乌斯·塞维鲁及其祖父都是伟大的雄辩家。塞尔维乌斯·尤利安努斯（Salvius Julianus）是同时代伟大的法学家，他曾为哈德良皇帝起草律法，并使用了两个多世纪。罗马采用和平渗透的殖民政策，保留了以前的制度、机构、关税、法律、宗教等。罗马的宗教、语言、生活方式也逐渐渗透到北非民众的社会生活中。

在罗马治下，诗歌成为的黎波里塔尼亚的一种流行时尚。哲学家阿普列尤斯生于公元124年，是一位罗马地方议员（decurion）之子。熟悉他的人都称其为“哲学的柏拉图”。他在迦太基的学校学习了语法和修辞，完成部分学业。阿普列尤斯在旅居希腊和罗马时完成《变形记》（*metamorphoses*）一书。他回家途经的黎波里塔尼亚时，经他人引荐见到了富有的寡妇埃米利亚·普登提拉（Aemilia Pudentilla），并与之结婚。由于妻子比他岁数大，至亲好友都指责他着了魔。罗马地方总督克劳迪亚斯·马克西姆斯（Claudius Maximus）听到阿普列尤斯的辩护后，宣告他无罪。他后来在迦太基定居，成为一位职业修辞学者，全身心地投入柏拉图研究。阿普列尤斯的著作《辩解术》（*Apologia*）详细阐述了安东尼时代非洲社会的基本情况。他饱览群书、知识渊博，作品涵盖不同学科领域，包括雄辩术、宗教哲学和音乐。阿普列尤斯的演讲内容丰富，作品栩栩如生地阐述了具有温暖色彩的东方温情和浪漫情怀，内容包括罗马的民俗学、宗教仪式等。他研究了罗马草根阶层的社会状况，也是他们信仰和思想的典型。阿普列尤斯的小说达到较高的艺术水准，声望与日俱增，成为迦太基一位重要公众人物。

第五，的黎波里塔尼亚地区的罗马化较为缓慢。尽管罗马在莱普提斯麦格纳进行了半个世纪的统治，但布匿语言的影响仍很深厚，罗马化进程缓慢。其原因：一是尽管罗马帝国要求所有居民必须说拉丁语，但的黎波里塔尼亚是一个农业区，缺乏知识分子和科学技

---

① Abdulhafid Fadil Elmayer, *Tripolitania and the Roman Empire*, p.245.

术以及人文哲学影响的市民社会，这里的罗马化进程十分缓慢。二是利比亚部落的抵制。这些部落坚持自己的传统生活方式，有意识地将自己与罗马文明隔离，以免受到影响。尽管沿海地区，特别是莱普提斯麦格纳、欧伊亚和萨布拉塔，吸引着利比亚部落跨越罗马疆界，但这些部落对罗马文化持排斥态度。至于那些生活在罗马境内的的黎波里塔尼亚人，一些人被迫学习拉丁语，参与公共生活，但仍没有摈弃固有的传统。罗马在北非地区留下大量历史遗迹，罗马化在精神层面的影响并不深厚。语言就是一个较明显的例子。尽管罗马统治在的黎波里塔尼亚存在，拉丁语也是官方语言，但随着阿拉伯人的征服，拉丁语消失了，没留下一丁点值得记忆的痕迹。仅仅在柏柏尔人方言中留下一些单词。布匿语也消失了，一些词语从布匿语融入利比亚阿拉伯语中。[①]布匿语失去了在的黎波里塔尼亚第二官方语言地位。公元前2世纪后，新布匿语仍在内陆地区继续使用。新布匿语逐渐消失后，拉丁语成为的黎波里塔尼亚和北非地区的唯一官方语言，柏柏尔语仍在利比亚部落中流行。

第六，希腊语从普及到边缘化的趋势。除了柏柏尔语、布匿语和拉丁语，希腊语也是本地日常使用语言之一。莱普提斯麦格纳、欧伊亚和萨布拉塔等沿海地区的许多居民使用希腊语。罗马诗人西利乌斯·伊塔利库斯（Silius Italicus）提及，莱普提斯麦格纳的妇女操带有本地浓重口音的希腊语、拉丁语。[②]欧伊亚和莱普提斯麦格纳都有希腊人口，西利乌斯·伊塔利库斯称之为西西里（Cicilian）殖民地。的黎波里塔尼亚地区，特别是莱普提斯麦格纳地区的民众都接受过良好的教育。努米底亚王国国王鼓励研究希腊。米奇普撒国王是一位哲学家，他招贤纳士，延揽希腊知识分子到首都锡尔塔从事学术研究。朱巴二世的首都也成为希腊文化的研究中心。莱普提斯麦格纳地区的碑文，文字由拉丁文、布匿文和希腊文写成。希腊语不仅是莱普提斯麦格纳的地方语，而且还是的黎

① Abdulhafid Fadil Elmayer, *Tripolitania and the Roman Empire*, p.248

② Ibid., p.252.

波里塔尼亚地区的书写语言。公元3世纪，希腊语开始衰落，原因是罗马人的渗透导致拉丁语流行。

第七，基督教的影响。公元1—2世纪，基督教传播到非洲内地，许多柏柏尔人皈依基督教。他们认为，基督教信仰是对罗马统治的挑战。[①]公元4世纪，罗马帝国分裂后，利比亚的东西部又分别被纳入拜占庭帝国和西罗马帝国领土范围。而费赞地区除与利比亚西部存在一定的贸易联系之外，保持着独立状态。基督教在较早时就传入昔兰尼加，许多犹太人与巴勒斯坦和叙利亚联系密切，他们信仰基督教并修建了很多教堂。[②]4世纪初，基督教的多纳图教派（Donatist）在北非地区较为流行，该派赞同罗马天主教派的等级制度。在大约一个世纪里，席卷柏柏尔地区的起义都是在多纳图教派的旗帜下进行的。[③]持续不断的宗教冲突削弱了罗马在北非的权威。5世纪，汪达尔人控制了该地区，罗马人被逐出利比亚，但罗马给利比亚留下许多历史遗迹，如马可·奥勒留门拱（Marcus Aurelius Arch）、古罗马圆柱等。更为重要的是，如果罗马帝国在利比亚的统治能够长期延续，利比亚可能会遵循“罗马帝国—蛮族封建王朝—民族国家”这一线性的历史逻辑，逐渐发展出类似英国和法国的“民族国家雏形”，但地处欧亚非三洲边陲地区与分裂的地缘结构使利比亚极易受到外来文明的干涉。随后的拜占庭皇帝雄心勃勃，计划将的黎波里塔尼亚基督教化（Christianise），他派遣传教团深入利比亚内地，远至古达米斯（Ghadames），甚至到费赞的加拉曼特人中传教。[④]

第八，汪达尔人的统治和拜占庭人的角逐。汪达尔人属于日耳

---

① Ronald Bruce St John, *Libya: from Colony to Independence*, p.17.

② John Wright, *A History of Libya*, Revised and updated edition, p.38.

③ Ibid., p.40.

④ Ibid., p.50.

曼民族，信奉基督教的阿里乌教。[①]他们跨越法国，在西班牙定居。公元429年，罗马在北非的将领康特·博尼费斯（Count Boniface）的邀请下，汪达尔人首领杰尼斯里（Geneseric）进入非洲。汪达尔人占据北非长达1个世纪，定居者遍及海岸与附近内陆腹地。汪达尔人破坏性极强，被称为“汪达尔主义”（vandalism）。[②]534年，东罗马将军贝利萨留（Belisarius）的军队打败汪达尔人，结束了汪达尔王国。拜占庭接管下的的黎波里塔尼亚受到毁坏，人口减少。部落叛乱频仍。公元544年，80名部落贵族在拜占庭举行的鸿门宴上被杀。然而，的黎波里塔尼亚大部分被游牧部落所占领。萨布拉塔和莱普提斯几乎成为“鬼镇”，没有多少人居住在这里。欧伊亚（Oea）的城墙仍保存完好，港口有序运行。[③]拜占庭皇帝查士丁尼（Justinian）采取措施，开始了有组织的市民和宗教生活，试图改变的黎波里塔尼亚的衰败景象。公元565年，查士丁尼死后，后继者没有能力控制这些地区，统治名存实亡。的黎波里塔尼亚大部分地区重新处于沙漠部落的控制之下，拜占庭军队被迫在占领地区构筑防御工事，以保护自己免受本地人的袭扰。

四、阿拉伯人征服下的北非

阿拉伯人征服北非

自公元5世纪昔兰尼加以西地区落入汪达尔人之手后，北非开始和欧洲文化隔离开来。正如约翰·赖特所说，7—11世纪，阿拉伯

---

① 该教派是由一位亚历山大里亚的基督教牧师阿里乌（Arius）（公元250—336年）倡导。其争论的焦点就是圣三一理论。阿里乌认为耶稣并不是一个完全的神，而是三一中较低的一位。圣父和圣子并不会一直在一起。参见John Wright, *A History of Libya*, Revised and updated edition, p.45.

② Henry Serrano Villard, *Libya: The New Arab Kingdom of North Africa*, p.14.

③ John Wright, *A History of Libya*, Revised and updated edition, pp.49-50.

人征服北非使这种分离成为绝对的态势。[①]阿拉伯人征服北非有如下原因：

一是阿拉伯半岛周期性的人口过剩危机。阿拉伯半岛就像一口装满沸水的大锅，当人口增加到一定程度就会产生外溢效应。解决之道是向其他更富庶的地方进行大规模的人口迁移。刚开始，巴勒斯坦和叙利亚的沿海地带是犹太人和腓尼基人的迁移方向。但到7世纪，阿拉伯人的迁移规模大，速度快，自发性强，像潮水般地涌向他们未知的世界，包括北非。

二是伊斯兰教的激励。先知穆罕默德创立伊斯兰教以来，阿拉伯军队随之开始了征服活动。他们在伊斯兰教“圣战”精神鼓舞下团结一致，开疆拓土。许多文明国家和民族先后被阿拉伯人征服，并皈依伊斯兰教。公元632年，先知穆罕默德去世后，阿拉伯军队向东进入波斯，向西进入北非地区。643年、644年，阿拉伯人占领亚历山大、昔兰尼加。646年后，阿拉伯人进入的黎波里塔尼亚。663年，乌克巴·本·纳菲（Uqba bin Nafi）占领费赞。[②]

三是阿拉伯军队遭遇的抵抗较小。阿拉伯人能够驾驭沙漠，这是他们征服北非至关重要的有利条件。公元645年，阿拉伯人占领的黎波里。其过程颇具戏剧性。阿拉伯人一路上未遇任何抵抗，直抵的黎波里城下。经过一个月的围困，一支巡逻小队忽然发现城墙和大海之间有一个缺口，围城部队通过缺口爬进城，的黎波里被占领。[③]为了与黎巴嫩的的黎波里有所区别，阿拉伯人称它为塔拉卢卡斯-加尔卜（Tarablus al-Gharb），即西的黎波里。

刚刚立足的阿拉伯军队遭遇的黎波里塔尼亚内陆地区柏柏尔人的顽强抵抗，抵抗活动延缓了阿拉伯人的向西推进。阿拉伯人鼓励他们皈依伊斯兰教，并给予物质奖励，柏柏尔人仍时而信奉，时而摈弃，变化无常。其中一些人反反复复皈依伊斯兰教多达12次

---

① John Wright, *A History of Libya*, Revised and updated editiob, p.54.

② Ronald Bruce St John, *Libya: from Colony to Independence*, p.19.

③ John Wright, *A History of Libya*, Revised and updated edition, p.56.

以上。[①]

阿拉伯人征服北非对利比亚社会产生了重要而持久的影响：一是给利比亚地区带来了伊斯兰教。阿拉伯人轻而易举地占领了沿海城镇和农耕区，在伊斯兰秩序下，社会安定，城市居民可进行商贸活动，而阿拉伯人可以保护当地农民的土地不受侵害。因此，北非地区的城市居民很乐意接受伊斯兰教。

二是柏柏尔人与阿拉伯人在相互认知方面的偏见，导致北非地区"阿拉伯化"和"伊斯兰化"的缓慢。阿拉伯人认为柏柏尔人是野蛮人，而柏柏尔人认为阿拉伯人傲慢自大，残忍的士兵只会耗费税款。许多柏柏尔人逃进漫漫荒漠以躲避阿拉伯占领军。结果，伊斯兰教最初的传播仅限于北非沿海地区。摩洛哥历史学家阿卜杜拉·拉洛伊（Abdallah Laroui）指出："阿拉伯化经历了多个世纪，伊斯兰化是柏柏尔人自己完成的。他们即使承认阿拉伯人的统治，实际上也是模棱两可的，因为地方首领的权威更能得到认同。"[②]

三是阿拉伯帝国在北非建立了由法律所规范的宗教与政治的统一体。这些法律源于伊斯兰教的沙里亚（*shari'a*）或传统法典，其基础：一是《古兰经》；二是《圣训（hadith）》；三是阿拉伯部落传统与市场法（Arab tribal and market law）。[③]

随后，阿拉伯世界政治秩序的颠覆和改朝换代成为常态，社会极为混乱。750年，伍麦叶王朝被阿拔斯王朝（750—1258年）所推翻，新哈里发将首都迁移到巴格达。阿拔斯王朝统治者在巴格达地区统治北非，鞭长莫及，难以进行有效管理。北非的地方政府大都处于准自治状态。阿拔斯王朝对此熟视无睹，但前提条件是地方政府必须将哈里发当作自己的精神领袖或者每年支付一定的贡赋。阿拔斯王朝的碎片化（fragmentation）政治结构最终削弱了哈里发的

① John Wright, *A History of Libya*, Revised and updated editiob, p.57.

② Abdallah Laroui, *The History of the Maghrib: An Interpretive Essay*, Translated from the French by Ralph Manheim, Princeton, NJ: Princeton University Press, 1977, p.87.

③ Ronald Bruce St John, *Libya: from Colony to Independence*, p.20.

力量，弱化了其政治权威，但仍存精神权力（spiritual power）。

公元800年，阿拔斯王朝的哈里发哈伦·拉希德（Harun al Rashid，786—809年在位）任命易卜拉欣·伊本·阿格拉布（Ibrahim ibn Aghlab）为现今马格里布部分地区的埃米尔，阿格拉布（Aghlabids）家族在突尼斯东北部圣城凯鲁万（Kairouan）建立世袭的阿格拉布王朝，以此为基础统治的黎波里塔尼亚与现在的突尼斯。他们表面上宣誓效忠巴格达，将逊尼派作为伊斯兰教的正统，但实际上是一个自治国家。阿格拉卜家族后来向拜占庭控制的地中海发起挑战，征服了西西里岛，在意大利半岛的政治博弈中一直起着积极的作用。

外来部落的入侵

9世纪末，什叶派信徒到阿尔及利亚传教，其中的阿布·阿卜杜拉·希伊（Abu Abd Allah al-Shi'i）脱颖而出。卡比里（Kabylie）地区库塔马（Kutama）的柏柏尔人皈依什叶派，对抗逊尼派的阿格拉布王朝。阿布·阿卜杜拉·希伊率领库塔马部落对阿格拉布王朝发动进攻。909年，凯鲁万陷落，阿格拉布王朝覆灭。柏柏尔部落的法蒂玛人开始统治包括的黎波里塔尼亚在内的大部分北非，其主要支持者是北非沿海地区的商人。

法蒂玛王朝的国王将自己视为伊玛目和哈里发，并将马格里布作为占领埃及、推翻巴格达的逊尼派阿拔斯王朝的基地。法蒂玛人曾一度西侵，威胁摩洛哥。随后，他们又挥师东进，于969年征服埃及，并迁都开罗。法蒂玛人建立的什叶派哈里发国家同巴格达的逊尼派哈里发国家相互抗衡。法蒂玛人逐渐放弃了马格里布，将该地区交与一个柏柏尔王朝，即他们的附庸兹里德人（Zirids）管理并建立了兹里德王朝。10世纪末到12世纪中期，法蒂玛人的统辖范围相当于今天阿尔及利亚、利比亚与突尼斯北部。兹里德人的统治权仅限于北非沿海，但却给当地人带来灾难性后果。他们改变当地的经济结构，忽视沿海的经济发展，致使曾经繁荣的沿海商业凋敝和萧条，并且弥散着一股压抑情愫。[①]公元1049年，为了表示对城市阿拉伯人的忠诚，兹里德埃米尔放弃什叶派信仰，与法蒂玛王朝断绝关系。

为了有效对付叛乱的兹里德人，开罗的法蒂玛哈里发邀请希拉尔部落（Bani Hilal）与萨利姆部落（Bani Salim）移居马格里布。他们是来自阿拉伯半岛的贝都因部落，被统称为“希拉利亚人（Hilalians）”。当时上埃及发生严重的干旱与灾荒，这些饥肠辘辘的部落进入马格里布求生。希拉利亚人进入昔兰尼加、的黎波里塔尼亚，将伊斯兰信仰与游牧生活方式强加给本地人。

1052年，希拉尔部落到达以弗里基亚，打败了兹里德王朝。伊本·赫勒敦称希拉尔部落为“蝗虫”，指出他们“掌握了统治国家的权力，也毁灭了国家。”[②]希拉利亚人将内陆草场用于放牧，破坏了定居农业这种古老的生活方式。游牧成为北非社会生活的主导形式，并且一直延续到20世纪初。希拉利亚人向北非移民是经济、政治与宗教等因素综合作用的结果，如中央集权式政治结构的弱化、游牧式的迁徙、气候变幻不定等，致使定居农业逐渐衰败，具有田园牧歌情调的游牧主义（pastoralism）生活方式不可避免地扩散开来。

学术界在阿拉伯人两次向北非移民的数量上众说纷纭，但总数可能没有超过70万人，或者比这更少。如果这些数字正确的话，那么到12世纪末，阿拉伯人口占北非地区人口比率不会超过10%。[③]尽管阿拉伯人处于统治地位，但在北非地区，柏柏尔人在较长时间内一直在数量上超过阿拉伯人。另一方面，阿拉伯人到达利比亚比马格里布其他地区都早，因为利比亚从地理位置上靠近中东。因此，利比亚柏柏尔人的阿拉伯化比马格里布其他地区的速度更快。

阿拉伯部落占领利比亚的时间至少是在9世纪，对利比亚部落社会的形成产生深厚影响。一是利比亚目前的诸多部落都与这些

---

① Ronald Bruce St John, *Libya: from Colony to Independence*, p.22.

② 〔美〕菲利普·G.内勒：《北非史》，第92页。

③ Ronald Bruce St John, *Libya: from Colony to Independence*, p.23.

阿拉伯部落有关。的黎波里塔尼亚有三个部落的起源可以追溯到希拉尔部落（Bani Hilal），有五个部落的源头与萨利姆部落（Bani Salim）有关。

二是奠定了利比亚部落社会主从关系（patron-client）的基本结构。萨利姆部落在昔兰尼加与费赞占主导地位。附属部落被称为马拉布廷（Marabtin），它包括昔兰尼加血统混杂（mixed origin）的六个部落，由阿拉伯帝国征服利比亚前的柏柏尔人与阿拉伯人所组成。马拉布廷经济上依赖于大部落萨迪（Saadi），须经萨迪的允许，才能使用当地的牧场与水源。马拉布廷向后者提交贡品以换取使用畜力与土地的特许权，保护他们的畜群与水井，或者在与其他部落发生战争时提供帮助。部落内部细分为两个或更多的分支，然后再细分为次分支。基本特点是：每一个分支与次分支都源于同一个部落谱系，生活在某一地区。部落分支与次分支都有责任捍卫自己的领地，以防其他分支与次分支的入侵，就像一个部落防止另一个部落入侵一样。部落间发生战争与冲突的最普遍根源是争夺土地与水源的所有权。①

三是部落生活长期主宰利比亚人的生存。每一个部落都有自己的家园、土地、牧场与水源。这些地区没有疆界或明确的边界，所有部落都关心水源问题。利比亚的大多数部落都是半游牧部落、联合放牧、集体耕作，并以每年移民一次的传统循环方式轮转。城市与绿洲地区的民众拥有私有财产，内陆地区的土地与水源属于集体所有。

希拉利亚人入侵后，兹里德人的统治仅限于突尼斯沿海的一小片领地。当意大利南部诺尔曼统治者来到北非后，兹里德人人几乎未做任何抵抗。1135年，西西里岛诺尔曼国王罗杰二世（Roger Ⅱ，1095—1154年）占领了杰尔巴（Jerba）岛。②罗杰二世占领了马耳他后，又侵入的黎波里塔尼亚，其目的是构建一个非洲帝国

① Ronald Bruce St John, *Libya: from Colony to Independence*, p.24.

② John Wright, *A History of Libya*, Revised and updated edition, p.63.

（African empire）。尽管罗杰二世刚开始取得了一些成功，但后来却被穆拉比德人（Almoravids）逐出非洲。正如菲利普·内勒所说，希拉尔等部落的入侵，属于马格里布地区历史中最重要的跨文化事件，其长远影响堪与日耳曼人侵罗马帝国相媲美。[①]

的黎波里塔尼亚的穆拉比德人、穆瓦希德人与哈夫西德人

从公元11世纪开始，阿拉伯部落席卷北非，决定性地改变了马格里布地区的政治格局。阿拉伯人疏于修建大坝和灌溉工程，农业因此蒙受损失。[②]此时，北非出现了两个由柏柏尔人创建的伊斯兰王国，即穆拉比德王朝和穆瓦希德王朝。[③]

穆拉比德王朝的建立者是雷姆图纳（Lamtuna）柏柏尔人阿卜杜拉·伊本·亚辛（Abd Allah ibn Yasin），属于桑加部落联盟。他在麦加朝圣返回途中受部落拥戴而成为领袖。他耐心劝导柏柏尔人接受伊斯兰教马立克学派，被称为"穆拉比图人"（al-Murabitun），意思是堡垒中的人，或者被称为"穆拉比德人。"[④]1058年或1059年，伊本·亚辛去世。

1062年，阿布·伯克尔修建马拉喀什城，该城成为穆拉比德王朝的首都。公元1069年，阿布·伯克尔的堂兄尤素福·伊本·塔什芬（Yusuf ibn Tashfin）成为穆拉比德王朝的最高领袖。在他统治期间，穆拉比德王朝势力扩展到阿尔及利亚中部。除了向东扩张以外，穆拉比德王朝也向撒哈拉以及安达卢西亚扩张。据伊本·赫勒敦所说，在安达卢西亚文化的浸染下，穆拉比德王朝逐渐衰败并瓦解。罗伯特·曼特兰（Robert Mantran）也认为："这些极为野蛮的'蒙面人'很快成为安达卢西亚文化的传播者。这不同于希拉尔人，

---

① 〔美〕菲利普·G.内勒著：《北非史》，第93页。

② 〔英〕大卫·阿布拉菲亚：《伟大的海：地中海人类史》（上），徐家岭等译，社会科学文献出版社2018年版，第18页。

③ John Wright, *A History of Libya*, Revised and updated edition, p.64.

④ 〔美〕菲利普·G.内勒：《北非史》，第98页。

他们始终在身体和精神方面保持着牧羊人的角色。”[①]穆拉比德王朝历史贡献就有二：一是传播了安达卢西亚文化，留下了一些历史遗迹，如修建马拉喀什的库巴特巴鲁帝因（Qubbat al-Barudiyyin）清真寺；二是巩固了马立克教义在马格里布的地位。[②]

穆瓦希德（Almohad）王朝的精神与政治领袖是艾布·阿卜杜拉·穆罕默德·伊本·图马尔特（Abu Abdullah Muhammad Ibn Tumart，约1080—1130年），他给穆瓦希德人构建了一个神权色彩十分浓厚的中央政权。穆瓦希德王朝的军事领袖，也就是新王朝的建立者阿卜杜·穆明·本·阿里·库米（Abd al-Mu'min bin Ali al-Kumi，1130—1163年在位）在1147年夺取非斯（Fez）和马拉喀什（Marrakesh），标志着穆拉比德王朝的结束。穆瓦希德王朝最强大时，势力范围包括从利比亚的的黎波里到摩洛哥的铁马拉尔（Tinmallal），从伊斯兰教影响下的西班牙到萨赫勒（Sahel）西部。

公元13世纪，穆瓦希德王朝瓦解后，形成三个相互竞争的王朝：马林王朝（Marinids，1244—1420）主要统治摩洛哥；宰德王朝（Zayinids，1236—1318）治理阿尔及利亚；哈夫西德王朝（Hafsids，1228—1574）成了突尼斯与的黎波里塔尼亚的主人。后穆瓦希德王朝时代，在马格里布地区构成了三足鼎立的政治格局，北非地区日益衰败。

随着穆瓦希德王朝的结束，东部自治省的总督穆罕默德·本·艾布·哈夫斯（Muhammad ben Abu Hafs，1207—1221年在位）成为继承人，他是伊本·图马尔特（Ibn Tumart）的后裔。哈夫西德人牢记伊本·图马尔特的雄宏伟业，一直想以突尼斯为首都实现马格里布地区的统一。他们使用哈里发和苏丹头衔，自称是穆瓦希德王朝的合法继承人。哈夫西德人的经济实力与政治支持主要来自的黎波里那样的沿海城镇，内地的本土部落只要名义上服从苏丹即可。1460年，的黎波里的商业寡头（merchant oligarchy）宣布的黎波里

① 〔美〕菲利普·G.内勒:《北非史》，第100页。
② 同上书，第101页。

是一个独立国家。

1510年，西班牙军队夺取的黎波里。1551年，土耳其军队将骑士团逐出的黎波里。1552年，奥斯曼帝国素丹任命的土耳其海盗首领德拉古特（Draughut）帕夏，在的黎波里沿海城镇恢复社会秩序，并在内地平息阿拉伯游牧部落的骚乱。16世纪末，北非已成为奥斯曼帝国的一系列省份，大致相当于现在的阿尔及利亚、利比亚与突尼斯。的黎波里是新统治者的中心，刚开始的范围指的是的黎波里塔尼亚和昔兰尼加，后来包括费赞。

从12世纪到16世纪，埃及的马木鲁克王朝声称对昔兰尼加的统治权，实际上是一种名义上的政治控制。昔兰尼加的贝都因部落不乐意接受除部落首领以外的任何权威。15世纪，的黎波里的商人繁荣了本地区的市场。昔兰尼加贝都因人依靠往来于埃及与马格里布之间的旅行队和朝圣者交付的保护费（protection money）过活。

五、阿瓦拉德王朝统治下的费赞

费赞的早期历史

费赞位于利比亚南部，是北非通往撒哈拉以南黑非洲的必经之路，具有重要的战略地位。费赞地区在古代被称为费赞尼亚（Phazania），是加拉曼特人的家园。希腊历史学家希罗多德曾提及加拉曼特人，但细节寥寥。[①]费赞地区出土的大量石器证明，早在旧石器时代，费赞就有人类居住。到新石器时代，费赞地区的文明发展起来，加拉曼特人在岩石上绘制岩画。[②]岩画有骆驼、马、大象、长颈鹿，以及配备武器的武士。尽管这些艺术作品并不完整，但至

① Herodotus, *History*(Book Ⅳ), pp.174–183.

② Muhamad Sulayman Ayoub, *Fezzan: A Short History*, tripoli, 1968, p.39.Habib Wadaa El-Hesnawi, *Fazzan under the Rule of the Awlad Muhammad: A Study in Political, Economic, Social and Intellectual History*, Sabha: The Center for African Research and Studies, 1990, p.27.

少可以窥见加拉曼特文明的轮廓。

费赞的都城加拉玛（Garama）（或称加尔马）地理位置极为重要，通过两条路线与沿海城市建立联系：一条是跨越乌巴里（Ubari）的沙丘到达伊德里（Idri），再通向沿海地区的古达米斯和萨布拉塔；第二条是通过塞卜哈、布拉克（Brak）到达沿海地区的莱普提斯麦格纳。加尔马东通尼罗河，西向大西洋，到苏丹也有两条路线。加拉曼特人用苏丹或本国的宝石、大枣、鸵鸟羽毛、象牙和奴隶前往莱普提斯麦格纳、欧伊亚和塞卜拉泰（Sabratah）换取罗马的陶瓷、玻璃、衣服等。①

公元666—667年，加尔马王国被阿拉伯军队首领奥卡巴·本·纳非征服，费赞处于阿拉伯人的控制之下。公元8世纪，伊巴迪教派在北非地区盛行。公元761—762年，阿拔斯王朝军队在伊斯玛仪·本·阿卡拉玛·胡扎（Isma'il bin Akrama al-Khuza）的领导下到达费赞，吞并了沃丹（Waddan）和扎维拉（Zawila），伊巴迪教派领袖阿卜德·阿拉·本·哈雅恩·伊巴迪（Abd Allah bin Hayan al-Ibadi）及其教徒遭掳杀。此后，扎维拉在相当长的时间内仍然是伊巴迪教派的活动中心。公元918年初，扎维拉处于哈塔卜（Khattab）家族的统治之下，这里也是费赞地区重要的商业中心。随着商业交往的频繁和经济发展，费赞地区的文化交往也出现繁荣局面。有资料显示，费赞和马格里布中部的伊巴迪教派交往密切，费赞成为知识分子汇聚之地，出现了许多博学之士。

12世纪早期，马格里布地区受到来自阿拉伯半岛的希拉尔和萨利姆部落的入侵。在随后不到一个世纪的时间里，阿拉伯人开始进入费赞，他们驱赶原住民，许多人被迫迁徙到撒哈拉沙漠南部，村庄被阿拉伯人占领。伊巴迪教徒英勇抵抗入侵的阿拉伯人，但因势薄力单被击败。许多伊巴迪伊玛目远走他乡。阿拉伯人占领费赞，完成了这里的阿拉伯化和伊斯兰化进程。

① Muhamad Sulayman Ayoub, *Fezzan: A Short History*, pp.50, 52.

1172—1173年，埃及的马穆鲁克谢拉夫丁·卡拉古斯·古兹（Sharaf al-Din Qaraqush al-Ghuzzi）进攻费赞，费赞时任统治者穆罕默德·本·哈塔卜（Muhammad bin al-Khattab）被杀。随后，费赞处于加奈姆（Kanem）的统治之下，特拉古汉（Traghan）成为国家首都。他们建立了纳速尔（Nasur）部落王朝，一直延续到14世纪。

阿瓦拉德王朝的崛起与建立

15世纪左右，穆罕默德·法斯（Muhammad al-Fasi）成为费赞新政权——阿瓦拉德王朝（Awlad）的第一位统治者。他来自摩洛哥非斯的谢里夫家族，在前往麦加朝觐时经过费赞的塞卜哈。当时，塞卜哈居民正处于哈塔布部落首领西迪·阿卜杜·卡菲（Sidi Abd al-Kafi）的统治之下，民众怨声载道。

法斯在麦加朝觐返回路上再次途径塞卜哈时，民众恳求他留下来保护他们。当时，费赞藩镇割据，各小国君主的权力之争导致政局动荡，游牧部落乘机四处侵扰。由于社会秩序动荡，民众无法安定生活，呼唤一个持中立立场的外部力量来结束纷争，实现社会秩序的稳定。穆罕默德·法斯调解各方矛盾，并培植亲信。可以说，地方统治者的争权为穆罕默德·法斯在费赞夺取政权奠定了基础。他运筹帷幄，借力打力，击败了西迪·阿卜杜·卡菲和所有竞争对手。1550年，穆罕默德·法斯成为费赞统治者。他承认奥斯曼帝国宗主权，控制了从苏丹到地中海的贸易路线。[①]然后他在盖达（al-Queda）修建新的居所，西迪·阿卜德·卡菲的旧居被改造成清真寺。法斯在塞卜哈修建了一个红色王宫，作为居所和处理行政事务的地方。塞卜哈是阿瓦拉德王朝重要的政治中心。

随着阿瓦拉德王朝疆域的扩大，穆罕默德·法斯需要一个新首都。他选择了战略地位极其重要的迈尔祖格（Murzuq），后者是费

① Ronald Bruce St John, *Libya: from Colony to Independence*, p.27.

赞各地区交往的核心，也是苏丹—马格里布—埃及商旅贸易的汇交之处。迈尔祖格成为新的政治和商业中心，标志着阿瓦拉德王朝发展到了一个重要阶段。

迈尔祖格成为王朝新首都以后，贸易和朝圣者逐渐增多。阿瓦拉德王朝牢牢控制了过境商旅与贸易市场，收取税收。昔日，扎维拉是费赞商旅贸易的主要目的地，现在被迈尔祖格代替。跨撒哈拉贸易提升了迈尔祖格的地位，这里与博尔努（Bornu）等地的交往也更频繁了。由于政治稳定，费赞地区农业发展，农产品不仅可以供本地人消费，还可以出口。大麦、小麦和椰枣向北出口到的黎波里，向南出口到博尔努和豪萨兰（Hausaland）。

阿瓦拉德王朝结束了各地方小王朝分裂割据、相互倾轧的混乱局面，建立了一个强大的中央集权国家。穆罕默德·法斯及其继承者通过征服或与阿拉伯部落协议结盟等方式，有效地维持着自己的统治。

在平定了国内混乱的政治局势后，阿瓦拉德王朝统治者的第一个行动就是消弭本地游牧部落的力量，平息叛乱。扎维拉部落被镇压，其首领被杀，国家权威向北延伸到苏克纳（Sokna）。1567年，穆罕默德·法斯辞世，其子蒙塔塞尔（al-Muntasir）继位，后者将统治范围拓展到乍得和尼日尔，西部到达加纳，西北部到达古达米斯。

穆拉比图人在阿瓦拉德王朝建立过程中发挥了重要作用。15到17世纪之间，穆拉比图人来自于非洲西北地区。在阿瓦拉德王朝的鼓励下，穆拉比图人在费赞地区定居下来，逐渐发展成为支持阿瓦拉德王朝统治的一股强大社会力量。穆拉比图人成立了许多扎维亚（zawaya），讲授古兰经和伊斯兰法，推动当地教育的发展。尽管影响不大，但却名声显赫。

穆拉比图人和阿瓦拉德王朝在费赞都缺乏本地部落的支持，因此，二者结盟对双方是最好的选择。穆拉比图人通过如下措施对费赞进行治理：一是通过宗教鼓动，动员民众支持阿瓦拉德王朝的统治；二是调解民事纠纷，劝解婚姻破裂的家庭重归于好；三是斡旋冲突，让濒临战争的敌对双方握手言和。这些都有利于社会秩序的稳定。

穆罕默德·法斯的继任者在部落中征募士兵。这样既可将支持他的部落聚合在麾下，同时也让敌对部落受到恐吓而屈服。阿瓦拉德王朝采取部落联姻政策，巩固部落和穆拉比图人的联盟。蒙塔塞尔第二任妻子就来自迈尔祖格一个势力强大的部落，从而给予他巨大支持。[①]其他苏丹继续实行部落联姻政策，部落与苏丹的利益紧紧联结在一起，增强了王朝国家的凝聚力和支持力量。

阿瓦拉德王朝的内部争斗

1577年，蒙塔塞尔的妻子胡达（Khudah）向的黎波里的奥斯曼帝国军队求援。她以丰厚回报做诱饵，请求他们接管费赞。其原因学术界有不同说法。一是嫉妒说。蒙塔塞尔有两个妻子，第一个妻子胡达居住在塞卜哈的红色王宫，仅生育了一个女儿。第二个妻子生活在迈尔祖格，生育了几个儿子。由于嫉妒，胡达出卖了自己的丈夫。[②]二是复仇说。据说，蒙塔塞尔杀死了穆罕默德·法斯，并娶了他的妻子胡达，因此，胡达的做法是一种政治报复和权力之争。[③]

奥斯曼帝国应胡达之邀派兵前往费赞。蒙塔塞尔正从迈尔祖格回到红色王宫之际，胡达告知他与奥斯曼帝国代表在的黎波里见面。当蒙塔塞尔回到塞卜哈后，胡达关闭王宫大门，并悬赏手下捉拿了蒙塔塞尔。三天后，蒙塔塞尔死去，胡达出了怨气。但邀请奥斯曼军队插手，无异于引狼入室。她想成为国家的主人，这时奥斯曼帝

① Habib Wadaa El-Hesnawi, *Fazzan under the Rule of the Awlad Muhammad: A Study in Political, Economic, Social and Intellectual History*, p.55.

② Ibid., p.67.

③ 另一种说法认为胡达是蒙塔塞尔的女儿，参见：Habib Wadaa El-Hesnawi, *Fazzan under the Rule of the Awlad Muhammad: A Study in Political, Economic, Social and Intellectual History*, p.68.

国军队已经兵临城下。胡达进行顽强反抗但以失败而告终，擒获后被活活烧死。

奥斯曼帝国在占领的黎波里26年后控制了费赞。在此期间，有一个名叫阿瓦德·乌尔万（Awad Ulwan）的部落发挥了重要作用。该部落是阿拉伯萨利姆部落的分支。1582年，这支曾是奥斯曼军队盟友的部落，由于没有得到重视和回报而发动起义，但被残忍镇压并遭屠杀。阿瓦德·乌尔万部落逃到的黎波里。1588年，蒙塔塞尔死去，其子纳斯尔（al-Nasir）回到费赞继承王位，恢复阿瓦拉德王朝的统治。1602年，纳斯尔逝世，其子穆罕默德·曼苏尔（Muhammad al-Mansur）继位（1602—1612年在位）。他以纳贡贿赂奥斯曼帝国，维持自己在费赞的统治。1612年，穆罕默德·曼苏尔亡故，奥斯曼军队第二次占领费赞。曼苏尔的堂兄塔希尔（al-Tahir），携带家眷逃往苏丹。一年后，塔希尔回到费赞，在当地居民帮助下发动起义，杀死奥斯曼帝国派来的总督，打败驻防军队，阿瓦拉德王朝再次统治费赞。1613年1月30日，塔希尔在迈尔祖格登上王位，共统治了12年。

塔希尔上台后面临双重挑战：一是已故苏丹之子，他的侄儿穆罕默德和小蒙塔塞尔；二是亲奥斯曼军队的胡尔曼（Khurman）组织的潜在威胁。该组织在1612年曾帮助奥斯曼军队占领费赞。因此，在上台第一年，塔希尔拉拢穆拉比图人和宗教势力以寻求支持，巩固自己的政权。随后，塔希尔开始向竞争对手两个侄儿发难。因为他们认为自己才是真正的继承人，不愿效忠于叔父，并要求继承王位。这无疑是对塔希尔权威的挑战。叔父毫不手软，将两个侄子的眼睛挖掉，流放到博尔努。博尔努统治者马伊·奥马尔·本·伊德里斯（Mai ‘Umar bin Idris，1619—1639）对塔希尔的暴行十分不满，决定亲率大军前往迈尔祖格。迈尔祖格民众也厌恶塔希尔对侄儿的虐待，要在博尔努统治者大兵压境之前将他推翻。[①]此时，奥

① Habib Wadaa El-Hesnawi, *Fazzan under the Rule of the Awlad Muhammad: A Study in Political, Economic, Social and Intellectual History*, p.74.

斯曼军队兵临迈尔祖格，亲奥斯曼势力胡尔曼人发动叛乱，塔希尔众叛亲离，竟然无兵可用。胡尔曼人认为，阿瓦拉德王朝从他们手中夺走了费赞，因而支持奥斯曼帝国远征费赞，并迫使塔希尔及其家族逃亡苏丹避难，这成为塔希尔毕生难忘的痛苦经历。

塔希尔伺机卷土重来，打击和反制胡尔曼人，他刻意征收重税，减少对的黎波里总督的贡赋。1622—1623年，胡尔曼人发动叛乱，一些人逃往的黎波里，寻求奥斯曼总督的援助和保护。塔希尔被迫做出妥协，让穆拉比图人出面斡旋，命令索科纳（Sokna）总督阿布·努赫·米苏拉提（Abu Nuh al-Misurati）派军队阻止塞卜哈的胡尔曼人前往的黎波里，但均以失败而告终。

胡尔曼人代表抵达的黎波里，向拉马丹德伊（Ramadan Dey）[①]汇报情况。的黎波里当时控制在穆罕默德·萨齐兹（Muhammad al-Saqizi）手中。德伊以高礼遇会见胡尔曼代表。随后，发兵攻打塔希尔，后者深知反抗无望，便携带12峰骆驼负载的金银第二次逃往苏丹。博尔努总督擒获塔希尔并将其溺水而死，12峰骆驼的金银尽归博尔努总督。

阿瓦拉德穆罕默德家族被迫第三次逃离费赞，奥斯曼帝国任命来自胡尔曼的艾哈迈德·本·胡韦迪（Ahmad bin Huwaydi）为新总督。他在任三年。1626—1627年，新总督被费赞民众推翻，塔希尔兄长之子穆罕默德·本·祖海穆（Muhammad bin Juhaym）成为统治者，祖海穆带领大军进驻费赞。已下台的胡韦迪被迫离开迈尔祖格，但途中遭遇祖海穆的军队，胡韦迪兵败又撤回迈尔祖格。他修筑堡垒，誓死抵抗。同时暗中恳求的黎波里德伊穆罕默德·萨齐兹（1633—1649在位）发兵援助，后者在岳父拉马丹德伊退位后继位。祖海穆紧随败军挺进迈尔祖格，并重兵包围。胡韦迪饥饿难耐，吃光了城里所有能吃的东西。当祖海穆得知以奥斯曼·贝克（Uthman Bek）为首的奥斯曼军队即将到达，便解除了包围。

---

① 德伊为奥斯曼帝国向北非各地派驻的官员。拉马丹德伊为穆罕默德·萨齐兹的岳父，后者实际掌权。

费赞地广人稀，各村庄之间相距甚远，这就避免了祖海穆和来自的黎波里的奥斯曼军队迎头相撞。穆拉比图人出面斡旋，双方握手言和。祖海穆被委任为费赞总督，每年向奥斯曼帝国支付4000密斯卡尔（mithqal，相当于4.25克）黄金，一半为金子，一半以奴隶抵价。①

阿瓦拉德王朝的内战与终结

穆罕默德·本·祖海穆的统治标志着费赞历史进入了一个新阶段。随后的200年，祖海穆的后代一直统治费赞。不过，阿瓦拉德王朝继承问题变得比以前更为复杂。

祖海穆为人忠厚、慷慨乐施，把国家治理得井井有条。1666年他惨遭谋杀，兄长纳吉布（al-Najib）继位。1682年，纳吉布又被奥斯曼帝国军队杀害，穆罕默德·纳斯尔（Muhammad al-Nasir）继承王位，但后者拒绝向奥斯曼帝国纳贡，遂被奥斯曼帝国驻的黎波里军事长官尤素福·贝克（Yusuf Bek）废黜。

纳斯尔的废黜与阿瓦拉德·穆克尼（Awlad al-Mukni）密切相关。穆克尼出生于的黎波里塔尼亚，对费赞的商队贸易和政治十分感兴趣。1682年，阿瓦拉德·穆克尼随同尤素福·贝克镇压纳斯尔政权，在的黎波里赢得较高威望。他是说服奥斯曼帝国德伊穆罕默德·伊玛目·沙伊卜·艾因（Dey Muhammad al-Imam Sha'ib al-Ayn，1687—1701年在位）远征费赞的说客之一。贝克并没有意识到阿瓦拉德·穆克尼在远征费赞中所起的作用。在攻打迈尔祖格失败后，贝克指控阿瓦拉德·穆克尼为失败负责。阿瓦拉德·穆克尼随后心生妙计，秘密向纳斯尔的兄长、外甥和军队高官写信，请求他们提供帮助，条件是让他做费赞的主人。阿瓦拉德·穆克尼的计策奏效，敌人分化瓦解。纳斯尔发现自己身处绝境，意识到其统治走到了尽头。在投降之前，纳斯尔请求贝克确保他自己、亲信和家眷

① Habib Wadaa El-Hesnawi, *Fazzan under the Rule of the Awlad Muhammad: A Study in Political, Economic, Social and Intellectual History*, p.78.

等的安全。随后，贝克接管迈尔祖格，士兵洗劫了这个小镇。贝克并没有兑现他对纳斯尔的承诺，他命令一个名叫穆斯塔法·巴斯卡里（Mustafa al-Baskari）的军官对后者及其家属、随从进行折磨和羞辱。

贝克返回的黎波里，德伊艾因任命穆克尼家族的穆罕默德·贾扎勒·穆克尼（Muhammad al-Ghazayl al-Mukni）为费赞统治者。德拉古特（Dragut）接替奥斯曼帝国驻的黎波里总督穆拉德·阿加（Murad Agha）为帕夏。穆罕默德·贾扎勒·穆克尼利用自己的影响力赢得帕夏的信任，成为迪万（Diwan）成员。穆克尼家族以小商贩起家，最终发展成为的黎波里最杰出的家族之一。同时，他们还不断寻找机会扩大势力，控制的黎波里和苏丹的贸易交往。穆克尼家族向迪万定期纳贡，这也是奥斯曼驻的黎波里行政收入的重要组成部分。然而，费赞民众并不买账。穆罕默德·贾扎勒·穆克尼统治费赞不到五个月就被推翻。

在阿瓦拉德王朝统治期间，费赞民众表现出对该王朝的顺从和忠诚，认为除此之外的统治者都是外来者。每当奥斯曼帝国派大军推翻阿瓦拉德王朝，任命新的统治者时，费赞民众都会将其推翻，又将王位还给阿瓦拉德家族。其原因可能有三：一是奥斯曼帝国任命的官员大都骄傲蛮横、对民众统治残暴，不得民心；二是民众认为穆克尼家族代表了奥斯曼帝国的利益，心生反感；三是穆克尼家族的所作所为侵犯了支持者的利益，如昔日盟友瓦迪·阿加尔（Wadi sl-Ajal）在推翻纳斯尔的过程中出力不少，但也发动叛乱。

1689年，穆罕默德·纳斯尔被推翻后，阿瓦拉德·穆罕默德家族和阿瓦拉德·穆克尼家族之间发生了一场血腥的权力之争。阿瓦拉德·穆罕默德家族内部矛盾盘根错节。直到1691—1692年，穆罕默德·纳斯尔在位期间，混乱的局势才有所好转。1690年，穆罕默德·穆克尼死于叛乱，阿里·穆克尼治理费赞。

穆罕默德·本·祖海穆（Muhammad bin Juhaym），也就是苏丹祖海穆之子，苏丹塔曼（Tammam）的外甥在盖尔比山谷（Wadi al-Gharbi）打败阿里·穆克尼，后者离开迈尔祖格，逃往塞卜哈。穆罕默德·本·祖海穆上台执政一直到穆罕默德·纳斯尔归来。阿里·穆克尼一直被阿瓦拉德·苏莱曼（Awlad Sulayman）苏丹的贝都因人围困在塞卜哈的红色王宫。他向的黎波里的兄长尤素福求救。不久，尤素福·穆克尼带领500随从从的黎波里来到塞卜哈。尤素福·穆克尼突破重围，带领着阿里·穆克尼到达的黎波里。德伊在听到阿里·穆克尼失败的消息后，停止支持阿瓦拉德·穆克尼（Awlad al-Mukni）家族，决定释放已经宣誓效忠的纳斯尔并恢复王位，后者承诺每年纳贡。因此，穆罕默德·纳斯尔在监狱中度过15个月后被释放，重新成为费赞苏丹。他受到费赞民众的热烈欢迎。

公元1699年，德伊的女婿哈利勒·贝克（Khalil Bek）率大军远征费赞，阿里·穆克尼随行。远征的原因可能是穆罕默德·纳斯尔不交贡赋，违反二者签署的协议。阿里·穆克尼再次成为费赞之主。历史又一次重演，费赞民众仍然不接受他。阿瓦拉德·穆罕默德家族的纳吉布苏丹之子穆罕默德·卡伊德（Muhammad Kayd）率领下的盖尔比山谷民众在加尔马打败了阿里·穆克尼，成为费赞王位众望所归的核心人物。卡伊德强迫阿里·穆克尼撤退到迈尔祖格，二者达成和平协议：即穆罕默德·卡伊德占领东部，特拉古汉为其首都；阿里·穆克尼占领西部。协议达成后，尤素福·穆克尼的援军与阿里·穆克尼的军队在迈尔祖格兵合一处。随后，他们与特拉古汉的卡伊德战端再起，经过7天的血战，尤素福·穆克尼由于得不到民众的支持而失败，撤退到的黎波里。

随后，率领50名图阿雷格人的穆罕默德·纳斯尔突然出现在特拉古汉附近。卡伊德随后意识到战胜纳斯尔的困境，恳求穆拉比图人从中斡旋，希望纳斯尔免除其罪行。纳斯尔原谅了卡伊德，作为警告，将后者用锁链押送到迈尔祖格，随后流放到苏丹。

至此，费赞内战混乱局面告一段落，王位重归苏丹穆罕默德·纳斯尔，后者统治费赞一直到1710年去世。他的儿子艾哈迈德·纳斯尔继位后拒绝纳贡，并与的黎波里的奥斯曼政府几度交手，迈尔祖格与的黎波里中央政府的关系一波三折，但仍然平稳有序。艾哈迈德·纳斯尔是阿瓦拉德·穆罕默德家族中在位时间最长的统治者。他于1766—1767年在朝圣返回途中死于奥吉拉。

艾哈迈德·纳斯尔的继承者是其子穆罕默德·塔希尔（Muhammad al-Tahir，1766—1773），后者死后，继承人是其堂兄艾哈迈德·本·穆罕默德·曼苏尔（Ahamd bin Muhammad al-Mansur），在位16年（1773—1790）。接下来的统治者是苏丹艾哈迈德·本·穆罕默德·曼苏尔，由于疾病缠身于1803—1804年退位，其兄长穆罕默德·蒙塔塞尔（Muhammad al-Muntasir）深受重用。当时，穆罕默德·穆克尼作为卡拉曼利（1795—1832）王朝尤素福帕夏在费赞的收税官，与穆罕默德·蒙塔塞尔私交甚好。当前苏丹病重不能理政，穆克尼建议帕夏任命穆罕默德·蒙塔塞尔担任苏丹。随后，穆罕默德·蒙塔塞尔成为费赞的统治者。但穆罕默德·蒙塔塞尔统治无方，野心勃勃且无休止的折磨民众，搞得民怨沸腾，最终送了性命。这也标志着阿瓦拉德王朝在费赞的终结。穆罕默德·穆克尼成为费赞的统治者。

第二章　卡拉曼利王朝的消长

利比亚处于奥斯曼帝国的“边缘区”，卡拉曼利王朝的消长兴衰与奥斯曼帝国密不可分。① 总体上看，奥斯曼帝国对利比亚实施的是一种不受中央政府控制的间接统治。帝国素丹对利比亚的治理虽力不从心，却又不想放弃，这种态势在一定程度上导致该地区相对独立的政治构架。②卡拉曼利王朝在这种历史境遇下经历了崛起、衰微、复兴、覆灭等阶段。在王朝兴盛时期，部落扮演着国家扩张之载体和拓展王朝利益的角色，国家机器借助部落的支撑得以有序运转；而在王朝衰落时期，部落遂演变为与国家争夺基层社会资源的特殊群体，尤其是部落的割据和争斗直接威胁甚至瓦解王朝的集权体系。这种双重角色的独特属性，使部落成为卡拉曼利王朝兴衰中不可忽视的力量。

一、卡拉曼利王朝的兴起

奥斯曼帝国第一次占领利比亚

奥斯曼帝国源于乌古思突厥人的卡伊部落，初居中亚，后辗转

① Seton Dearden, *A Nest of Corsairs: The Fighting Karamanlis of Tripoli*, London: John Murray, 1976, p.1.

② Rachel Simon, *Libya between Ottomanism and Nationalism, The Ottoman Involvement in Libya during the War with Italy(1911-1919)*, Berlin: Klaus Schwarz Verlag, 1987, P.1.

于里海附近、波斯北部和东部，在阿拔斯王朝时皈依伊斯兰教，承认哈里发的合法性。作为罗姆素丹国的属臣，其头领艾尔突格鲁勒统治着小亚细亚西北部萨卡里亚河沿岸与拜占庭接壤的地方。艾尔突格鲁勒死后其子奥斯曼一世继位，他娶了苏菲派领袖的女儿，在当地部落的竭力支持下，逐渐强大起来。君士坦丁堡一直是奥斯曼帝国历代统治者觊觎却又遥不可及的“红苹果”。[①]1453年5月，奥斯曼军队攻占君士坦丁堡后，将其改名伊斯坦布尔。对奥斯曼帝国来说，攻占君士坦丁堡标志着帝国更加强盛，君士坦丁堡成为帝国的政治、经济和文化中心。16世纪中期，奥斯曼帝国达到鼎盛期，地跨欧亚非三大洲，人口5000万。[②]正如戴维森评价说，军事上的胜利、政治机构的形成、社会秩序的稳定、经济的繁荣、文化上的高度发展，所有这些总合在一起，就给16世纪打上了“奥斯曼帝国黄金时代”的标记。[③]

就奥斯曼—伊斯兰文明的统治秩序而言，其治理结构具有“核心—外围—边缘”的层次性特点。“核心”指奥斯曼帝国统治的安纳托利亚地区，这里是帝国的中心地带，直接受素丹统治。“外围”主要指奥斯曼帝国统治下的阿拉伯世界。“边缘”则指的是马格里布地区。[④]16世纪，奥斯曼帝国占领了北非大部，最高波尔特将之划分为阿尔及利亚、突尼斯和的黎波里三个统治区域。1517和1551年，奥斯曼帝国分别占领昔兰尼加和的黎波里地区。的黎波里控制区与今天利比亚北部面积相当。

耶尼舍里（Janissary）[⑤]军团是左右利比亚政治的重要力量。1565年，奥斯曼帝国素丹任命一位帕夏治理利比亚。帕夏主要依靠

① Paul Wittek, *The Rise of the Ottoman Empire*, London: Royal Asiatic Society, 1965, p.55.

②〔美〕斯塔夫里阿诺斯:《全球通史——1500年以后的世界》，吴象婴、梁赤民译，上海社会科学院出版社1999年版，第41页。

③〔美〕戴维森:《从瓦解到新生——土耳其的现代化历程》，张增健等译，学林出版社1996年版，第40页。

④ 彭树智主编:《中东史》，人民出版社2010年版，第151页。

⑤ 耶尼舍里即禁卫军，从东欧基督徒青年中招募，形式上是帝国素丹的奴仆。

耶尼舍里军官辅政，监管地方行政事务，维持社会秩序和税收。耶尼舍里军官与当地柏柏尔人和阿拉伯人通婚，形成了所谓的库罗格鲁（Kuloglu）阶层[①]，该阶层在18世纪到19世纪在的黎波里的历史进程中产生了重要影响。耶尼舍里的效忠对象一般都是那些对其提供军饷最多的人。帕夏的权力继承很大程度上依赖耶尼舍里军团的支持。

信仰伊斯兰教的柏柏尔海盗通过海上劫持和虏获商船向地方政府提供财政收入。16、17世纪，马格里布地区的海盗活动十分猖獗，有些人将从事海盗活动当作毕生事业。他们以阿尔及利亚、突尼斯、的黎波里等地以及摩洛哥的一些港口为根据地，打着伊斯兰教的旗帜对西方基督徒进行劫掠，抢夺财物，贩卖人口。海盗活动受到当地政府的支持，实际上也架空了帝国素丹任命的帕夏。海盗们很注重行事方式和效率，对战利品和赎金最感兴趣，不参与政治谋杀等活动。理查德·帕克在其名著《柏柏尔地区的山姆大叔》中写道："柏柏尔海盗似乎没有其欧洲同行的行径恶劣，在某些个案中还有些人情味。"[②]柏柏尔海盗代表了奥斯曼帝国海上战略的重大转变与延伸。奥斯曼帝国主要依靠贸易与海盗劫持的财富，不向本土居民征收税赋，这也是17、18世纪的黎波里地方政府生存的财政基础。奥斯曼帝国主要关注与地中海世界和欧洲的交往，而利比亚本土民众则关心内陆地区的商业、贸易与游牧生活。[③]

的黎波里的奴隶贸易规模较大。17世纪末期，的黎波里每年输入2000名黑奴，这还不包括奴隶贸易途中死去的人数。[④]1551年，

---

① 库罗格鲁（Kuloglu），源于土耳其语，被称为"奴隶之子"，也叫Kouloughlis，Cologhlis，Qulaughlis，指的是奥斯曼帝国统治北非期间耶尼舍里的后裔与北非妇女诞下的孩子。参见Kouloughlis-https://en.wikipedia.org/wiki/Kouloughlis。

② Richard B.Parker, *Uncle Sam in Barbary: A Diplomatic History*, Gainesville, FL:University Press of Florida, 2004, p.6.

③ Ronald Bruce St John, *Libya: from Colony to Independence*, p.33.

④ John Wright, *A History of Libya*, Revised and updated edition, p.77.

英国旅行家尼古拉斯·尼古拉（Nicholas Nicolay）记录了的黎波里奴隶市场的基本情况。市场上的奴隶们上下跳跃，就像被查验的马匹一样让人挑选。在奥斯曼·萨基斯里（Osman Sakisli）统治期间，输往的黎波里的基督徒奴隶人数在1500—2000人之间。[①]意大利等欧洲国家也向他国和私人提供欧洲奴隶，这些人大多为技术劳工。奴隶获得自由的唯一途径就是皈依伊斯兰教，许多人还成为高级军官。

卡拉曼利王朝的建立

卡拉曼利王朝肇始于1711年4月。[②]16世纪中期，地中海地区被基督教国家和奥斯曼帝国分割，这一情况延续了近300年。[③]1661年后，奥斯曼帝国势力衰落，对利比亚疏于管理，迪万经常成为耶尼舍里与当地海盗竞相控制的对象。帕夏成为国家礼仪的象征，实权被耶尼舍里为代表的军队控制。原因在于：一是利比亚远离帝国首都伊斯坦布尔，难以进行有效控制；二是这里的军事和经济价值较之其他地区没有那么重要；[④]三是利比亚局势难以控制。1672年到1711年，大约有24位总督试图控制利比亚混乱的政局，但效果都不佳。的黎波里陷入军事政变的恶性循环，任职超过1年的总督寥寥可数。[⑤]因此，17世纪末的的黎波里政治动荡、经济衰微、社会混乱，急需一个政治强人来治理国家。艾哈迈德·卡拉曼利（Ahmad Qaramanli）就是在这种历史背景下应运而生。

卡拉曼利王朝的开创者艾哈迈德出身于库罗格鲁阶层。17世纪末期，阿拉伯人和柏柏尔人拒绝向的黎波里政府缴纳贡赋，并发动起义。艾哈迈德镇压了20次叛乱，立下赫赫战功，展示了杰出的军

---

① John Wright, *A History of Libya*, Revised and updated edition, pp.77–78.

② Seton Dearden, *A Nest of Corsairs: The Fighting Karamanlis of Tripoli*, p.27.

③ John Wright, *A History of Libya*, Revised and updated edition, p.73.

④ Rachel Simon, *Libya between Ottomanism and Nationalism: the Ottoman Involvement in Libya during the War with Italy(1911–1919)*, 1987, p.1.

⑤ Ronald Bruce St John, *Libya: from Colony to Independence*, p.33.

事才能。[①]时任德伊穆罕默德·德依（Mahmoud Dey）挑拨库罗格鲁与盖尔扬部落（Ggarian）的关系，试图杀死艾哈迈德。但艾哈迈德机智地联合两者，共同对抗德伊。后者众叛亲离，自杀身亡。[②]

18世纪初，的黎波里帕夏马赫穆德·乌迈斯（Mahmud Ummais）前往伊斯坦布尔履职，艾哈迈德代行帕夏职权。在此期间，他大权在握，身兼数职，包括的黎波里土耳其卫戍部队最高指挥官，奥斯曼帝国素丹驻的黎波里最高政治代表等，从而控制着的黎波里的各种事务。

1711年，卡拉曼利王朝正式建立，成为一个准国家的王朝（quasi-national dynasty）。[③]但奥斯曼帝国中央政府并不承认其合法性。1712年7月，奥斯曼帝国素丹任命加涅姆·霍贾（Janem Khoja）为的黎波里帕夏。此时，卡拉曼利王朝则深陷绝望中：财政濒临破产，只能通过向犹太人额外收税来维持财政运转。但局势随后峰回路转。1712年8—9月，热那亚和荷兰政府要求与卡拉曼利王朝签署和平与商业协定，提供铜炮和火药，外加约2000美元的币钱，以免遭的黎波里海盗的袭击。[④]1722年，艾哈迈德在向帝国素丹奉献巨额礼物后，最终得到奥斯曼帝国的确认，名正言顺的成为合法帕夏。[⑤]

奥斯曼帝国统治的黎波里的160年里，唯一的任务就是收税，对整治社会秩序、发展经济并不感兴趣，这也是民众经常诟病之处。艾哈迈德的志向并不在此。他希望摆脱奥斯曼帝国控制，建立一个政治稳定、经济发展、文化繁荣的家族王朝。为此，他采取一系列措施来扭转的黎波里的混乱局势。

一是培植亲信集团，拉拢了一批库罗格鲁阶层的高级军官。同

① Kola Folayan, *Tripoli During the Reign of Yusuf Pasha Qaramanli*, Ile-Ife Nigeria: University of Ife Press, 1979, p.2.

② Seton Dearden, *A Nest of Corsairs: The Fighting Karamanlis of Tripoli*, pp.29-30.

③ 〔美〕菲利普·G.内勒：《北非史》，第140页。

④ Seton Dearden, *A Nest of Corsairs: The Fighting Karamanlis of Tripoli*, pp.39-40.

⑤ Ibid., p.41.

时肃清奥斯曼帝国的军事影响。艾哈迈德邀请300名奥斯曼军官赴宴，但在赴宴途中将这些人全部诛杀。随后，又包围了耶尼舍里军团，占领军械库，消灭了奥斯曼帝国在的黎波里的武装力量。

二是实施胡萝卜加大棒的两手策略。一方面，艾哈迈德在民众支持下，打败了哈利勒（Khalil）帕夏指挥的奥斯曼帝国军队。另一方面，艾哈迈德向马赫穆德·乌迈斯（Mahmud Ummais）帕夏提供巨额贿赂，换取其停止对他的征剿。

三是确立卡拉曼利家族的统治地位。艾哈迈德有两个儿子：长子马哈茂德（Mahmoud），母亲是土耳其人；幼子穆罕默德（Mohammad），母亲是阿拉伯人。[①]为防止奥斯曼帝国的干涉，1745年，艾哈迈德召集迪万成员，宣布幼子穆罕默德为贝伊，即军事最高长官和王位继承人。随后颁布一系列公告确立卡拉曼利家族的继承权与政治合法性的原则。[②]

四是平息叛乱，实现政治稳定和国家统一，并构建良好的社会秩序。同时，确保跨撒哈拉贸易的畅通，这也是的黎波里财政收入的重要来源之一。[③]艾哈迈德加强海军和陆军力量，镇压柏柏尔人和阿拉伯人的部落起义，将昔兰尼加和费赞纳入的黎波里的统治范畴。1745年艾哈迈德去世时，费赞已向的黎波里纳贡，其他地区也相继臣服。

五是发展农业，增加财政收入。帕夏邀请并鼓励利凡特的奥斯曼土耳其人到的黎波里定居。这些人擅长农业种植，生产的粮食除供应本国民众出口外，余粮则加以储存应付饥馑之年。此外，大麦、小麦和椰枣的出口也可增加国家财政收入。另一方面，除农业外，利凡特的奥斯曼人还参与商业活动，扩大的黎波里对外贸易，推动跨撒哈拉贸易的发展。一些利凡特奥斯曼人引进家庭手工业，如制

---

① Seton Dearden, *A Nest of Corsairs: The Fighting Karamanlis of Tripoli*, p.65.

② Ronald Bruce St John, *Libya: from Colony to Independence*, p.34.

③ A.Adu Boahen, *Britain, the Sahara and the Western Sudan*, Oxford:The Clarendon Press, 1964, pp.103-104.

造毛织品、皮革等，这对卡拉曼利王朝的经济发展起到重要作用。的黎波里成为跨越撒哈拉地区贸易的主要路径。在18和19世纪的4条贸易线路中，有3条要穿越利比亚，分别是：的黎波里—费赞—卡瓦尔—博尔努；的黎波里—古达米斯—加特—卡诺；班加西—库夫拉—瓦迪。商路贸易长期以来是的黎波里财政收入的主要来源。[①]

因此，至1745年，即艾哈迈德去世那年，的黎波里已奠定雄厚的经济基础。国家政治稳定、经济繁荣，但不幸的是，这种良好局势并未持续太久。艾哈迈德去世后的55年间，的黎波里一直处于衰势，直到1795年西迪·尤素福掌权。

卡拉曼利王朝的中衰

18世纪中期，卡拉曼利王朝开始衰落，原因在于：一是艾哈迈德之后到西迪·尤素福之前的帕夏大都懦弱无能。艾哈迈德之子，即王位继承人穆罕默德没有乃父的才能和威名。在他统治的9年里（1745—1754），忽视经济发展，社会混乱。穆罕默德之子阿里帕夏（1754—1793）上台之初还雄心勃勃。1756年，他尝试修建城池，巩固防御，增强海军力量。后来，他逐渐对治国失去兴趣，惰于政事，无所作为。[②]奥斯曼帝国素丹担忧的黎波里的未来发展。帝国于1778年派出特别代表警告帕夏要尽责职守，巩固国防，改进海军，向士兵定期支付军饷，以增强其权威。否则，素丹将不得不进行干预。[③]阿里帕夏对素丹的警告充耳不闻，继续寻欢作乐，疏于政事。在他统治的最后十年里，大部分时间都耗费在酗酒和纵欲两件事上。朝中大事由长子哈桑贝伊（Hassan Bey）处理。

二是卡拉曼利家族内部的王位继承之争。[④]尽管艾哈迈德开国之初就创立了一整套卡拉曼利家族王位继承原则——即子承父业制

---

① Ronald Bruce St John, *Libya: from Colony to Independence*, p.34.

② John Wright, *A History of Libya*, Revised and updated edition, p.80.

③ Kola Folayan, *Tripoli During the Reign of Yusuf Pasha Qaramanli*, p.4.

④ Ronald Bruce St John, *Libya: from Colony to Independence*, p.35.

（Primogeniture），但家族内的权力角逐并未使该制度得以贯彻，继承问题不断出现危机。阿里统治时期，他的继位受到叔父穆斯塔法的挑战，后者声称有权继位，明显违背了艾哈迈德确立的子承父业原则。穆斯塔法后来被任命为贝伊，治理班加西，问题才得到暂时解决。1760年，的黎波里的一些人蛊惑穆斯塔法再次反对阿里。阿里帕夏先发制人，派3000军队到班加西，以镇压阿拉伯人叛乱为名，将穆斯塔法之子等反对者逮捕处死，穆斯塔法贝伊逃到突尼斯。此外，艾哈迈德去世后，内地的阿拉伯人和柏柏尔人要求独立，解除与的黎波里的政治联系，并一再发动叛乱，造成政局动荡不定。

三是突尼斯的威胁。18世纪70和80年代，突尼斯贝伊向穆斯塔法提供武器弹药，以报当年阿里支持其突尼斯政敌侯赛因家族之仇。卡拉曼利王朝面临突尼斯入侵的可能。

四是经济恶化。1778—1780年、1784—1786年，的黎波里发生两次大饥馑，货币贬值、经济停滞。随后，瘟疫流行，死亡人数占总人数的23%。[①]

由于帕夏丧失权威，王朝内部陷入权力之争，英法等国开始觊觎的黎波里，[②]奥斯曼帝国素丹日益担心的黎波里的安危。18世纪80年代，奥斯曼帝国素丹决定重新占领的黎波里。1786年6月，奥斯曼帝国素丹要求卡普丹（Kapudan）帕夏[③]哈桑经突尼斯进入的黎波里，接管权力。阿里惊慌失措，召开紧急会议，宣布退位并逃往突尼斯。但因突发奥斯曼帝国素丹病故一事，素丹阿卜杜勒·哈米德（Abdul Hamid）授权哈桑占领的黎波里的敕令被搁置。

阿卜杜勒·哈米德的继承人谢里姆三世并没有放弃的黎波里的想法。1793年7月，阿里·博尔胡勒（Ali Borghul）代表奥斯曼帝

① Ronald Bruce St John, *Libya: from Colony to Independence*, p.35.

② Miss Tully, Kola Folayan, *Tripoli During the Reign of Yusuf Pasha Qaramanli*, pp.40、149.

③ 卡普丹帕夏为奥斯曼帝国海军司令的官名。

国素丹夺回的黎波里。[1]

卡拉曼利王朝的内战

卡拉曼利王朝的内战和外部力量的入侵起因于阿里帕夏的三子西迪·尤素福（Sidi Yusuf）。[2]西迪·尤素福未满20岁，崇尚暴力、不服管束、智力超群且野心勃勃。他感到年迈的父亲对他的喜欢更胜于对其兄长哈桑贝伊和西迪·艾哈迈德，因而希望取代兄长成为继承人。由于帕夏病体缠身，疏于政事，从18世纪70年代，政务都交由哈桑贝伊处理。

哈桑是军队指挥官，拥有自己的海军和造船厂，并从海盗活动中获益丰厚。哈桑贝伊的政治地位和经济收益引起西迪·尤素福的嫉妒。1785—1786年，他开始采取措施，攫取王位。他在协助哈桑贝伊镇压阿拉伯部落叛乱中立下战功，威望陡增，便开始培植亲信，拉帮结派。

1787年末，老帕夏病入膏肓，局势骤然紧张。[3]王子们都期盼他早点归西，以决雌雄。但老帕夏后来奇迹般康复，阻止了一场血腥内战。西迪·尤素福夺取王位的野心并未停止，仅在1789年，就两次发动未遂政变，试图除掉哈桑贝伊。

机会很快到来。不久，阿瓦拉德苏莱曼部落在谢赫赛义夫·纳斯尔（Saif al-Nasr）的领导下发动起义。该部落一直是卡拉曼利王朝的强大对手。1788年末，赛义夫·纳斯尔曾利用卡拉曼利王朝内讧之时，停止向帕夏纳贡，并对王朝发难，目标是推翻卡拉曼利王朝。哈桑贝伊不得不动员一切力量来应对。

西迪·尤素福则想乘机暗杀哈桑贝伊，但忠于贝伊的贴身护卫和军队成功破获了两次暗杀活动。1790年7月20日，西迪·尤素福设局谋杀了哈桑贝伊。当民众得知贝伊被杀的消息后，立即武装起

---

① Ronald Bruce St John, *Libya: from Colony to Independence*, p.35.

② Seton Dearden, *A Nest of Corsairs: The Fighting Karamanlis of Tripoli*, p.111.

③ Ibid., p.115.

来，要求惩办凶手。西迪·尤素福及其亲信被迫逃走。

西迪·尤素福并不甘心失败，为夺取政权，他竭尽全力搜罗和培植力量，特别是在他占领作为城乡联系枢纽的战略要地曼斯亚（Manshiyya）地区后，便切断了内地到的黎波里的食物供应，从而在对抗中占据优势。借助曼斯亚的战略地位，西迪·尤素福的军事力量日益增长。他先是策划了所谓的“王宫革命”，试图以宫廷政变方式夺取帕夏之位，接着又采取恐吓手段逼迫其父主动退位。当这些伎俩和图谋都失败后，西迪·尤素福只好准备与阿里帕夏真刀真枪地血拼到底。

帕夏随后也做好了应对准备，他调集兵力加强戒备，并悬赏2000金币（sequins，古威尼斯、土耳其金币）索要西迪·尤素福的人头。[①]同时，请求米苏拉塔的阿拉伯人迅速增援，派遣大军抵达的黎波里。由此开始了长达四年的的黎波里之战。

1791—1794年，基本上是西迪·尤素福及其曼斯亚支持者与帕夏之间进行的拉锯战，双方互有攻守，的黎波里城区的控制权在帕夏和西迪·尤素福的军队中几度易手。1793年，由于争取到塔尔胡纳、米苏拉塔和萨希勒（Sahil）地区的阿拉伯人和柏柏尔人的支持，西迪·尤素福占领的黎波里城。在的黎波里城即将全部陷落之时，帕夏向突尼斯求援。许多民众也响应帕夏的呼吁奋起抵抗。西部地区的阿拉伯部落领袖苏莱曼·阿加（Sulayman Agha），东部地区的谢赫赛义夫·纳斯尔也前来支援。班加西的贝伊送来大量食物和武器弹药。双方势均力敌，战事再次陷入胶着状态。这一态势则为7月末阿里·博尔胡勒的侵入创造了条件。

阿里·博尔胡勒出生于格鲁吉亚，一直居住在阿尔及利亚，是一位具有半官方海盗性质的海军高层。[②]由于他职位较高，以及与贝伊的联姻关系，阿里·博尔胡勒在阿尔及利亚政治中具有较大影响。后来，他效力于奥斯曼帝国素丹。1791年的黎波里因阋墙之争

---

① Seton Dearden, *A Nest of Corsairs: The Fighting Karamanlis of Tripoli*, p.124.

② Ibid., p.128.

出现持续的动荡后，奥斯曼帝国素丹授权阿里·博尔胡勒从卡拉曼利家族手中夺取的黎波里。在奥斯曼帝国素丹的支持下，阿里·博尔胡勒招募雇佣军，组建了一支强大的海军。1793年7月，8艘战舰运载着大批装备精良、弹药充足的军队从伊斯坦布尔来到的黎波里。在大军压境下，帕夏别无选择，只好出城投降。阿里·博尔胡勒不费一枪一弹占领的黎波里，奥斯曼帝国旗帜代替卡拉曼利王朝旗帜，的黎波里回归到奥斯曼帝国的统治之下。[①]

西迪·尤素福重新夺回的黎波里

阿里·博尔胡勒占领的黎波里，标志着从1791年6月西迪·尤素福争夺的黎波里引发的卡拉曼里王朝内战进入了第二阶段。1793年7月，阿里·博尔胡勒占领的黎波里之前，西迪·尤素福一直被视为背叛父兄的叛乱分子。而此后，西迪·尤素福则成为卡拉曼利王朝对抗奥斯曼帝国的英雄。

西迪·尤素福在得知父亲退位的消息后，他意识到必须抛弃家族恩怨，捍卫的黎波里，抵抗入侵者。因此，他拒绝了阿里·博尔胡勒希望他参与新组建的迪万的邀请，决心重新夺回的黎波里。随后，他决定对黎波里的进行围困，切断城内的食物供应。同时向外部求援，以增强其军力。但最初对的黎波里的攻城战斗却被奥斯曼帝国的军队所击败。在这种情况下，西迪·尤素福只好改变策略，决定等待时机，再向的黎波里发动攻势。与此同时，阿里·博尔胡勒控制的黎波里后，昔日支持卡拉曼利王朝的官员开始转向阿里·博尔胡勒，包括的黎波里的谢赫。奥斯曼人替代了卡拉曼利王朝的官员。卡拉曼利家族成员被投入监狱，财产充公。一些有影响的奥斯曼帝国富商因亲卡拉曼利家族而被没收财产。[②]一些反对阿里·博尔胡勒统治的民众和组织同样遭到残酷的镇压。阿里·博尔胡勒的势力不断扩大。

---

① Ronald Bruce St John, *Libya: from Colony to Independence*, p.36.

② Seton Dearden, *A Nest of Corsairs: The Fighting Karamanlis of Tripoli*, pp.129–130.

为获得欧洲国家的支持和援助，阿里·博尔胡勒刚一上台，就向欧洲各领事馆宣布，他将按照阿尔及利亚的模式与各国签署条约，尊重他们的合法权益，因而赢得欧洲国家的大力支持。威尼斯和西班牙分别向他赠送25桶和10桶火药，那不勒斯送给他250吨玉米。[①]1794年3月，奥斯曼帝国素丹任命阿里·博尔胡勒为的黎波里新总督，并成立了的黎波里王国。三天后，奥斯曼帝国将22支火枪送到的黎波里。1794年6月，谢赫西迪·梅莱（Sidi el-Mele）、塞勒姆·阿加（Salem Agha）宣布支持新帕夏。这些阿拉伯首领不仅向阿里·博尔胡勒提供士兵，还提供物质补给。面对不利局面，西迪·尤素福被迫放弃了曼斯亚。

西迪·尤素福暂时撤离的黎波里并不意味着他已承认失败，相反，他积极寻求盟友突尼斯人的援助。突尼斯支持卡拉曼利王朝，并与阿里·博尔胡勒的关系不睦。阿里·博尔胡勒被奥斯曼帝国素丹任命为的黎波里帕夏后，打击目标直指突尼斯。1794年8月，阿里·博尔胡勒命令海陆军夺取杰尔巴（Jerba）岛。随后包围斯法克斯（Sfax），宣布将的黎波里的疆域拓展到突尼斯。[②]

侯赛因王朝自18世纪以来一直统治着突尼斯，是一个独立的地方王朝。突尼斯贝伊接受西迪·尤素福的建议，对抗的黎波里帕夏阿里·博尔胡勒。1794年11月，突尼斯派出一支2万—3万人的陆海军部队，装备6枚打击炮、10枚野战炮、3枚迫击炮等，在努斯塔法·霍贾（Nustafa Khoja）指挥下离开突尼斯，试图夺取杰尔巴岛，恢复卡拉曼利王朝在的黎波里的统治地位。突尼斯部队势如破竹，很快夺回杰尔巴岛。[③]1795年1月，突尼斯军队兵临的黎波里城下，击败阿里·博尔胡勒军队，占领曼斯亚。阿里·博尔胡勒率两艘战舰仓皇逃离，带走了全部金银财宝，行前还将46名政敌全部杀死。但是守军士兵首领拒绝打开的黎波里城门，西迪·尤素福经过与军队首领再

① Kola Folayan, *Tripoli During the Reign of Yusuf Pasha Qaramanli*, p.19.

② Ibid., p.20.

③ Seton Dearden, *A Nest of Corsairs: The Fighting Karamanlis of Tripoli*, p.135.

三斡旋，达成协议，弥补他们的损失。阿里·博尔胡勒势力被清除之后，的黎波里重归卡拉曼利家族。但是由于阿里帕夏在突尼斯重病缠身，西迪·艾哈迈德二世继承帕夏，西迪·尤素福为贝伊。

西迪·艾哈迈德统治的时间较短，缺乏已故兄长哈桑的威望，也没有西迪·尤素福的治国才能，专注于美酒与美女，生活十分奢靡。民众呼吁西迪·尤素福挽救国家于危亡之中，接管的黎波里。1795年6月11日，当西迪·艾哈迈德帕夏走出城门游玩，西迪·尤素福及其支持者关闭城门，宣布西迪·尤素福成为帕夏，成为未来40年的黎波里的统治者。

二、西迪·尤素福帕夏治理下的的黎波里

地中海海军强国

1795年6月，西迪·尤素福通过军事政变控制了的黎波里，成为的黎波里帕夏。他雄心勃勃，一心想把的黎波里发展成为地中海强国。[①]这仅是西迪·尤素福自己的抱负，而就实际情况来说则面临较大的困难。[②]

18世纪以来，由于权力之争与外来干预，卡拉曼利王朝陷入长期的内战，中央权威呈碎片化的特点。古达米斯、费赞和班加西的部落也借机发动叛乱，整个国家处于无序的政治动荡之中。政局动荡引起的连锁反应是经济的萧条和衰退。1778年到1780年，卡拉曼利王朝经历了大饥馑、商业停滞和货币贬值。1784到1786年的大饥馑导致瘟疫流行，人口减少了25%。[③]

西迪·尤素福实施的黎波里振兴计划。他借助严刑峻法恢复社会秩序，确保国家的稳定。他对许多违法者判处死刑，小偷小摸予

① Ronald Bruce St John, *Libya: from Colony to Independence*, p.36.

② Seton Dearden, *A Nest of Corsairs: The Fighting Karamanlis of Tripoli*, p.141.

③ Kola Folayan, *Tripoli During the Reign of Yusuf Pasha Qaramanli*, p.25.

以重罚，袭击部落者立即斩首，通奸者被装入麻袋扔进大海。这些手段获得立竿见影的效果：土匪盗贼、拦路抢劫、部落争斗销声匿迹。在曼西亚等地，阿拉伯人、摩尔人、基督徒和犹太人和平相处，贸易交往通畅。始于博尔努、古达米斯和乍得的跨撒哈拉贸易日渐繁荣，贸易范围包括黑奴、金粉与象牙。的黎波里商人还把服装、链珠、枪击燧石和火药运送到撒哈拉以南。[①]

西迪·尤素福生活简朴，远离酒色，平等地善待两位妻子。[②]但由于长期的内战，西迪·尤素福所居住的城堡遭到毁坏，财政亏空。因此，他面临的首要任务就是要扩大收入和充实国库。他采取的方法就是鼓励和倡导海盗活动。

17和18世纪，海盗活动是北非国家在同欧洲国家交往中谋取经济收益的一个重要手段。欧洲国家必须向北非国家交付一笔巨额保护费，才能确保运输船只和商业活动的安全。北非国家因此收入大增。18世纪中期，卡拉曼利王朝由于没有海军，难以从中获益。为谋求巨额利润，帕夏决定建立一支强大的海军，为欧洲国家保驾护航。

他加强的黎波里城的防御工事，配置了70枚加农大炮。1795年末，他重新修复阿里帕夏遗留下来的破损船舰，并新增一艘战舰。一年以后，海军力量翻了一倍。奥斯曼帝国素丹转而支持其发展海军，赠送西迪·尤素福两船的武器装备。同时发布敕令，承认西迪·尤素福政权的合法性，的黎波里升格为省，与阿尔及尔和突尼斯的地位相同。

1798年到1800年，的黎波里的战舰增加到11艘，甚至连驻在此地的欧洲领事都对的黎波里海军力量的迅速发展感到惊讶。1801年，随着对美战争的爆发，的黎波里的海军规模进一步扩大。1803年，的黎波里宣称有19艘战舰。1805年，增加到24艘战舰和小型帆船。[③]卡拉曼利王朝成为地中海的海军强国。

---

① Seton Dearden, *A Nest of Corsairs: The Fighting Karamanlis of Tripoli*, pp.141–142.

② Ibid., pp.143–144.

③ Ronald Bruce St John, *Libya: from Colony to Independence*, p.37.

的黎波里的海军由拉伊斯（Ra'is，意为舰长）指挥。每个海盗船都配备有20—23岁的船员。1798至1800年，11艘海盗船都配备舰长。舰长由海军司令指挥。西迪·尤素福在位期间，海军司令一直由穆拉德拉伊斯（Murad Ra'is）担任。海军司令之上是海上拉伊斯（the Ra'is of the Marine）。除海盗船主管外，海上拉伊斯也是港口和海关首领。

所有海军军官，包括海军司令主要由三种人组成。一是出身的黎波里塔尼亚的柏柏尔人，或是混血的阿拉伯—柏柏尔人。二是1800年后来自利凡特地区的奥斯曼帝国雇佣军。三是对欧洲不满的欧洲人。这些人在的黎波里被误称为马穆鲁克，实际上是那些对欧洲国家心存不满或犯罪后亡命的“叛国者”。这些人水性极佳，都是优秀的水手，因而被帕夏招募到海军，并在战争中脱颖而出。如1795年被帕夏任命为海军司令的穆拉德拉伊斯就是苏格兰人。他因盗窃罪而躲避法律制裁逃到了的黎波里。1794年6月，他宣布皈依伊斯兰教。

海军在的黎波里占有重要地位，海军军官具有较大的政治影响。海上拉伊斯是迪万成员。1809年，他被擢升为迪万首席大臣。海军军官还可影响的黎波里的外交事务。由于海盗控制地中海商贸，欧洲国家都不敢怠慢这些海盗舰长。海军司令是帕夏的主要顾问，在的黎波里与欧洲国家交往中扮演重要角色。一些拉伊斯经常被任命为驻欧洲国家或柏柏尔国家的特别代表。例如1830年，奥马尔·谢利（'Umar al-Shelli）被任命为驻伦敦特使。

早在1795年，的黎波里海军初具规模之时，帕夏就向各国驻的黎波里领事宣称，的黎波里可以保护各国在地中海的贸易安全，但必须支付保护费。西班牙第一个作出回应。1795年末，西班牙与的黎波里帕夏签署条约，支付2万美元的保护费。此外，还赠送给帕夏一艘战舰，为的黎波里造船厂提供18名熟练工匠。同年，威尼斯向帕夏支付4000美元作为两年的保护费，另支付2000美元作为签署条约的保证金。法国送给的黎波里帕夏一套高级家具，价值1万美元。帕夏仍不满意，法国只好又提供了两艘战舰，分别配备有20

支和16支枪械。其他欧洲国家，如瑞典、丹麦、荷兰、那不勒斯都没有与的黎波里签署“友好与商业”协定，理由是帕夏索价太高。[①]随后，帕夏的海军开始在地中海对这些国家的船只发难。1796—1797年，的黎波里海军抢劫了奥地利人价值8.4万美元的货物。从瑞典和丹麦人手中劫持了1.2万美元的货物。这些国家开始妥协。1796—1797年，他们支付帕夏10万美元，赎回被劫持的船舰和扣押的人质。每年向的黎波里支付5000美元换取后者的商业保护。1799年也是海军的收益之年，拉古萨（Ragusa）和撒丁岛（Sardina）由于没有与的黎波里签署条约，被迫交付3万和4万美元的赎金。[②]

1800年，拉古萨又向的黎波里交付10万美元。两年后，为了解决与的黎波里的争端和赎回奴隶，瑞典支付15.8万美元，保护费从每年5000美元增加到8000美元。荷兰和丹麦分别支付4万美元，而签署的条约规定每年向的黎波里支付5000美元。1802年，法国又送给帕夏一艘价值2.5万美元的战舰。1805年，的黎波里向那不勒斯索要的赎金达到9000美元。即34名那不勒斯奴隶缴纳税金，每人100—300美元。因此，海军为的黎波里帕夏带来巨额收入。从汉堡、奥地利、那不勒斯、爱琴海列岛等缴获的战舰，其价值不菲。此外，在条约协商期间，一些国家还送给帕夏珠宝、弹药、海军军需船等。仅在1795—1796年，西班牙就赠送给的黎波里10万美元的礼物。[③]

但的黎波里为此的投入较小。首先，海军建设资金投入不大。许多战舰都是其他国家赠送的，如法国在1796年和1802年，奥斯曼帝国素丹在1797年曾对的黎波里赠送战舰。还有一些战舰是从欧洲国家抢夺而来。1799年，11艘舰队中有7艘是通过抢夺方式获得的。[④]其次，建造船舰的材料成本很低。如大多数木料、帆布、绳索等都是荷兰、瑞典和丹麦等国赠送的礼物。三是维护船舰的费用

---

① Ronald Bruce St John, *Libya: from Colony to Independence*, p.37.

② Kola Folayan, *Tripoli During the Reign of Yusuf Pasha Qaramanli*, p.29.

③ Ibid., p.30.

④ Ibid.

也不高。至于海军船坞的劳工大多数是免费的，其中包括西班牙的自带先进工具的熟练工匠，欧洲的造船技术娴熟的奴隶，还有那不勒斯的战俘，以及1803—1805年间的美国战俘。帕夏仅在出海前三天对军官和船员提供部分补助金，以及一些饼干、橄榄油和饮用水，拉伊斯和船员的其他食物等则从战利品中获取。

美国—卡拉曼利王朝战争

1795—1805年间，随着海盗经济的繁荣，的黎波里帕夏收入颇丰，卡拉曼利王朝变得强大起来，其海军声名远播。地中海水路成为卡拉曼利王朝攫取欧洲保护费的重要途径，攫取对象包括刚刚独立的美国。独立前的美国是英国殖民体系的一员，英国政府因向阿尔及利亚、摩洛哥、的黎波里和突尼斯缴纳保护费，而获得优待。[①]早在18世纪中期，来自美洲的一些商船从纽芬兰岛带着干鳕鱼等物品进入地中海。随着商品数量的增加，英法都担心美国参与地中海贸易竞争。独立后的美国向英法寻求保护，但遭到拒绝。[②]

的黎波里和美国的第一次接触是在1796年，当时帕夏正雄心勃勃地将的黎波里打造成一个海军强国。是年8月，的黎波里海军司令捕获了索菲亚（Sophia）号和贝西（Besy）号两艘美国船只。第一艘获释，因为其装载的财宝是美国支付阿尔及尔贝伊的。第二艘被劫持船只的船员沦为奴隶。尽管双方进行了多次斡旋，但均以失败告终。海盗对美国经济产生较大威胁，甚至一些英国人认为，新生的美国经济会毁在柏柏尔海盗的手中。[③]为了解救船员，维护地中海贸易，美国决定与的黎波里帕夏谈判。美国大陆会议请求法国居间调停，向柏柏尔国家寻求保护。1786年2月，约翰·亚当斯和托马斯·杰弗逊与的黎波里驻伦敦大使西迪·哈吉·阿卜杜勒·拉赫

---

① Ronald Bruce St John, *Libya: from Colony to Independence*, p.39.

② Seton Dearden, *A Nest of Corsairs: The Fighting Karamanlis of Tripoli*, p.151.

③ Ronald Bruce St John, *Libya: from Colony to Independence*, p.80.

曼·阿德加谈判，尽管这次会议无果而终，但它却是美国与穆斯林国家的第一次面对面的外交往来。①

美国求助于阿尔及尔贝伊。1796年上半年，美国与的黎波里的协商正式开始，帕夏拒绝了美国提供的4万美元的保护费，理由是它少于美国缴付阿尔及尔的6.42万美元和突尼斯的10.7万美元的保护费。11月，双方经过讨价还价最后商定，美国支付的黎波里4万美元，外加1.2万美元的礼品，还有一些海军物资——帆布、扎营工具、甲板等。②

1796年协定成为年美国—卡拉曼利王朝战争的导火索。协定的第1和第7条款，美国要求其内容应由双方的朋友阿尔及尔贝伊来解释。但的黎波里帕夏拒绝，声称的黎波里不属于阿尔及尔，而属于奥斯曼帝国素丹，美国应该像对待主权国家那样，对待的黎波里。③1798年，的黎波里帕夏向美国代表英格拉姆（Ingram）提出上述要求。1799年，的黎波里帕夏西迪·尤素福在会见美国驻的黎波里新领事詹姆斯·利安德·卡思卡特（James Leander Cathcart）时也强调了同样的观点。④1801年，西迪·尤素福要求尽快与美国签订条约，但条件比1796年与的黎波里政府签订的协定更苛刻，要求每年支付25万美元。⑤1801年，西迪·尤素福在遭到美国拒绝后，将美国驻的黎波里领事馆前的美国国旗撤掉，并宣布与美国断交。

美国新任总统托马斯·杰弗逊在美国内日益高涨的民族主义的激励下，决定打击的黎波里海盗。1801年，理查德·德尔（Richard Dale）为首的美国海军率费城号（Philadelphia）、总统号（President）和事业号（Enterprise）三支战舰出现在地中海海域，并向卡拉曼利王朝宣战。⑥战争主要在海上进行的，陆军仅为补充。

---

① Ronald Bruce St John, *Libya: from Colony to Independence*, p.40.

② Kola Folayan, *Tripoli During the Reign of Yusuf Pasha Qaramanli*, p.31.

③ Ronald Bruce St John, *Libya: from Colony to Independence*, p.42.

④ Kola Folayan, *Tripoli During the Reign of Yusuf Pasha Qaramanli*, p.32.

⑤ Seton Dearden, *A Nest of Corsairs: The Fighting Karamanlis of Tripoli*, p.152.

⑥ Seton Dearden, *A Nest of Corsairs: The Fighting Karamanlis of Tripoli*, pp.156–173.

的黎波里海军司令为穆拉德拉伊斯。1803年是的黎波里海军最为辉煌的一年。的黎波里海军突破美国的长期围困。10月，捕获了美国最大的船舰费城号，307名船员成为俘虏。[①]的黎波里海军在与美国战争中屡战屡胜，表明的黎波里海军的强大。1804年7月和9月，美国海军司令普雷布尔（Preble）对的黎波里海军发动四次大规模的进攻，都以失败告终。

美国感到军事征服利比亚无望，转而扶植亲美的艾哈迈德·卡拉曼利（Ahamd Qaramanli）帕夏，他是西迪·尤素福的弟弟。美国—卡拉曼利王朝战争爆发之际，他还在突尼斯。美国力图谋划由艾哈迈德·卡拉曼利来取代尤素福的帕夏职位，但美国的阴谋很快被泄露。西迪·尤素福抢先一步将德尔纳总督之位让给艾哈迈德·卡拉曼利，并承诺他和家人的安全，派人护送他到德尔纳任职。美国人则以劝说和恐吓手段竭力阻拦，艾哈迈德·卡拉曼利被迫先后流亡马耳他和埃及。艾哈迈德·卡拉曼利流亡埃及后，美国仍不甘心。1805年2月，美国又同艾哈迈德·卡拉曼利签订条约，美国承诺由他担任的黎波里帕夏，艾哈迈德·卡拉曼利确保美国在的黎波里享有最优特权。[②]随后，美国纠集来自12个欧亚国家的雇佣军，约1200人向的黎波里发动攻势。美国计划先占领德尔纳，然后沿着昔兰尼加和的黎波里塔尼亚海岸，夺取重要城镇，最终占领的黎波里。4月，美国占领德尔纳，但随后被的黎波里帕夏军队包围。哈桑贝伊指挥的黎波里奥斯曼雇佣军，同来自全国各地的武装组织成一支所向披靡的军队。这些军队是帕夏正规军的补充，两支部队共有3045人。[③]在哈桑贝伊领导下，大军包围了美国—艾哈迈德联军，美国援军远离战场，鞭长莫及。6月，西迪·尤素福和美国达成停战协定，德尔纳之困解除。双方释放各自俘虏，美国赔款6万美元。[④]

---

① Ronald Bruce St John, *Libya: from Colony to Independence*, p.42.

② Ibid., p.43.

③ Kola Folayan, *Tripoli During the Reign of Yusuf Pasha Qaramanli*, p.39.

④ Ronald Bruce St John, *Libya: from Colony to Independence*, p.43.

西迪·尤素福成功抵抗了美国的入侵，维护了其地中海军事强国地位。美国入侵失败的主要原因有如下几方面。一是西迪·尤素福帕夏统治期间增强了海军力量，确立了霸主地位。据一些欧洲领事馆估计，的黎波里帕夏有3万步兵和2万骑兵。[①]1804年，的黎波里有奥斯曼雇佣军和阿拉伯军队为2.5万人。1805年，大部分部队被派往德尔纳。[②]二是的黎波里得到马格里布其他国家摩洛哥、阿尔及尔和突尼斯的支持。马格里布国家不仅从道义上支持的黎波里，还表现在实际行动上。三个北非国家反对美国的封锁，向的黎波里提供武器和弹药以及小麦、大麦和橄榄油等物质援助。此外，欧洲国家也对的黎波里帕夏予以慷慨援助。

平息内乱

与美国的战争结束后，西迪·尤素福决心巩固已取得的成果。他通过建立以的黎波里为首都的中央政府来整合与强化国家的统一。但直到西迪·尤素福统治末期，卡拉曼利王朝经济仍没有明显的改善，这也是该王朝最终崩溃的重要原因。

1803年7月，盖尔扬山区的柏柏尔人宣布不再向的黎波里交纳贡赋，并将前去收税的官员杀死。他们还封堵通往费赞的道路，抢劫商队的500头骆驼，以及大量谷物和金钱。西迪·尤素福大怒，派装备精良的军队前往镇压。柏柏尔人在大军压境的条件下被迫求和，接受帕夏提出的赔偿10万美元的条件，并同意永远驻守在城堡里。盖尔扬柏柏尔人的起义遭到彻底失败。

帕夏从这件事得到的教训是：对付内地柏柏尔人最好的方法不是和平协商，而是有效地诉诸武力，这与其祖父艾哈迈德一世的做法一致。因此，与美国的战争一结束，西迪·尤素福就以武力牢固控制东部省份德尔纳。

1806—1807年，谢赫赛义夫·纳斯尔领导阿瓦拉德苏莱曼部落

---

① Kola Folayan, *Tripoli During the Reign of Yusuf Pasha Qaramanli*, p.42.

② Ibid., p.42.

因反对帕夏的中央集权政策和反对阿拉伯人每年向的黎波里缴税和纳贡而发动起义。的黎波里迅速集结军队，在帕夏长子穆罕默德贝伊的指挥下前往锡尔特湾进行镇压。恰巧此时，起义军内部发生变故，谢赫被杀，起义土崩瓦解。赛义夫·纳斯尔的一些亲信作为人质被押送到帕夏宫廷，阿瓦拉德苏莱曼部落向帕夏宣誓臣服，起义暂时平息。

帕夏在平息部落起义后，又将注意力转向苏丹—古达米斯以及费赞边境地区。古达米斯和费赞的地理位置十分重要，也是商业中心。古达米斯有许多经营金粉的富有商人、银行家。这里的金粉在中世纪闻名于世。费赞是撒哈拉商贸的中间站，有如下几条贸易路线：一是费赞—的黎波里—博尔努—豪萨兰；二是费赞—扎维拉—撒哈拉—苏丹—埃及；三是费赞—古达米斯—加特（Ghat）—突尼斯—阿尔及尔；四是费赞—加特—因萨拉赫（Insalah）—摩洛哥。19世纪前30年，费赞—的黎波里贸易路线一直处于的黎波里商人的控制之下，这条跨撒哈拉贸易路线从事着一种臭名昭著的交易——即苏丹的奴隶贸易。

为了充分利用这两个地区的商业资源，帕夏决定有效控制这两个地区。1810年，帕夏让三子阿里率领着一支探险队前往古达米斯。在阿里的队伍抵达后，当地仅对商业感兴趣的商人和金融家便屈服于阿里的施压。作为赔偿，古达米斯向帕夏支付2万密斯卡尔（mithqal）的黄金和2万马赫巴博（Mahbub）。[①]后来，帕夏又在古达米斯获得大量财产和土地。例如，1825年，戈登·莱恩（Gordon Laing）访问古达米斯时，他估计1/3的土地属帕夏，而帕夏再以2万美元的价格出售给本地投机商。[②]

在古达米斯的地位巩固后，帕夏在1811—1812年着手征服费赞。16世纪，费赞尚处于阿瓦拉德王朝的统治之下，首都在迈尔祖格。王朝的建立者是摩洛哥的谢里夫蒙塔塞尔·穆罕默德·法斯。

---

① 马赫巴博为奥斯曼帝国的金币。Kola Folayan, Tripoli During the Reign of Yusuf Pasha Qaramanli, p.50.

② Ibid., p.51.

阿瓦拉德王朝统治下的费赞一直处于独立状态，直到18世纪卡拉曼利王朝才对费赞进行有效控制。

艾哈迈德一世及其后的统治者对费赞的控制有所放松。西迪·尤素福允许费赞保持相对独立。费赞现任素丹继续使用官印发布命令，只不过印章较小，上面刻有谢赫字样。费赞必须向的黎波里纳税。为此，西迪·尤素福在18世纪90年代任命巴沙·贝伊·纳瓦巴（Bashaw Bey al-Nawba）为收税官，每年年末到迈尔祖格向费赞收税价值5000美元的金沙。

为获得更多税款，帕夏命令税收官穆罕默德·穆克尼夺回税收大权。1811初年，穆克尼在盖尔扬地区招募400—500士兵，从的黎波里出发，悄然杀向费赞。在首都迈尔祖格，穆克尼态度强硬，要求阿瓦拉德·穆罕默德释放阿拉伯难民，遭素丹穆罕默德·蒙塔塞尔的拒绝。随后，穆克尼包围素丹居住的城堡。素丹的侄儿一直觊觎叔父的王位，暗中与穆克尼勾结，要求事成后由他继承王位。穆克尼一口应允，侄儿扼死叔父，成为费赞新素丹。但他未意识到自己仅是穆克尼的工具。上台后，穆克尼要求他缴纳巨额贡赋。当他无法交出时，穆克尼亲率大军将其城堡夷为平地，他本人也被处决。费赞王室其他成员看到大势已去，纷纷逃亡。穆克尼向西迪·尤素福邀功，并要求任命他为费赞统治者，承诺每年向帕夏缴纳15000美元贡赋。尤素福批准穆克尼的请求，任命他为费赞贝伊。为管理方便，穆克尼与阿瓦拉德王朝一样继续使用苏丹头衔，直到1820年被替换。

1811年9月，帕夏命令其幼子穆罕默德·贝伊指挥远征军离开德尔纳，攻占昔兰尼加，19名反抗的首领被处决。贝伊率领军队抵达班加西，后者同意缴纳贡赋，并宣誓效忠。在苏尔特湾，阿瓦拉德·阿里（Awlad Ali）率领阿拉伯人进行顽强抵抗。穆罕默德·贝伊的军队人数远远超过叛乱者人数，武器装备精良，叛乱很快被弹压，叛乱者首领均被斩首，首级悬挂于的黎波里城内各城堡的墙上，以示帕夏的辉煌战绩。1812年2月，穆罕默德·贝伊率领得胜之兵满载价值约8万美元的珠宝和畜群回到的黎波里。[1]

由于1811—1812年取得的赫赫战功，穆罕默德·贝伊变得傲慢自大且不服约束，他甚至试图谋杀其父王。为避免卡拉曼利王朝内部父子相残，帕夏任命穆罕默德·贝伊为昔兰尼加的班加西和德尔纳总督。但帕夏的做法却助长了穆罕默德·贝伊的野心，他鼓动祖阿扎（Zuaza）的阿拉伯人反对父王，并俨然将管辖之地变为国中之国。1817年2月，帕夏决定调集军队严惩穆罕默德·贝伊和祖阿扎的阿拉伯人。随后，帕夏次子艾哈迈德取代叛乱兄长的职位，发兵远征穆罕默德·贝伊。

面对帕夏大兵压境，穆罕默德·贝伊逃往靠近埃及边境的邦巴（Bomba）。德尔纳人选出代表请求帕夏饶恕。艾哈迈德显示出宽宏大量，以帕夏的名义赦免他们无罪，但要求挑选22名有钱有势者到的黎波里做人质。艾哈迈德随后宣布胜利完成使命，经班加西回到的黎波里。但是，艾哈迈德在返回的黎波里之前，他又策划以庆功宴会之名诛杀了一些反叛的阿拉伯首领。战利品十分可观：4000只骆驼、1万只绵羊、6000头牛，再加上难以计数的金钱和奴隶。[2]帕夏通过屠戮方式彻底解决了祖阿扎阿拉伯人问题。回到的黎波里后，艾哈迈德又协助亲卡拉曼利家族的谢赫阿布·卡西姆·本·哈里发（Abu Qasim bin Khalifa）平息了纳鲁特（Nalut）拒绝缴纳贡赋的柏柏尔人的叛乱。

1806和1817年，帕夏通过无情镇压和平息内乱，巩固了其在费赞和昔兰尼加的统治地位。这些战绩主要归功于帕夏拥有强大的军队。此外，帕夏的行政管理能力也是胜利的重要原因。西迪·尤素福帕夏具有高超的管理能力，阿里帕夏也显示出较高的治国才能。

的黎波里帕夏的财政状况

的黎波里的经济是游牧和农耕混合的二元结构。游牧经济主要

① Kola Folayan, *Tripoli During the Reign of Yusuf Pasha Qaramanli*, p.54.

② Ibid., p.56.

在昔兰尼加东部地区，如贾法拉平原和塔尔胡纳山区。农业区主要集中在沿海，以及的黎波里塔尼亚和昔兰尼加的内陆平地和山区。此外，内地绿洲也发展农业，如费赞南部、昔兰尼加和杰格布卜的绿洲。需要强调的是，尽管北非地区在古代被称为“罗马的粮仓”，但的黎波里的农业并不富足，仅能自给自足。主要原因是：90%是沙漠，耕地面积有限；气候不稳定，降雨量严重不足；每隔20年都会定期发生旱灾。

商业发达是的黎波里经济的另一重要特征。商业大致分为两种类型。一是与欧洲国家的贸易，品种包括大麦、小麦、椰枣、橄榄油、牲畜、绵羊、山羊、兽皮等，用以交换欧洲国家的武器弹药、丝绸、亚麻织物、平纹细布与纸张等。二是跨撒哈拉商队贸易，这也是的黎波里过境贸易的特点。在拿破仑战争期间，的黎波里成为英国驻马耳他军队的食物供给源。由于天气干旱、战争以及内地阿拉伯人和柏柏尔人的起义，农牧产品的总趋势是出口少于进口，出现贸易逆差。帕夏弥补贸易逆差的方式之一就是支持海盗活动，收取海上保护费。1795—1805年，海盗保护费收入成为帕夏财政的重要来源，直到拿破仑战争末期欧洲国家联合消灭海盗为止。帕夏主要兴趣在商业和海盗，对农业较少关注。1809年，由于的黎波里缺乏雨水很少有粮食出口。1810年，帕夏为开发新的、具有商业价值的粮食作物，从而增加的黎波里的出口贸易。他派人到马耳他寻找棉花良种，邀请专家指导民众如何种植庄稼，但效果都不佳。19世纪20—30年代，的黎波里的棉花种植未能取得效果，仍需从埃及进口棉花。帕夏引进了桑树种植，试图发展丝绸业，但结局同样不理想，需要从利凡特和意大利的里雅斯特进口丝绸。

由于农业难以实现帕夏的计划，帕夏的财政收入主要依靠商业和海盗活动。拿破仑战争与国际局势的变化，为的黎波里和马耳他的商业交往提供了机会。1806年，的黎波里向马耳他出口牲畜698头。1808年，增加到1396头。1809年，牲畜贸易细目为：1901头公牛，168只绵羊，36匹马，13头骡子。1810年，英国领事馆提供的估计数字为3000头牲畜。[①]然而，马耳他人作为当时英国的臣民，按照1751年英国—的黎波里协定，马耳他人亦可在的黎波里从事自由贸易。这便导致帕夏贸易收入的减少。

为了弥补损失，帕夏先后增加酒类和饮料的进口关税。同时，还提高了对马耳他出口椰枣和牲畜的出口税。1811年，英国海军军官布拉基埃（E.Blaquiere）上尉访问的黎波里，他在报告中称每年的酒类和饮料进口税就给帕夏带来2万美元的收入。1810年，帕夏又制定了一项向马耳他出口牲畜的新的关税标准，提高关税，英国领事对此提出抗议。1811年5月，英国海军船舰抵达的黎波里。舰长布拉基埃会见帕夏和迪万，抗议帕夏在牲畜出口方面的新关税，认为它违反了1751年协定的规定。但帕夏坚持认为，他有权力对每头牛收取6美元的关税，以增加财政收入。

英国海军在地中海耀武扬威，这使帕夏的海上贸易和海盗收入大减。不过，仍有一些国家向帕夏进贡。例如荷兰、丹麦、瑞典每年都要缴纳1.8万美元的贡赋。1815年，丹麦被劫持的船只价值6万美元。同年，为了同的黎波里重新签署条约，荷兰向帕夏支付了6万美元。此外，每年还要向帕夏支付5000美元。[②]除上述收入外，海军也向欧洲其他国家收取费用。1816—1817年，撒丁岛向帕夏支付4000美元，目的是与的黎波里的帕夏签署条约。1809年，123名西西里人和那不勒斯人俘虏被赎回，每人缴纳300美元，等等。海军收取的保护费是的黎波里帕夏财政收入的重要组成部分，有助于帕夏解决经济问题。但英国海军对帕夏的经济体系构成威胁。1807—1814年，英国海军打败拿破仑统治下的法国，英国成为欧洲多国的保护国，如西西里（1806年）、爱奥尼亚群岛（1809年）、撒丁岛和那不勒斯、西班牙、葡萄牙和奥地利。这意味着这些国家将不再向的黎波里纳贡。如1808—1809年，黎波里海盗劫持了奥地利

---

① Kola Folayan, *Tripoli During the Reign of Yusuf Pasha Qaramanli*, p.62.

② Ibid., p.65.

的四艘战舰，英国当时未进行干预。但到1814年，英国—奥地利结盟反对拿破仑，双方成为盟友，英国驻的黎波里领事要求帕夏释放奥地利船只和15名船员，交付赎金仅4500美元。①

帕夏与英国签署条约，确保撒丁岛、西西里王国、爱奥尼亚群岛等在地中海的商贸业安全与畅通。与英国签署释放白奴的条约，帕夏只获得5.8万美元。他在整个交易中，仅赎金一项就损失12万美元。这些条约严格限制了的黎波里海盗活动的规模和范围。1819年，欧洲国家联合签署协约，禁止在地中海进行海盗活动，帕夏损失巨大。

三、卡拉曼利王朝的没落

重整海军

从1826年起，帕夏开始加强的黎波里的中央集权，并试图重振海军，恢复昔日辉煌。他集中精力增强海军力量，建造战舰，购买船只。1827年，帕夏从马耳他的两家公司购买了两艘战舰。他还与另一公司签署长期合同，为班加西的海军提供装备。1828年，的黎波里海军已拥有23艘战舰。②

同时，帕夏增加海军预算，扩大军事投入，加固城市的防御设施。到1826年末，帕夏模仿埃及穆罕默德·阿里，组建了一支火炮军，并以欧洲的标准进行训练。1827年，帕夏从瑞典、丹麦获得"重型大炮"（heavy ordinance），还从欧洲商人手中获得2万美元的火药。1827—1828年，他通过英国领事订购武器弹药，清单包括50枚大炮、2000支步枪、200支带有防护装置的来复枪。③

随着的黎波里海军力量的复兴，的黎波里再次成为海上强国。

---

① Kola Folayan, *Tripoli During the Reign of Yusuf Pasha Qaramanli*, p.71.

② Ibid., p.107.

③ Ibid., p.108.

然而，事实证明，这次扩建海军对于的黎波里帕夏来说无异于飞蛾扑火。1832年，的黎波里的财政已接近破产，最终诱发了革命。

帕夏要加强中央集权，亟待处理好与欧洲国家的关系。1826年初，帕夏任命哈苏纳·迪金斯（Hassuna D'Ghies）为外交部部长，他与卡拉曼利王朝有联姻关系。自18世纪以来，哈苏纳家族成员遍布的黎波里和欧洲国家，如威尼斯、瑞典等国。在18世纪，哈苏纳家族成员任斯德哥尔摩和哥本哈根的全权外交大使。在帕夏上台的第一个十年，哈苏纳·迪金斯的父亲穆罕默德是的黎波里与丹麦、瑞典、西班牙和美国谈判的主要人物。

哈苏纳·迪金斯的主要任务是帮助帕夏加强中央集权。1826年2月，他向帕夏建议，拒绝法国领事馆要求的黎波里向法国军队鸣枪33响致敬的做法。同年，他拒绝免除撒丁人的酒水关税。1828年，他还剥夺了马耳他人作为英国臣民所享有的免税特权。欧洲领事馆也注意到哈苏纳·迪金斯的强硬作风，法国领事卢梭（Rousseau）两次要求帕夏解除其职务，均遭拒绝。

1826年2月，英国驻的黎波里领事沃林顿（Warrington）发表声明，宣称哈苏纳·迪金斯的新规影响了法国的利益。沃灵顿并未意识到他已官职不保。两月后，他被免去了担任奥地利、葡萄牙、那不勒斯、荷兰等驻的黎波里代表的职务。沃灵顿的解职对的黎波里具有经济和政治双重含义：沃灵顿担任欧洲国家驻的黎波里代表时，帕夏很难从这些国家收取“领事礼物”（consular presents）。另外通过削弱其领事司法权，也可以限制英国臣民的相应权利。

哈苏纳·迪金斯加强中央权力的第二项措施是：限制领事馆干预“英国臣民”事务的范围，而“英国臣民”仅指英国本土的英国人。他命令每一个马耳他人必须据实汇报情况。至于领事保护权，禁止的黎波里本土民众享有此权。他们享有的唯一保护权只能来自帕夏及其迪万。这一命令并不对外宣布，而是通过各级政府官员、收税官、警察、海关、卡迪等秘密地传达给民众。同时，他还暗中加大反对英国领事的舆论宣传，指出帕夏的经济困难是由英国造成的，激发民众的反英情绪。

1826年7月，英国领事向本国政府抱怨，与的黎波里塔尼亚政府出现矛盾，指出迪金斯的新政策是罪魁祸首。英国不断对帕夏施压，英国领事继续对的黎波里的利比亚人进行领事保护。及至1834年。的黎波里帕夏和英国领事之间的矛盾恶化，帕夏的政敌试图借机挑唆英国轰炸的黎波里，推翻帕夏政权。这些政敌与英国发展友好关系，英国领事也支持他们。与此同时，王朝内部的权力争夺也在不断升级，父子之间和兄弟之间的谋杀未遂事件屡屡发生，严重消耗着王朝仅存的“合法性”，最终导致了1832—1835年的黎波里革命。

部落起义

的黎波里面临着另一困难是内地阿拉伯人和柏柏尔人此起彼伏的部落起义。1825—1827年，盖尔扬柏柏尔人再次发动起义。帕夏调集4000名骑兵、7000名步兵在其三子阿里的率领下镇压叛乱。

1831年7月，阿卜杜·贾利勒·本·赛义夫·纳斯尔（Abd al-Jalil ben Saif al-Nasr）为首的阿拉伯部落以反对帕夏赋税为名，发动起义。起义从贝尼乌利德（Beni Ulid）开始，打败了米苏拉塔支持帕夏的阿拉伯部落，然后迅速向南延伸到费赞。三个月之内，起义军占领费赞，包围了迈尔祖格。到1831年末，阿卜杜·贾利勒部落的军事力量已经发展到2万—5万之间，[①]起义者两次打败帕夏军队，迈尔祖格被占领，结束了卡拉曼利王朝在费赞的统治。起义者切断了的黎波里—古达米斯—博尔努—豪萨兰的贸易路线，而费赞则是必经之地。

起义者之所以能够成功，除了反对帕夏沉重的赋税，赢得了民众支持等因素外，还在于阿卜杜·贾利勒部落领导层治军有方，纪律严明、训练有素、军队战斗力极强。

---

① Kola Folayan, *Tripoli During the Reign of Yusuf Pasha Qaramanli*, p.118.

英国领事沃林顿一直想增强英国在的黎波里内地的威望和影响力。帕夏在起义者迅速取得胜利的情况下，邀请沃林顿作为他和阿卜杜·贾利勒部落之间的调解人。但沃林顿随后的两次斡旋，没有取得任何成果。1832年1月，阿卜杜·贾利勒和帕夏的大臣穆罕默德·图尔基（Muhammad al-Turki）进行谈判。帕夏提出的条件是，如果阿卜杜·贾利勒停止叛乱，他将得到赦免，并担任贝尼乌利德（Beni Ulid）总督，其兄也有封赏。但他须缴纳1.5万美元、1000峰骆驼和500个奴隶以及大量大麦作为补偿。[①]阿卜杜·贾利勒对部分条件没有异议，他准备派人质到的黎波里，前提是要处在英国领事馆的保护之下。至于赔付钱物，则很难兑现。他需要一些时间筹措，不过可马上提供200名奴隶。另一方面，阿卜杜·贾利勒也提出了自己的条件：即和平条款应该落实到文本上，由英国领事作为保证人；阿里贝伊率领的军队撤回的黎波里；反对穆克尼担任费赞贝伊，阿卜杜·贾利勒必须派兵驻扎费赞；费赞收取的赋税由帕夏代表和阿卜杜·贾利勒军官平均享用。

二者在费赞问题上难以取得一致，阿卜杜·贾利勒毫不妥协，谈判被迫取消，双方战端再起。帕夏命令穆罕默德·穆克尼带领3000人试图重新夺回费赞。由于阿卜杜·贾利勒的军队驻扎在通往费赞的道路沿线，穆罕默德·穆克尼很难靠近迈尔祖格。帕夏的计划以失败告终。帕夏被迫在的黎波里城内固守。而阿卜杜·贾利勒率领的起义者控制了从贝尼乌利德北部到费赞南部的绝大多数地盘。

外患频仍

1825—1832年，的黎波里面临埃及的入侵。的黎波里塔尼亚和埃及一直保持友好关系。1820年，埃及的穆罕默德·阿里曾向的黎波里帕夏提供谷物，以帮助其渡过大饥馑年代。但从1822年起，双方关系逐渐淡漠。1826和1831年，的黎波里一直担心受

① Kola Folayan, *Tripoli During the Reign of Yusuf Pasha Qaramanli*, p.121.

到埃及的入侵。主要原因一是穆罕默德·阿里对的黎波里抱有觊觎之心。1832年末，穆罕默德·阿里帕夏的一位代理人杜尔比（Dorby），抵达的黎波里索要25万美元，偿还的黎波里欠埃及的债务。否则，阿里要求将班加西、德尔纳和费赞地区交给埃及管理12年。西迪·尤素福断然拒绝。最终，双方同意以分期提供奴隶的方式解决债务。二是周期性的政治难民问题。从艾哈迈德二世起，埃及就成为卡拉曼利家族成员的政治避难所。同时的黎波里也为穆罕默德·阿里的政敌给予政治避难。1826年，2000多名埃及马穆鲁克军队与一些法国军官，前往利比亚东北部的托布鲁克避难。穆罕默德·阿里打算入侵的黎波里，很可能就是报复帕夏保护马木鲁克之仇。1828—1831年，埃及军队跨越的黎波里边界的事件一再发生。

1830年2月，有消息说，埃及将与法国、俄罗斯和英国结盟，占领的黎波里、阿尔及尔和突尼斯。撒丁岛领事声称，他们通过佛罗伦萨的法国大使已经证实此事。帕夏随后向英国领事馆证实，后者宣称埃及不会入侵的黎波里。[①]不久，法国占领阿尔及尔，证明上述情报有误，但这一事件导致的黎波里恐慌气氛并没有缓减。法国在阿尔及尔取得胜利后，决定打击的黎波里。1830年8月，法国派6艘战舰，在海军少将巴龙·罗萨梅尔（Baron de Rosamel）率领下进入的黎波里海岸。登陆之后，罗萨梅尔发出最后通牒，要求在48小时之内，帕夏或者接受提出的条件，或者面临狂轰滥炸。在这种情况下，帕夏别无选择，只好同法国签署了条约。条款规定，停止海盗活动，限制海军规模。欧洲国家不再向的黎波里帕夏缴纳领事礼物，贸易自由。奥斯曼帝国的条约在这里同样生效。[②]

外来势力的入侵，不断加剧着帕夏的财政负担，帕夏借欧洲商人的债务高达30万美元。[③]1826年，法国迫使的黎波里帕夏归还

① Kola Folayan, *Tripoli During the Reign of Yusuf Pasha Qaramanli*, p.124.

② Ibid., p.124

③ Ibid., p.127.

被海盗抢夺的船只。帕夏向法国赔偿1.06万法郎。1827年，在英国干预下，帕夏向汉堡支付1.12万美元。[①]此外，内部的权力斗争，以及阿拉伯人和柏柏尔人叛乱也在恶化着帕夏的财政状况。帕夏每年收到的赋税约50万美元，但在1831年，由于阿拉伯人和柏柏尔人叛乱，其税收不足昔日的三分之一。仅阿卜杜·贾利勒起义就使得帕夏付出6万美元。叛乱导致内地农业受到影响。1825年、1826年和1830年，的黎波里的进出口逆差分别为46980美元、54070美元和281450美元。[②]

为了解决财政困难，帕夏只好以发行新货币来应对。1825—1832年，至少每年发行一次货币。1830年3—4月，就发行了两次货币。其结果，货币不断贬值，通货膨胀一直延续到帕夏下台。帕夏应对财政危机的另一种措施是，垄断所有商业贸易活动。他从民众手中以固定价格购买产品，然后出售给外国商人。1827—1828年，帕夏宣布新经济政策。但这并没有持续多长时间，英国的马耳他臣民和法国商人通过领事馆提出抗议，指出帕夏垄断贸易违反了的黎波里和欧洲国家签署的贸易协定。1829年，帕夏被迫放弃了垄断政策。帕夏应对财政危机的措施均未起到他希望的结果。相反，的黎波里入不敷出，债台高筑。而英国领事虽然承认的黎波里“处于极度贫困”，却继续鼓励英国政府采取更严厉的政策，要求帕夏支付债务。1831年7月，英国领事和帕夏在英国战舰上协商债务问题，要求的黎波里立刻清算英国的20万美元债务。帕夏在接到48小时的通牒后，答应在55天内，偿还18万美元，其余的两年内结清，利息为6%。由于英国没有给予回应，帕夏又提出增加1万美元，其余在一年半内结清。立刻清偿9万美元，这意味着帕夏必须出售两艘最大的军舰，所有的炮筒以及部分家用财产，如珠宝、银器等。其余的则从王室成员和高官显贵中征收。

1832年7月，帕夏召开迪万会议，召集所有谢赫前来参加。帕

① Kola Folayan, *Tripoli During the Reign of Yusuf Pasha Qaramanli*, p.128.

② Ibid., p.128.

夏在会上提出要强行征税。谢赫们宣称民众没有能力支付新增加的税款；而帕夏的外孙穆罕默德则抓住时机，挑起民众对帕夏的愤怒，宣布自己是最正直的帕夏，从而预示着王朝将面临一场新的危机。

四、卡拉曼利王朝的衰亡

西迪·尤素福让位

1832年7月，的黎波里盛传卡拉曼利家族成员将发动政变，推翻帕夏。民众顿时恐慌起来，拿起武器捍卫帕夏。当时，发动政变的领导人在曼斯亚召开会议。他们主要来自两个阶层：一是“有产阶级”，以土耳其和犹太商人、小手工业者和金融家为代表，他们不满帕夏的征税，煽动民众反对帕夏；二是一些政府成员，如苏格兰人哈吉·穆罕默德·巴伊特·马伊（Hajj Muhammad Bait al-Mai）、海军官员穆拉德·拉伊斯等。这些人并不反对帕夏，而是反对一些政府官员的傲慢自大和专横跋扈，借机为个人敛财的行为。起义者希望更换一位年轻的帕夏，遏制政府征税的专断权。他们最终选择了西迪·尤素福的外孙，后者具有其父的反叛精神，也有继承帕夏的野心。由于他年龄尚小，起义者认为他比较容易操控。

7月26日晚，也就是召开“制宪会议”以前，起义领导人齐聚曼斯亚列举尤素福的种种罪行，一致要求帕夏退位，推举穆罕默德为新帕夏。在随后的宣誓就职会上，新帕夏宣布了迪万中的新任官员。其兄艾哈迈德被任命为贝伊，哈吉·穆罕默德·巴伊特·马伊为首席大臣，穆拉德·拉伊斯为舰队司令，阿卜杜·贾利勒为费赞总督。这次会议也被视为的黎波里迈向立宪君主制的重要一步。

曼斯亚的革命运动震惊帕夏及其迪万成员。迪万就帕夏职位继承问题形成两派：阿里的支持者和传统主义者。阿里认为其父年迈，他应该为帕夏的继承人，不承认叛乱外甥的合法性。传统主义者则反对阿里的决定，强调在西迪·尤素福尚未放弃帕夏的情况下，推举阿里为帕夏，只会激起更多的叛乱。[①]经过两周秘密的激烈讨论，最后提出的解决方法是：西迪·尤素福帕夏自动退位，立即任命阿里为其继承人。西迪·尤素福愿意接受这一决定。1832年8月，阿里在的黎波里召集迪万会议，新帕夏接受了象征奥斯曼帝国素丹权威的长袍（Kaftan）和马刀（Sabre）。他的兄弟都被委以重任，西迪·易卜拉欣（Sidi Ibrahim）为贝伊，另外两个兄弟西迪·穆斯塔法（Sidi Mustafa）和西迪·奥马尔（Sidi 'Umar）共同指挥军队，穆罕默德·迪吉斯仍担任首席大臣。

这样，从1832年8月，在的黎波里就形成了两个帕夏，两个政府相互竞争的局面。彼此都竭力扩大内外的支持基础，谋求欧洲国家和奥斯曼帝国素丹的支持，致使双方不断发生陆上和海上军事冲突。

大国安排

对于的黎波里的权力之争，欧美国家的立场不一。英国政府持观望态度，保持中立态度，直到其中一方赢得奥斯曼帝国素丹的承认。美国和托斯卡纳（Tuscan）领事同情穆罕默德，荷兰、瑞典、那不勒斯和西班牙支持阿里。英法领事之间的竞争最激烈，也是影响的黎波里局势的主要的外部势力。原因在于两国之间存在明显的利益冲突。

18世纪中期，英法在印度争夺加剧。拿破仑战争期间，双方在地中海的竞争趋于白热化。1830年法国入侵阿尔及尔后，英国领事沃林顿认为，法国在的黎波里的活动，其最终目的是在北非建立另一块殖民地。1832年9月，他警告英国政府，如果阿里成功，这片地方将成为法国的殖民地。[②]1833年初，他在一份报告中指出，尽管没有确凿证据，但阿里已经以定期年金的形式将的黎波里割让给

① Kola Folayan, *Tripoli During the Reign of Yusuf Pasha Qaramanli*, p.145.

② Ibid., p.149.

法国。法国领事也怀疑英国持有相同的意图。政变爆发后，英国以保护本国人生命和财产为由将两艘护卫舰停靠在的黎波里。实际上，沃林顿也一直支持穆罕默德，他认为穆罕默德一但掌握权力，将会兑现对英国的所有要求。为了验证这一点，他歪曲西迪·尤素福帕夏退位和阿里上台的真实动机。他还向英国政府强烈建议，动用武力反对阿里，以便将穆罕默德扶上台。但英国政府担心卷入的黎波里内部权力之争，很可能会导致国际社会与奥斯曼帝国之间的纠纷，故而反对向阿里动武。因此，英国政府要求领事要严守中立态度。沃林顿虽口头答应，但实际上仍在暗中支持穆罕默德。他将穆罕默德描述为“民众的偶像和救世主”，贬损阿里是“篡权者”、“恶毒的敌人”、“外国势力扶植下的傀儡”。[①]同时，沃林顿设法帮助曼斯亚的政权获得武器弹药。1833年4月，来自马耳他的船舰突破阿里的封锁，向曼斯亚（Manshiyya）运送火药。

1833年7月，阿里将沃林顿的所作所为通知英国政府，英国政府要求沃林顿停止向敌对双方运送武器。沃林顿一意孤行，继续支持穆罕默德。法国领事谴责沃林顿阳奉阴违的做法，并采取反制措施，呼吁驻伊斯坦布尔的奥地利和法国大使对素丹施加影响支持阿里。1834年5月，巴黎的报纸披露，法国已向阿里提供武器，并得到奥斯曼帝国和俄国的支持。奥斯曼帝国命令突尼斯贝伊全力支持阿里，以便击败叛军。不久，奥斯曼帝国素丹决定承认阿里，并正式颁布诏书予以任命。

内战与卡拉曼利王朝的倒台

在的黎波里的权力争夺中，由于英法立场不同，使的黎波里的阿拉伯人形成对立的派别。法国通过各种有效的宣传，促使阿里赢得的黎波里西部阿拉伯人的支持。早在1832年8月，阿里就职后，就派他的两个兄弟西迪·易卜拉欣和西迪·穆斯塔法携带大量金钱、

---

① Kola Folayan, *Tripoli During the Reign of Yusuf Pasha Qaramanli*, p.151.

礼品、马匹、衣物前往扎维亚和祖瓦拉游说阿拉伯人首领。年末，谢赫呼玛·本·哈里法·阿乌恩（Ghuma b.Khalifa b.Awn）宣布支持阿里，前者在奈富塞山（Jebel Nefusa）地区影响较大。

穆罕默德也不甘示弱。起义后，穆罕默德四处派人寻求阿拉伯人和柏柏尔人谢赫的支持。他声称，起义一旦成功，将结束暴政和高压，免除沉重的税负。这些承诺立刻得到萨希尔人、扎恩祖尔人、塔朱拉（Tagiura）等部落的支持。随后，又有塔尔胡纳、米苏拉塔和盖尔扬的阿拉伯人和柏柏尔人约2万人加入到穆罕默德阵营。[①]1832年8月，为赢得阿卜杜·贾利勒的支持，穆罕默德任命他为费赞贝伊。阿卜杜·贾利勒欣然接受。对他来说，支持穆罕默德将确保他在费赞的地位，并且有可能减少上缴帕夏的税额。而穆罕默德的目标是推翻阿里，夺取的黎波里帕夏的职位。

阿里和穆罕默德的对立，导致的黎波里爆发了内战。内战首先由穆罕默德挑起，他的军队包围的黎波里达6个月之久，但多次攻城战斗均未奏效，军队损失惨重。1833年1—2月，双方又在扎维亚和祖瓦拉地区爆发冲突，阿里的军队占得上风，夺得许多武器装备。

穆罕默德在围城战中的失利，既不是因兵员少，也不是因武器装备差，主要原因在于：其阵营中的一些高官认为，一旦穆罕默德成为新帕夏，的黎波里必须兑现诺言，向英国付清贷款，而这将进一步加重民众的税负，使本已破产的财政雪上加霜。因此，穆罕默德军队的战斗力受到极大影响。

1833年9月，阿里开始由防御转向进攻。1834年4—7月，曼斯亚受到猛烈进攻，穆罕默德难以抵挡，寻求外来干预。他试图以的黎波里作为英国在北非的殖民地，来换取英国对他的保护。英国领事沃林顿向英国政府提出了的黎波里作为英国殖民地的建议。[②]但英国政府对的黎波里领土并不感兴趣，拒绝了穆罕默德的请求。

与此同时，奥斯曼帝国素丹一直在静观的黎波里的内战态势。随

① Kola Folayan, *Tripoli During the Reign of Yusuf Pasha Qaramanli*, p.155.

② Ibid., p.157

着内战的拖延，奥斯曼帝国素丹决定武力干涉。通过对的黎波里内战的实地考察和评估，帝国素丹感到穆罕默德缺乏治国才能，最终站在了阿里的一边。1834年9月18日，帝国的战舰出现在的黎波里。随后的四天，素丹的代表与阿里和穆罕默德的代表会谈，要求穆罕默德遵守素丹的命令，放弃抵抗。23日，素丹颁布敕令，任命阿里为帕夏。两天后，素丹宣布西迪·尤素福退位。穆罕默德不承认帝国素丹的任命。10月5日，阿里正式执政。穆罕默德拒绝承认阿里，并向素丹的代表写信，除了阿里以外，他们宁愿接受素丹指派的任何代表。为此，他们将不惜流血，并再次对奥斯曼帝国素丹宣誓效忠。[①]素丹的特使给予穆罕默德六天时间考虑接受素丹的决定。最后通牒到期后，穆罕默德仍拒绝承认阿里。特使只好离开的黎波里。

随后，素丹特使和阿里的船舰封锁曼斯亚，因遭到英国抗议而作罢。英国继续支持穆罕默德袭击前往的黎波里的船舰。素丹的特使被迫寻求与英国领事的合作，后者对穆罕默德影响很大。经过一系列协商。11月21日，双方达成和平协议草案。

草拟协议规定：1.双方完全停火；2.打开的黎波里和曼斯亚的城门，允许自由出入；3.阿里和穆罕默德从内地撤出军队；4.阿里和穆罕默德都不能担任帕夏，一人居住城市，另一人居住曼斯亚；5.双方各派10—12人组成国家管理委员会，成员由的黎波里和曼斯亚的政府临时选出。这些条款在双方批准后由特使提交奥斯曼帝国素丹。双方都对上述协议持怀疑态度，予以拒绝。素丹特使因调解失败而离去。1834年12月，双方冲突再起，彼此间的僵局一直持续到翌年的4月。

奥斯曼帝国素丹面对这种僵局决定进行武力干预。1835年5月25日，奥斯曼帝国的24艘战舰出现在的黎波里海港。两天以后，400多名帝国军队登陆，命令民众放下武器。28日，帝国政府再次发布命令，禁止的黎波里货币流通，代之以奥斯曼帝国货币。奥斯

① Kola Folayan, *Tripoli During the Reign of Yusuf Pasha Qaramanli*, p.159.

曼帝国军队占领了清真寺和城市的战略要地。随后，帝国远征军首领穆斯塔法·纳吉布（Mustafa Najib）帕夏召集阿里帕夏到船上议事，将其逮捕。他亲自进入城堡，代表帝国素丹宣布接管的黎波里。的黎波里城门打开，恢复正常的生活秩序。6月2日，欧洲领事获悉，奥斯曼帝国素丹已控制的黎波里。而在宣布接管的黎波里的两天前，穆罕默德势力业已迅速崩溃。其部下很快被穆斯塔法·纳吉布说服，放弃穆罕默德，表示效忠于素丹。穆罕默德军队放下武器。哈吉·穆罕默德·巴伊特·马伊和贝伊艾哈迈德逃往马耳他，穆罕默德逃往埃及，于7月6日在沙漠中自杀。

帝国军队占领的黎波里，穆罕默德的崩溃并不意味着的黎波里的政局已定。阿卜杜·贾利勒带领阿拉伯部落一直在抵抗奥斯曼军队，直到1842年5月被暗杀。1835年5月末到6月初，穆斯塔法·纳吉布平息的黎波里内战。上述事件意味着卡拉曼利王朝的终结和奥斯曼帝国第二次占领的黎波里的肇始。

奥斯曼帝国重新统治的黎波里，结束了卡拉曼利王朝分权政治的基本格局，标志着其对边缘区省份统治政策的重大转变。[①]其目标是多重的：一是在奥斯曼帝国中央集权的直接治理下，为利比亚提供一种较稳定的社会环境与发展氛围；二是壮大在北非的统治力量，向西方国家特别是法国，警告其不要再觊觎北非；三是将利比亚打造成为抵御法国向北非扩张的坚强阵地；四是在利比亚立足后，奥斯曼帝国还想推翻侯赛因王朝，直接统治突尼斯；五是增加税收。帝国素丹可以直接将税收纳入帝国财政，增加政府收入。

① Ronald Bruce St John, *Libya: from Colony to Independence*, p.44.

第三章　奥斯曼帝国治理下的利比亚政治、经济与社会

1835年，奥斯曼帝国推翻卡拉曼利王朝，开始对利比亚实施直接统治。面对帝国属地自治倾向的逐渐抬头和沙俄对巴尔干地区的觊觎，奥斯曼帝国强化对外围和边缘区域的掌控。奥斯曼帝国对利比亚治理，实际上也是部落与国家之间的博弈。奥斯曼帝国对各部落采取胡萝卜加大棒的两面手段，实行“分而治之”政策。这在一定程度上暂时削弱了部落的锋芒，确立了帝国在利比亚的统治地位。同时，奥斯曼帝国通过一系列行政机构改革将利比亚整合在帝国中央集权之下，促使利比亚的农业、游牧业和手工业都有所发展，经济活动、产品交换、驼队商旅、海上贸易等出现前所未有的繁荣景象。特别是穿越利比亚的跨撒哈拉贸易使利比亚成为近代文明交往的十字路口。

一、奥斯曼帝国在利比亚统治地位的确立

奥斯曼帝国占领利比亚的国际政治环境

1835年5月，奥斯曼帝国素丹推翻卡拉曼利王朝，重新占领的黎波里。这标志着卡拉曼利王朝长期脱离奥斯曼帝国统治时代的结束。奥斯曼帝国第二次占领利比亚与四件事情密切相关。

第一件事是奥斯曼帝国素丹马哈茂德（Mahmud）二世（1809—1839）决意加强中央集权。在马哈茂德二世看来，解救帝国分裂的捷径就是创建一个强大的、最高波尔特领导下的中央集权的行政机构。素丹中央集权的目标有三：直接控制帝国的各个部分，削弱地方政府的权力，遏制其自治的野心；全面推进改革，变革陈旧的军事体系，改善传统的行政机构、经济结构和教育制度；面对欧洲大国的现代化挑战，维持帝国版图完整，恢复昔日的辉煌。[①]

第二件事是整个18世纪帝国政府的日益衰败与软弱，地方分立倾向加剧，对帝国构成巨大挑战。伴随卡拉曼利王朝的建立，1705年，希腊籍奥斯曼军官侯赛因·伊本·阿里（Husayn Ibn Ali）在突尼斯建立了侯赛因王朝。1881年，法国占领突尼斯。[②]阿拉伯新月地带也出现自治倾向。1724—1785年，阿兹姆（Azm）家族控制了叙利亚南部地区，包括大马士革、西顿和的黎波里。1735—1737年，来自太巴列（Tiberias）西部的查希尔·奥马尔（Zahir al-Umar）统治了巴勒斯坦北部。艾哈迈德·贾扎尔（Ahmad al-Jazzar）出生于波斯尼亚，昔日是埃及阿里贝伊的马穆鲁克（1756—1769）。由于与阿里贝伊发生冲突而逃往希腊，在1775年到1804年成为巴勒斯坦阿卡（Acre）地区事实上的统治者。[③]在伊拉克，哈桑帕夏与贾利利（al-Jalili）家族控制着巴格达和摩苏尔省，并长期处于自治状态。19世纪初，阿尔巴尼亚的耶尼舍里穆罕默德·阿里（1805—1846）也实现自治。

第三件事是俄国对巴尔干地区的影响。19世纪20—30年代，俄国加强对巴尔干地区和奥斯曼北部边陲的扩张，推动希腊独立运动

① Bernard Lewis, *The Emergence of Modern Turkey*, Oxford: Oxford University Press, 1969, pp.77–78, p.385.

② Leon Carl Brown, *The Tunisia of Ahmad Bey*, 1837–1855, Princeton: Princeton University Press, pp.27–146.

③ H.A.R.Gibb and H.Bowen, *Islamic Society and the Wast*, Oxford:Oxford University Press, 1951, pp.219–224.Shaw, *Between Old and New:The Ottoman Empire under Sultan Salim III, 1789–1807*, Cambridge, Massachusetts: Harvard University Press, pp.218–229.

的发展。在俄国看来，巴尔干和黑海地区应该由它来主导，反对奥斯曼帝国在这些地区的统治。如果俄国控制这些地区，其舰队会自由进入博斯普鲁斯海峡、达达尼尔海峡，进入英法主导的地中海。俄国在黑海和地中海之间的自由航行，将确保其在地中海拥有战略立足点。自从1774年以来，俄国一直对奥斯曼帝国的巴尔干地区垂涎三尺。1788年，俄土战争爆发，俄国军队击败奥斯曼帝国军队，迫使其签订了屈辱的《库楚克—凯纳基》(Kuchuk-Kainarji)条约。按照条约，奥斯曼政府被迫将黑海地区的重要领土和战略要地割让给俄国。巴尔干民众的独立要求得到俄国的同情和支持。巴尔干起义民众大多数是东正教徒，请求俄国的援助。俄国认为，自己有保护奥斯曼帝国东正教的天然义务。[①]

沙皇亚历山大一世(1801—1825)和尼古拉斯(Nicholas)一世(1825—1855)乘机扩大俄国在巴尔干的影响。希腊独立运动对素丹政府产生破坏性后果。马哈茂德二世难以镇压希腊起义，向埃及总督穆罕默德·阿里求助。奥斯曼帝国和埃及联手镇压希腊起义，尽管取得成功，但却造成欧洲国家对希腊民众的同情，引发了国际关系史上的重要历史事件——东方问题。[②]1827年10月，英国、俄国、法国海军在纳瓦里诺(Navarino)海战中摧毁了奥斯曼帝国和埃及舰队。1828—1829年，俄国和奥斯曼帝国爆发第二次俄土战争。俄国再次击败奥斯曼帝国素丹。1829年9月，双方签订《阿德里安堡(Adrianpole)条约》，规定安纳托利亚东部、格鲁吉亚以及多瑙河河口划归俄国。俄国也寻求在塞尔维亚的安全地位，巩固在摩尔达威亚和瓦拉西亚多瑙河两公国的影响。俄国的优势地位使得奥斯曼帝国面临瓦解的危险。

俄国咄咄逼人的进攻，希腊和巴尔干革命运动对奥斯曼帝国有

---

① Barbara Jelavich, *The Habsburg Empire*, Chicago: Rand McNally & Co., 1969, pp.42–43.

② M.S.Ander, *The Eastern Question*, New York: St Martin's Press, 1966;参见韩志斌:"东方问题"，载姚大学、王泰主编:《中东通史简编》，吉林人民出版社2001年版，第305—326页。

更深层的影响：一方面，它暴露了奥斯曼帝国政治的孱弱与衰朽；另一方面，它还诱发了穆罕默德·阿里对叙利亚和马格里布的领土野心，刺激了法国的殖民计划，特别是对阿尔及利亚的觊觎。

第四件事是埃及和突尼斯对利比亚的觊觎。[①]穆罕默德·阿里巩固了自己在埃及的地位，创建了一支强大的现代化海军，成为中东地区最有实力的帕夏。1811到1818年间，穆罕默德·阿里成功镇压了阿拉伯半岛的瓦哈比运动。瓦哈比运动是一股伊斯兰复兴运动，创建者是穆罕默德·阿卜杜·瓦哈比（Muhammad Abd al-Wahhab），兴起于18世纪中期的内志，席卷整个汉志，控制了麦加和麦地那。瓦哈比运动一开始就得到沙特家族的支持。沙特家族和瓦哈比结合，最终形成了沙特王国。1818年末，穆罕默德·阿里派其子易卜拉欣（Ibrahim）帕夏率大军远征瓦哈比，沙特王国首都德拉伊叶（al-Dariyah）陷落，国王阿卜杜拉·伊本·沙特（Abdullah Ibn Saud）被捕，被送往伊斯坦布尔处死。[②]阿里占领阿拉伯半岛表面上是奥斯曼帝国的胜利，实际上则是阿里领土范围的延伸。1821年，阿里征服苏丹，埃及势力范围骤然扩大。穆罕默德·阿里成为奥斯曼帝国最强劲的对手。

穆罕默德·阿里的强势崛起对马哈茂德二世影响较大，后者开始按照埃及军事模式进行现代化改革，并于1821年寻求军事援助镇压希腊起义。尽管埃及舰队在纳瓦里诺被摧毁，但在1824—1826年穆罕默德·阿里成功地镇压了克里特（Crete）和摩里亚半岛（Morea）起义，消灭了阿拉伯半岛的沙特王国，占领了苏丹，这些都极大地鼓励了穆罕默德·阿里的领土扩张野心。1828年，穆罕默德·阿里已经公开挑战奥斯曼帝国素丹。他在1818—1829年俄土战争期间拒绝援助马哈茂德二世。此外，他开始寻求英法的支持，企

① John Wright, *A History of Libya*, Revised and updated edition, pp.77-85.

② H.Dodwell, *The Founder of Modern Egypt*, Cambridge: Cambridge University Press, 1967, pp.48-49. 参见詹姆斯·温布兰特著：《沙特阿拉伯史》，韩志斌、王泽壮、尹斌译，东方出版中心2009年版，第136—163页。

图建立一个强大的帝国，在阿拉伯地区替代奥斯曼帝国的领袖地位。

1830年7月，法国占领阿尔及利亚。最高波尔特感到法国最终会占领突尼斯和利比亚。不久，法国政府开始鼓动利比亚的卡拉曼利王朝和突尼斯的侯赛因王朝自治。突尼斯的侯赛因贝伊（1824—1835）计划吞并利比亚，想让侯赛因的兄弟，也是王位继承人穆斯塔法贝伊管理利比亚。1834年10月，的黎波里塔尼亚起义首领向侯赛因贝伊求助。贝伊试图劝服最高波尔特，突尼斯的军事干预将结束利比亚的混乱局面，代表素丹建立稳定的社会秩序。[①]由于得不到奥斯曼素丹的授权，突尼斯的侯赛因贝伊最终放弃了吞并利比亚的计划。

胡萝卜加大棒：奥斯曼帝国与部落的互动

纳吉布帕夏成功控制的黎波里后，阿里·卡拉曼利被送往伊斯坦布尔。穆罕默德一派的叛军组织库罗格鲁立即放下武器，与新政权合作。穆罕默德感到大势已去，绝望而自杀。库罗格鲁的一些首领，如穆罕默德·贝特·马伊（Muhammad Bayt al-Mai）及其家族成员都答应与奥斯曼帝国素丹合作。由于这些大臣们熟悉政务，贝特·马伊在新政府中被任命为高官。随同纳吉布帕夏到的黎波里的军队仅有4000—5000人，这些人大都出身行伍，缺乏治国理政经验。为了将奥斯曼帝国的势力拓展到内地，赢得本土人的支持，奥斯曼中央政府承认库罗格鲁享有的特权和待遇，前提是帮助奥斯曼帝国军队对付部落叛乱，维持社会秩序与政治稳定。至于民众，则成为奥斯曼帝国的臣民，听从素丹命令，缴纳税赋。

奥斯曼帝国在利比亚的影响有限。管辖范围不超过的黎波里塔尼亚西部，遑论昔兰尼加的班加西和德尔纳等地。由于阿里·卡拉曼利及其外甥穆罕默德·卡拉曼利之间的权力之争，大多数城市的贸易交往受到影响。所以说，奥斯曼帝国接手的利比亚是一个遭受

---

① Abdallah Ali Ibrahim, *Evolution of Government and Society in Tripolitania and Cyrenaica(Libya), 1831–1911*, The University of Utah, PHD, 1982, p.34.

多年战争洗礼、千疮百孔的国家。为了躲避内战，约1.2万的黎波里居民逃往乡村。[1]

由于长年战乱，的黎波里无法恢复正常的商业活动，内地商人停止供应商品。食品供应和生活必需品变得十分稀缺，物价飙升。1835年9月，纳吉布帕夏签发命令，禁止与沿海城市进行贸易，但政府控制的的黎波里、班加西和德尔纳除外。

为了缓减内地部落对奥斯曼帝国的敌视，穆斯塔法·纳吉布及其继任穆罕默德·拉伊夫（Muhammad Ra'if）便向内地贵族和部落伸出橄榄枝，邀请他们到的黎波里做客。受邀请的有盖尔扬、塔尔胡纳、杰巴勒盖尔比（al-Jabal al-Gharbi）、米苏拉塔等部落首领。然而，结果却不太理想。原因有二：第一，这些部落并不欢迎奥斯曼帝国政府的邀请，认为这是一种羞辱，他们对亲吻奥斯曼官员的手这一礼节深恶痛绝；第二，接受邀请的塔朱拉、扎维耶、詹祖尔和杰巴勒盖尔比等地的部落首领来到的黎波里后，其中一些人被逮捕，如威望较高的杰巴勒盖尔比部落首领古马赫·马哈茂德（Ghumah al-Mahmud）。这使各部落认为新政府不会宽恕他们，并开始向内地撤退。

1836年初，奥斯曼帝国的中央财政捉襟见肘。的黎波里塔尼亚地方政府得不到财政支持，治理区域仅限于的黎波里，无法向内地居民收税，造成财政紧张。拉伊夫帕夏几个月发不出军饷，只好向塔朱拉、扎维耶和詹祖尔等地部落收取紧急税。遭拒绝后，帕夏采取军事行动，占领塔朱拉。塔朱拉在奥斯曼帝国扩张过程中具有重要的战略地位：既是控制的黎波里沿海地带的关键锁钥，也是卡拉曼利王朝残余力量的聚集地，控制这里可以防止反政府力量卷土重来。1836年1月末，拉伊夫帕夏派遣一支2000人的正规军，在1000名库罗格鲁的支援下前往塔朱拉。面对奥斯曼帝国大兵压境，这里的部落进行了顽强抵抗，最终被政府军击败，叛乱者被镇压，财产

---

① Ronald Bruce St John, *Libya: from Colony to Independence*, p.44.

没收充公。

的黎波里塔尼亚内地处于地方部落首领的控制之下。米苏拉塔沿海地区处于奥德杰哈姆部落的控制之下。的黎波里塔尼亚西南部的西山地区是自治区，处于马哈米德（Mahamid）部落谢赫古马赫·马赫穆迪的控制之下。穆拉伊德（Al-Murayyid）家族统治着的黎波里东南部50英里的塔尔胡纳地区。阿瓦拉德苏莱曼部落首领阿布杜·贾利勒·赛义夫·纳斯尔（Abd al-Jalil Sayf al-Nasr）控制着费赞和苏尔特地区，以及米苏拉塔和班加西之间的沿海地区。

1836年7月，奥斯曼帝国舰队司令塔希尔（Tahir）帕夏率领3000人到达的黎波里。奥斯曼帝国素丹授权塔希尔享有独断的军事大权，可以采用一切手段巩固帝国在利比亚的权威。塔希尔发布的第一项命令就是呼吁部落谢赫和地方首领来的黎波里，向政府臣服。鉴于昔日纳吉布、拉伊夫帕夏的囚禁经历，他们拒绝了新帕夏的要求。米苏拉塔首领奥斯曼·阿加·奥德杰哈姆（Uthman Agha al-Adgham）不仅拒绝了塔希尔帕夏的命令，而且准备武力还击。

对奥斯曼帝国来说，米苏拉塔的重要地位体现在以下方面：一是的黎波里沿海地区的重要城市，也是该地区东部重要的行政中心；二是连接昔兰尼加和费赞的关键之地；三是这里还有许多大量耕地，也是手工业和贸易活动中心。[①]1836年8月，塔希尔帕夏招募一支海军，袭击了米苏拉塔。奥斯曼·阿加·奥德杰哈姆领导部落进行顽强抵抗，失败后逃往塔尔胡纳。塔希尔的军队占领米苏拉塔。9月，奥斯曼帝国舰队司令率领大军攻打塔尔胡纳。塔尔胡纳处于穆拉伊德家族的影响之下，为米苏拉塔提供庇护。这一次政府军轻而易举地征服此地，奥斯曼·阿加·奥德杰哈姆与一些塔尔胡纳地区首领被逮捕，并投入的黎波里监狱。

在成功地镇压米苏拉塔和塔尔胡纳叛乱后，塔希尔帕夏决定远征西山地区的杰巴勒盖尔比部落。1837年2月，他兵进该地首都盖

① G.H.Blake, *Misuratah: A Market Town in Tripolitania*, Durham: Department of Geography, University of Durham, Research Paper Series No.9, 1968.pp.3, 11, 15.

尔扬，挑战地区首领古马赫·马哈茂德的权威。后者领导的马哈米德部落起初试图与新政权合作。纳吉布帕夏刚到的黎波里任职的一个月内，古马赫·马哈茂德就在杰巴勒谢赫的陪伴下率先到首都的黎波里会见新帕夏，表达他的忠诚和顺从。部落首领刚开始受到总督的热烈欢迎，不久后古马赫·马哈茂德被逮捕和囚禁，其原因是他拒绝让部落为政府纳税；同时也不愿意交出阿里·卡拉曼利内战期间给他的军火。1835年秋，古马赫·马哈茂德被纳吉布的继承者拉伊夫帕夏释放。对古马赫·马哈茂德来说，这段囚禁是一段屈辱的经历。作为一个在杰巴勒部落中享有崇高威望和社会地位的部落首领，深感受到奥斯曼帝国的莫大羞辱。因此，当他获释后，对奥斯曼帝国恨之入骨。

1837年，塔希尔帕夏移师盖尔扬，遭遇古马赫·马哈茂德及其追随者的顽强抵抗。古马赫·马哈茂德的部落军击退了奥斯曼政府军，后者损失严重。帝国军队统帅被迫与古马赫·马哈茂德谈和，谢赫同意将俘获的军事装备送还，允许塔希尔任命政府代表到盖尔扬，帝国军队撤军。尽管塔希尔帕夏没有控制西山地区，但帝国的政治和军事影响逐渐增强。

1837年春，塔希尔帕夏被任命为总督，但任职时间不长即被素丹召回伊斯坦布尔。5月末，哈桑·贾什马利（Hasan al-Jashmali）帕夏到达的黎波里。哈桑帕夏缺乏治国才能，甚至难以守护昔日总督创下的战果。的黎波里塔尼亚的东南部和西南部部落发动起义，反对他的统治。财政紧张也加重了哈桑的困难。税收仅限于沿海地区。

在这种情况下，哈桑只好改变对当地部落的政策。他主动向一些部落首领示好，并寻求和解，但效果不如人愿。1838年7月，哈桑的继任者阿里·阿斯卡尔（Ali Ashqar）帕夏（1838—1842）是一位强硬的总督。在他统治的两年内，阿布杜·贾利勒·赛义夫·纳斯尔和古马赫·马哈茂德等所在的部落均被征服。阿斯卡尔帕夏巩固了奥斯曼帝国在费赞和的黎波里塔尼亚东南部的统治。

实际上，阿斯卡尔帕夏上任之初并没有一味地对内地部落诉诸武力，而是采取胡萝卜加大棒的政策，对各部落实行“分而治之”。前总督哈桑实行的“胡萝卜”（示好）政策，在内地部落看来是政府软弱的表现，还认为这是实现自治的绝好机会，因而联手对抗奥斯曼帝国政府。阿斯卡尔帕夏的策略就是破坏部落间的合作与联盟。1838年末，总督分别与阿布杜·贾利勒·赛义夫·纳斯尔和古马赫·马哈茂德以及塔尔胡纳首领艾哈迈德·穆拉伊德（Ahmad al-Murayyid）签署协议，同意这些部落首领控制自己的领地。纳斯尔控制费赞和苏尔特，古马赫·马哈茂德部落控制杰巴勒，穆拉伊德控制塔尔胡纳，的黎波里塔尼亚沿海地区处于奥斯曼帝国的控制之下。纳斯尔和古马赫·马哈茂德部落每年向奥斯曼帝国缴纳贡赋，前者支付2.5万比索（piaster），后者同意交付3000比索。[①] 纳斯尔许诺不阻碍通往的黎波里的商路贸易，条件是免除出口商品税。谢赫从帝国政府获得的免税权，转而又刺激了他们介入地中海地区的贸易活动。该协定也给阿斯卡尔整顿军备、增加兵员提供了机遇。由于商旅贸易的恢复，的黎波里贸易出现繁荣，经济也发展起来。

然而，与部落的和平仅维持了10个月左右。1839年秋，双方关系破裂。阿斯卡尔帕夏并没有遵守协议的想法，其最终目标是向这些部落收税，并为商旅贸易提供安全保障。1839年末，阿斯卡尔帕夏开始了对部落的征服活动。第一个打击对象就是阿瓦拉德苏莱曼部落，理由是该部落首领纳斯尔对的黎波里政府构成威胁。该部落除控制着苏尔特和费赞地区外，在的黎波里塔尼亚东部的影响很大。纳斯尔还卷入了与外国代理机构的商业贸易。几经较量，帕夏接受了纳斯尔以商品纳贡的请求，但其商品价格要低于市场价格。随后，帕夏又陆续袭击了苏尔特和米苏拉塔之间的部落牧场，对阿布杜·贾利勒的部落给予了军事打击。而古马赫·马哈茂德的部落在西山地区则不断扩大地盘，占领了扎维耶、祖瓦拉以及阿贾来特

① Abdallah Ali Ibrahim, *Evolution of Government and Society in Tripolitania and Cyrenaica(Libya), 1831-1911*, p.53.

（al-Ajaylat），甚至击败了前来阻拦的奥斯曼军队。奥斯曼总督对部落实施恩惠，才使一些部落的民众放弃了对其首领的支持，退回到杰巴勒。

1842年7月，穆罕默德·阿明（Muhammad Amin，1842—1846）接替阿里·阿斯卡尔担任总督。这一时期，奥斯曼帝国向利比亚内地的渗透取得新进展。穆罕默德·阿明控制了杰巴勒部落的大部分地区。部落首领古马赫向政府屈服，被送往伊斯坦布尔。1843年，古马赫·马哈茂德所属部落又发生大规模起义，被阿明镇压。西山地区由奥斯曼政府军所控制。1847年，西山总督艾哈迈德·艾芬迪（Ahamd Efendi）被谋杀后，西山部落发动起义。1855年，古马赫·马哈茂德逃回杰巴勒地区，再度发动新的起义，历时三年。

奥斯曼帝国统治期间关注的重点是班加西和沿海地区。在完全控制班加西和沿海主要城镇后，帝国的势力已拓展到班加西南部的贾卢（Jalu）等绿洲地带。1844年夏，班加西地方总督赏赐20名部落谢赫每人一件罩袍，但要求他们每年缴纳12750头绵羊，或以实物，或以货币相抵充。①

奥斯曼帝国确立统治地位

1835—1858年，奥斯曼帝国通过军事征服，完全控制了利比亚。帝国的政策主要是打击不服中央管束的地方部落，最大限度地获取税收。为此，奥斯曼帝国需要维持庞大的军队，而庞大的军队需要巨额军饷，军饷匮乏便成为的黎波里帕夏最头疼的问题。

帝国驻利比亚的军队也得不到中央政府的增援。据估计，驻军从当地招募的非正规军可能在5000—7000人之间。正规军包括骑兵团、步兵团和炮兵团。②骑兵团的马匹主要从突尼斯购买。正规军一

---

① Abdallah Ali Ibrahim, *Evolution of Government and Society in Tripolitania and Cyrenaica(Libya), 1831–1911*, p.58.

② Abdallah Ali Ibrahim, *Evolution of Government and Society in Tripolitania and Cyrenaica(Libya), 1831–1911*, p.59.

般都驻扎在沿海和内地等战略要地。全国各地遍布着军事防御工事。卫戍部队驻扎在西山地区的耶夫兰（Yafrin）和盖尔扬，费赞地区的迈尔祖格，的黎波里的曼斯亚、胡姆斯、兹利坦（Zlitin）、米苏拉塔、班加西和德尔纳。[①]这些地方是政府、军事司令部和行政中心，也是总督、军事指挥官和其他高官的官邸。

1835—1843年，帝国的统治和治理仍沿用卡拉曼利王朝时期的行政体系。其原因在于：帝国把主要精力放在了镇压内地部落叛乱上，没有精力来改造行政体系。在帝国占领之前，利比亚有四个省（qa'imnaqamiyat或mutasarrifiyat），即杰巴勒盖勒比（al-Jabal al-Gharbi）、班加西、胡姆斯（al-Khums）和费赞。被征服初期，这些省的首领为瓦利（wali），即总督，由奥斯曼帝国中央政府任命，通常为帝国的高级军官。各省设立省议会，称为马基利斯（Majlis al-iyalah）。马基利斯的主要功能是协助总督管理省内事务，拥有很大的权威。利比亚的行政官员大都由奥斯曼人担任，本地精英显贵并没有参与政府管理的机会。

帝国政府向居民征税，以便最大限度地增加财政收入。据相关资料显示，帝国在利比亚的税收持续增长，税收名目繁多，如财产税、牲畜税、果树税、谷物、橄榄油、椰枣等农作物生产税。1836年初，帝国的权威仅限于的黎波里及其周边地区。拉伊夫总督要求附近城镇以货币形式纳税。塔朱拉和詹祖尔上千户居民被迫支付相当于1.1万美元的货币税，仅塔朱拉就缴纳7000美元。在艾哈迈德·埃扎特（Ahmad Ezzat）帕夏（1848—1852）统治的最后几年，向臣民征收25万土耳其比索的税收，摊派给的黎波里居民的就达4.5万，犹太人2万。1843年，帝国的统治范围扩展到古达米斯，穆罕默德·阿明总督向民众收取的直接税达2.2万金密斯卡尔（mithqal）。1842年，昔兰尼加南部两城镇贾卢和阿乌贾拉

① Henry Barth, *Travels and Discoveries in North and Central Africa in the Years 1849–1855*, Philadelphia: The Keystone Publishing Co., 1890, p.35.

赫（Awjalah）的居民纳税13590224土耳其比索。[①]此外，艾哈迈德·艾芬迪还迫使杰巴勒部落提供奥斯曼军队远征的费用，让部落承担军粮运送等。面对这些庞杂的税目，西山部落纷纷揭竿而起，多次发动起义。

帝国税收官员的收税方式简单而粗暴。政府官员向各城镇的部落强征一定数量的税款，每一棵椰枣或橄榄树都要征税。橄榄榨成油后，到市场出售，出售者必须缴纳产品的什一税和商品税。谷物的什一税先要在收获以前进行评估，一般估价都要高于实际产量。上缴纳税收后，种植者所剩无几，还有甚者，不够交税，赔本者大有人在。[②]

军队不仅镇压部落叛乱，而且帮助收税。那些拒绝纳税或不能完成义务的部落民或者投入监狱，或者遭受肉体折磨，甚至没收部落首领的财产。1840年，阿斯卡尔帕夏剥夺了塔尔胡纳部落首领艾哈迈德·穆拉伊德（Ahmad Murayyid）的所有财产，借口是他可能支持反政府的部落首领纳斯尔。毫无疑问，奥斯曼帝国在利比亚的统治非常不受欢迎，特别是以前交税少或不交税的群体抵触情绪颇大。

政府军偶尔也有劫掠老百姓财产的行为。当帝国政府派大军镇压部落反叛时，军队有时破坏或抢占部落民的财物，如牲畜、谷物、金钱等。1836年初，手头紧缺的拉伊夫帕夏派一支骑兵一再洗劫塔朱拉居民，每次都能抢得丰厚的战利品。据美国驻的黎波里领事史密斯·麦考利（Smith McCaulley）说，奥斯曼帝国士兵抢了塔朱拉居民一大笔财产，包括牲畜、黄金、银器、奴隶，估计在4万美元到5万美元之间。[③]

大多数奥斯曼官员，特别是总督、高级军官和帕夏的主要目标是占有私人财物。这些官员任职时间较短，上台后都疯狂敛财，快

---

① Abdallah Ali Ibrahim, *Evolution of Government and Society in Tripolitania and Cyrenaica(Libya), 1831–1911*, p.63.

② Ibid., p.67.

③ Abdallah Ali Ibrahim, *Evolution of Government and Society in Tripolitania and Cyrenaica(Libya), 1831–1911*, p.70.

速中饱私囊。许多官员贪污受贿、卖官鬻爵。帝国派来的大多数帕夏对那些挑战其权威的部落首领都采取严厉镇压的政策。帕夏拒绝任何妥协，这些稍有对抗的部落被看作是其政治稳定的绊脚石。因此，他们采取各种手段，削弱叛乱部落的势力。

帝国在打击当地部落方面采取了多种手段。一是将叛乱者流放充军或没收财产，重者囚禁或处死。二是挑拨部落内部争斗。1839年和1842年，阿斯卡尔帕夏借助离间之计先后除掉了纳斯尔、部落首领艾哈迈德·穆拉伊德和穆斯塔法·阿扎姆。艾哈迈德帕夏通过欺骗和挑拨离间，逮捕了70名当地的谢赫，并当场处决。[①] 三是逮捕部落首领后押往伊斯坦布尔作人质。阿斯卡尔帕夏及其继任者穆罕默德·阿明帕夏、艾哈迈德帕夏、拉吉卜（Raghib）帕夏等，都曾在镇压部落起义后，将一些有名望的部落谢赫和首领押送伊斯坦布尔。

奥斯曼帝国巩固了在利比亚的统治地位后，昔日卡拉曼利王朝的社会结构发生了变化，当地民众与帝国形成了一种新型统治关系。卡拉曼利王朝与利比亚部落保持一种若即若离关系，并不向他们收税，而奥斯曼帝国则加强对部落的税收征缴，造成二者关系的紧张。正如罗纳德·布鲁斯指出，奥斯曼帝国在利比亚的统治再三被颠覆的历史至少反映了三种情况：一是部落热衷叛乱的天性；二是利比亚经济地位对最高波尔特来说并不重要；三是奥斯曼帝国集权政治的趋向更为复杂化。[②]

奥斯曼帝国在利比亚的直接统治对利比亚传统生活模式和社会组织产生了重要影响。帝国直接控制这些省份，导致许多原本享受自治地位，以及社会经济特权的部落首领与中央政府渐行渐远。这些部落突然发现自己处于一种新型中央集权的控制之下，必须定期缴税。这些部落拒绝缴税，纷纷揭竿而起，挑战奥斯曼帝国中央政府的权威。

---

① Abdallah Ali Ibrahim, *Evolution of Government and Society in Tripolitania and Cyrenaica(Libya), 1831–1911*, p.76.

② Ronald Bruce St John, *Libya: from Colony to Independence*, p.44.

二、行政机构的变革

加强中央集权

奥斯曼帝国治理下的利比亚分为两个行政区：的黎波里塔尼亚和昔兰尼加。每个行政区的首脑是省总督（mutasarrif），辅助机构是省级委员会（meclis-i kursi eyalet）。昔兰尼加从1888年开始成为伊斯坦布尔中央政府直接管理的省份（nutasarriflik），由中央政府派驻总督管理，但军事、邮差、关税和司法等事务则由的黎波里塔尼亚的总督负责。[①]

19世纪中后期，奥斯曼帝国在利比亚加强中央集权，目标是将利比亚逐渐整合成为帝国的一部分。1835—1842年，帝国军事力量孱弱，财政紧张，再加上各地部落的抵制与抗拒，中央的现代化改革难以在各省推行。奥斯曼帝国必须应对的首要问题是巩固在利比亚的权威，建立社会秩序与实现政治稳定。因此，帝国总督在统治初期一直沿用卡拉曼利王朝的政治制度和行政机构。

帝国在镇压并控制内地部落后，任命军官管理这些部门。在占领的前两年，帝国仅接管了的黎波里、班加西和胡姆斯的部分地区。1842年，吞并费赞南部地区。1844年，帝国占领西山地区，并建立了一个新省份。帝国军官执掌这些省份的一切大事，基本工作就是平息叛乱和收税。

19世纪40年代，奥斯曼帝国在利比亚成立了省级议会，亦称协商委员会（majlis al-shura）。的黎波里省级议会由高级政府官员和地方政府官员组成。高级官员包括总督及其代表，财政主管（defterdar）、大臣（maktubji）以及城镇首领谢赫巴拉德（Shaykh al-Balad）。穆斯林司法机构代表有法官和宗教法庭大臣、马利克

① Rachel Simon, *Libya between Ottomanism and Nationalism, The Ottoman Involvement in Libya during the War with Italy(1911–1919)*, p.22.

（Maliki）和哈乃斐（Hanafi）学派的伊斯兰法穆夫提（mufti）。

地方代表主要从各省地方显贵和有威望的人中挑选，特别是那些与政府合作，对奥斯曼统治提供支持者。19世纪40年代，省级议会的主要成员有：米苏拉塔前首领奥斯曼·阿加·奥德杰哈姆、阿里·贝特·马伊等。

省级议会是一种协商机构，辅助总督处理行政事务，并将建议送往帝国中央政府。协商委员会完全处于总督的控制与监督之下，批准行政命令、检查公共秩序、讨论土地争议，并就财政、税收、省级地方事务等事情提出建议和意见。[①]此外，协商委员会还负责研究其他地区委员会提交的报告、决定、建议。省级议会也负责调解或斡旋部落间的纠纷，典型例子就是规劝古马赫·马赫穆迪和西山地区部落成员归顺政府。

1842年，素丹任命阿明为的黎波里帕夏。1846年9月，阿明帕夏将的黎波里塔尼亚东部地区合并成为一个行政单元。这些地区包括：塔尔胡纳、米萨拉塔（Msallatah）、瓦尔法拉（Warfallah）以及米苏拉塔和兹利坦的沿海地区。1847年3月，扎维耶和阿贾莱特的穆迪利亚（mudiriyat）并入杰巴勒加尔比省。

19世纪40年代，帝国任命许多部落谢赫为利比亚各地官员，让这些地方部落首领维持部落地区的社会秩序和征税。与其他政府官员不同，这些首领不从中央政府领取薪金，反之，他们必须向财政部门支付一定的贡赋。

18世纪60年代中期，马赫穆迪·纳丁（Mahmud Nadin，1860—1866）任总督期间，各省的行政机构都发生了深刻变化。行政机构改革按照奥斯曼帝国在1864年11月8日颁布的省级法律进行。该法律要求对各省行政机构和法律进行改革。[②]的黎波里塔尼亚和昔兰尼

---

① Rachel Simon, *Libya between Ottomanism and Nationalism, The Ottoman Involvement in Libya during the War with Italy(1911–1919)*, p.24.

② Davison, “The Advent of the Principle of Representation in the Government of the Ottoman Empire”, in W.R.Polk and R.L.Chamber(eds.), *Beginning of Modernization in the Middle East*, Chicago: The University of Chicago Press, 1968, pp.102–103.

加是奥斯曼帝国自1865年以来进行省级改革的第一个试验场地，标志着政府机构改革进入了一个新阶段。

这次改革包括政府各部门的全面重组与改造。旧的地方部门省换成新的名字阿尔维亚（alwiyah）、利瓦，奥斯曼帝国称之为桑贾克（sancak）。每一个阿尔维亚再被细分为许多小的单位阿戈迪亚（agdiyah）、辛（sing）。卡达（Gada）替换了旧的穆迪利亚。每一个卡达再分为小的地区，如纳瓦西（nawahi）、辛、纳西阿亚（nahiayh）。后者经常成为村庄或部落的中心。最终，利比亚被分为五个阿尔维亚：即省政府中心所在地塔拉布鲁斯（Tarabulus）、班加西、胡姆斯、费赞和杰巴勒加尔比。

1879年之前，昔兰尼加一直处于的黎波里政府的管辖之下。此后，奥斯曼中央政府将昔兰尼加从的黎波里分离出去，成为直属管辖的独立省。[①]通过改革，这些省份的行政机构变得更为集权，整个政治体系更为官僚化。省级政府最高行政长官是总督瓦利，它是奥斯曼帝国中央政府的重要代表，在民事、军事、经济与外交方面具有决定权。总督的助手叫代理纳伊卜（na'ib）和秘书长（maktubi）。后者主要负责登记国家文件，发布官方命令和规则。财政事务由财政官负责，主要掌控国家收入，收缴关税。财政官还负责估算政府预算、支出费用、财政盈余，支付转移到奥斯曼帝国国库。地方也有财政机构或分支机构。

按照新的行政管理机构，利瓦是各省最高行政长官，拥有行政与司法大权。利瓦手下有助理瓦基勒（deputy wakil）和秘书（katib al-Tabrirat）。利瓦的财政事务由一名叫做穆哈西卜（muhasib）的财政官员管理。卡达一级最高行政权威掌控在地区官员（gaimmagamun）的手中。卡达也有三名手下，一名助理纳伊卜（deputy na'ib）、一名大臣（katib al-tahrirat）和一名财政官员（mudir mai）。纳瓦西（nawahi）由穆迪尔（mudir）负责管理，穆塔萨里夫（mutasarrif）、

① William C.Askew, *Europe and Italy's Acquisition of Libya 1911–1912*, Durham North Carolina: Duke University Press, 1942, p.6.

嘎伊姆马格姆（gaimmagam）和穆迪尔（mudir）为其上司负责。他们都处于的黎波里奥斯曼中央政府的领导之下，执行中央政府的政策和建议。各官员为本地区事务负责，包括维持社会秩序，增加税收。奥斯曼政府的高级官员，如省级大臣、财政官员和军队最高指挥官与地区和地方总督，即穆塔萨里夫和盖玛嘎姆（gaimmagam）都由最高波尔特任命。任期从几月到几年不等。

最低的行政级别是乡村一级古拉（gura）和部落共同体嘎巴伊尔（gaba'il）。他们接受谢赫领导，是部落民和政府间的联络人。每个村庄由两名显贵或首领管理，名叫穆赫塔伦（mukhtarun），代表该村庄的主要部落或家族。他们从部落中选出，但必须得到他们的直接上司卡达的盖玛嘎姆的批准。部落聚居地的大小决定与中央政府的关系。如果村庄小于20户人家，直接处于穆赫塔尔的统治之下。除了首领之外，还有一些村委会（majlis al-ikhtiyariyah），由3—12名成员组成，代表不同部落。村委会成员也从村庄中大多数部落民中选出，但必须得到本村宗教权威认可，由年长者主持。村首领和村委会成员由选举产生，任期一年，但可以连选连任，除非违反政府规定或部落传统。村长和村委会相互紧密联系，主要发挥着监督和控制民众、收缴税收、维持社区秩序、执行政府命令、解决部落纠纷等功能。

可以说，改革使利比亚完全处于奥斯曼帝国高度中央集权的统治之下。地方部门成为的黎波里政府的附属机构。地方官员从的黎波里政府定期接受命令和指示，然后将地方情况汇报给中央政府，做到上情下达、下情上传。同样，的黎波里政府也将相关情况汇报给奥斯曼帝国素丹，帝国的中央集权大大加强。

行政委员会

随着1864年省级法律的颁布，奥斯曼帝国在利比亚省成立了行政委员会（majlis al-idarah），这也是其现代化改革的重要举措。新机构首先设立省级行政机构，即行政委员会。随后，在地方一级行政机构，如利瓦和卡达也成立了分支机构。不管属于哪一级别，行政委员会都由政府高级官员和一定数量的本地人代表组成。除了选举成员外，的黎波里行政委员会包括省级大臣、财政官员、地方法院法官和委员会的法学家。在帝国总督或其代表的主持下，委员会举行会议。在利瓦层面，委员会的首领是地区总督，穆塔萨里夫或法官卡迪。卡达的行政委员会的组成形式与利瓦相同。组织者是盖玛嘎姆或瓦基勒，包括法官和卡达的穆夫提、财政官员和大臣组成。

地方委员会成员也从各行政机构的精英中选举产生。按照选举规则，其成员选举过程较为复杂。每个卡达成员大都从本地成员中产生。各卡达地区每两年成立由政府官员组成选举委员会，首领是盖玛嘎姆。该委员会成员都是非常有影响的人士，候选人数是实际人数的3倍，然后将名单报送到部落首领木哈塔路库拉（mukhataru al-qura）手中。部落首领挑选2/3人员，送回到卡达中心的选举委员会。委员会选择2/3，将名单交到地区总督或利瓦穆塔萨里夫。后者正式批准卡达行政委员会的成员。

利瓦的行政委员会成员通过相同的程序选举产生。利瓦有一个选举委员会，在穆塔萨里夫的监督下提出委员会任命名单。名单送往阿戈迪亚委员会，每个利瓦在司法监督下挑选2/3人选。同样，各利瓦的选举委员会有权否决省级行政委员会名单。各选举委员会选择2/3人选，交给总督最终确定利瓦委员会成员。上述提到的选举法令，并不仅仅适用于选举利比亚地方委员会，而是适用于奥斯曼帝国各省。文件的第67条款指出，行政委员会和其他委员会的候选人中，必须有一半是穆斯林。[①]由于利比亚省的非穆斯林社区数量上不占优势，非穆斯林代表的规则并不适用于地方委员会的选举制度，非穆斯林成员也不可能被选举为行政委员会的成员。

行政委员会的候选人必须具备一定的资格：具体来说，必须是奥斯曼帝国的臣民和本地区的居民；30周岁以上，能够阅读阿拉伯

① Abdallah Ali Ibrahim, *Evolution of Government and Society in Tripolitania and Cyrenaica(Libya), 1831–1911*, p.172.

文和土耳其文；候选人必须向行政委员会纳税500土耳其比索，向利瓦缴纳300土耳其比索，向卡达缴纳150土耳其比索。

委员会有如下职能：第一，讨论或审议总督提出的各种议题，涉及政治、经济、教育、文化等公共事务。的黎波里行政委员会讨论或决定总督提交的所有事务，包括来自帝国中央政府，的黎波里省政府的文件。所有各级委员会都必须定期汇报其工作，并向总督提出对策建议。原则上，总督要将这些建议转送到省级或行政委员会进行讨论。

第二，监督或控制国家的经济事务，如银行、关税、政府垄断的矿产、食盐和烟草等。[①] 行政委员会监督或清算税收，评估贷款的使用、支付等。[②]1902年4月12日，省级行政委员会批准了农业银行贷款的规则。委员会向农民的贷款基本可以分为两类：第一类，600比索以上的。这类贷款主要提供给靠近城市的农民，他们拥有大量地产和肥沃良田，种植的棕榈树用作银行贷款抵押。第二种类型是小规模的，最多400比索。主要贷款给远离城市的农民，拥有较少或没有抵押财产。两类人有贷款资格：一种是拥有珠宝、黄金和银器，可以抵押给银行作担保；另一种是让本地区的谢赫或委员会成员做担保人，在贷款者无偿还能力时，担保人代为偿还。

第三，检查或批准政府实施的项目，规范政府雇员的行为。行政委员会可以调查官僚机构存在的问题，如贪污腐败，解决政府雇员之间的纠纷，参与解决政府官员和地方人口之间的冲突与问题。

第四，指导或掌控税收系统，在监督、评估或规定各类税收方面发挥重要作用。行政委员会主要关注税收、官员的贪污腐败、行

---

① Anthony J.Cachia, *Libya under the Second Ottoman Occupation 1835–1911*, Tripoli: Government Press, 1945, pp.151–161.

② Abdallah Ali Ibrahim, *Evolution of Government and Society in Tripolitania and Cyrenaica(Libya), 1831–1911*, p.178.

贿受贿、不诚实以及欺骗中央政府等行为。委员会可以评估税收数量，任命税收官员。在收获季节，委员会要特别关注税收收缴情况，以确保税收准时进入政府国库。行政委员会有权进行人口普查，计算缴纳税收的具体人数。尽管政府努力提高税收收入，但是在收税过程中政府收税管员和纳税人总是存在贪污腐败、偷税漏税等不法行为。如农民和部落民以隐瞒谷物产量拒绝缴纳什一税，或者将收获的庄稼登记在谢赫或委员会成员的名下，后者可以免除缴纳什一税。

第五，讨论省政府财政预算，批准财政官员提交的财政报告，提交给中央政府的税收和关税相关情况。行政委员会通过制定颁布法律，规范货币流通，对货币兑换和贬值率提出建议。

第六，的黎波里的市政事业也是行政委员会管理的重要领域。1870年市镇部成立以后，委员会参与市政管理，监督并确定市政委员会领袖和成员的选举。未经市政委员会的检查和确认，市政计划和活动就难以执行。

行政委员会还关注教育发展，推进公共设施建设。19世纪末和20世纪初，行政委员会与教育部门合作，建立学校，制定规章制度，提供必要的学习设施和培训教师。委员会多次筹集资金资助公立学校。1901年7月24日，的黎波里行政委员会作出决定，每棵酿造酒精的棕榈树征缴10比索的税收，为培训师资提供经费。1901年7月24日，行政委员会作出决定，每年从各市政部门筹集一定数量的资金，用于资助的黎波里的艺术与手工艺品协会。1902年1月8日，行政委员会给艺术与手工艺品协会提供座椅、课桌和黑板。[①]行政委员会还决定推进公共设施建设，如修医院、建学校、开发公共市场、加固防御工事、创建孤儿院等其他事务。

行政委员会是一个政府机构，实际权力控制在帝国官员的手中。其成立意义在于：作为一个执行机构，它反映了帝国在各省的总政

---

① Abdallah Ali Ibrahim, *Evolution of Government and Society in Tripolitania and Cyrenaica(Libya), 1831–1911*, p.185.

策架构；同时在帝国中央政府与利比亚民众之间起到了桥梁作用，一定程度上可舒缓二者的矛盾和误解；行政委员会吸纳了利比亚各地有影响的部落首领、城乡社区谢赫和宗教人士。尽管没有实权，但他们的参与至少让这些本地部落感觉到自己是行政机构的一部分，缓解了部落对抗国家的紧张态势。

法院、邮政与电信系统

在奥斯曼帝国统治之前，利比亚就存在传统意义上的宗教法院（al-mahkamah al-shar'iyah）。19世纪后期，世俗法院也建立起来，包括民事、刑事、商业和上诉法院。利比亚新型法院系统是在坦齐马特（Tanzimat）改革期间从奥斯曼帝国引进的，由陪审团、裁判长、书记员、法官组成，法官按照行政委员会的选举形式选出。[①]

宗教法院位于的黎波里，各地区设有地方宗教法院。主审宗教法官是伊斯兰法的专家，具有完备的伊斯兰法知识体系，法官和书记员为助手。地方法院由较低职位的助理法官做院长，也是的黎波里主审法官的代表。每个地方法院由两名成员和一名办事员组成。地区宗教法官都由帝国中央司法部门正式任命。宗教法院的基本职责是在伊斯兰法的基础上处理结婚、离婚、继承、登记财产等事务。

民事和刑事法院被称为马基利斯·哈库克·基纳亚特（majlis al-huquq wa al-jinayat）。其中心所在地为的黎波里，在利比亚内地也有分支机构。法院由审判长和四名成员组成。的黎波里和班加西的法院由民事和刑事机构组成，地方法院由审判长和两名助理法官组成。班加西法院包括审判长、两名办事员和五名工作人员。法院的民事机构主要处理罪行较轻的案件，刑事机构处理诸如谋杀、袭击、抢劫等类似案件。商业法庭主要处理与商业有关的诉讼案件。有两个分支机构，一个在的黎波里，另一个在班加西。的黎波里法庭由一个审判长和2—4名成员组成。班加西法庭由一名审判长、两

---

① Roderic H. Davison, *Reforms in the Ottoman Empire 1856–1876*, Princeton, New Jersey: Princeton University Press, 1963, p.149.

名成员和一名书记员组成。还有一个混合法庭，主要处理外国人的案件。上诉法院位于的黎波里，主要处理二审案件。陪审团成员由两名审判长（第一和第二）、10名下属成员和若干办事员组成。利比亚法院人员中本地人口占多数。办事员、书记员或者法官，甚至审判长都由本地人担任。一些法官和法院工作人员都是地方法律学校的毕业生，有着丰富的知识背景。有一些法官送往开罗的艾资哈尔（al-Azhar）大学接受培训。学有所成后的法官，任命到法院和政府其他机构工作。[①]

奥斯曼帝国在利比亚发展邮政和电信系统，目的是维护中央政府和内地机构之间正常的交往与联系。19世纪70年代，也就是阿里·里达（Ali Rida）帕夏统治期间，的黎波里和班加西建立了第一个邮局。到19世纪80年代，利比亚地方行政机构成立了许多邮政分支。与此同时，的黎波里和班加西的邮局还从事汇款业务。汇款业务仅限于帝国首都伊斯坦布尔和各地方行省之间。支付1比索的手续费就可最多汇款250比索，4比索可汇款250—500比索，6比索手续费可汇款501—1000比索。[②]除了帝国邮局外，这里还有两个意大利邮局：一个在的黎波里，建于19世纪60年代；另一个在班加西，建于1905年。的黎波里还有一个法国邮局，主要处理本地和外国邮政业务。1861年，奥斯曼帝国政府开放了的黎波里与马耳他之间的电报线路。[③]早在19世纪70年代，利比亚就有了电报业务。阿里·里达帕夏统治期间铺设了第一条从的黎波里到胡姆斯之间的电线。到19世纪80年代，大多数省级行政机构都有电报线路。这条线西起祖瓦拉，沿着突尼斯边界，东部到达昔兰尼加的德尔纳。到1889年，的黎波里塔尼亚已有30个电报站，班加西有20个电报

① Abdallah Ali Ibrahim, *Evolution of Government and Society in Tripolitania and Cyrenaica(Libya), 1831–1911*, p.202

② Ibid., p.205.

③ Ronald Bruce St John, *Libya: from Colony to Independence*, p.45.

站。[①]利比亚的邮政和电报系统不仅为本地民众提供公共和私人服务，而且还为奥斯曼中央政府提供服务，有助于利比亚和奥斯曼中央政府加强联系。

以上就是19世纪奥斯曼帝国在利比亚省成立的主要行政机构。利比亚被高度整合在奥斯曼帝国的权威体系之下，所成立的司法和民事委员会在管理利比亚地方事务过程中扮演着重要角色。[②]

但是，行政机构普遍存在贪污腐败、敷衍了事、行政官员文化素质不高、不断地变换职位等的现象。总督都想改变利比亚省的状况，如穆罕默德·阿明（Muhammad Amin）、阿里·里达（Ali Rida）、艾哈迈德·拉希姆（Ahmad Rasim）等总督十分关注公共产品供给服务，筹划一些项目鼓励乡村和贝都因部落的经济发展。他们还采取措施发展农业，鼓励部落开荒种地。

奥斯曼中央政府所采取的政治与行政措施对利比亚社会产生较大影响。行政机构的膨胀需要聘请更多的本地人员，本地人有更多的机会参与政府事务。当利比亚局势稳定后，奥斯曼中央政府鼓励民众通过选举或任命的方式参与公共服务。其结果是，奥斯曼人越来越依赖本土官员进行国家治理，这些人不仅在政府中发挥作用，而且成为奥斯曼中央政府和本土民众之间的斡旋者。宗教人员、城乡精英、乡村显贵以及部落谢赫在政府任职，可以通过领取薪酬或收取赋税的方式获得某些政治地位和经济好处，因而，他们成为奥斯曼帝国统治的坚强支柱。

地方精英似乎找到了与中央政府的相处之道，那就是合作，这样既保有了他们最基本的经济利益和社会权利，打破了昔日“部落起义—政府镇压”这种恶性循环的历史逻辑。当地的权力组织被整合到奥斯曼帝国体系，他们参与政府机构，为奥斯曼帝国中央集权提供基础，削弱了反抗统治阶级的力量。更为重要的是，这种稳定

---

① Abdallah Ali Ibrahim, *Evolution of Government and Society in Tripolitania and Cyrenaica(Libya), 1831–1911*, p.206.

② Ronald Bruce St John, *Libya: from Colony to Independence*, p.46.

的政治局面为19世纪后半期的国家发展奠定基础。

19世纪60年代和20世纪前十年，随着行政结构和社会变革的有序推进，奥斯曼帝国治理下的的黎波里塔尼亚和昔兰尼加政治稳定、经济发展、社会秩序井然。地方政府收取的大量税收，不仅维持地方财政有效运转，还可向奥斯曼中央政府上缴税收。

三、经济和社会

经济发展特点

19世纪，利比亚经济发展基本依靠农业、游牧业、手工业及对外贸易。帝国统治下的利比亚大多属于部落区，居住在政府管理较弱的村落，数量众多。的黎波里塔尼亚人口估计在80万—200万之间，昔兰尼加人口估计在19万—50万之间。[①]少部分人口住在城市，城市主要位于沿海地区，以及通往赤道非洲的商业和贸易中心。昔兰尼加部落属于游牧人群，分属大型的部落联盟。南部地区两个较大的部落是图阿雷格人和提布（Tibbu）人。位于的黎波里塔尼亚中心的杰巴勒加尔比地区主要是柏柏尔人，属于伊巴迪穆斯林，主要是定居农民。昔兰尼加主要是游牧人口，饲养骆驼、绵羊，以及为过路商人提供服务。

农业人口大部分居住在的黎波里塔尼亚和昔兰尼加沿海地区。主要农业区包括：杰巴勒加尔比，这里零星点缀着一些村庄。绿洲地区的农业基本依靠泉水灌溉，其他地区大多是旱作农业。在干旱之年，如1908—1910年，人们要生存就需要外部援助。许多人远走他乡，前往突尼斯和埃及避难。[②]非农业人口主要居住在沿海的

① Rachel Simon, *Libya between Ottomanism and Nationalism, The Ottoman Involvement in Libya during the War with Italy(1911–1919)*, p.36.

② Rachel Simon, *Libya between Ottomanism and Nationalism, The Ottoman Involvement in Libya during the War with Italy(1911–1919)*, p.5.

城镇，包括的黎波里、米苏拉塔、胡姆斯、兹利坦、班加西、德尔纳等城镇。这些城镇周围都是一些小规模的农业社区，定居农民向城市人口提供新鲜的食品。沿海南部居住着利比亚的原住民，依赖种植干旱农作物，并从事畜牧业。这种社会经济结构很难应对战争，一旦发生战争，季节性的农业将遭到破坏，并带来一系列负面效应。

利比亚土地面积较大，但适合耕作的土地较少。沿海地带的大多数地区，也就是米苏拉塔和班加西之间400英里的苏尔特周围地区，并不适合农业。的黎波里塔尼亚的耕作区包括两部分。一是贾法拉（Jafarah）平原，1.8万平方公里。西至突尼斯边界，东到米苏拉塔城，北至海岸线东南到胡姆（al-Khum）城。这里可耕地面积较大，地下水资源丰富，成为的黎波里塔尼亚农业经济的重要地区。二是靠近贾法拉平原南部边缘地区的山区平原。其他可耕地主要散布在内地的山谷和绿洲，如的黎波里塔尼亚南部、费赞和昔兰尼加南部的一小部分地区。[①]

奥斯曼帝国统治时期，利比亚的土地可分为五种：私有土地、国有土地（miri土地）、宗教地产（waqf，个人、组织或部落捐献给宗教机构的土地）、公共游牧土地和无主土地（未开垦土地）。[②]1858年，奥斯曼帝国颁布《土地法》，的黎波里塔尼亚与昔兰尼加引进了私有权与登记注册制度，部分土地交给个人，个人缴纳少量的登记费就可以拥有土地。[③]当时，奥斯曼帝国还建立了土地登记系统，对私有土地和公有土地办理契据。[④]但实际情况可能更为复杂。利比亚当时大量人口是部落民，生活在昔兰尼加和的黎波里塔尼亚的沿海地区。部落拥有的土地，并未经官方登记，而是通过习俗和传统的方式继承下来的。也就是说，每个部落都有自己的生活地区，包

---

① Anthony J.Cachia, *Libya under the Second Ottoman Occupation 1835–1911*, p.81.

② Abdallah Ali Ibrahim, *Evolution of Government and Society in Tripolitania and Cyrenaica(Libya), 1831–1911*, pp.214–215.

③ Ronald Bruce St John, *Libya: from Colony to Independence*, p.45.

④ Anthony J.Cachia, *Libya under the Second Ottoman Occupation 1835–1911*, pp.95–98.

括耕地、牧场、许多水井或蓄水池（用于雨季收集雨水）。由于血亲关系在部落生活中发挥着重要作用，所有部落成员都有权拥有相同的土地。那就是，每个部落都有一小块土地用于放牧牲畜、种植谷物。这一传统的部落所有权体系是利比亚土地占有制的独特形式。一直存在到20世纪60年代。[①]私有土地和国有土地，主要存在于利比亚沿海地区，以及内地的村庄和绿洲。国家、农业社区和私人拥有小规模的土地，用于种植树木或用作农场。[②]宗教地产主要是信徒捐献，但非常有限，主要种植椰枣和棕榈树等果树。在一些情况下，房屋和水井也在捐赠行列，但数量不大。唯一例外的是，赛努西宗教社团接受昔兰尼加贝都因部落的大量地产。据英国人类学家埃文斯·普理查德（Evans-Pritchard）估计，赛努西教团接受的牧场和土地多达5万英亩。[③]昔兰尼加部落曾向赛努西教团捐赠大量土地，这也说明，19世纪的昔兰尼加和的黎波里塔尼亚的部落拥有大量土地。

利比亚的农业分为定居农业和旱作农业。定居农业主要集中在的黎波里塔尼亚、昔兰尼加和内地的村庄、绿洲等地。居住在城乡中心地区的农民主要从事小规模的农业。他们拥有一小块土地，种植蔬菜、水果与谷物。种植的蔬菜有：西红柿、洋葱、红绿椒、豆类、菠菜、南瓜、胡萝卜、玉米、蔓菁、茄子等。水果有：椰枣、葡萄、橘子、李子、梨、甜瓜、桃以及杏等。谷物有：大麦、小麦、玉米和小米。其他重要农作物有椰枣和橄榄油。[④]沿海和绿洲农民主要出产椰枣、谷物和蔬菜，还饲养一些牲畜。

干旱草原和沙漠的部落民主要种植谷物。上述产品大都自给自足，少量剩余或者出售，或者交换其他物品。地下水是农作物灌溉

---

① Food and agriculture organization of the United Unitions, *Development of Tribal Lands and Settlements Projects: Report to the Government of Libya*, Rome, 1869, 4, p.13.

② Mable Looms Todd, *Tripoli the Mysterious*, London: Grant Richard, Ltd., 1912, pp.82–83.

③ E.E.Evans-Pritchard, *The Sanusi of Cyrenaica*, Oxford: Clarendon Press, 1949, p.77.

④ Abdallah Ali Ibrahim, *Evolution of Government and Society in Tripolitania and Cyrenaica(Libya), 1831–1911*, p.217.

用水的来源。在整个沿海地区，每个农场或者每个花园都有水井，深度5—25米，为庄稼提供水源。抽水靠人力或畜力，如驴、牛等大型牲畜。小型储水池收集雨水，然后输送到耕作地区灌溉，耕作区土地分成小面积或长方形。昔兰尼加沿海平原的班加西和德尔纳之间的地区，实施同样的耕种或灌溉模式。这里有许多水井和泉水，为夏季的农作物包括蔬菜和水果提供灌溉水源。

利比亚内地的农场主要分布在费赞、的黎波里塔尼亚南部和昔兰尼加南部的绿洲和村庄。大多数村庄和绿洲居民都拥有一小片花园，用来种植椰枣、蔬菜和水果，以及有限的谷物，如小麦、大麦、玉米和小米。农场、花园或属于农场主，或属私人家庭，或者为按收益分成的佃农所有。乡村土地所有者实行收益分成制，农场主也有自己的奴隶，用于打理他们的花园。内地农民完全依赖于地下水灌溉。这些地区地下水丰富，水源深度达5—7米。[①]驴子将水从深井里抽上来后流向耕作区。这里的灌溉土地面积较小，依赖于传统的耕作技术，庄稼产量仅能自给自足，不过椰枣产量较大。

主要农产品

利比亚北部沿海降雨带种植大麦和小麦等谷物，这些地区包括的黎波里塔尼亚地区的贾法拉平原，昔兰尼加地区的肥沃平原和高原。的黎波里塔尼亚和昔兰尼加山区和平原的部落人口主要种植旱作谷物和从事游牧业。昔兰尼加的贝都因人部落从事游牧和谷物种植。

由于大麦对雨水的需求量较少，也不需要过多劳作和打理，成熟期较短，3—4个月即可。利比亚北部部落喜欢种植大麦。乡村部落以面食为主。大麦产量有剩余时，也成为部落民喂养牲畜的饲料。大多数小麦粉都运往城市消费，乡村地区需求量较少。因此，大麦的种植规模远远大于小麦。资料显示，大麦种植至少是小麦的3

① Gustav Nachtigal, *Sahara and Sudan*, Vol 1, New York: Barnes & Noble, 1974, pp.63–65.

倍。[①]英国领事杰戈（Jago）认为，19世纪80年代和90年代，的黎波里塔尼亚的大麦产量是小麦产量的9倍。他说："大麦是这个国家的主食，也是社会繁荣所依赖的物质基础。"[②]在费赞等内陆地区，小麦很受村民的欢迎。1908年，费赞地区小麦产量为10840凯拉，而大麦产量仅为4640凯拉。[③]19世纪，大麦和小麦作为主食因地区而有所不同，都是利比亚的主要食粮。

牲畜是部落经济的主体，也是部落财富的主要来源。昔兰尼加的部落拥有大量绵羊和山羊、牛和骆驼。[④]部落民靠肉、奶、黄油、毛、生皮、骆驼和羊毛等生存。除了日常消费以外，他们将多余的产品出售。骆驼饲养在部落生活中占有极其重要的地位，不仅可以喝奶、吃肉，毛皮还可以取暖，还是最重要的交通工具。1903年，的黎波里塔尼亚的骆驼数量就达30万头。1902年的黎波里塔尼亚有4万头母牛，50万只绵羊。[⑤]马匹、骡子和驴的数量众多，主要用于交通和耕作。

由于谷物和游牧都需要大量雨水，但冰雹等自然灾害使得收入并不稳定。在正常年份，头年11月到次年3月间，会有大量降雨，粮食产量较高，除了供人食用外还喂养牲畜。因此，大量的谷物和肉类供应不仅可用于市场的销售，而且还可出口。如果遇到干旱或冰雹之年，部落民的收成和牲畜损失惨重，利比亚的经济也会受到影响。在饥馑之年，帝国驻的黎波里的政府必须进口谷物种子和提供必需品。

---

① Abdallah Ali Ibrahim, *Evolution of Government and Society in Tripolitania and Cyrenaica(Libya), 1831–1911*, p.222.

② 凯拉（Kaylah）（费赞地方度量单位，1凯拉约等于8公斤的椰枣、9公斤的大麦、10公斤的小麦），G.B., F.O., DCR, Jago to F.O.(Tripoli), received May 20, 1898. in Abdallah Ali Ibrahim, *Evolution of Government and Society in Tripolitania and Cyrenaica(Libya), 1831–1911*, p.222.

③ Abdallah Ali Ibrahim, *Evolution of Government and Society in Tripolitania and Cyrenaica(Libya), 1831–1911*, p.222.

④ Anthony J.Cachia, *Libya under the Second Ottoman Occupation 1835–1911*, p.114.

⑤ Ibid., p.115.

按照美国驻的黎波里领事威廉姆·波特（William Porter）的说法，1866到1867年，的黎波里塔尼亚雨水较少，庄稼连年歉收，造成谷物短缺。但在1868年，由于雨水充足，玉米丰收。1875年和1877年，昔兰尼加因雨水缺乏，大麦和小麦都歉收，只好进口粮食。1886和1887年，粮食产量急剧下跌，只好从国外进口粮食。[①] 1888年比以往年份更为糟糕。由于雨水缺乏，庄稼歉收，牲畜减少，居民不得不从国外进口粮食，许多人的钱财被耗尽。由于没有饲料，牧民不得不将羊、牛、马等牲畜拿到市场上出售。[②]1889年，的黎波里塔尼亚和昔兰尼加的雨水充足，且分布均匀。牧场水草丰美，牲畜肥壮，大麦和小麦产量较大。谷物和牲畜不仅可满足本国居民的消费需要，还可以出口。1893、1894和1895年，利比亚东部地区雨水较足，大麦和小麦获得丰收。不过，随后的1896、1897年又是灾荒之年，谷物短缺，牲畜因没有饲料损失严重。1897年，的黎波里塔尼亚也发生类似情况。雨水较少，大麦和小麦产量仅等于正常年份的1/4。上述情况说明，19世纪利比亚游牧经济由于雨水多少而具有不确定性。

椰枣也是19世纪利比亚人最基本的食粮之一，乡村和内地绿洲地区更是如此。的黎波里塔尼亚、费赞、朱夫拉（al-Jufrah）和昔兰尼加南部的绿洲都种植椰枣树。在的黎波里塔尼亚地区，椰枣树主要种植在南部的绿洲地区、沿海地区的定居农区。他们在农场种植谷物、蔬菜、水果，依靠地下水和雨水进行灌溉。的黎波里塔尼亚沿海地区有34种棕榈树，内地绿洲地区有49种棕榈树。每棵树的年平均产油量在80—100公斤之间，价值在约14—15法郎

---

① G.B., F.O., DCR, Wood to the Marquis of Salisbury (Benghazi), April 8, 1887; D.A.Cameron to Marquis of Salisbury(Benghazi), Feb. 2, 1889.in Abdallah Ali Ibrahim, *Evolution of Government and Society in Tripolitania and Cyrenaica(Libya), 1831–1911*, p.226.

② Abdallah Ali Ibrahim, *Evolution of Government and Society in Tripolitania and Cyrenaica(Libya), 1831–1911*, p.226.

之间。[1]

沿海地区的椰枣质量较差，秋季成熟。半成熟的椰枣会被消费掉，其余椰枣则在完全成熟时收获，并经晾干后进行储存，以便到市场上销售或出口。沿海地区的椰枣有时会受恶劣天气的影响，如暴风雨。雨水可以灌溉棕榈树。如果在成熟季节椰枣遭遇大雨，椰枣产量会大大降低。

与沿海地区不同，内地的绿洲由于天气炎热干燥，椰枣数量和质量均属上乘。这里的椰枣树主要生长在山谷、低地和盐碱地平原，地下水源较浅的沙丘可为椰枣树持久提供养分。椰枣树也在内地村落的农场和花园里种植，使用井水灌溉。绿洲居民将椰枣作为主要食物，也是牲畜的补充饲料。多余椰枣出售给北方的部落民。

费赞地区椰枣树繁茂多枝，产量大，被认为是利比亚椰枣的摇篮。据纳吉（Naji）提供的数据，19世纪末费赞地区有80万棵椰枣树，每年产量达160万凯拉，相当于240万比索。另据费赞省长向的黎波里政府提交的报告显示，1911年这里有100万棵椰枣树。[2]椰枣在19世纪的利比亚社会具有很高的经济价值。它们是居民日常食品。椰枣不仅是人和牲畜基本食物的补充，而且还是对外贸易的重要商品。

细茎针草（Nabat al-Balfah）同样是19世纪下半叶利比亚经济中最重要的作物之一，它主要生长在的黎波里塔尼亚地区的贾法拉平原区。细茎针草对雨水需求量极少，即使在干旱条件下也能生存。19世纪70年代和90年代，随着欧洲国家对纤维需求量的增加，特别是英国造纸业的飞速发展，对细茎针草的需求量激增。

手工业

19世纪，的黎波里、班加西、米苏拉塔、德尔纳等地的手工业

---

① Abdallah Ali Ibrahim, *Evolution of Government and Society in Tripolitania and Cyrenaica(Libya), 1831–1911*, p.228.

② Ibid., p.230.

是一些小型制造企业。较大规模的工厂都是外国人开办的，主要有压榨棕榈油厂、面粉厂、细茎针草处理厂、瓦厂。[①] 本地人和工匠开设一些小型工厂，如织布厂、染色厂、裁剪厂、制鞋厂等。手工业产品有：棉毛织品、丝绸、地毯、草席、篮子、香皂、皮革等日用消费品。城镇手工业的产品精良，是富贵人家追求的奢侈品。

男士喜欢的巴拉坎风雨大衣（barracans），女士喜欢的阿迪亚（ardiyah）大衣，是当地人的传统服饰。巴拉坎风雨大衣类型多样，质量不等，针对男女不同特点，设计风格独特。男士的使用当地的毛线和进口的纺棉，或者两者混合使用。主要由天然有色羊毛或骆驼毛制成，冬天避寒。男士巴拉坎风雨大衣由城乡的私人编织厂和个体家庭生产。工艺最好的厂家在杰巴勒加尔比，特别是纳鲁特（Nalut），这里的巴拉坎风雨大衣质量上乘，价格高昂。[②] 女士的阿迪亚，由进口的精纺棉或丝绸制成，种类多样，由的黎波里和班加西的个体小手工业主和企业生产。全国各地的大工厂和零售店都销售女士的巴拉坎风雨大衣。

编织地毯也是手工业的重要组成部分。地毯由羊毛或骆驼毛制成，不同地方的地毯类型和种类不同。米苏拉塔擅长生产小地毯和毛毯，许多手工业工厂专门制作地毯。私人家庭也从事地毯制作，主要用于家庭使用，少量用于出售。草席、篮子、绳索和篮网制作也是手工业的重要组成部分。细茎针草的纤维和棕榈树的叶子和纤维可以制作篮子、绳索和网状物。当地人用草席铺床、铺地。米苏拉塔是草席生产中心，该地的草席销往利比亚各地，甚至出口。

盐也是利比亚重要的经济资源。昔兰尼加地区的盐产量较大，质量上乘，甚至供出口。盐属于国家垄断商品，收入都归国家财政。班加西的盐厂为许多从事运输的驼队提供就业机会。

其他类型的手工作坊，如珠宝制造厂产量平平，仅供当地人消费。珠宝有各种金银手镯、脚镯、项链和耳钉。铜制品、裁剪以及

① Anthony J.Cachia, *Libya under the Second Ottoman Occupation 1835–1911*, p.115.

② Ibid., p.121.

皮革制作也是地方手工业的组成部分。

总体来说，利比亚各地的手工业技术较为落后，生产工具和技术较为传统。但手工业是利比亚经济重要的组成部分，这些手工产品可以自给自足，满足日常生活。在意大利占领之前，地方工业的产值大约为500万意大利里拉。[①] 大多数人依赖于手工业和贸易谋生度日。

四、内外贸易的拓展

经济贸易和市场活动

利比亚是赤道非洲和欧洲跨撒哈拉贸易交往的中转站。19世纪后半期，利比亚政治稳定，贸易活动迅速增加。的黎波里是利比亚的重要海港和贸易中心，这里贸易和商业活动频繁，商人云集。沿海重要城市，如的黎波里、米苏拉塔、胡姆斯、兹利坦、班加西、德尔纳等地是城乡贸易和商业活动的重要市场，也是本地和国外商品的集散地。此外，内地的小镇如纳鲁特、古达米斯、盖尔扬、迈尔祖格等地也有一些交易市场。

地方市场有两种类型：一是传统的巴扎（Bazaar），一般都固定地设在城市中心，有屋顶遮盖，各类商人在此进行商品贸易；[②]二是露天市场，主要用于牲畜、农产品、木柴、手工艺品等商品销售。这类市场通常每几天或每周举行一次贸易活动，市场口预先设定，如周四市场、周五市场等。一些市场以出售的商品命名，如蔬菜市场、牲畜市场、细茎针草市场等。最著名的市场有的黎波里的面包市场、细茎针草市场和蔬菜市场，班加西的牲畜市场。[③] 这些公共

---

① Abdallah Ali Ibrahim, *Evolution of Government and Society in Tripolitania and Cyrenaica(Libya), 1831–1911*, p.245.

② Gustav Nachtigal, *Sahara and Sudan*, Vol 1, New York: Barnes & Noble, 1974, p.12.

③ Anthony J.Cachia, *Libya under the Second Ottoman Occupation 1835–1911*, pp.137–138.

市场主要出售日用品和食品，在利比亚地方经济生活中占有重要的地位。地方贸易包括进口国外商品和本地商品，后者包括农产品、畜产品和手工艺品。尽管许多地方产品仅能够自给自足，偶尔丰年会有盈余拿到市场出售。

商品价格由地方市场根据供需关系来决定。在丰收之年，小麦和大麦的售价较低，但在收成不好的年份，谷物等价格相对较高。1878年，艾哈迈德·马赫达维（Ahmad al-Mahdawi）在班加西经济状况报告中说，由于该年雨水短缺，大麦和小麦收成减少，两种谷物价格每天都在上涨。[①] 当然，交通不便也对商品价格产生直接影响。在牲畜作为交通运输工具的年代，很难将大宗商品运送到中心市场。因此，谷物等商品价格因地而异，甚至相隔30、40英里的两地，其商品价格相差都很大。居住在城乡附近的农民经常在集市上，出售手中多余的农产品，如蔬菜、水果、鸡肉、鸡蛋等。

在丰收年份，农民将多余的大麦、小麦、绵羊、山羊、牛、骆驼、马、驴运到附近市场出售。最著名的牲畜市场在班加西，贸易市场在昔兰尼加。[②] 班加西市场每天出售150只绵羊和山羊，25头母牛、20头骆驼、2匹马和8头驴；夏季的谷物交易数量在1500到1600吨之间。[③]

整个19世纪，班加西和的黎波里之间贸易频繁，贸易的商品有牲畜、大麦、小麦、木炭、黄油和木材。的黎波里主要输出毛织品、马铃薯、水果和蔬菜，米苏拉塔、兹利坦和塔瓦里哈（Tawargha）输出的商品有椰枣和草席。从这些地区运往班加西的椰枣价值就

---

① Al-Mahdawi to Khayr al-Din, reporting on Bengahzi, 13 Rajab 1296 H.(3 July 1878).in Abdallah Ali Ibrahim, *Evolution of Government and Society in Tripolitania and Cyrenaica(Libya), 1831–1911*, p.248.

② Anthony J.Cachia, *Libya under the Second Ottoman Occupation 1835–1911*, p.114.

③ Abdallah Ali Ibrahim, *Evolution of Government and Society in Tripolitania and Cyrenaica(Libya), 1831–1911*, p.249.

在7000到12000英镑之间。[①] 班加西和的黎波里之间的大宗货物贸易都是通过船只进行的。其他商品都通过骆驼运输进行贸易。

银行、面粉厂、榨油厂和造船公司都由外国公司管理，主要包括英国、马耳他、意大利、法国等国的公司。英法代理机构、意大利的企业、马耳他的商人和犹太人的公司都从事竞争性的商业交易。[②] 他们控制了利比亚与欧洲的大多数贸易。当时，许多外国人都从事批发零售等业务，经营如修缮房屋的建筑材料、日常用品、纤维织物等家用材料。马耳他人经营零售业。他们在的黎波里和班加西开设商店和酒店，经营衣服、谷物、蜡、小刀、茶、咖啡、火柴、蜡烛等。

除了欧洲商人外，的黎波里还有一些来自杰尔巴岛的突尼斯商人，他们在的黎波里的巴扎拥有许多商店。最有名的突尼斯商人是艾哈迈德·马赫达维。19世纪70、80年代，他一直居住在班加西，从事谷物和牲畜等商业活动，为军队提供物资，也是非洲贸易的中间人。

当地商人也参与贸易活动，他们在城镇里有自己的商店。还有一批零售商在城乡间从事商贩活动，他们先从批发商手里购买货物，然后到内地出售，赚取差价。当地的贸易活动包括本地产品和从欧洲和非洲进口商品，这些商品成为地方经济发展的基础。

商旅贸易

的黎波里塔尼亚和昔兰尼加、西苏丹、中苏丹的贸易关系可以追溯到公元前1世纪。19世纪，利比亚继续与撒哈拉以南的非洲地区保持着贸易活动。南撒哈拉地区的政治和安全问题对贸易交往产

---

① G.B., F.O., DCR, Wood the Marquis of Salisbury(Benghazi), April 8, 1887;Cameron to the Marquis of Salisbury(Benghazi), Feb.2, 1989; Alvarez to the Marquis of Salisbury(Benghazi), April 16, 1891; Jago to F.O.(Tripoli), received May 20, 1898. In Abdallah Ali Ibrahim, *Evolution of Government and Society in Tripolitania and Cyrenaica(Libya), 1831–1911*, p.251.

② Gustav Nachtigal, *Sahara and Sudan*, Vol 1, p.53.

生直接影响。[①]当商道沿途安全形势较好，的黎波里塔尼亚和昔兰尼加、中苏丹、西苏丹的贸易活动会相当频繁。英国领事迪克逊（Dickson）和阿尔瓦雷斯（Alvarez）指出，的黎波里塔尼亚和昔兰尼加的商旅贸易收益颇丰，特别是博尔努、卡诺（Kano）、瓦代（Waday）的收益可以达到50%—80%。[②]

到19世纪，穿越利比亚的跨撒哈拉贸易主要有三条路线：第一条是中间路线或费赞路线，从的黎波里到博尔努，经过迈尔祖格；第二条是西线或古达米斯路线，从的黎波里经古达米斯—加特—尼日尔。第三条路线称东线或昔兰尼加路线，从班加西经库夫拉到瓦代；[③]直到19世纪中期，沿费赞路线的商队贸易仍相当活跃。迈尔祖格继续维持着非洲和欧洲商品贸易中心的地位，也是苏丹和昔兰尼加、的黎波里、古达米斯等地之间商旅贸易的休息地。19世纪60年代，经过迈尔祖格的贸易日渐衰败。导致贸易衰败的原因在于：提布部落和图阿雷格人的部落发生冲突，贸易路线的安全得不到保证。阿杜·博阿亨（Adu Boahen）指出，图阿雷格人和提布频繁进行部落战争的结果是，在1851年4月到1852年6月迈尔祖格和博尔努之间的商路被完全阻断了。[④]此外，对奴隶贸易的禁止和制裁，使得迈尔祖格奴隶市场萧条，最终失去了贸易中心的重要地位。

费赞路线也处于衰落当中。的黎波里—古达米斯—加特—卡诺一线相当安全，当时加特是一个相当繁华的贸易中心。这条线路的南段，也就是加特和卡诺之间相对安全。当时，图阿雷格人居住在加特、卡诺地区西部的沙漠地带，他们对商旅贸易有着浓厚的兴趣。[⑤]

---

① A. Adu Boahen, *Britain, The Sahara, and the Sudan*, 1788–1961, Clarendon Press, pp.104–108.

② Abdallah Ali Ibrahim, *Evolution of Government and Society in Tripolitania and Cyrenaica(Libya), 1831–1911*, p.255.

③ A. Adu Boahen, *Britain, The Sahara, and the Sudan*, 1788–1961, p.103.

④ Ibid., p.107.

⑤ Richardson, *Travels in the Great Desert of the Sahara, in the Years of 1845–1846*, Volume 2, London:pp.141–142.http://www.gutenberg.org/files/22094/22094-h/22094-h.htm.上网时间：2018年8月28日14:12。

古达米斯商人与苏丹西部地区联系密切，通过短途路线与廷巴克图（Timbuktu）进行商业贸易。[1] 19世纪60年代，的黎波里和苏丹之间的商旅贸易转向了西线。到19世纪80年代，西线贸易也衰落下去。

19世纪的黎波里—古达米斯贸易和跨撒哈拉贸易最终衰落，其原因有三：一是市场对手工商品需求的衰落；二是法国试图将贸易转向其殖民地阿尔及利亚和突尼斯，这在很大程度上分流了加特—古达米斯和的黎波里的贸易流量；三是英国经西非跨大西洋贸易的发展，将大部分商业活动引向了非洲西海岸，跨撒哈拉贸易逐渐衰落。[2]

19世纪后半期，东线的班加西—库夫拉—瓦代商业贸易变得相当活跃，一直到20世纪前十年才衰落下来。该商路的复兴主要归因于赛努西教团提供的安全经商环境，后者于19世纪40年代成立于昔兰尼加，随后向南扩张到撒哈拉和中苏丹。在此条商路开放之前，来自昔兰尼加的商人前往博尔努和瓦代经商时，要跨越费赞，经过迈尔祖格。但是，班加西—库夫拉—瓦代商路的复兴，也开启了与中苏丹的贸易交往。昔兰尼加商人可以改变东线商路，直接到瓦代经商，这条线路既是捷径，也很安全。[3]其结果是班加西和瓦代的贸易量大增，的黎波里和班加西的贸易迅速发展起来。而19世纪80和90年代，苏丹与中线和西线的贸易急剧衰退。的黎波里的商人开始通过班加西，与博尔努和瓦代进行贸易，班加西成为的黎波里商品进出口的主要中转站。

利比亚城乡的商人从事非洲贸易，古达米斯的商人主要与西苏丹进行贸易交往。的黎波里是古达米斯贸易的主要出海口，古达米斯居民是其他商人与图阿雷格人交往的中间人，他们在豪萨族（Hausa）有代理人，经过图阿特（Tuat）到达廷巴克图。[4] 古达米

---

① Gustav Nachtigal, *Sahara and Sudan*, Vol 1, p.120.

② Abdallah Ali Ibrahim, *Evolution of Government and Society in Tripolitania and Cyrenaica(Libya), 1831–1911*, p.257.

③ Gustav Nachtigal, *Sahara and Sudan*, Vol 1, p.119.

④ Gustav Nachtigal, *Sahara and Sudan*, Vol 1, p.13.

斯商人垄断了的黎波里—西苏丹贸易，他们精明灵活，商业交往地域广阔。此外，他们出生在图阿雷格人控制的绿洲，通晓阿拉伯语、豪萨语和图阿雷格语。[①]

由于骆驼长途运送，价格高昂，双方的交易仅限于重量轻而价值不菲的商品。当地商品有地毯、食盐、泡碱、椰枣、小麦等。非洲市场的商品繁多，甚至有从欧洲进口的商品。据英国驻的黎波里和班加西领事提供的商品目录显示，运往苏丹市场的欧洲商品主要有英国的棉纺织品、丝绸、服装、围巾、领带、镜子、针、药、茶、蔗糖、琥珀和一些武器。[②]武器包括来自班加西的步枪、手枪和弹药。[③]大体来说，英国的棉织品是最重要的商品。苏丹中西部地区对英国棉织品、印花棉布、斜纹布、废布的需求量较大，这些商品从瓦代、博尔努、卡诺、索科托（Sokoto）等地运送到市场。布匹的花色不同、品种多样，长度在8—24码（yard）之间。苏丹人和撒哈拉部落消费英国服装颇多，在19世纪80—90年间，这里是英国商品出口的主要地区。

作为交换，商队也会将非洲内地的特产带回本地，这些商品有鸵鸟羽毛、象牙、羊皮、染料（红色或黄色）、奴隶、蜡、橡胶、檀香、可可坚果等。[④] 19世纪后半期，除鸵鸟羽毛、象牙、羊皮外，其他非洲商品销量下降。19世纪后十年，从苏丹进口的商品都是鸵鸟羽毛、象牙和皮革，这些商品来自瓦代、卡诺和索科托。[⑤]此时，贸易发展的主要原因是欧洲和美国对非洲商品的需求量上升，价格不菲，商人能够赚到可观利润。这些非洲商品到达的黎波里和班加西后都出口海外，鸵鸟羽毛大多数出口巴黎，象牙出

---

① Abdallah Ali Ibrahim, *Evolution of Government and Society in Tripolitania and Cyrenaica(Libya), 1831–1911*, p.260.

② Ibid., p.261.

③ A. Adu Boahen, *Britain, The Sahara, and the Sudan*, 1788–1961, p.123.

④ Ibid., pp.125–127.

⑤ Abdallah Ali Ibrahim, *Evolution of Government and Society in Tripolitania and Cyrenaica(Libya), 1831–1911*, p.262.

口伦敦，皮革出口纽约。[①]

总之，跨撒哈拉贸易构成了19世纪的黎波里塔尼亚和昔兰尼加的重要经济活动。来自世界各地的商人都想通过交易奢侈品谋求高额利润。尽管19世纪后期撒哈拉贸易不稳定和趋于衰落，但直到20世纪前十年，仍有商人从中谋利。而且，非洲商品作为利比亚内外贸易重要组成部分，一直维持到意大利占领利比亚。

海上贸易

与欧洲国家的海上贸易也是的黎波里塔尼亚和昔兰尼加在19世纪经济活动的重要方面。意大利和奥斯曼帝国船只停泊在的黎波里和班加西港口，以及米苏拉塔、胡姆斯和苏尔特。利比亚主要与英国、马耳他、法国、奥斯曼帝国、奥地利等国从事贸易活动。除了非洲商品外，利比亚当地商品也出口英国，如出口的大麦被英国用于制作威士忌，细茎针草用于制作高级纸张。利比亚制造的商品供本地消费，或者出口到赤道非洲、埃及和奥斯曼帝国，出口商品包括生皮、地毯、海绵、金属用具和珠宝。犹太人主要从事珠宝生意，在国内外贸易、银行和借贷行业发挥了重要作用。意大利和奥斯曼帝国船只经常到的黎波里和班加西港口，以及米苏拉塔、胡姆斯和苏尔特。[②]

欧洲商品构成了商旅贸易的重要组成部分，而的黎波里和班加西港口成为利比亚与欧洲贸易的中心城市。随着欧洲工业的发展，利比亚进口西方的商品日益增多。到19世纪80年代，对外贸易特别是从欧洲进口的商品迅猛增加。除了与欧洲贸易外，的黎波里塔尼亚和昔兰尼加还与突尼斯、埃及以及其他奥斯曼帝国各省如伊斯坦布尔、士麦那（Smyrna）和叙利亚保持活跃的商业联系。在地

---

① Abdallah Ali Ibrahim, *Evolution of Government and Society in Tripolitania and Cyrenaica(Libya), 1831–1911*, p.262.

② Rachel Simon, *Libya between Ottomanism and Nationalism, The Ottoman Involvement in Libya during the War with Italy(1911–1919)*, p.7.

方贸易中，对外进出口贸易主要控制在外国公司手中。在此期间，来自班加西和的黎波里的商品，通过船只运送到突尼斯、埃及等奥斯曼帝国各省，如伊斯坦布尔、士麦那和叙利亚等。从撒哈拉南部地区进口的鸵鸟羽毛、象牙和绵羊皮通过商船运送到英国、法国和美国。本地出口商品主要有：牲畜、农产品和畜产品以及一些手工业品，包括细茎针草、大麦、小麦、棕榈油、散沫花、椰枣、茜草根、牛、绵羊、骆驼、鸵鸟羽毛、兽皮、黄油、鸡蛋、草垫、盐、泡碱和海绵。细茎针草和大麦运往英格兰，牲畜出口到马耳他、埃及和克里特，兽皮运往叙利亚、萨洛尼卡和阿尔巴尼亚，黄油运往亚历山大、克里特和士麦那，海绵主要出口到马耳他、希腊、英格兰、德国和法国，泡碱主要出口到突尼斯和阿尔及利亚，橄榄油和草垫送到土耳其等国，散沫花出口到埃及、阿尔及利亚、突尼斯和意大利。[①]

除了出口外，利比亚也从欧洲和奥斯曼帝国其他省进口各种商品。主要包括英国的棉织品、丝织品、毛织品和棉制品，英格兰、意大利、德国、奥地利和比利时的靛蓝染料，意大利、马耳他、法国、英国、德国和奥地利的建筑材料、铁、铜、玻璃、家具、纸张和绳索。利比亚从奥斯曼各省份进口木炭、木柴。从意大利、比利时、法国、德国和英国进口火柴、蜡烛、生丝、黄金、白银和香料。各类酒、茶、咖啡、蔗糖、药物主要来自意大利、法国、英格兰、德国、马耳他、克里特、埃及和伊斯坦布尔。的黎波里和班加西从突尼斯购买帽子、棕榈油、香皂、红胡椒、丝绸和毛织品。在无雨或少雨季节，粮食供应短缺，利比亚也会从法国、意大利、埃及、突尼斯和马耳他进口大量谷物、面粉、粗面粉、大米和棕榈油。[②]

尽管农产品的出口随气候变化而定，但19世纪50和60年代的黎波里进出口商品基本保持在12—15种，如鸵鸟羽毛、象牙和绵羊

---

① Abdallah Ali Ibrahim, *Evolution of Government and Society in Tripolitania and Cyrenaica(Libya), 1831–1911*, pp.265–266.

② Ibid., p.267.

皮等。从美国驻的黎波里大使威廉姆·波特提供的数据中可以看出，19世纪60年代，的黎波里的出口高于进口，主要原因是西方制造业商品还没有大规模进入利比亚。

1870年至1910年，利比亚对外贸易急剧增长。当时，欧洲廉价商品大规模进入利比亚市场。的黎波里和班加西从欧洲进口的商品急剧增加。但与此同时，鸵鸟羽毛、象牙和兽皮等非洲商品在欧洲市场的价格飙升。的黎波里进口商品从19世纪60年代的年均74000英镑增加到19世纪70年代的年均40万—50万英镑。19世纪80年代，又降至年均30万英镑。1873年，进口商品约39.13万英镑，1874年增至50.62万英镑。其原因是，利比亚从苏丹进口了大量的鸵鸟羽毛和象牙。出口商品也从19世纪60年代的年均11.7万英镑增加到19世纪70年代的年均40万英镑。19世纪80和90年代，出口商品也在年均30万—40万英镑之间。[①]

日益增长的海上贸易导致进口商品的数量增加。19世纪60年代的黎波里的进口物品从13或15增加到18或21种，班加西增加到30种左右。19世纪90年代，增加最多的商品是面粉、橄榄油、干蔬菜和奢侈品，如香皂、烟草、酒、蔗糖、咖啡和茶。英国领事在1896—1897年的班加西贸易报告中指出，这些年干蔬菜的进口量增长了12倍。茶的进口量增加了5或6倍，香皂和橄榄油增加了3倍。大米的供应量增加了42%，蔗糖进口量增加了40%。[②] 棉丝材质的巴拉坎风雨大衣、帽子、毡帽、衬衣等在进口商品中最引人瞩目。19世纪后期，利比亚对这些棉织品的需求量迅速猛增。从英国进口的产品跃居进口国之首，原因在于利比亚和苏丹对英国廉价的纤维织品需求量巨大。

欧美国家对细茎针草、鸵鸟羽毛、象牙等商品的需求量极大。1868年，细茎针草首先运往英国。19世纪70和90年代，细茎针草

---

① Abdallah Ali Ibrahim, *Evolution of Government and Society in Tripolitania and Cyrenaica(Libya), 1831-1911*, pp.269-270.

② Ibid., p.271.

成为利比亚最重要的出口商品。出口欧洲国家的鸵鸟羽毛和兽皮的数量也很惊人。19世纪60年代，出口鸵鸟羽毛年均价值为4.5万英镑，80年代增加到6.92万英镑。兽皮的价值在19世纪60年代年均为1000英镑，80年代年均为5600英镑，90年代年均为47000英镑。①

总之，的黎波里塔尼亚和昔兰尼加与英国、法国、土耳其和意大利维持了大规模的海上贸易。英国在海上贸易中拔得头筹，占有利比亚对外贸易中的最大份额。19世纪后半期，英国对利比亚供应纤维和丝织品以及其他工业品。19世纪80年代，的黎波里向英国出口的商品，占利比亚总出口的67%—88%。19世纪90年代，为37%—61%。从英国进口的商品从20%增加到38%。的黎波里向伊斯坦布尔的出口份额较小，约13%—28%之间。就利比亚与意大利贸易情况来说，意大利位居第四，前三位是英、法和奥斯曼帝国。但从19世纪90年代到20世纪前十年，与意大利的进出口贸易迅速增加。意大利开始向利比亚进行经济渗透，这也是意大利入侵利比亚的前奏。

19世纪后半期，对外贸易对的黎波里塔尼亚和昔兰尼加的经济产生重要影响。尽管在19世纪70年代和20世纪前十年，利比亚出口规模和数量都在迅速增长，但未能实现19世纪70年代后的进出口平衡。贸易赤字在某种程度上是由于外国廉价的工业化产品倾销造成的。19世纪90年代和20世纪头十年，商旅贸易的日渐衰落导致利比亚与非洲贸易的削减，对海上商业贸易平衡产生了负面影响。②

税收和财政

奥斯曼帝国在的黎波里塔尼亚和昔兰尼加的财政收入主要依赖地方财政，而财政收入主要是各种税收。利比亚税收由直接税和间

① Abdallah Ali Ibrahim, *Evolution of Government and Society in Tripolitania and Cyrenaica(Libya), 1831–1911*, p.272.

② Anthony J.Cachia, *Libya under the Second Ottoman Occupation 1835–1911*, p.170.

接税组成。传统意义上的直接税包括：耕作税（cultivation tax）、生产税（乌什尔，ushr）、人头税、动物税和树税（werko）、收益和财产税（profit and property taxes）。生产税主要是对大麦、小麦、棕榈树和椰枣等农作物收取1/10的税款，也是利比亚财政的主要来源。1875年，生产税提高了12.5%。① 农作物收获后，除橄榄油外均由政府官员收取生产税。一些地方政府也在地区行政委员的监督下，由部落谢赫或在乡村委员会的帮助下收税。昔兰尼加制定的征收生产税的税收制度，一直使用到1879年。1879年后，昔兰尼加改由伊斯坦布尔中央政府直接管理。各地区的谷物生产税通常通过会议以包税的方式公开拍卖给商人，拍卖规模可大可小。1878年，昔兰尼加大麦和小麦的生产税在班加西拍卖，其价格是是1725000比索。②

橄榄油的生产税以包税制收取。政府每年都会邀请包税人对橄榄油的生产税进行竞标，出价最高者中标。奥斯曼政府通过这种方式确保稳定的财政收入，避免偷税漏税。

细茎针草的生产税也是利比亚财政的主要收入之一。19世纪70年代和20世纪前十年，细茎针草行业十分繁荣，为利比亚政府提供了大量税收。这些税收包括销售税和重量税。19世纪70年代，细茎针草税为30帕拉尔吐（pararto）。③细茎针草税也是通过包税制收取。细茎针草都由私人运输，直接出售给外国公司代理人，政府很难控制，因此政府收取交易税（payable tax）。为确保财政收入，政府会将细茎针草的税收公开拍卖，出价最高者获准。

---

① DMT. “Instructions from the Sublime Porte concerning the Increase of Ushr Tax 1291H(1974–75)” .in Abdallah Ali Ibrahim, *Evolution of Government and Society in Tripolitania and Cyrenaica(Libya), 1831–1911*, p.277.

② DMT, Documents from the Tunisian Archives, al-Mahdawi to Khayr al-Din Reporting on the Political and Economic Conditions of Benghazi 11 Jumad I, 1295 H.(20 May, 1878). .in Abdallah Ali Ibrahim, *Evolution of Government and Society in Tripolitania and Cyrenaica(Libya), 1831–1911*, p.279.

③ Abdallah Ali Ibrahim, *Evolution of Government and Society in Tripolitania and Cyrenaica(Libya), 1831–1911*, p.281.

军事税也是重要的税种之一。有两种类型：一是向非穆斯林社区收取，可免除服兵役，这种税收数量较小，缴纳者是一些规模较小的犹太社区；另一种名叫塔杰西札特阿斯卡尔雅（tajhizat askaryah）的税收，由土著男性公民缴纳，主要为了支持军队。

收益税（tamattu），主要向本土居民和奥斯曼居民收取，后者有商人、手工业者、工厂主和店主等。缴纳数量是商业店主纯收入的3%。[①] 由于贸易和商业以及其他商业活动主要集中在大中城市，这种税收在城乡地区影响较大。该税收也是1860年奥斯曼帝国进行税收改革新增的税种。奥斯曼中央政府力图让城乡民众承担更多的税款。收益税最初的税率是3%，1878年增加到4%，1886年增加到5%，同时第一次实行的薪金税，是名副其实的收入税。[②]

财产税主要对不动产征收，如建筑、房屋和土地。财产税征收财产总额的10%，约2万比索。当财产价值超过此数，再减税率为5%[③]。

间接税包括关税、国家垄断食盐和烟草税等其他税收。关税是财政收益最多的税种，主要向海上或陆地进出口的各种商品征收。1844年的关税规定，出口税为3%，进口税为9%。[④] 关税成为奥斯曼帝国中央政府总收入的一部分，直到1881年奥斯曼公共债务机构成立为止。

的黎波里塔尼亚和昔兰尼加的关税收入主要有两个管理机构，一个在的黎波里，另一个在班加西。此外，沿海的德尔纳、胡姆斯、米苏拉塔和兹利坦等四个城镇也有一些分支机构。

食盐和烟草为的黎波里政府提供了大量税收。实际上，国家垄断了食盐和烟草的生产和销售。帝国政府还进一步规范地方烟草的

---

① Anthony J.Cachia, *Libya under the Second Ottoman Occupation 1835–1911*, p.84.

② Shaw, “The Nineteenth Century Ottoman Tax Reform and Revenue System,” *International Journal of Middle Studies*, No.4, Oct, 1975, pp.421, 428.

③ Anthony J.Cachia, *Libya under the Second Ottoman Occupation 1835–1911*, p.83.

④ Abdallah Ali Ibrahim, *Evolution of Government and Society in Tripolitania and Cyrenaica(Libya), 1831–1911*, p.288.

种植，要求对总产量收入的10%进行纳税。19世纪80年代，班加西的食盐销售税增加了政府的财政收入，每年税收数量在50万—60万比索。同一地区的销售烟草，每年的积累收入就在5万—7万比索。米苏拉塔是烟草种植的重要地区，年生产量约1万公斤。1881年，奥斯曼帝国成立公共债务部门，烟草垄断的收入被私人公司承包。该公司享有优惠特权，可以处理与烟草工业有关的所有事务，包括购买、销售和运输本地种植的烟草。公司处于当地政府的严密监视之下。此外，还有一些补充税收，如契据交易税、婚姻合同税、遗产税、法院税、邮税、邮电税等。此外，进口的烟酒和饮料还征收10%的税款。[①]市政当局还收取一些出生登记费、钓鱼税、牲畜销售和屠宰税等。

帝国的财政支出包括四项：军费支出、行政和国内安全支出、市政建设支出、伊斯坦布尔中央财政的支出。军费包括军人的薪酬、武器装备、军用交通和建筑的维护等。军费是整个预算的重要组成部分。直到1880年，国家财政预算的25%—30%都投入了军队。地方财政预算的2/3也划归军费。1881年后，军队预算占国家财政的一半。用于行政和警察部门的费用包括总督中央办公室及其职员、内务部、法院、财政办公室、教育等部门的费用支出，主要支付高级官员、雇员和工人的薪金、工资、津贴和退休金。

市政建设预算主要用于公共服务，如为大城市提供卫生设备和水供应等。分留给伊斯坦布尔中央政府的费用主要来自关税、港口和检疫税、邮政和电信服务的净收益。1881年，帝国公共债务部成立后，关税收入、食盐和烟草垄断税都由公共债务部门管理。酒、邮政、肉鱼出售特许证、出生登记、婚姻合同等税收都用于偿还支付公共债务。此外，少量国家财政也用于教育、健康医疗和社会福

---

① DMT, summary of dues and fee on liquor and other items. 31 Tashreen I 1289 T.F.Y.(31 oct. 1864); G.B.F.O.DCR, Alvarez to the Marquis of Salisbury(Benghazi), June 16, 1898. In Abdallah Ali Ibrahim, *Evolution of Government and Society in Tripolitania and Cyrenaica(Libya), 1831–1911*, pp.288–290.

利等项目。在干旱之年，财政出现赤字司空见惯。很明显，预期的税收往往不能实现，财政收入经常捉襟见肘。结果，政府难以维持正常开销，雇员和军官薪水较低，经常领不到薪金。

19世纪奥斯曼帝国政府在的黎波里塔尼亚和昔兰尼加的财政和金融系统变得更为组织化、体系化，税收不仅用于地方行政和军队，还用于中央财政。但税收改革迟缓。20世纪初，奥斯曼帝国试图重组利比亚的税收体系，向不动产、牛、棕榈树、饮水井、金属、公证文件等收税。关税、港口税、邮费、电信费、烟草、盐税等都上交给伊斯坦布尔的中央政府。[①]军费开支浩大，国防预算大多由中央政府支付，但警察和宪兵等费用则由地方财政支出。

1901年，奥斯曼帝国发布皇家御令，要求在利比亚实行土地改革（land regulations）。帝国中央政府担心民众反对，因为这意味着税收的增加。果不其然，该法令遭到部落和游牧民的抵制，原因是利比亚在1908—1910年遭受了严重的干旱。[②]奥斯曼帝国只好动用军队强行收税，有时士兵也中饱私囊，贪污欺压平民，造成的黎波里中央政府与部落之间的矛盾日益尖锐。

① Rachel Simon, *Libya between Ottomanism and Nationalism, The Ottoman Involvement in Libya during the War with Italy(1911–1919)*, p.27.

② Ibid., p.28.

第四章　意大利殖民时期的利比亚

19世纪末20世纪初，利比亚是非洲大陆尚未被欧洲列强占领的最后几块领土之一，而意大利是欧洲国家中对利比亚实行殖民扩张的后来者。意大利对利比亚的殖民入侵既反映了意大利试图恢复昔日罗马帝国辉煌的妄想，更凸显了奥斯曼帝国在北非权威的江河日下。但对利比亚人来说，他们面对的意大利这个所谓的现代国家，却是一个被政治宽容所粉饰的专制独裁、刚愎自用的劫掠者。罗纳德·布鲁斯·圣约翰的评价十分恰当：意大利统治利比亚30年间，给后者留下了规模宏大的基础设施，包括畅通无阻的道路，风景如画的农庄以及其他公共设施，但没有培养出一批有知识、有技术，能够积极参与政治的现代人与公民社会。[①]意大利法西斯政权在利比亚实施了残酷无情的政策，并引发利比亚两股抗争力量的奋起：即以赛努西教团为主体的宗教民族主义力量和以部落为主体的世俗民族主义力量，二者为利比亚民族国家建构奠定了基础。

一、殖民前的北非局势

环地中海地区局势的变化

1900—1911年，由于欧洲国家军事和经济的渗透，利比亚政

---

① Ronald Bruce St John, *Libya: from Colony to Independence*, Oxford:Oneworld,2009, p.81.

治、经济与社会形势发生了重要变化。

自1900年以来，穿越利比亚的商旅贸易逐渐衰落，交易规模锐减。据资料显示，在1872—1881年间，利比亚商旅贸易占出口商品的46%。1902—1911年间，这一比例降到12%。[①] 利比亚商旅贸易衰落的原因：一是由于英法殖民力量的渗透；二是遭受西方工业革命的冲击，廉价的西方工业化商品像潮水般涌入了北非市场；三是博尔努地区的政治动荡。1895年，的黎波里贸易路线受到拉巴赫人（Rabah）入侵的影响，一直持续到1901年。1903年后，迈尔祖格地区的埃乌拉特苏莱曼（Awlat Sulayman）和塔瓦里奇（Tawariq）部落不断发生冲突，进一步加剧了政治动荡。的黎波里从商旅贸易中得到的收入剧减，出口量和规模缩小。

与此同时，意大利出口利比亚的商品数量增加。意大利控制了利比亚大部分的对外贸易活动，1900年，茶叶、蔗糖、烟草和大麦粉等欧洲商品都进入了利比亚市场。1862—1881年间，利比亚的商品出口多于进口，主要是商旅贸易的稳定增加，大麦、绵羊、兽皮等农牧产品的出口所导致的。但从1892年起，由于商旅贸易的逐渐缩减，进口超过了出口。农产品面临同样压力。1881—1889年、1897年和1907—1908年，利比亚的许多地方发生旱灾，牲畜数量和谷物产量大减。

利比亚的进口商品较以前出现较大变化。进口商品包括英国的棉花、镜子、玻璃、军火弹药、羊毛衣服、蔗糖、咖啡和茶。许多商品通过商旅贸易进入撒哈拉南部地区。从1897年起，进口商品包括烟草、茶、蔗糖、小麦粉等家庭用品。进口商品递年增加。1898—1900年，进口商品增加了100%。1901—1902年，增加了56%。1902—1903年，增加了48.5%。蔗糖进口规模更大，1899—1900年，增加了150%。[②]1900年后，进口面粉也在与本地面粉竞争，

① *U.S.Government, Daly Consular Report*, No.164, 1911–1912, p.228.

② Aghil M.al-Barbar, *Economics of Colonialism: The Italian Invasion of Libya and the Libyan Resistance 1911–1920*, p.107.

其结果是以牲畜为动力的本地面粉厂纷纷关闭。大多数面粉都从意大利进口，以前主要来自于帝国的小亚细亚，这标志着意大利对利比亚省经济生活的影响增强了。

19世纪80年代，意大利商船开始出现在的黎波里，但数量较少。20世纪初，在的黎波里的贸易对象中，意大利商船仅次于帝国的商船，位居第二，而在运送商品规模上则位居第一。到1903年，进入的黎波里港口的意大利船达176艘，船只数量位列第一。[①]

意大利控制了利比亚沿海港口与内地的交通要道，形成两条贸易线路：一是从热那亚到的黎波里，向东到兹利坦、米苏拉塔、班加西、德尔纳和亚历山大；二是从的黎波里出发，向西到扎维耶、祖瓦拉和突尼斯。从的黎波里装船到兹利坦和米苏拉塔的商品包括：蔗糖、茶等。对商人来说，这条贸易路线比商旅贸易速度快，价格低廉。由于利比亚经济不景气，当地的一些商人开始调整贸易结构，进入欧洲金融市场。这些商人属于少数族群，如犹太人、马耳他人、意大利人、意大利保护下的利比亚商人。到1900年初，意大利已经控制了利比亚省内贸易线路以及沿海地区的船只。甚至早在1897年，就有访问者预言，利比亚可能会被意大利占领。[②]

赛努西教团的崛起是影响利比亚社会变化的另一因素。19世纪中期，昔兰尼加兴起一股宗教复兴运动，即赛努西运动。[③]赛努西教团成立于1842年，创立者是来自阿尔及利亚的宗教学者赛义德·穆罕默德·本·阿里·赛努西·卡塔比·哈萨尼·伊德里斯（Sayyid Muhammad Bin Ali al-Sanusi al-Khattabi al-Hasani al-Idrisi，1787—1859，简称“大赛努西”）。他具有谢里夫家族的显赫背景，曾系统研修伊斯兰教教义和理论，深受摩洛哥社团的影响，对神秘主义颇感兴趣。1821年，他在菲斯的卡拉维因（Karawiyin）大学

---

① Aghil M.al-Barbar, *Economics of Colonialism: The Italian Invasion of Libya and the Libyan Resistance 1911–1920*, p.109.

② Ibid., p.111.

③ John Wright, *A History of Libya*, Revised and updated edition, p.92.

攻读8年。1829年，他返回阿尔及利亚，成为一个苦行僧。1830年，大赛努西前往开罗艾资哈尔大学学习。随后，他前往麦加，拜师西迪·艾哈迈德·伊德里斯·法斯（Sidi Ahmad b. Idris al-Fasi）。1837年，西迪·艾哈迈德去世，该派别分裂。大赛努西在麦加附近建立了第一个扎维亚。[①]1838年，大赛努西与当地乌里玛不和，离开麦加，回到昔兰尼加。1843年在昔兰尼加定居。移居昔兰尼加在赛努西教团历史上是一个转折点，这里是商路贸易交往的重要枢纽，便于传播赛努西教团的基本主张。

赛努西教团在绿山地区成立了非洲第一个扎维亚贝达（Zawiya al-Baida）。[②]1856年，他为了免受奥斯曼人和欧洲势力的干预，把扎维亚转移到班加西东南400公里的杰格布卜。扎维亚具有如下特点：一是该地区文化、社会、经济、政治和军事中心；二是扎维亚占据的土地都是当地主导部落授权的，生活资料由部落供给；三是扎维亚占据的土地、建筑房屋等都属于公共财产，其收入颇丰，主要来自跨撒哈拉贸易所收取的食宿和过路保护费。[③]

赛努西教团的基本主张是：信仰真主，追随先知和乌玛，主张古兰经和圣训是信仰者的基础；[④]将伊斯兰正统理论与苏菲主义相结合，强调通过苦修谋生。[⑤]大赛努西沿着贸易线路和清真寺修建客栈，这些地点不仅是旅行者的停居场所，还是宗教中心、学校以及社会和商业中心。1859年，大赛努西死于杰格布卜。此时，赛努西教团的影响范围已经遍及北非，以及撒哈拉沙漠与苏丹等地。[⑥]1859年，赛义德·穆罕默德·马赫迪·赛努西（Sayyid Muhammad al-Mahdi al-Sanusi）继位，领导赛努西教团达40年。其间，赛努西教团在非

---

① Rachel Simon, *Libya between Ottomanism and Nationalism, The Ottoman Involvement in Libya during the War with Italy(1911–1919)*, p.8.

② John Wright, *A History of Libya*, Revised and updated edition, pp.77–78.

③ Rachel Simon, *Libya between Ottomanism and Nationalism, The Ottoman Involvement in Libya during the War with Italy(1911–1919)*, p.15.

④ Ibid., p.11.

⑤ Ronald Bruce St John, *Libya: from Colony to Independence*, p.47.

⑥ John Wright, *A History of Libya*, Revised and updated edition, p.92.

洲地区建立了约146个扎维亚。[1]这些扎维亚不仅为旅行者提供住宿和安全保护，还调解部落间的商业、宗教纠纷与冲突，成为部落体系不可分割的组成部分。[2]赛努西教团治下的地区，社会秩序稳定，遏制了海盗的袭击与骚扰活动，推进了贸易交往。

赛努西教团最初并没有引起奥斯曼帝国关注。英国占领埃及后，素丹阿卜杜拉·哈米德二世意识到北非的战略意义，开始将其注意力转向新生的赛努西教团。19世纪，奥斯曼帝国和赛努西教团之间的关系较为紧张。赛努西领袖拒绝帝国的世界观和生活方式，认为奥斯曼人作为穆斯林背离了正道，但并不想与他们发生正面冲突。[3]1865—1886年间，帝国和赛努西教团先后有5次高层交流。[4]1895年，赛义德·穆罕默德·马赫迪·赛努西将扎维亚转移到班加西南部的库夫拉，其原因有二：一是帝国扩大在利比亚的影响，破坏了赛努西教团及其分支机构；二是帝国对赛努西教团强征税款。为了避税，赛努西教团于1899年转移到乍得境内的库鲁（Quru）。1902年，赛努西军队被法国指挥下的乍得军队打败，被迫放弃库鲁，又回到库夫拉。

1902年，马赫迪·赛努西去世，继承者是其外甥赛义德·艾哈迈德·谢里夫（Sayyid Ahmad al-Sharif）。艾哈迈德·谢里夫曾于1902—1912年间在撒哈拉地区从事反对法国的殖民扩张活动；1912—1918年间领导昔兰尼加的贝都因人反抗意大利殖民；1918—1933年间，他被流放多年，最终客死沙特阿拉伯。[5]赛努西教团的军事力量主要来自昔兰尼加和费赞以及的黎波里塔尼亚。在奥斯曼帝国与意大利的战争前夕，赛努西教团的来复枪数量在1.5万—10万

① Ronald Bruce St John, *Libya: from Colony to Independence*, p.48.

② John Wright, *A History of Libya*, Revised and updated edition, p.93.

③ Rachel Simon, *Libya between Ottomanism and Nationalism, The Ottoman Involvement in Libya during the War with Italy(1911–1919)*, p.17.

④ Ronald Bruce St John, *Libya: from Colony to Independence*, p.48.

⑤ Ibid., p.49.

之间。[1]

就在意大利入侵利比亚前夕，奥斯曼帝国内部也经历着巨大的政治与社会变迁。1878年，素丹阿卜杜拉·哈米德二世上台，颁布宪法，成立议会。但随后他又以与俄国进行巴尔干战争为由，取消宪法，解散议会。战争结束后，随着巴尔干地区和希腊基督徒民族主义运动的兴起，阿卜杜拉·哈米德二世鼓吹泛伊斯兰主义意识形态，让穆斯林压制基督徒，平息民族主义运动。[2]在对外政策上，阿卜杜拉·哈米德二世对支持民族主义运动的俄国、英国和法国不满，对德国友好。德国对奥斯曼帝国提供资金和技术，进行军事训练，供应武器装备。尽管素丹在军队、行政、经济、交通、金融和教育领域的改革取得了部分成效，但知识分子和政治精英要求宪政——议会政治的诉求没有得到满足。1908年，青年土耳其党发动军事政变，推翻素丹阿卜杜拉·哈米德二世，执掌政权。上台后的青年土耳其党在外交方面遭受重大挑战：奥地利吞并了波斯尼亚和黑塞哥维那，保加利亚宣布独立，希腊吞并克里特岛。

由于利比亚远离帝国本土，地处偏远，加之国民教育水平较低，部落林立，政治意识缺乏，因此青年土耳其党对利比亚的影响较弱。青年土耳其党上台后，帝国各地举行议会选举。在选举期间，利比亚出现了三个政党：即民族党（The National Party，Vataniya）[3]、统一党（The Unity Party，Muttahidun）[4]和进步党（The Progressive Party，Taraqqiyun）。[5]班加西也出现了一个阿拉伯政党和奥斯曼政党。1908年12月17日，奥斯曼帝国第一届议会在伊斯坦布尔召开，280名议会代表中有8人来自利比亚，分别来自的黎波里、胡姆斯、费赞和班加西等地。这些利比亚人担任帝国议会成员，并没有

---

① Rachel Simon, *Libya between Ottomanism and Nationalism, The Ottoman Involvement in Libya during the War with Italy(1911–1919)*, p.14.

② Ibid., p.2.

③ 领袖是奥马尔·米斯拉提（‘Umar al-Mislati），这也是本地区最大的政党。

④ 成员主要是具有保守思想的官员。

⑤ 领袖是阿里·哈亚特·艾芬迪（Ali Hayat Efendi），地方穆斯林法院主要职员。

使自己声名远播，他们在政治上没有经验，不过可以肯定的是，他们的所作所为在利比亚人中却营造了一种奥斯曼帝国团结与统一的氛围。①

青年土耳其党上台后，利比亚民众欢呼雀跃，他们被奥斯曼帝国自由平等的口号所吸引，希望新的统治者实行大赦。然而，民众并未享受到青年土耳其党的民主之风，却感到强权统治的压抑，利比亚境内的暴力冲突随之爆发。

意大利向利比亚的渗透

1870年，意大利实现了国家统一，对外扩张立即提上日程。一些殖民主义者声称，如果意大利想改善自己的形象，没有殖民扩张是不可能实现的。②对外扩张的理由是：意大利需要市场和原材料，寻求国际贸易平衡。意大利殖民可以成为解决移民问题的有效手段，也是意大利跻身欧洲强国的难得捷径。意大利为什么看中利比亚呢？

第一，19世纪末20世纪初，奥斯曼帝国衰落，对北非地区的统治鞭长莫及，北非成为意大利殖民的对象。③西方学者提摩西·蔡尔兹（Timothy W.Childs）指出，意大利殖民利比亚与奥斯曼帝国的悲剧与治理无序有关系。④如何殖民，向哪里殖民一直是困扰意大利的棘手难题。非洲成为他们的目标。意大利政治精英认为，非洲土地面积广大，有着无与伦比的拓殖潜力。正如罗纳德·布鲁斯·圣约翰所言，意大利没有其他欧洲国家那样的运气，错过了在非洲建立殖民地的最佳时机。⑤刚开始，意大利的兴趣是突尼斯，这里有意大利的移民社区，规模较大且十分富裕。1878年，英国和德国在柏

---

① Rachel Simon, *Libya between Ottomanism and Nationalism, The Ottoman Involvement in Libya during the War with Italy(1911–1919)*, pp.40–43.

② Aghil M.al-Barbar, *Economics of Colonialism: The Italian Invasion of Libya and the Libyan Resistance 1911–1920*, p.112.

③ John Wright, *A History of Libya*, Revised and updated edition, p.104.

④ Timothy W.Childs, *Italo-Turkish Diplomacy and the War over Libya, 1911–1912*, New York: E.J.Brill, 1990, p.1.

⑤ Ronald Bruce St John, *Libya: from Colony to Independence*, p.57.

林会议上鼓励意大利接管突尼斯。英国的目标是阻止法国占领该地区，德国的目标是在意大利和法国之间制造矛盾，迫使意大利与德国结成盟友。[①] 意大利对此犹豫不决。1881年，法国接管突尼斯，意大利只好向其他地区寻求殖民。在意大利统治者看来，如果不占领利比亚，就会被其他国家捷足先登。[②]

第二，意大利殖民利比亚的野心早已有之。早在1838年，意大利统一运动的思想家朱塞佩·马志尼（Giuseppe Mazzini）就说："北非必须属于意大利。"[③]1843年，切萨雷·巴尔博（Cesare Balbo）在一封信中也指出：独立后的意大利应该对外扩张，的黎波里就是目标之一。[④]一些早期殖民主义者，如旅行家、传教士、商人和知识分子从利比亚回到意大利后，纷纷成立社团，著书立说，发行报纸。德国旅行家格哈德·罗尔夫斯（Gerhard Rohlfs）在1864年和1879年两次访问的黎波里，认为的黎波里的价值是突尼斯的10倍。[⑤]1883年3月，意大利议会代表布鲁尼亚尔蒂（Bruniati）宣布，意大利永远不会同意另一大国占领的黎波里，如果有大国要占领那里的话，那一定是意大利。[⑥]意大利入侵利比亚期间任外交部长的圣·朱利亚诺（San Giuliano）也说："三国同盟的价值就在于保护意大利在地中海的利益。"[⑦]1885年1月25日，意大利外交部长曼奇尼（Mancini）在议会宣布，意大利必须在红海寻找一个通往地中海的据点。[⑧] 1882年，意大利政府占领了埃塞俄比亚的鲁巴提诺

---

① F.Crisp, *Memoirs*, Vol.2, translated by Princhard-Agnetti, London: Hodder and Stroughton, 1923, p.107; William L.Langer, *European Alliances and Alignments 1871–1890*, New York: Alfred A. Knopf, 1931, pp.55, 99.

② Timothy W.Childs, *Italo-Turkish Diplomacy and the War over Libya, 1911–1912*, p.9.

③ John Wright, *A History of Libya*, Revised and updated edition, p.103.

④ Aghil M.al-Barbar, *Economics of Colonialism: The Italian Invasion of Libya and the Libyan Resistance 1911–1920*, p.111.

⑤ John Wright, *A History of Libya*, Revised and updated edition, p.105.

⑥ Aghil M.al-Barbar, *Economics of Colonialism: The Italian Invasion of Libya and the Libyan Resistance 1911–1920*, p.112.

⑦ William C. Askew, *Europe and Italy's Acquisition of Libya, 1911–1912*, p.14.

⑧ Ibid., p.42.

（Rubattino）。1885年，占领了萨瓦（Sawa）和萨蒂（Saati）。1889年，意大利在埃塞俄比亚的地位得以巩固。1906年，意大利成立殖民机构，殖民目标是征服利比亚。

第三，民族主义者是意大利殖民扩张的最大推动力量，他们认为海外扩张是解决国内棘手问题的最好出路。[①]许多意大利民族主义者认为，利比亚是自己的"应许之地"。他们通过创办报纸杂志，著书撰文宣传殖民扩张的潜在意义。恩里科·科拉迪尼（Enrico Corradini）被称为殖民扩张运动之父。他在1911年，也就是意大利入侵利比亚几个月之前访问利比亚，并发表文章，阐述该地区自然资源丰富，暗示利比亚需要意大利的劳动力和先进技术，未来利比亚将成为一个繁荣富庶的移民殖民地。[②]诗人加布里艾莱·安农奇奥（Gabriele d'Annunzio）也在其文学作品中表达了这种情感，他鼓励意大利人获取殖民地，承担起"白人的负担"。[③]上述两人都鼓励征服殖民地，并认为战争是获取殖民地的唯一方式。他们强调意大利应该放弃其不作为的姿态和立场，消除意大利在阿多瓦被打败的历史记忆，呼吁民族主义者应该参加竞选，建立政府，征服的黎波里。

第四，意大利政府将对外扩张看做是转移国内矛盾、化解过剩劳动力的有效手段。刚刚统一的意大利，国内城邦间相互猜忌，地区冲突不断。因此，通过对外战争可以转移国内矛盾，团结民众力量，增加对祖国的自豪感。海外扩张也可以检验意大利军队的作战技能与武器效果。意大利男子军事训练比例较低。1913年，意大利仅有25%的男子接受军事训练。而同期德国是74%，法国是87%。[④]

对利比亚的殖民可以为意大利乡村地区多余的劳动力提供一个理想的场所。1910年，意大利向美国移民超过了65万人。1913年，意大利向欧洲、南美或美国移民超过86万。[⑤]然而，移民到美洲长

---

① Ronald Bruce St John, *Libya: from Colony to Independence*, p.58.

② Ibid., p.59.

③ W.K.McClure, *Italy in North Africa*, London: Constable, 1913, p.7.

④ Ronald Bruce St John, *Libya: from Colony to Independence*, p.58.

⑤ Ibid., p.59.

途跋涉、费用昂贵，许多到这些国家的移民生活的并不幸福。而利比亚人口稀疏，气候舒适，有着令人羡慕的沿海地貌。意大利政府希望通过本国农民移民到利比亚，缓解国内土地改革的压力。

第五，部分利比亚本土力量的支持。并不是所有利比亚人都反对意大利殖民入侵，不同阶层、派别因地区之间、地区内部不同而有所差异。在1911年意大利入侵利比亚之前，的黎波里塔尼亚的部分力量已经与意大利展开合作。这些人有：以的黎波里市长哈苏纳·卡拉曼利为代表的政治人物，与罗马银行合作的蒙塔塞尔家族，犹太商人哈尔法斯家族（Halfuns）。三者与意大利合作的动机不同：哈苏纳·卡拉曼利主要出于政治上的野心；蒙塔塞尔家族则是为了保持家族的财富及其在该地区的影响；犹太商人则是因为与意大利有利益捆绑关系。此外，昔兰尼加部分城市精英也愿意与意大利合作。[①]

第六，罗马银行的和平渗透。1884年，为了在利比亚建立据点，意大利发起了所谓的和平渗透计划。用雷切尔·西蒙（Rachel Simon）的话说就是，通过经济和文化活动等和平方式向利比亚渗透，占领利比亚。[②]具体目标如下：（1）提高意大利在利比亚省的贸易份额；（2）帮助利比亚的意大利社区，发挥更具影响力的作用；（3）购买土地和其他财产，为未来定居奠定基础。

历史上，意大利和利比亚地区一直保持商业联系。20世纪初，意大利对利比亚的出口量低于英国、法国、德国、美国和奥地利。意大利—的黎波里的贸易主要由意大利的移民、的黎波里商人以及的黎波里和班加西的犹太人、希腊和马耳他人操控的。1880年的一份关税表显示，参与意大利——的黎波里进出口贸易的15名商人中，仅有4人是意大利籍。[③]到1911年，该地区的贸易已经被

① Ronald Bruce St John, *Libya: from Colony to Independence*, p.57.

② Rachel Simon, *Libya between Ottomanism and Nationalism, The Ottoman Involvement in Libya during the War with Italy(1911–1919)*, p.49.

③ Aghil M.al-Barbar, *Economics of Colonialism: The Italian Invasion of Libya and the Libyan Resistance 1911–1920*, p.116.

意大利商业公司所控制，意大利人成为这里居民和个人的保护者。这一目标的实现主要由罗马银行（Banco di Roma）完成的。

罗马银行成立于1880年，资金主要来自梵蒂冈。20世纪初，罗马银行成为在利比亚购买土地、贸易投资，为意大利雇佣劳动力的重要媒介。1900年后，在埃内斯托·帕雷利（Ernesto Parelli）领导下开始拓展海外业务。罗马银行名义上私人拥有和管理。实际上，与政府联系密切。从1903—1909年，罗马银行的副行长一直是意大利外交部长托马索·蒂托尼（Tomasso Tittoni）的兄弟。[①]罗马银行购买的土地以及在利比亚投资的资金或者来自政府，或者来自梵蒂冈。罗马银行的轮船公司由政府资助。意大利政府授权罗马银行的班加西和的黎波里分行有权从事邮政汇票业务，与当地意大利邮局相竞争。

1907年3月28日，按照指导委员会的决定，罗马银行首先在的黎波里开业。布雷夏尼（Bresciani）昔日在索马里有行政和金融管理经验，受委托在的黎波里开设分支。后来在班加西、米苏拉塔、胡姆斯、德尔纳和兹利坦开设分支机构。到1911年，罗马银行在该地区的投资约2.45亿里拉（lire）或约500万美元。[②]这些投资包括的黎波里城的细茎针草磨坊和班加西的面粉加工厂，花费200万里拉，每天仅研磨5—6包小麦。的黎波里有肥皂厂、棕榈榨油机、机械工厂、采石场、鸵鸟羽毛加工厂、海绵加工厂、制冰厂、电站与印刷厂。

罗马银行另一个主要投资是购买土地。1907年末，罗马银行在利比亚第一次购买土地。它们一般以成本价三倍的价格购买土地，成交率极高。罗马银行进入利比亚的时候，恰逢利比亚自1897年陷入严重干旱。英国驻班加西领事写给本国政府的信件中描述了利比亚干旱气候的情景："这一年（1907—1908），大麦的产量为

---

① Eugene Staley, *War and Private Invest*, New York: Doubleday, Doran & Company, Inc., 1935, p.66.

② Ibid., p.62.

零”。[1]利比亚的经济情形也十分不佳。罗马银行聪明地利用了干旱年景的时机。到1908年10月末，部分利比亚男子被迫将妻子的珠宝和房子抵押给罗马银行贷款度日。罗马银行在利比亚开工厂与作坊，控制意大利与利比亚之间的海上交通，对利比亚的相关事实进行夸张式宣传。[2]同年，班加西地区的大量土地被罗马银行购买。因为奥斯曼帝国的法律禁止外国公司拥有土地，这迫使罗马银行将许多购买的土地登记在个人名下，估计有40万—50万公顷。[3]罗马银行的成功主要归因于两个因素。一是罗马银行比本地借贷者利息要低，后者的利息约在20%—60%之间。1908年，本地高利贷者一般收取60%的利息，而罗马银行仅要9%。[4]第二，罗马银行依赖地方权威人物经营相关业务。第一批雇员是奥马尔·蒙塔塞尔（Umar al-Muntasir）、艾哈迈德·蒙塔塞尔（Ahmad al-Muntasir）（二者都出生于米苏拉塔城）、穆斯塔法·本·卡达拉（Mustafa bin Qadara）（兹利坦）和艾哈迈德·阿兹米利（Ahmad al-Azmiri）（的黎波里），这些人在当地颇有威望。

意大利与奥斯曼帝国政府的冲突

由于罗马银行的扩张主义政策，意大利和奥斯曼政府之间的冲突不可避免。意大利声称，事实证明，和平渗透的方式是不成功的，原因是奥斯曼帝国政府歧视意大利的公司。[5] 1904年，意大利驻的黎波里总领事梅达纳（Medana）向本国政府汇报称，由于奥斯曼帝国驻利比亚总督的政策，经济渗透是不可能的，吞并或占领成为确保意大利利益的唯一方式。利比亚总督坚持认为，他们从来没有歧

① Aghil M.al-Barbar, *Economics of Colonialism: The Italian Invasion of Libya and the Libyan Resistance 1911–1920*, p.117.

② Ronald Bruce St John, *Libya: from Colony to Independence*, p.59.

③ Aghil M.al-Barbar, *Economics of Colonialism: The Italian Invasion of Libya and the Libyan Resistance 1911–1920*, p.117.

④ Ibid., p.117.

⑤ Ibid., p.117.

视意大利公司，反而乐意让意大利在利比亚经济贸易中分一杯羹。现在的问题是，意大利要完全控制利比亚。[①]到1908年，两国关系日益紧张。二者发生冲突涉及的直接问题是：利比亚一些外国人的保护权问题；意大利人是否享有商业特惠权；罗马银行的土地购买和借贷政策。

保护权问题在19世纪70年代就出现了。著名旅行家爱德华·雷（Edward Rae）曾访问利比亚沿海地区，他认为，美国驻的黎波里领事采取措施保护本地公民。包括意大利在内的其他外国领事纷纷效仿。寻求外国人保护权的国家日益增多。从19世纪80年代起，意大利政府当局就在利比亚人中寻求盟友。意大利总理克里斯皮（Crispi）在其回忆录中写道：意大利政府一直在利比亚寻求政治盟友和代理人，这些人有：穆斯塔法·本·卡达拉·艾哈迈德·蒙塔塞尔（Mustafa bin Qadara Ahmad al-Muntasir）和哈苏纳·卡拉曼利（Hassuna Qaramanli）。

奥斯曼政府推行的政策也鼓励了当地民众寻求外国保护。1901年11月，帝国颁布法令，废除旧的税收制度，推行新的税收制度。具体措施包括：第一，结束对库罗格鲁阶层的免税政策；第二，废除乌里玛以及城乡地区谢赫的免税特权，这些人都是不支付工资的行政人员；第三，向本国所有居民征收3%的收入税，外国人免交税收。[②]新税法遭到库罗格鲁、乌里玛、谢赫等享受免税特权利益集团的强烈抵制，他们反对执行新法，理由是违背历史传统。商人和富有的手工业者也反对征收收入税。因此，许多商人和库罗格鲁寻求外国保护，逃避税收。从1901年开始，意大利也向利比亚人提供外国保护，这样就削弱了奥斯曼中央政府的行政能力，意大利更容易向利比亚渗透。

1902年，意大利雄心勃勃，想在利比亚一显身手。第一个想法

① William C. Askew, *Europe and Italian Acquisition of Libya, 1911–1912*, p.28.

② Aghil M.al-Barbar, *Economics of Colonialism: The Italian Invasion of Libya and the Libyan Resistance 1911–1920*, p.118

就是在利比亚修建基础设施，包括改进的黎波里港口设施，在的黎波里—祖瓦拉和的黎波里—阿齐齐耶（Azizia）之间修建铁路。拉杰卜（Rajib）帕夏拒绝了意大利的要求，理由是这些项目正在商讨之中。意大利驻利比亚领事立即向本国政府汇报，指出拉杰卜帕夏对意大利充满敌意。意大利的公司想得到修建铁路和港口的机会，就必须推翻奥斯曼帝国的统治。①

意大利政府想让奥斯曼帝国允许罗马银行不受限制地购买利比亚的土地。奥斯曼驻利比亚总督一口回绝，理由是外国公司购买利比亚的土地是不合法的。意大利认为，奥斯曼帝国的法律是专门针对罗马银行制定的，实际上该政策先于罗马银行而存在。罗马银行采取向意大利人贷款的特殊政策，为利比亚的犹太人和的黎波里人提供保护。这些人向罗马银行贷款购买土地，然后声称没能力偿还，土地自动归罗马银行所有。②

总督立即采取措施，将土地者购买全部处死。但在意大利的保护下，总督无权处死犹太人和意大利人。只好以外国人在利比亚拥有土地是不合法的为理由，拒绝登记罗马银行购买的土地。意大利领事与拉杰卜帕夏之间的冲突随即展开。

1908年2月，利比亚总督向帝国素丹汇报情况。他梳理了利比亚的总体局势，叙述了罗马银行的行为，预测了意大利军事入侵的可能性。他认为，罗马银行购买土地是为将来意大利移民做准备，并再次声称，外国公司不能在利比亚购买或拥有土地。③ 但就在此时，青年土耳其革命爆发了。

关于罗马银行高利贷的问题，拉杰卜帕夏指出，罗马银行只给那些容易控制的商人贷款。长此下去，其他商人都会被赶出市场。事实上，许多小商人的店铺被意大利移民、犹太人和小部分利比亚

① Aghil M.al-Barbar, *Economics of Colonialism: The Italian Invasion of Libya and the Libyan Resistance 1911–1920*, p.119/57

② Ibid., p.119.

③ Ibid., p.120.

商人兼并。其结果是，小商人抵制上述市场，他们走上街头，示威游行，指责奥斯曼帝国总督软弱无能，损害了利比亚人的商业利益。220名利比亚人签署声明，呈交给拉杰卜帕夏，并提出如下建议：对利比亚人进行军事训练；打击那些寻求外国保护的不法之徒，并警告商业渗透是占领利比亚的第一步。[①]

利比亚民众愤怒、痛苦、失望，一些示威游行人员袭击意大利公司。1908年5月，罗马银行在德尔纳的分支机构的1名雇员被杀。意大利立即作出反应：派瓦雷泽（Varese）战舰进入利比亚水域。6月初，一些意大利政府官员叫嚣立即采取军事行动。意大利的打击目标是奥斯曼驻利比亚总督拉杰卜帕夏。青年土耳其党上台后，他被召回到伊斯坦布尔，危机临时缓减。

青年土耳其党同意大利的交涉

青年土耳其党渴望恢复奥斯曼帝国的昔日辉煌，主张打击意大利入侵。这给利比亚当地人带来一些希望，因而威望大增。[②]利比亚当地两家报纸都揭露意大利染指利比亚的勃勃野心。他们呼吁青年土耳其党采取强硬措施反对意大利占领该地区。青年土耳其党委托易卜拉欣（Ibrahim）帕夏前往利比亚执行这一重要任务。

易卜拉欣派人调查罗马银行的所作所为，结果证实罗马银行违反了奥斯曼帝国法律，随即禁止外国公司到利比亚购买和租借土地，反对意大利人贷款购买土地。他们发现，出售的土地都为罗马银行控制，而后者的钱大都来自意大利政府或梵蒂冈。[③]

易卜拉欣的调查结果让意大利政府很尴尬，拒绝承认意大利政府与罗马银行的共谋关系。意大利政府通过奥地利政府，向奥斯曼

① Aghil M.al-Barbar, *Economics of Colonialism: The Italian Invasion of Libya and the Libyan Resistance 1911–1920*, p.121.

② Ronald Bruce St John, *Libya: from Colony to Independence*, p.61.

③ Aghil M.al-Barbar, *Economics of Colonialism: The Italian Invasion of Libya and the Libyan Resistance 1911–1920*, pp.67–68.

帝国转达了保持其领土完整的想法。[1]奥斯曼帝国对调查结果十分重视，组建特别委员会前往利比亚彻底调查，要求提出具体意见。1909年11月，特别委员会要求意大利停止在利比亚购买土地，以后购买必须经过帝国内务部的首肯。委员会剥夺了意大利在利比亚投标中优先中标的特权，鼓励美国、欧洲公司参与竞争，打破意大利的垄断局面。奥斯曼政府宣布，奥斯曼帝国内的土地属于国有土地，不能出售。[2]

这一决定彻底惹恼了意大利政府和商业集团。满怀殖民意识形态的意大利民族主义者指责意大利政府没有能力捍卫意大利的利益。他们不断地要求发动战争。帝国最高波尔特呼吁欧洲国家参与项目竞标更加惹恼了意大利政府。的黎波里的任何风吹草动都会在意大利造成轩然大波。如果一个德国人出现在利比亚，意大利政府就误认为德国要入侵。如果奥地利或美国考古学家到达那里，一些意大利人就认为这两国在玩什么阴谋。[3]

由于利比亚问题，意大利和奥斯曼帝国关系迅速恶化。很明显，意大利并不会放弃吞并利比亚省的野心。奥斯曼帝国政府意识到意大利正通过外交措施，吸引其他国家的支持。阿加迪尔危机（Agadir Crisis）正好提供了一个绝好的机会。

1911年7月1日，德国派一艘战舰前往阿加迪尔。在意大利看来，如果自己不迅速出动，其他国家就会占领利比亚。焦利蒂在其回忆录中写道："如果我们不去利比亚，其他国家就会因为政治或经济原因而占领利比亚。"[4]焦利蒂利用奥地利和德国扩张，作为占领利比亚的口实。但在1911年，德国等国并没有占领利比亚的迹象。

阿加迪尔危机后，意大利国内的新闻界宣传占领利比亚的氛围。只有社会主义者反对意大利的军事冒险，并以发动游行示威相

① Aghil M.al-Barbar, *Economics of Colonialism: The Italian Invasion of Libya and the Libyan Resistance 1911–1920*, p.122.

② Ibid., p.122.

③ Ibid., p.123.

④ Ibid., p.123.

威胁。[①]奥斯曼政府抗议意大利的扩张行为，反对意大利外交部长圣·朱利亚诺的战争宣传和动员。圣·朱利亚诺回答说，意大利政府难以控制新闻界，并说："如果我们不能从经济上征服的黎波里，那么将迫使我们去占领它……意大利感觉到很年轻、很强壮。"[②]还有人叫嚣："的黎波里必须是我们的，否则我们会窒息。"[③]

1911年8月，意大利政府开始为占领利比亚而积极准备。圣·朱利亚诺要求军队总参谋部的波利奥（Pollio）评估占领利比亚所需要的军队，后者回答需要2万人，前者认为在关键时候，这个数目有些保守。圣·朱利亚诺随后向法国和俄罗斯探求口风。法国总理德尔卡斯（Delcasse）向意大利驻法大使蒂托尼保证，法国同情意大利。俄国外交部长涅拉托夫（Neratov）也向意大利驻俄大使梅莱加里（Melegari）声明，俄罗斯会遵循相同的政策，前提是巴尔干局势不会发生任何变化。[④]意大利随后也做出保证，将会永远遵循与俄国的协议。

1911年9月，奥斯曼帝国驻的黎波里总督易卜拉欣帕夏前往伊斯坦布尔，汇报意大利的战争准备。[⑤]奥斯曼帝国政府担心与意大利关系恶化，试图缓解紧张的局势，要求意大利政府停止相关的媒体宣传。最高波尔特向德国、英国、奥地利和俄国寻求援助，但都无功而返。9月20日，意大利集结战舰，指责生活在利比亚的意大利人遭受迫害。

9月26日，意大利政府向奥斯曼最高波尔特发出四点最后通牒：一是指责奥斯曼帝国损害意大利在利比亚的各种利益；二是意大利人在这里存在危险，这源于利比亚当局挑拨的后果；三是

---

① Rachel Simon, *Libya between Ottomanism and Nationalism, The Ottoman Involvement in Libya during the War with Italy(1911–1919)*, p.52.

② Ibid., p.51.

③ Aghil M.al-Barbar, *Economics of Colonialism: The Italian Invasion of Libya and the Libyan Resistance 1911–1920*, p.124.

④ Ibid., p.124.

⑤ John Wright, *A History of Libya*, Revised and updated edition, p.109.

从历史经验来看，意大利与奥斯曼帝国签署协议是徒劳的；[①]四是意大利决定占领利比亚，奥斯曼军队在24小时内撤退。[②]

奥斯曼帝国随后给出答复，只要不影响领土完整，任何条件都可以答应，意大利拒绝了奥斯曼帝国的答复。[③]1911年9月29日，意大利向奥斯曼帝国宣战。

二、意大利占领利比亚的进程

占领利比亚

1911年9月—1912年10月，意大利入侵利比亚。意大利兴师动众的目的是速战速胜。由于过于自负，意大利很明显缺乏一般意义上的战争准备，战争事实上迅速陷入一种军事僵局。到1912年，意大利入侵军队渐渐陷入困境，标志着双方持久冲突的开始。[④]为达到此目的，意大利调派三路大军同时进攻。意大利远征军包括两个师，第八、十一阻击团，一个工程旅，一个机关枪分遣队，一个电讯连，以及一些无线电工作人员。他们都只接受远征军指挥官卡内瓦·迪·萨拉齐欧（Caneva di Salacco）中将的领导。

利比亚的防御力量包括第42奥斯曼师，约1.2万人，分为四个步兵团。但在战争之初，训练有素的军队仅有5000人的步兵团、2500名新兵，其余的都于1905年和1910年被派往也门镇压叛乱。尽管奥斯曼帝国进行了军事领域的现代化改革，但利比亚除外。防御责任都交给了耶尼舍里军团。19世纪70年代后，军团的主要任务就是收税，特别是谷物税，丧失了抵御外来威胁的能力。1881年的

---

① Aghil M.al-Barbar, *Economics of Colonialism: The Italian Invasion of Libya and the Libyan Resistance 1911–1920*, p.124.

② Ronald Bruce St John, *Libya: from Colony to Independence*, p.60.

③ Rachel Simon, *Libya between Ottomanism and Nationalism, The Ottoman Involvement in Libya during the War with Italy(1911–1919)*, p.61.

④ Ronald Bruce St John, *Libya: from Colony to Independence*, p.61.

突尼斯和1882年的埃及都对利比亚垂涎三尺，奥斯曼帝国素丹才意识到这里需要强大的军事防御。

1899—1901年，波尔特在利比亚进行军事改革，具体措施包括：废除耶尼舍里制度，颁布军队招募法，这在利比亚引起了较大反响。库罗格鲁因为被剥夺了特权而反对该法，而许多部落首领和城乡精英都欢迎此法。到1909年，参军者寥寥无几。随着意大利入侵迹象的日益明显，人们更不愿意参军。

1911年9月28日，意大利驻伊斯坦布尔领事将最后通牒呈送给奥斯曼政府，要求奥斯曼军队从利比亚撤离，并由意大利接管。奥斯曼帝国拒绝了意大利提出的要求。9月29日，意大利向奥斯曼帝国宣战，阻断了从埃及到突尼斯的通道。中立国不受封锁。几天后，比利时、英国、日本、葡萄牙、俄国、塞尔维亚、西班牙先后宣称为中立国。

青年土耳其党将捍卫奥斯曼帝国省份看作是一种道德义务和政治责任，并通过埃及、突尼斯向利比亚境内的抵抗力量输送金钱、武器，提供援助。[①]1911年末，奥斯曼军官中被称为“特殊机构”的秘密组织从伊斯坦布尔来到利比亚。这是一个泛伊斯兰的秘密情报机构，目的是挫败欧洲的入侵与地方的独立运动，成员包括穆斯塔法·凯末尔。[②] 青年土耳其党军官主导抵抗意大利的军事行动，主张捍卫帝国领土，支持那些忠诚于泛伊斯兰主义与奥斯曼主义的利比亚人。奥斯曼帝国在利比亚的抵抗运动得到多数利比亚人的支持。

的黎波里的奥斯曼军队已经意识到事态的严重。经过长时间的讨论，纳沙特（Nash'at）帕夏及其助手决定将奥斯曼军队撤出城外，原因是感觉到自己装备有限，很难抵抗意大利人的入侵。9月30日，意大利命令的黎波里守军投降。奥斯曼代理总督纳沙特帕夏没有答复。10月3日，意大利军队炮轰的黎波里。三天后，

---

① Rachel Simon, *Libya between Ottomanism and Nationalism, The Ottoman Involvement in Libya during the War with Italy(1911–1919)*, p.111.

② Ronald Bruce St John, *Libya: from Colony to Independence*, p.62.

的黎波里城破。意大利占领的黎波里，并开始组建政府。

1911年9月26日和10月2日，奥斯曼帝国正规军从的黎波里撤军。哈苏纳·卡拉曼利说服居民放下武器，向意大利占领军投降。1911年11月1日，意大利国王维克托·伊曼纽尔（Victor Emmanuel）颁布御令，宣布的黎波里塔尼亚和昔兰尼加处于意大利的统治之下。[①]意大利军队在的黎波里城周围开挖壕沟。然而，部落首领，如杰贝勒地区的苏莱曼·巴鲁尼（Sulayman al-Baruni）、塔尔胡纳的哈迪·蒙塔塞尔（al-Hadi al-Muntasir）和艾哈迈德·穆拉伊德（Ahmad al-Murayid）、塔朱拉的阿里·坦图斯（Ali Tantush）一直在抵抗意大利入侵，并在开始阶段取得了一些成功，打破了意大利速胜速决的战略。意大利在占领利比亚过程中也付出了高昂代价。仅在1911年的前三个月，就花费了1亿美元。[②]意大利通过三大措施迫使奥斯曼帝国退出利比亚，即轰炸达达尼尔海峡，占领奥斯曼帝国在爱琴海的重要岛屿，镇压也门叛乱。

1912年8月5日，意大利占领祖瓦拉，以及除苏尔特以外的所有沿海城市。9月29日，意大利人已成功占的黎波里、塔朱拉、西部的西迪比塔尔（Sidi Bital）、南部的艾因扎拉（Ain Zara）；祖鲁克（Zuruk）海角、祖瓦拉、班加西、德尔纳和托布鲁克。[③]意大利占领的黎波里的大片地区，陆地延伸24英里的沿海地区，深入内地8英里。占领其他港口的面积较小，仅有5平方英里左右。这种情况一直持续到1912年10月8日路易斯安那条约的签署。10月末，意大利在利比亚已驻军15万人。

路易斯安那条约

意大利占领达达尼尔海峡在伊斯坦布尔引起震动，奥斯曼帝国

① John Wright, *A History of Libya*, Revised and updated edition, p.103.

② Aghil M.al-Barbar, *Economics of Colonialism: The Italian Invasion of Libya and the Libyan Resistance 1911–1920*, p.159.

③ John Wright, *A History of Libya*, Revised and updated edition, p.112.

素丹担心意大利占领爱琴海岛屿可能在巴尔干地区产生联动效应。英、法、奥地利等国政府担心奥斯曼帝国国内的穆斯林骚乱，因此从1912年春天起开始为结束战争而斡旋。奥地利率先行动，向最高波尔特提出奥地利方案。具体措施如下：奥斯曼帝国割让拜尔盖给埃及，割让的黎波里给突尼斯，后者再将这些地区割让给意大利，理由是维护素丹的精神权威。不久，该建议被拒绝。波尔特主张：奥斯曼帝国宣布利比亚独立，处于阿拉伯贝伊的领导之下；意大利和奥斯曼军队同时撤退；最后，意大利与当地政府签署协议，其关系类似于法国和突尼斯。意大利拒绝了该建议。随后，其他国家和政治人物也提出不同的观点。有的建议将利比亚的主权交给意大利，条件是意大利放弃拜尔盖。意大利拒绝，认为这一方案模棱两可，不切实际。[①]

意大利轰炸达达尼尔海峡使奥斯曼帝国付出巨大代价。1912年夏，奥斯曼帝国财政紧张，向法国银行贷款，但法国政府由于担心得罪意大利便从中作梗。帝国政府无计可施，只好增加税收。1912年6月，奥斯曼素丹通过法律，要求增加税收以满足战争费用。税收项目包括向不动产征税，酒税增加一倍等。[②]与此同时，巴尔干局势日益恶化。1912年春，在意大利的鼓动下，许多巴尔干国家反对奥斯曼帝国。匈牙利和塞尔维亚签署秘密协定，希腊加入后形成巴尔干联盟。

为了有效解决奥斯曼帝国和意大利的冲突，双方决定在瑞士的路易斯安那召开会议。1912年7月2日，最高波尔特任命阿拉伯人赛义德·哈利姆（Sa'id Halim）帕夏为协商委员会首领。11日，双方举行第一次会议，帝国政府坚决要求利比亚自治，意大利反对。意大利还通过支援也门伊德里斯发动叛乱，为奥斯曼帝国增添麻烦，

① Aghil M.al-Barbar, *Economics of Colonialism: The Italian Invasion of Libya and the Libyan Resistance 1911–1920*, p.162.

② Ibid., p.163.

并声称他们占领爱琴海各岛屿与利比亚直接相关。[①]

7月末，奥斯曼帝国政府成立新一届内阁。内阁首领是意大利的老朋友赫尔穆·帕沙恩（Hilmu Pashan）。1912年8月，奥斯曼帝国外交大臣诺瓦（Nova）任命亲意大利分子为内阁成员。意大利中止了在爱琴海的军事行动，而加强了在拜尔盖和利比亚的军事行动。奥斯曼帝国大维齐提出两点：一是意大利接管的黎波里，将拜尔盖留给奥斯曼帝国政府；二是意大利管理目前占领的地区，其余地区留给当地民众自治，奥斯曼帝国素丹拥有名义上的主权。1912年8月12日，就在奥斯曼帝国代表到达路易斯安那之时，意大利发动了进攻。

奥斯曼帝国代表根据授权提出五点建议。第一和第二点建议，要求意大利放弃利比亚部分地区，意大利代表拒绝，理由是“违反了主权法”。第三点建议是在利比亚建立一个与法国殖民下的突尼斯类似的政权。意大利以同样理由拒绝。第四点建议是给意大利两个无人居住的海港，具体位置以后再定。第五点建议是割让的黎波里给意大利，拜尔盖自治。作为补偿，意大利将马萨瓦（Massaua）和厄立特里亚割让给奥斯曼帝国。他们还建议美国介入调解。上述建议均遭意大利拒绝。

奥斯曼帝国的处境较为艰难，利比亚的军队官员在抵抗运动取得胜利的鼓励下，吸引了大量民众，要求继续抵抗。伊斯坦布尔的阿拉伯委员会也声称，如果奥斯曼帝国割让利比亚，说明素丹的失败和无能。巴尔干战争也一触即发。[②]

对意大利政府来说，局势并不妙。尽管占领了的黎波里、班加西、德尔纳、胡姆斯和托卜鲁克，但意大利的军事行动停滞不前。意大利民众并不买账。据资料显示，在战争的前三个月，军费就达

---

① Aghil M.al-Barbar, *Economics of Colonialism: The Italian Invasion of Libya and the Libyan Resistance 1911–1920*, p.164.

② Ibid., p.166.

到1000万美元。[①] 意大利速胜速决的构想泡汤了。奥斯曼帝国并不屈服，利比亚本土的赛努西教团直接加入抵抗运动的洪流。

但是，最高波尔特批准了路易斯安那条约，具体包括如下内容：第一，奥斯曼帝国素丹颁布敕令，允许的黎波里塔尼亚和昔兰尼加完全自治；[②]第二，意大利在“主权法”的基础上对所有抵抗的阿拉伯人进行大赦，承认素丹代表在宗教事务上可以自由行事；第三，奥斯曼帝国和意大利政府实现和平；第四，赦免意大利盟友伊德里斯家族，授予他与也门叶海亚家族（Yahya）同等地位。奥斯曼政府要求意大利应该支付奥斯曼帝国的债务，数量与向利比亚收取的税收相同。

路易斯安那条约细节泄露后，1912年9月8日，奥斯曼帝国首都伊斯坦布尔爆发了规模宏大的示威游行。一些报纸谴责奥斯曼政府出卖领土，外交部的一些内阁成员甚至以死相威胁。利比亚代表团到达伊斯坦布尔，要求更多的支援。代表团由奥斯曼政府官员组成，他们反对妥协，并向素丹施加压力。代表团成员坚持要面见素丹，并希望提供武器弹药。[③]

9月11日，奥斯曼帝国要求意大利放弃对利比亚的主权，声称与意大利战斗到底。意大利政府随后又发出最后通牒，要求在10月15日之前作出答复。10月15—17日，最高波尔特担心局势失控，路易斯安那的奥斯曼帝国代表同意按照素丹旨意签署条约。10月17日，意大利颁布法令，宣布利比亚所有参与抵抗运动的民众无罪。

10月18日，意大利和奥斯曼帝国正式签署路易斯安那条约，俄国、德国和奥地利承认意大利在利比亚的主权。协定包括如下内容：双方立即停止敌对活动，奥斯曼军队从利比亚撤军，交换战俘。意大利同意每年向奥斯曼帝国支付一笔相当于利比亚向奥斯曼帝国纳

① Aghil M.al-Barbar, *Economics of Colonialism: The Italian Invasion of Libya and the Libyan Resistance 1911–1920*, p.166.

② John Wright, *A History of Libya*, Revised and updated edition, p.113.

③ Aghil M.al-Barbar, *Economics of Colonialism: The Italian Invasion of Libya and the Libyan Resistance 1911–1920*, p.167.

税的款额。意大利政府承诺，这笔年金不会少于200万里拉（40万美元），意大利准备向公共债务部门支付相同数目的钱币。[①]

路易斯安那条约结束了奥斯曼帝国在利比亚的政治主权。意大利人本来认为利比亚民众会将其视为解放者而欢迎。但这仅是意大利人的一厢情愿，利比亚境内的抵抗运动才刚刚开始。

奥斯曼帝国军队撤离与利比亚抵抗运动的开始

按照1912年10月18日路易斯安那条约的相关条款规定，签署条约后奥斯曼帝国立即撤离利比亚。第一批撤出的是奥斯曼帝国平民，他们在1912年11月18日，经突尼斯离开利比亚。随后，从的黎波里和班加西出发的奥斯曼帝国军队，到达伊斯坦布尔。在1912年12月—1913年1月期间，大约4298名军人和880名平民离开的黎波里。[②]

奥斯曼帝国在昔兰尼加的军事力量较为弱小，但与本地地方首领的联系较为密切。当奥斯曼帝国要求离开时，许多军人加入了当地赛努西教团的抵抗运动。1912年12月初，奥斯曼帝国恩维尔（Enver）贝伊与利比亚本地抵抗运动保持联系。他让阿齐兹·阿里·米斯里（Aziz Ali al-Misri）和800名奥斯曼军人留在昔兰尼加支持抵抗运动。1913年6月，阿齐兹·阿里·米斯里和400名左右的士兵离开利比亚，留下的奥斯曼军队在300—400人之间。[③]

其他方面也出现了变化。第一，利比亚抵抗运动的支持者马赫穆德·沙瓦特（Mahmud Shawat）帕夏被战争部长纳齐姆（Nazim）帕夏所替换，后者切断了对抵抗派首领恩维尔的财政支持。第二，巴尔干局势恶化，战争蔓延到此。第三，路易斯安那条约的签署是

① Aghil M.al-Barbar, *Economics and Colonialism: The Italian Invasion of Libya and the Libyan Resistance 1911–1920*, p.168.

② Rachel Simon, *Libya between Ottomanism and Nationalism, The Ottoman Involvement in Libya during the War with Italy(1911–1919)*, p.119.

③ Ibid., p.120.

对奥斯曼帝国的穆贾西丁（Mujahidin）[①]和奥斯曼抵抗派的重要一击，奥斯曼帝国签署了移交协议，将沿海地区交给意大利。穆贾西丁并未理解协定背后的阴谋。意大利军队仍然占领着沿海地区，但并不向内地进军。穆贾西丁英勇抵抗，俘获了大量战利品。

1912—1915年间，利比亚抵抗运动的主体是贵族与部落。[②]昔兰尼加的抵抗运动较为激烈。赛义德·艾哈迈德·谢里夫领导下的赛努西教团成为抵抗意大利军队的中坚力量。1913年赛义德·艾哈迈德宣布成立赛努西国家，并对意大利入侵者宣布圣战。[③]但由于缺乏有组织的领导力量，利比亚人在的黎波里塔尼亚地区的抵抗运动并不成功。费赞地区的情形更为复杂。1913年奥斯曼帝国军队一退却，法国则填补了费赞的真空，并支持地方部落抵抗意大利军队。

早在1912年12月，各抵抗运动领导人在阿齐齐耶会议上已显示出分歧。抵抗派在会议上分裂为两派。一派主张停止军事抵抗，按照奥斯曼帝国素丹10月17日敕令和1912年10月18日的路易斯安那条约与意大利公开协商和谈判。他们声称，利比亚经济能力有限，没有奥斯曼帝国的有效补给，很难进行长期抵抗。[④]该派成员主要来自意大利占领的沿海地区。他们担心继续军事抵抗会伤害太多百姓。该派别成员有：扎维耶的费尔哈特（Farhat）贝伊，塔朱拉的阿里·坦图斯。他们并没有放弃承认意大利对利比亚省份的主权，而是想通过外交渠道进行抵抗。[⑤]

另一派别主张不计代价地进行抵抗，代表人物大多数是部落首领。奥斯曼议会成员苏莱曼·巴鲁尼在阿齐齐耶会议上阐述了该派的观点。他指出，由于意大利不尊重奥斯曼帝国素丹准许利比亚独立的决定，因此必须继续抵抗。他补充说，奥斯曼帝国被迫签署

---

① 阿拉伯语مجاهدين mujāhidīn，指的是从事圣战（Jihad）的战士。

② Ronald Bruce St John, *Libya: from Colony to Independence*, p.62.

③ Ibid., p.62.

④ John Wright, *A History of Libya*, Revised and updated edition, p.114.

⑤ Aghil M.al-Barbar, *Economics of Colonialism: The Italian Invasion of Libya and the Libyan Resistance 1911-1920*, p.181.

条约，是受巴尔干局势的变化所致，撤军并不是对利比亚的背叛。他还秘密透露，奥斯曼帝国素丹会继续向穆贾西丁提供金钱和武器。①

苏莱曼·巴鲁尼得到部落首领的支持，该派成员要求坚决抵抗，直到意大利撤出利比亚。但在谁当抵抗领导人方面达不成一致意见。主要有三人角逐，每人在各自地盘自行其是，抵抗意大利军队。这些人有：米苏拉塔的拉马丹·苏维赫里（Ramadan Swihli），他控制着米苏拉塔、苏尔特、兹利坦、胡姆斯和迈塞拉泰（Masallata）地区。二是巴鲁尼（Al-Barunni）主要控制内富萨山区的大部分地区，其支持者在阿莱卡（al-Alaiqa）、奥季拉特（Ajilat）、祖瓦拉。三是阿瓦拉德·布赛义夫（Awlad Bu Sayf）控制着绿山大部分人口。

1912年10月18日，路易斯安那条约签订后，意大利增兵利比亚，军队数量在18万—20万之间。1912年12月到1913年之间，意大利军队在的黎波里地区同时进行了两次军事行动。一是从的黎波里出发，一直向南进入詹祖尔和盖尔扬。二是从的黎波里出发，向西到詹祖尔、扎维耶，最后到奈富萨山区。其目的是打击本地抵抗组织的有生力量，将他们从一个地方驱赶到另一个地方。

1913年3月23日，由苏莱曼·巴鲁尼和穆罕默德·阿卜杜拉·卜思芬（Muhammad Abdullah al-Busifi）领导的两支穆贾西丁军队在安萨巴（Janduba或al-Asaba）与意大利军队激战。意军获胜，地方部落抵抗力量向费赞地区撤退。当时，意大利军队占领奈富萨山区的重要城镇。3月27日占领亚芬（Yafin），4月5日占领兹利坦，4月27日，占领古达米斯。部落抵抗组织由巴鲁尼、苏夫·马赫穆迪（Suf al-Mahmudi）和哈里发·本·阿斯卡尔（Khalifa bin Askar）领导，他们逃亡突尼斯，被法国军队缴械。巴鲁尼先是逃亡伦敦，然后去往伊斯坦布尔。②苏夫到叙利亚的阿勒颇避难。哈

① Aghil M.al-Barbar, *Economics of Colonialism: The Italian Invasion of Libya and the Libyan Resistance 1911–1920*, p.182.

② John Wright, *A History of Libya*, Revised and updated edition, pp.113–114.

里发·本·阿斯卡尔设法潜回利比亚，秘密加入部落抵抗力量。1913—1915年，在费赞击败意大利军队。

意大利派遣三路大军进击拜尔盖地区。拜尔盖的部落抵抗力量的数量和武器都不占优势，也没有经过军事训练，从有组织的抵抗转向游击战，主要依靠险要地形打击意大利军队。意大利军队凭借优势兵力和先进武器将之击败。随后，赛努西教团团结部落首领，打败了意大利军队。意大利军队在西迪·库尔巴（Sidi Qurba）被击败，标志着穆贾西丁在奥斯曼帝国撤军后第一次大胜意大利入侵者。

1913年秋，抵抗运动领袖阿齐兹·阿里（Aziz Ali）出走埃及，他还带走了抵抗运动的一些官兵和军事装备。阿齐兹·阿里的离开是抵抗运动的重大损失。恩维尔贝伊曾告知赛义德·艾哈迈德（Sayyid Ahmad），阿齐兹·阿里是一个有能力且甘于奉献的指挥官，可以对意大利进行有效抵抗。许多部落谢赫要求他留下来，但他依然离开。西迪·库尔巴（Sidi Qurba）战役后，部落力量在拜尔盖地区又进行了几次军事抵抗。1914年春，意大利军队开始转入进攻。到7月，意大利占领了拜尔盖中西部。

费赞战役、米兹达和古尔达比亚战役

1913年3月，意大利在的黎波里取得詹杜巴（Janduba）大捷，鼓励了意大利人继续征服费赞。在意大利人看来，费赞地区人少力薄，缺乏坚固的防御堡垒，征服费赞似乎唾手可得。

1914年2月，米亚尼率兵1万进攻费赞，随后占领塞卜哈。3月，占领迈尔祖格。米亚尼在已征服的绿洲上驻守大量士兵，并派军队四处搜寻，镇压抵抗运动。穆贾西丁随后卷土重来，萨利姆·阿布杜·纳比（Salim Abdu al-Nabi）和哈利法·本·阿斯卡尔（Khalifa bin Askar）成为新领导人。米亚尼表面上赢得了胜利，但意大利人也付出了巨大代价。1913年，意大利人放弃费赞。1914年11月24日，穆贾西丁占领塞卜哈。12月6日，占领迈尔祖格。12月23日，占领加特。1914年12月，穆贾西丁到达米苏拉

塔。一些驻扎在加特的意大利士兵被迫逃往阿尔及利亚。800名意大利士兵在费赞战役中丧生。对穆贾西丁来说，费赞胜利产生了巨大的影响，打破了意大利人不可战胜的神话，鼓舞他们为击败意大利人而继续斗争。奥斯曼帝国尽管撤军，但仍然为抵抗力量提供金钱、弹药、武器和建议。的黎波里沿海地区的抵抗运动也重新活跃起来。

为了镇压起义，利比亚的意大利当局决定发起两场战役，即米兹达和古尔达比亚战役。前者目标是打击哈拉巴（Al-Haraba）、马哈米德（al-Mahamid）和鲁杰巴恩（al-Rujban）的部落，后者则是镇压苏尔特地区的部落。

意大利发动两场战役有三大原因。第一，意大利试图迅速抹除费赞战役的负面影响，重整旗鼓，彻底征服利比亚。第二，苏尔特的古尔达比亚地区还有许多未被击败的穆贾西丁。1914年夏，拜尔盖地区的谢里夫与的黎波里地区的部落首领相互妥协，赛义德·艾哈迈德最年轻的弟弟赛义德·萨菲·丁（Sayyid Safi al-Din）控制了该地区的抵抗运动。这是意大利最不想看到的结果。第三，意大利在费赞被击败鼓舞了的黎波里和苏尔特地区的抵抗运动。

为了确保这两次战役的成功，减少意大利士兵的伤亡，意大利军事总督塔索尼（Tassoni）重组军队，招募利比亚和厄立特里亚雇佣兵对付穆贾西丁。1912年8月，意大利在祖瓦拉地区的战役中雇佣厄立特里亚士兵。1913年，米亚尼在费赞战役中招募了400名厄立特里亚士兵。

第一次战役目标是征服米兹达地区。1915年4月3日，意大利军官雅尼纳兹（Janinazi）率领着900名厄立特里亚人和1400名利比亚人前往米兹达。三天后，他们与穆贾西丁相遇，损失惨重。意大利军队惊慌失措，四散奔逃。此次战败的一个重要原因是1400名利比亚人在战争中倒戈。

为了镇压苏尔特地区的部落起义，意大利政府向控制区的黎波里的部落首领求救。总督邀请拉马丹（Ramadan）到的黎波里会面，要求其劝说穆贾西丁缴械投降，否则将率大军进攻，意大利提供武器弹药。如果拉马丹拒绝，则将他流放到意大利。

拉马丹等部落首领在意大利人的高压下，只好答应帮助他们对付苏尔特地区的部落。米亚尼率领大军前往苏尔特地区。1915年4月29日，战事以米亚尼兵败自杀告终，意大利士兵死亡超过500人，几千支来复枪和几百万的弹药军火成为抵抗力量的战利品。[①]

这次战役是对意大利人的一次痛击，用罗纳德·布鲁斯·圣约翰的说法是：暂时结束了意大利控制利比亚内地的假象，鼓舞了穆贾西丁的抵抗运动。[②]意大利面对巨额损失，变得惊慌失措。第一次世界大战也对他们形成压力，被迫离开利比亚。穆贾西丁十分满意自己所取得的胜利，继续进行抵抗。1915年5月6日，穆贾西丁在塔尔胡纳和瓦法拉包围了意大利军队，并切断他们的补给线。意大利军队撤出山区。1915年7月10—11日，他们从盖尔扬撤军至阿齐齐耶，从耶夫兰和贾杜撤至扎维耶。7月15日，撤军至纳鲁特。23日，从古达米斯撤军。

意大利军队沿着海岸线溃败。1915年7月9日，撤退到兹利坦。7月16日撤军至苏尔特。8月5日撤至米苏拉塔。到1915年8月末，他们仅保留胡姆斯和的黎波里城。在拜尔盖，意大利人被迫撤军，占领地仅限于班加西、德尔纳和图卜鲁格。

古尔达比亚战役的第二个后果是，拉马丹一夜之间成为万人敬仰的英雄。他从古尔达比亚获得金钱和武器装备。随着意大利从米苏拉塔撤军，拉马丹成为该地区最强硬的领导人。古尔达比亚成为化解各地区军事领导人矛盾冲突之地，穆贾西丁团结对敌，信心倍增。

一战期间的抵抗运动

1914年8月，第一次世界大战爆发。从1915年年中开始，意大

① Ronald Bruce St John, *Libya: from Colony to Independence*, p.63.

② Ibid., p.63.

利卷入第一次世界大战，试图与抵抗运动缓和关系，将力量集中到欧洲。1915年5月，奥斯曼帝国公开反对意大利，援助抵抗运动。艾哈迈德和拉马丹通过苏尔特和米苏拉塔的奥地利战舰从奥斯曼帝国接受大量金钱和武器弹药。

另一方面，自1914年1月起，帝国战争部长恩维尔帕夏通过兄长努里（Nuri）劝告艾哈迈德，借助打击埃及反对英国，目标是减缓对奥斯曼帝国的压力。1915年11月，在努里贝伊和贾法尔贝伊的领导下，艾哈迈德进攻英国军队，夺取了西迪巴拉尼和马尔撒马特鲁（Marsa Matruh）。1916年1月，英国在阿盖吉尔（Al-Aqaqir）战役中击败了部落军队。艾哈迈德军队撤退到贾卢和奥吉拉。

1914年12月，意大利占领萨鲁姆（Sallum），并将之割让给英国。穆贾西丁在此地接受补给，被英国占领后受阻。1915年5月，意大利参加同盟国作战，英国作为盟友支持意大利，对付利比亚的部落抵抗力量。艾哈迈德及其追随者处境危险，比以前更依赖于奥斯曼帝国。但他不希望卷入第一次世界大战。与此同时，由于没有资金来源，他也无法拒绝奥斯曼帝国、奥地利和德国的援助。再者，作为一位忠诚的穆斯林和素丹在利比亚的代表，艾哈迈德也很乐意接受素丹对同盟国的圣战宣言。在它看来，作为素丹任命的利比亚总督和穆斯林，在埃及进攻英军只是尽其分内之事。①

艾哈迈德反对卷入第一次世界大战，他是被奥斯曼帝国哄骗参战的。努里贝伊、贾法尔·阿斯卡利等人都劝说艾哈迈德向英国宣布圣战，并在埃及发动进攻。据说，艾哈迈德拒绝贾法尔的要求，努里想发动政变解除艾哈迈德的职务，由其兄穆罕默德·希拉尔代替。但政变未遂，巴鲁尼和希拉尔被捕后被投入杰格布卜监狱。由于政变失败，加之艾哈迈德同意在沙漠地区发动进攻，努里和其他奥斯曼军官以艾哈迈德的名义宣布圣战。

英国进攻并击败了艾哈迈德的军队，艾哈迈德逃脱。在其堂

① Aghil M.al-Barbar, *Economics of Colonialism: The Italian Invasion of Libya and the Libyan Resistance 1911–1920*, p.192.

兄伊德里斯的逼迫下，艾哈迈德放弃了在赛努西教团的领袖地位。1917年4月，伊德里斯与英国签署停战协定。伊德里斯许诺解除部落武装，通过外交斡旋满足意大利和英国的利益需求。1916年7月，英国和意大利决定在没有达成谅解的基础上，不会与赛努西教团签署协定，允许对方在控制领土上进行军事行动，在拜尔盖沿海进行巡逻。

总之，艾哈迈德在埃及的反英行动引发了赛努西内部领导层的变动，英国支持意大利在利比亚的殖民利益。此后，穆贾西丁无法通过埃及获得金钱和武器。

三、利比亚抵抗运动的结束

英国、意大利与赛努西教团关系的变动

英国一直关注利比亚局势的发展。1911年，英国尽管在公开场合反对意大利入侵利比亚，但在暗中却持支持态度。意大利入侵利比亚后，英国政府宣布埃及在奥斯曼帝国和意大利冲突中保持中立。这将意味着，英国将关闭埃及的西部边界，阻止奥斯曼帝国借此地支援抵抗运动。1913年，奥斯曼帝国官员恩维尔离开利比亚，英国对利比亚的关注陡增。他们担心赛努西教团与奥拉特阿里（Awlat Ali）沙漠部落结盟，使局势复杂化。这些部落民中部分属于赛努西教团。

英国保持中立对意大利有利，这样可以阻止奥斯曼帝国向抵抗运动提供人力和物力。1911年12月，意大利人从穆贾西丁手中夺取了具有重要的战略和军事价值的塞卢姆（al-Sallum）后交与英国。塞卢姆是重要港口，穆贾西丁从这里可以接受军事外援。

1914年，第一次世界大战爆发。1915年，意大利卷入一战，英意两国的关系更密切了。英国帮助意大利政府防守拜尔盖沿岸，阻止穆贾西丁获得外援。英国向奥斯曼帝国公开宣战，担心奥斯曼帝

国及其盟友奥地利、德国利用拜尔盖作为进攻埃及的跳板。1915年，奥斯曼帝国、奥地利向穆贾西丁提供大量的武器和弹药，也证实了英国的担心。1915年11月，谢里夫进军埃及，被英军击败。英军为了确保不再遭受袭击，让奥斯曼帝国、奥地利和德国尽可能地远离埃及边界。英国为此与意大利签署了一系列协议，英国将帮助意大利达成基本目标：即削弱抵抗运动，让伊德里斯妥协，意大利负责英国在埃及的安全。

1916年7月31日，英国和意大利达成了一项协议，关闭埃及—利比亚边界，停止对拜尔盖沿海地区抵抗运动的补给。两国都同意与赛努西教团达成妥协，为赛努西教团提供武器弹药等军事供给，承认赛努西教团的宗教领袖地位，但不同意赛努西教团独立或自治。

总之，英国—意大利联盟对抵抗运动产生了较大影响。可以说，联盟在外交和军事层面增强了意大利的实力，抵抗运动受挫。意大利从英国获得了大量军事援助，而穆贾西丁则很难通过埃及边界得到任何补给，更谈不上贸易和粮食援助了。1916—1918年，利比亚东北部的许多社区居民陷入饥馑，穆贾西丁被迫求和。

与艾哈迈德等其他赛努西教团成员不同的是，及至1916年伊德里斯并没有参加抵抗运动。他经营商业，在利比亚东部购买土地、从事农业和豢养牲畜，在埃及亚历山大从事房地产和商贸活动。他经常穿梭于拜尔盖东部和亚历山大之间。据英国情报机构提供的资料显示，1915年，伊德里斯已经意识到奥斯曼帝国军官在劝说艾哈迈德·谢里夫对付英国。他没有发出反对之声。不过他亲自向赛努西家族成员表示，不赞成艾哈迈德的做法。①

伊德里斯反对艾哈迈德对英国动武，反映了赛努西家族成员内部的利益冲突。伊德里斯与艾哈迈德不同之处在于：第一，前者主张通过外交而不是军事的方式实现目的。伊德里斯的思想仅限于地区主义，而不是着眼于构建一个穆斯林世界共同体。艾哈迈德则熟

① Aghil M.al-Barbar, *Economics of Colonialism: The Italian Invasion of Libya and the Libyan Resistance 1911–1920*, p.201.

悉穆斯林世界的总体大势；第二，伊德里斯的支持者较少，仅在拜尔盖有一些支持力量。艾哈迈德的支持者遍布整个利比亚，甚至更广；第三，伊德里斯反对艾哈迈德参与拜尔盖以外的所有冲突。他担任教团首领后的第一个行动就是下令萨菲丁（Safi al-Din）将的黎波里地区的军队撤退到苏尔特东部；第四，伊德里斯对奥斯曼人没有好感。在他看来，奥斯曼人并不是为了利比亚人的利益着想，而是有自己的私心。他批评努里将艾哈迈德拉入反英战争，使赛努西教团卷入部落首领之间的冲突。在他看来，奥斯曼帝国军力孱弱，自身难保，遑论帮助利比亚人了。艾哈迈德进攻埃及的英军就是一个严重的错误，因为这就等于与弱者为伍，与强者为敌。①

尽管伊德里斯反对艾哈迈德的所作所为，但并没有能力阻止他。因此，他采取两手措施来应付事态的发展。第一，与英国接触。1915年2月，在他从麦加返回后，与埃及总督基齐纳（Kitchener）勋爵会面。伊德里斯向基齐纳表明，他的政策与其堂兄不同。当艾哈迈德进攻英国后，伊德里斯居住在亚历山大，继续与英国接触。第二，赢得其他赛努西家族成员和部落首领的支持。在艾哈迈德被击败后，伊德里斯继续巩固自己的权威，与英国和意大利进行和平协商。

艾哈迈德被击败后撤往杰格拉卜和锡瓦。伊德里斯发出最后通牒，要求他立刻离开此地，否则将遭受打击。艾哈迈德被迫前往贾卢和奥吉拉地区，这里粮草缺乏，也没有武器弹药补给。努里要帮助艾哈迈德东山再起，劝说米苏拉塔的拉马丹·苏维赫里提供支援，但没有成功，致使艾哈迈德陷入四面楚歌。1917年9月，艾哈迈德登上了一艘前往伊斯坦布尔的舰艇，宣告他和抵抗运动画上了句号。

在击败艾哈迈德后，伊德里斯通过胡萝卜加大棒的政策，赢得巴拉萨、马格哈尔巴等部落的支持。随后，塞努西家族的一些重要

① Aghil M.al-Barbar, *Economics of Colonialism: The Italian Invasion of Libya and the Libyan Resistance 1911–1920*, p.202.

成员也支持他。伊德里斯轻而易举地得到部落的支持，惹恼了拉马丹。拉马丹频繁地袭击这些部落。

伊德里斯战胜艾哈迈德引发了拜尔盖地区艾哈迈德支持者的激烈对抗。反对者主要来自阿巴达特（al-Abaydat）部落，它是拜尔盖地区最大的、也是最有实力的部落。冲突的起因是：1918年6月，伊德里斯企图向德尔纳地区的部落收税，遭到拒绝，伊德里斯便以武力强行征税。同时，这些部落反对伊德里斯与意大利人协商，阿巴达特部落从一开始就加入抵抗运动。他们不能容忍伊德里斯对意大利人的交往，希望继续进行反意大利的抵抗运动。

伊德里斯与英国和意大利协商

伊德里斯上台后结束与英国的敌对状态。他提出若干条理由：穆贾西丁在抵抗运动中实力大损，缺乏粮食和武器。他们极其渴望和平，外交协商应该是争取和平，获取粮草和武器的唯一手段。如果英国和赛努西教团不实现和平，通过封锁就可以将拜尔盖的老百姓饿死。另一方面，英国也希望埃及西部边疆和平无战事。英国希望释放他们的俘虏，撤离埃及的绿洲，停止在埃及的宣传，清除拜尔盖地区的奥斯曼帝国代理人。

1917年4月，伊德里斯与英国签署协议。他同意解除杰格布卜绿洲的穆贾西丁的武装，撤出锡瓦绿洲，交换战俘，将奥斯曼帝国军官和代理人交给英国，或者撤出非洲。英国同意萨鲁姆地区开放为贸易区，亚历山大—萨鲁姆为唯一商品交易通道。伊德里斯在埃及拥有许多财产，英国同意保护他的财产。①

紧随其后，在英国的斡旋下，伊德里斯又与意大利政府签署协议，这就是阿卡拉玛（Akrama）协议。内容包括：双方停止敌对状态，承认意大利和赛努西教团在拜尔盖地区的合法地位；自由贸易，各方有责任确保地区安全，解除部落武装。伊德里斯同意解除赛努

① Aghil M.al-Barbar, *Economics of Colonialism: The Italian Invasion of Libya and the Libyan Resistance 1911–1920*, p.205.

西教团控制区域的奥斯曼帝国军官的武装，将穆贾西丁武装驱逐出拜尔盖地区，逐步解除阿拉伯部落武装。[①]

英国向意大利许诺，不会与利比亚单独签署和平协议。意大利刚刚被奥地利击败，急于与赛努西教团签署和平协议。意大利在第一次世界大战中的地位攸关重要，穆贾西丁继续进行抵抗对意大利军队是致命打击。

拜尔盖地区大多数的穆贾西丁并不反对伊德里斯与英国签署协议，因为这等于开放了与埃及的贸易通道。他们拒绝与意大利实现和平，特别反对解散部落武装。在他们看来，这等于削弱穆贾西丁在抵抗意大利军队过程中的地位。穆贾西丁也反对伊德里斯将奥斯曼军官交付意大利人。按照部落习俗，这些奥斯曼军官是他们的盟友，也是客人。伊德里斯只好重新与意大利人协商，奥斯曼军官会限期离开拜尔盖，但不会交给意大利人。后来，大多数奥斯曼军官在拜尔盖解职后，前往的黎波里地区，加入抵抗运动。

阿克拉玛协议对意大利有利。意大利有机会在穆贾西丁占优势时重整旗鼓。利比亚抵抗运动进一步碎片化，很容易被意大利逐个击破。按照阿克拉玛协议，拜尔盖地区制定宪法，选举议会。从意大利的立场来说，宪法也是承认对方主权的策略。穆贾西丁拒绝这种妥协。在伊德里斯参加的艾季达比耶会议上，部落首领宣布无论是否有宪法，他们都不会容忍沿海城镇以外的意大利人，沿海地区的意大利人也只能是商人。[②]

1920年10月25日，意大利和伊德里斯签署拉杰玛（Al-Rajma）协定。该协议规定伊德里斯是世代相袭的埃米尔，也是杰格布卜、奥吉拉、贾卢、库卡拉绿洲和艾季达比耶等自治区的首领。伊德里斯每月享受6.3万里拉的津贴以及每月9.3万里拉的日常消费。意大利人想通过贿赂赛努西教团，以换取后者放弃抵抗。

---

① ［美］菲利普·G.内勒：《北非史》，第211页。

② Aghil M.al-Barbar, *Economics of Colonialism: The Italian Invasion of Libya and the Libyan Resistance 1911–1920*, p.205.

然而，拉杰玛协议仍然没有满足大多数穆贾西丁的要求。协议要求解除武装，解散军营。当伊德里斯下令解散武装，许多人违令不从。为了避免陷入内斗，伊德里斯和意大利修改条款，他们同意不解除武装，意大利—赛努西教团按照5：4的比例合作控制这些军营，包括艾季达比耶等地的穆贾西丁军营。意大利渴望实现目标，但穆贾西丁并不接受。这些人或者在的黎波里继续进行抵抗，或者回到部落，伺机东山再起。

的黎波里共和国

意大利参加第一次世界大战，鼓励了昔兰尼加与的黎波里塔尼亚新生的政治运动。1912年后，苏莱曼·巴鲁尼在的黎波里塔尼亚西部成立地方政府。1915年，拉马丹·苏韦赫利在米苏拉塔和的黎波里塔尼亚东部成立地方政府。1916至1926年，哈里法·扎维在费赞成立地方政府。

的黎波里地区的局势似乎比拜尔盖地区更为明朗。1915年，艾哈迈德·谢里夫和拉马丹在古尔达比亚短暂合作后，双方随后兵戎相见。首领之间的权力之争不仅令奥斯曼帝国素丹感到头疼，更对抵抗运动是致命的打击。而努里进行的多次斡旋也均未获得成功。帝国素丹最终决定用奥斯曼·福阿德（'Uthman Fu'ad）替换努里。

福阿德的主要任务是协调各部落首领之间的关系，他是素丹穆拉德五世（Sultan Murad V）的外孙，素丹希望利用他的这一特殊身份缓和各部落之间的矛盾。福阿德认为米苏拉塔是大本营，因此希望对拉马丹领导的穆贾西丁投入大量金钱和武器来争取他们。但他却没有能力将各个部落首领统一起来组成联合阵线。1918年11月，他获悉奥斯曼帝国已向同盟国投降，只好返回帝国首府伊斯坦布尔。

由于奥斯曼帝国已经投降，武器和财务的供给将停止。意大利也从第一次世界大战中抽身，这对部落首领和抵抗运动极为不利。1918年11月16日，各部落首领在迈塞拉太的迈贾卜拉（Majabra）

清真寺召开会议。经过讨论，大家一致同意成立的黎波里共和国。

的黎波里共和国是一种部落联盟，也是阿拉伯世界创建的第一个共和制政府。该政府的成立受到两个因素的影响：一是意大利在1917年4月签署的协议中授予赛努西教团管辖的地方自治；二是美国总统伍德罗·威尔逊宣布民族自决。[①]外部威胁的出现使得部落首领意识到，联合起来团结对敌的重要意义。的黎波里共和国成立四人委员会来主政，该委员会又称改革委员会（The Committee of Reform），成员有米苏拉塔的拉马丹·苏维赫里、瓦尔法拉的阿布杜·纳比·比尔·哈约尔、塔尔胡纳的艾哈迈德·穆拉伊德以及内富萨的苏莱曼·巴鲁尼。

共和国还选出了一个24人协商委员会和4人立法会。立法会成员都是乌里玛：即扎维耶的奥马尔·米萨维（Umar al-Misawi）、津坦（Zintan）的穆罕默德·伊玛目（Muhammad al-Imam）、盖尔扬的扎鲁克·布·拉吉斯（al-Zarruq Bu Rakhis）以及的黎波里的穆赫塔尔·沙克苏基（Mukhatar al-Shakshuki）。

24人委员会是唯一的立法机构，是的黎波里地区部落和城乡人口的代表。苏夫（Suf）被选举为委员会主席。苏莱曼的亲戚叶海亚·苏莱曼·巴鲁尼为第二主席。1918年11月16日，改革委员会发表声明，承认美国、英国、法国和意大利在利比亚的合法地位。的黎波里共和国派代表前往罗马协商主权问题，但遭拒绝。罗马称这些人是“叛乱分子和乌合之众”。[②]一些部落首领被扣押。随之，改革委员会主张的黎波里独立，呼吁继续抵抗。意大利当时也处于社会革命的前夜，迫切想与的黎波里共和国协商。1919年春，双方签署了宰图纳（Qal ‘at al-Zaytuna）协议。1919年6月，颁布了《基本法》，承认所有居民在地方议会选举中有投票表决权，免于服兵

① Ronald Bruce St John, *Libya: from Colony to Independence*, p.67.

② Aghil M.al-Barbar, *Economics of Colonialism: The Italian Invasion of Libya and the Libyan Resistance 1911–1920*, p.220.

役，税收权归属地方选举的议会。[①]意大利不承认的黎波里共和国的政治合法性。的黎波里共和国领导层中的城市贵族、部落酋长等因争夺土地、贪恋行政职位、征缴税收而矛盾重重。

意大利法西斯殖民下的利比亚

1922年10月，意大利墨索里尼法西斯接管政权，改变前政府的温和态度，诉诸武力平息利比亚国内的民族主义运动。墨索里尼任命路易吉·费代尔佐尼（Luigi Federzoni）为殖民部长，辅助沃尔皮征服利比亚。墨索里尼的目标是征服利比亚，并在征服土地上进行农业生产。[②]1924年末，意大利征服了的黎波里塔尼亚的沿海与乡村地区。1926年，2万余意大利军队着手武力弹压不足1000人的昔兰尼加游击队。[③]1928年，意大利法西斯甚至使用毒气对付利比亚的游击队。同年，赛努西教团的新任领导人向意大利指挥官屈服。1929年1月，的黎波里塔尼亚和昔兰尼加处于意大利总督管理之下，首府设在的黎波里。

1923年1月，路易吉·邦乔瓦尼（Luigi Bongiovanni）成为意大利法西斯时期昔兰尼加第一任总督。3月，随着的黎波里塔尼亚起义被平息后，邦乔瓦尼邀请伊德里斯埃米尔之弟穆罕默德·里达·赛努西（Mohammad Rida al-Sanussi）担任教团的首领。但抵抗运动并没有停止。1924—1925年，意大利军队发现自己与昔兰尼加的游牧部落处于战争状态。城镇居民尽管不参与战争，但为抵抗运动提供援助。[④]绿山地区的抵抗运动尤为激烈，这些部落长期处于自治状态，不服中央政府管理。1929年夏，埃塞俄比亚的奥马尔·穆赫塔尔揭竿而起，再次掀起抵抗运动。昔兰尼加的赛努西教团也采用游击方式袭击意大利军队。意大利法西斯严厉镇压抵抗

---

① Ronald Bruce St John, *Libya: from Colony to Independence*, p.68.

② John Wright, *A History of Libya*, Revised and updated edition, p.136.

③ Ronald Bruce St John, *Libya: from Colony to Independence*, p.72.

④ John Wright, *A History of Libya*, Revised and updated edition, p.138.

运动，堪称“种族灭绝”。他们孤立和打击抵抗人士，阻止他们接近民众；将男人、女人和小孩关押在集中营；填塞饮水井、屠杀牲畜；修建了一条装有铁丝网的四米厚高墙，从地中海的拜尔迪耶港口（Bardia）一直延伸到加拉布卜（Jarabub）绿洲，阻止埃及向昔兰尼加游击队提供援助。1931年9月，奥马尔·穆赫塔尔被捕后处以绞刑。据估计，大约有11万人被关押在集中营，4万人死于疾病、虐待或者饥馑，甚至使用毒气集体屠杀集中营的囚禁者。最新利比亚档案显示，处死者多达7万。①

除了镇压抵抗运动，意大利殖民政策的另一重点是占有利比亚的土地。1921年8月，朱塞佩·沃尔皮（Giuseppe Volpi）到达的黎波里，对的黎波里塔尼亚地区开始了“再征服”。②1922年7月18日，沃尔皮宣布，利比亚所有未开垦土地均为公有土地。从1923年起，公有土地归意大利所有，参与或支持抵抗运动将没收土地。③意大利殖民者在昔兰尼加和的黎波里塔尼亚占有的土地迅速增加，但移民人数并不多。1922年7月，意大利通过法律，接管无主土地，宣布为国有财产。1925年7月，埃米利奥·德·博诺（Emilio de Bono）任总督后，鼓励意大利人到的黎波里塔尼亚定居，投资农业地产。④1928年，他颁布法令，向殖民者提供贷款，用于购买土地，鼓励他们到利比亚定居。但移民人数仍不理想。在沃尔皮任总督期间，昔兰尼加和的黎波里塔尼亚分属不同的总督，首府分别在班加西和的黎波里。1929年，两个地区归属一位总督管理，首府在的黎波里。20世纪30年代，意大利向利比亚的移民迅速增长。

与此同时，墨索里尼竭力树立自己在殖民地的威望。在他看来，一个高度殖民化的利比亚将是意大利称雄地中海，建立北非帝国的

---

① Ronald Bruce St John, *Libya: from Colony to Independence*, pp.73–74.

② John Wright, *A History of Libya*, Revised and updated edition, p.131.

③ Ronald Bruce St John, *Libya: from Colony to Independence*, p.74.

④ John Wright, *A History of Libya*, Revised and updated edition, p.153.

一张有力王牌。[1]利比亚被称为意大利的“第四海岸”，其他三个海岸分别是第勒尼安海岸、亚德里亚海岸和伊奥尼亚海岸，以上海岸将地中海包围起来，地中海成为意大利的内湖。

巴尔博时代，昔兰尼加和的黎波里塔尼亚纳入宗主国意大利的范畴，费赞地区为殖民省份。1938年10月，巴尔博发动了“2万”殖民主义者计划，即从1938年起，每年从意大利运送2万人到利比亚殖民，连续5年。其目标是到1950年，利比亚领土上的意大利殖民者达到50万。[2]但效果并不理想，意大利国内对移民持批评之声，利比亚以及整个阿拉伯世界爆发了示威游行。

第二次世界大战爆发后，北非成为重要战场，许多意大利殖民者撤离利比亚。到1941年末，留在意大利的殖民者仅有8426人。随着二战的结束，意大利政府取消移民补贴，的黎波里塔尼亚的居民安置计划被搁置下来。意大利军队在二战中表现不佳。1940年12月到1941年2月，驻扎在利比亚的意大利军队被英军击败，俘虏有13万，而英军仅损失550人。[3]1943年1月23日，英国军队占领了的黎波里。

意大利占领期间，利比亚的经济与社会问题并没有得到有效解决，利比亚人沦为二等公民。19世纪后期，利比亚文化复兴开始萌芽，但在1911年后被意大利法西斯扼杀。在利比亚著名作家艾哈迈德·法格赫（Ahmed Fagih）看来，意大利法西斯在利比亚的30年统治可以被描述为“肉体与文化灭绝的种族主义战争。”利比亚境内的大多数报纸与杂志在出版第一期后就消失了。[4]

意大利的殖民造成利比亚本土人口的急剧减少。本土人口从1907年的140万降到1912年的120万，1933年的82.5万人。[5]人

① Ronald Bruce St John, *Libya: from Colony to Independence*, p.75.

② Ibid., p.77.

③ Ibid., p.77.

④ Ahmed Zbramhim Fagih, “Background Notes on Modern Libyan Literature, ” *Libyan Stories: Twelve Short Stories from Libya,* London and New York: Routledge, 2000, p.2.

⑤ Ronald Bruce St John, *Libya: from Colony to Independence*, p.81.

口下降的主要原因是：意大利法西斯的屠杀；部落内部的自相残杀；游牧民向周边国家移民以寻求避难。意大利人在镇压利比亚的过程中不但付出了金钱与生命，而且在利比亚以及伊斯兰世界声名扫地。

第五章　内外力量竞逐下的利比亚国家构建

第二次世界大战后，利比亚在联合国的斡旋下实现独立，建立民族国家。但影响利比亚独立的诸多因素中，国际社会的分歧要远远大于这个国家内部的不团结。[①]可以说，大国在谈判桌上折冲樽俎的博弈使利比亚国家构建进程陷入二元悖论：一方面，大国谋求相互利益的均衡为联合国接手利比亚问题铺平道路，并为利比亚的国家构建提供了可能；另一方面，大国在解决利比亚问题上的重重矛盾，又造成利比亚的国家构建充满阻力。从根本上讲，利比亚的国家构建既不是从西方式的绝对主义国家发展而来，也不像其他中东国家那样源于民族独立运动，而是大国博弈和联合国推动的特殊产物，这种独特的建国模式致使利比亚先天缺乏整合国家行政资源和进行有效社会动员的能力，从而只能维持形式上的统一。

一、昔兰尼加埃米尔国的建立

昔兰尼加的政治活动

正如约翰·赖特所说，利比亚是第二次世界大战的牺牲品，但

① Ronald Bruce St John, *Libya: from Colony to Independence*, Oxford: Oneworld, 2009, p.84.

最终也从二战中获得了巨大的报酬。[①]这个报酬就是在联合国斡旋下利比亚实现了独立，建立了国家。1940—1943年的北非战役，参战国发动战争的目的不是为了控制利比亚，而是想成为地中海的主人。[②]1943年1月，昔兰尼加和的黎波里塔尼亚处于英国军事行政当局管理之下，采取措施改善该地区的政治与经济条件，缓减战时物质供应紧缺局面。流亡海外的政治精英陆续回国。昔兰尼加民众的政治参与意识逐渐提高，要求在赛义德·伊德里斯·赛努西的领导下实现自治。赛义德·伊德里斯的政治合法性与威望来源，一方面是赛努西教团在部落地区很受欢迎，他本人领导了反对意大利的抵抗运动，在部落地区拥有较高威望；[③]另一方面是一战和二战期间伊德里斯在与意大利人外交斡旋中所显示出的政治智慧。因此，英国和意大利都承认伊德里斯为教团的首领。[④]

赛义德·伊德里斯意识到英国的支持是建国的基本条件。英国早在1942年的艾登声明中就向伊德里斯保证，不会让昔兰尼加再次落入意大利人之手，[⑤]表明大国对二战后的利比亚领土可能有不同的安排。[⑥]英国人支持伊德里斯的原因在于：英国人与本土民族主义者之间的矛盾不可调和，赛义德·伊德里斯有能力控制民族主义者。1943年11月29日，伊德里斯一行人到达班加西。1944年7月，赛义德·伊德里斯回到昔兰尼加。两地区民众都表示效忠赛努西家族，要求国家独立。[⑦] 1944年7月30日，伊德里斯在班加西发表演讲，感谢民众对他的厚爱，许诺会给民众一个美好的未来。他向英国致

---

① John Wright, *A History of Libya*, Revised and updated edition, p.169.

② John Wright, "The Best Aircraft Carrier in Africa: Britain and Libya, 1943–1951", in G.Joffe(ed), *North Africa: Nation, State and Region*, London and New York:Routledge, 1993, p.70.

③ Henry Serrano Villard, *Libya: The New Arab Kingdom of North Africa*, p.35.

④ John Wright, *A History of Libya*, Revised and updated edition, p.123.

⑤ Scott L. Bills, *The Libyan Arena: The United States, Britain, and the Council of Foreign Ministers, 1945–1948*, p.22.

⑥ Ronald Bruce St John, *Libya: from Colony to Independence*, p.85.

⑦ Lord Rennell, *British Military Administration of Occupied Territories in Africa During the Year 1941–1947*, London: HMSO, 1948, p.254.

以崇高的敬意，呼吁民众团结在自己的周围，实现国家独立。[①]

1945年2月，二战期间被意大利驱逐出境的奥马尔·曼苏尔·基赫亚（Umar Mansur al-Kikhya）从流放地回来。1944年10月4日，基赫亚给丘吉尔写信，强调他们反对意大利统治，实现国家解放。他在一篇文章中阐述了未来政府的基本蓝图：伊德里斯为埃米尔，成立民众自由选举的代表议会，聘请英国顾问为行政助手和指导。[②]基赫亚及其同僚都积极与赛义德·伊德里斯紧密接触。1945年6月，基赫亚与伊德里斯商议后，向英国驻开罗国务大臣爱德华·格里格（Edward Grigg）写了一封信，信中要求：英国承认伊德里斯为昔兰尼加埃米尔；在英国顾问指导下，昔兰尼加成立一个独立、民主的国家；英国帮助昔兰尼加组建军队，在沿海地区修建铁路，提供财政援助；英国在一定时期内有权在昔兰尼加领土驻军；英国在撤军后将军营等移交昔兰尼加；昔兰尼加是英国的盟友。同日，伊德里斯给爱德华·格里格写信，赞同基赫亚所提方案，该方案"表达了昔兰尼加民众的基本想法"。基赫亚回到班加西后，向国人详述了自己代表昔兰尼加在开罗的努力。一些资深政治家认为，昔兰尼加需要外国援助和行政管理指导，但他们认为，指导时间不要太长。[③]

英国对未来利比亚的命运未置可否。1946年春夏，外交部长委员会经过数次会议仍没有对意大利殖民地归属问题提出解决方案。4月29日，英国外交部长欧内斯特·贝文（Ernest Bevin）建议联合国和埃及托管昔兰尼加，遭到拒绝。尽管一些城镇居民和年轻的民族主义者赞同与埃及密切联系，但是各部落和资深政客反对埃及或者阿盟托管，他们希望在伊德里斯的领导下实现独立。伊德里斯也反对埃及托管，昔兰尼加急需与一个海陆空军事实力都很强大的国

① Majid Khadduri, *Modern Libya: A Study in Political Development*, Beltimore: The Johns Hopkins Press, 1963, p.56.

② *Jaridat Banghazi*, May 15, 16, and 17, 1945.

③ Majid Khadduri, *Modern Libya: A Study in Political Development*, p.58.

家结盟，不需要一个自身难保的国家来指手画脚。[1]

一些资深政客认为，昔兰尼加独立是伊德里斯和英国人之间的事情，为什么又让外交部长委员会决定。一些年轻的民族主义者，如奥马尔·穆赫塔尔（Umar Mukhtar）组织，在英国是否想让昔兰尼加独立一事上心存疑虑。他们批评英国为了帝国野心，试图控制昔兰尼加。[2]

1946年6月，伊德里斯访问昔兰尼加。民众向他抱怨，在各大国关于意大利殖民地问题尚未达成一致的情况下，英国不愿意将国家权力交付本土领袖。外长委员会在巴黎召开会议，决定意大利殖民地的命运。伊德里斯听到这一消息后，突然回到开罗，与英国协商，以便及时探知巴黎会议的结果。1946年7月26日，萨阿迪（Sa ‘adi）部落在贝达（al-Bayda）召开会议，对伊德里斯的离开表示遗憾，要求国家独立，成立立宪政府；承认伊德里斯为赛努西埃米尔；将国家行政权移交给昔兰尼加民众。[3]1946年7月29日，经过与英国政府协商，伊德里斯回到昔兰尼加。8月9日，伊德里斯在班加西呼吁民众要有耐心，团结起来，为国家独立做准备。他还提及，部落首领成立了一个代表国家各阶层的民族阵线（al-Jabha al-Wataniya），为国家的自由和独立奠定基础。[4]

民族阵线的代表包括部落民和城镇居民。11月，该机构成员增加到75人。民族阵线的目标是，向国际委员会表达昔兰尼加民众的真实想法。1946年11月30日，民族阵线向英国政府发表声明，提出如下要求：承认伊德里斯统治下的赛努西埃米尔国家；允许成立一个民族政府，为国家完全独立做准备。尽管英国政府认为，昔兰尼加政治精英提出独立问题，但在如何独立上没有具体方案。昔兰尼加资深政客也敏锐地感觉到，意大利对的黎波里塔尼亚仍然很感

---

① Majid Khadduri, *Modern Libya: A Study in Political Development*, p.59.

② Ibid.

③ Ronald Bruce St John, *Libya: from Colony to Independence*, p.92.

④ Majid Khadduri, *Modern Libya: A Study in Political Development*, p.61.

兴趣，因此在独立之前要将的黎波里塔尼亚合并。

当英国同意在昔兰尼加进行权力移交后，利比亚统一问题就成为昔兰尼加政治家内部年青一代和年老一代争论的主题。双方都同意成立赛努西埃米尔国家，年青一代主张在赛努西教团领导下与的黎波里塔尼亚合并，而年老一代则认为这样做会削弱他们的地位。

昔兰尼加年青一代政治家的观点与年老一代政治家和部落首领的观点不同，前者认为后者思想狭隘保守，乡土观念陈旧。1942年，年青一代政治家阿萨德·本·奥马兰（As'ad Bin 'Umaran）等人成立了奥马尔穆赫塔尔组织。这些人长期在埃及驻留，深受纳赛尔的阿拉伯民族主义思想的影响。他们目睹了阿盟成立过程，希望利比亚实现独立，并在独立后的利比亚国家政权中发挥重要作用。1943年4月4日，他们在班加西宣布成立社团，寻求年长者的支持，扩大民众的支持基础，选举谢赫哈利勒·卡瓦菲（Khalil al-Kawwafi）为领袖。从一开始，社团的目标就具有政治性。1943年7月，出版《运动评论》（*Barqa al-Riyadiya*，sports review）杂志。8月份又出版文学杂志《奥马尔穆赫塔尔》。

奥马尔穆赫塔尔这一组织组建之初，并不反对英国行政当局，其成员认为利比亚解放是英国的功劳。在英国管理期间，其成员法拉克（al-Fallaq）、穆塔尔丁（al-Mutardi）和马赫鲁夫（Makhluf）都在政府里担任职务。但一年后，其媒体开始批评英国当局，并自认为是国家的代言人，可以完成国家独立的大业。私人报纸《祖国报》（*Al-Watan*）煽动民众反对英国当局。1946年9月26日，英国军事行政当局宣布取消《祖国报》，该组织主席本·阿米尔（Bin 'Amir）要求面见英国军事当局首脑坎多尔（E.A.V.de Candole），坎多尔同意解禁报纸，条件是忠于伊德里斯埃米尔，禁止批评英国当局。10月26日，该报纸再次发行，但具有民族主义思想的青年人对英国行政当局采取了不妥协的立场。

奥马尔穆赫塔尔拥护伊德里斯为埃米尔。英国当局要求时机成熟时，承认伊德里斯为埃米尔。但奥马尔穆赫塔尔组织坚决要求立即承认伊德里斯为埃米尔，这将意味着昔兰尼加有独立的权利。1947年11月7日，伊德里斯宣布解散所有政党，政治活动将通过国民大会进行，取消民族阵线。本·阿米尔会见赛义德后，同意后者意见。该组织表面上远离政治活动，但其成员继续参与政治并进行示威游行，抗议联合国宣布利比亚独立和统一的决议。1950年1月14日，奥马尔穆赫塔尔组织成立了一个新的政治组织，名叫国家社团（National Association），但私下仍自称为奥马尔穆赫塔尔俱乐部。

奥马尔穆赫塔尔对昔兰尼加与的黎波里塔尼亚的合并持不同意见，最终分裂为两派：即德尔纳派和班加西派。德尔纳派主张两省进行绝对的、无条件的合并。而班加西派则更希望它只是一种形式上的联合，实质上是一种联邦主义（federalism）。[①] 班加西派之所以主张联邦制，是担心国民大会破坏利比亚的独立，认为联邦制是利比亚独立的第一步。用贝希尔·穆盖利比（Bashir al-Mughayribi）的话说，政府的组成形式是一个国家内部问题，在未来可以纠正，但不应该对利比亚国家成立产生破坏作用。[②]这种温和的立场得到资深政治家的支持。

昔兰尼加埃米尔国的建立

面对日益动荡的局势，英国决定在国际委员会建议两省合并之前，让昔兰尼加成立自治政府，赛义德·伊德里斯为政府首脑。1946年9月26日，英国政府决定成立工作小组委员会，由战争部直接管理。工作小组由五人组成，主席是伯纳德·赖利（Bernard Reilly），助手有：赫伯特·斯图尔特（Herbert Stewart）、汉密尔顿（J.A.de C.Hamilton）和牛顿（F.C.Newton）。丹尼斯·格林希尔（Denis A.Greenhill）为委员会秘书。委员会的功能是为英国如何结束军事管理提供建议，以及为如何将权力移交给昔兰尼加领袖

① Majid Khadduri, *Modern Libya: A Study in Political Development*, p.66.

② Al-Wantan, Banghazi, December 26, 1960; January 23, 1951.

出谋划策。其目标是：推动昔兰尼加民众对英国产生好感，这将有助于英国从整体上塑造对利比亚的外交政策。1946年末，战争部工作小组访问昔兰尼加，并在1947年1月提交了一份报告。委员会建议如下：

一是原则上承认昔兰尼加独立，承认赛义德·伊德里斯为未来政府首脑，但独立过程应该是渐进的。原因在于：如果英国工作人员立即撤退和停止财政支持，这里的许多公共服务部门将会陷入混乱。

二是以渐进方式实现利比亚独立。英国军事管理当局在短期内撤离；在英国托管制度下成立阿拉伯国家；英国在未来十年内提供财政援助，包括培养行政管理人员，发展教育，培养专业技术人员，实现国家独立。在第二和第三阶段，昔兰尼加可能和的黎波里塔尼亚合并，成立一个统一的利比亚。建议与大国签署联盟协定。

三是委员会认为利比亚人对4年军事管理期感到失望，遂建议缩短监护期限。委员会与赛义德·伊德里斯商量，鼓励他居住在昔兰尼加，但后者声称在担任国家首脑后才会长期驻留。他还要求确保赛努西家族为继承人。

四是扩大民族阵线的行政委员会，赛义德·伊德里斯邀请英国军事行政当局的五名官员参与未来的政府组建。扩大的行政委员会仅有的协商权，最终将成立一个部长委员会（Council of Ministers）。伊德里斯批准了顾问委员会的建议，但认为其成员不应该参加民族阵线。

最后，委员会建议改变行政机构，成立财政、内务、发展和法律事务部门，逐渐任命本土人担任政府职位，加速公共产品的建设，发展教育和扩大医疗等服务，推动农业发展。[①]

1947年11月，按照战争部工作小组的意见，赛义德·伊德里斯同意长期居住在昔兰尼加。他采取的第一项措施就是：在1947年11

① Majid Khadduri, *Modern Libya: A Study in Political Development*, p.69.

月7日，解散现存的所有政党，呼吁他们加入统一阵线。[①]除奥马尔穆赫塔尔组织不同意关闭总部外，其他政党都听从命令解散。

1948年1月初，部落首领、资深政客和一些保守的青年人成立了国民大会（al-Mu'tamar al-Watani）。1月10日，经选举成立行政委员会，领袖是赛义德·伊德里斯的兄长穆罕默德·里达·赛努西（Muhammad al-Rida al-Sanusi），他们在独立和成立赛努西埃米尔国的双重原则基础上草拟了建国规划。国民大会要求成立一个具有独立主权的国家，处于赛努西家族的领导之下。1948年4月，四大国调查委员会到达昔兰尼加，国民大会代表昔兰尼加民众提交了如下建议：昔兰尼加立即且完全独立，承认伊德里斯埃米尔为昔兰尼加国王。关于昔兰尼加与的黎波里塔尼亚关系，是这样说的："如果我们的黎波里塔尼亚兄弟希望接受赛努西的王冠，解决方法就是成立一个统一的利比亚国家。否则，昔兰尼加将保持完全独立。"[②]

委员会对不同民众进行采访，民众对利比亚未来走向大致有三种观点：一是英国托管下的独立，部落民希望在伊德里斯埃米尔的统治下成立一个独立国家；二是与埃及或阿盟联合。奥马尔穆赫塔尔组织为代表的青年民族主义者坚持此说；三是与阿盟联合，这是埃及媒体的观点。[③]委员会调查结果表示，与意大利其他前殖民地一样，昔兰尼加不适合独立。这引起民众的愤慨。

昔兰尼加的领袖们急不可待要尽可能早地掌握国家命运。赛义德·伊德里斯和国民大会要求英国立即进行权力移交。1948年11月23日，以奥马尔·曼苏尔·基赫亚为首的代表团前往伦敦与英国政府协商，要求在昔兰尼加成立新政权。他还到巴黎，恳求法国支持利比亚独立。基赫亚在公开场合宣布，如果利比亚不能独立，昔兰

---

① Ronald Bruce St John, *Libya: from Colony to Independence*, p.92.

② *Four power commission of investigation for the former Italian Colonies*, Vol.III: Report on Libya, pp.7–8.

③ Majid Khadduri, *Modern Libya: A Study in Political Development*, p.71.

尼加将继续宣布独立。[①]由于四大国在意大利前殖民地问题上的矛盾，以及利比亚未来地位的不确定性，英国允许昔兰尼加在伊德里斯领导下实现自治，这也是未来利比亚独立的第一步。

1949年6月1日，国民大会在马纳尔（Manar）王宫召开，伊德里斯宣布昔兰尼加独立，他在演讲中要求英国等西方国家、阿拉伯和伊斯兰国家承认昔兰尼加的合法独立地位；希望的黎波里塔尼亚可以独立，与昔兰尼加合并，接受埃米尔的领导；呼吁由民众选举产生议会。英国行政主管坎多尔（E.A.V.de Candole）表达了英国的看法：一是承认由民众自由选择的埃米尔，为昔兰尼加政府首脑。二是承认昔兰尼加民众自治的渴求，采取措施推动自治进程。三是同意帮助成立的昔兰尼加政府管理内部事务。四是突出强调了利比亚未来是一个整体，这是任何力量都难以阻挡的。[②]

伊德里斯埃米尔立即与昔兰尼加的政治精英，谈论政府成立问题。由于各派系意见不一，他最终选中基赫亚之子法特希·基希亚（Fathi al-Kikhya）调解各方的立场。基希亚作为一个中立的第三方，当时在亚历山大从事律师行业。1949年7月5日，基希亚奉命组阁，英国人正式将国家权力交给利比亚民众。7月9日，埃米尔和基希亚离开班加西，访问的黎波里。其间到英法两国访问。1949年9月7日，埃米尔返回班加西。当时首相基希亚驻留巴黎接受治疗。

9月16日，英国行政官员坎多尔发布国家权力移交声明，声称埃米尔有权颁布宪法，昔兰尼加政府有执行权，英国居民担任的首席行政官员保留一些司法、财政、外交、国防等权力。昔兰尼加政府拥有国家内部事务的执行权，但涉及司法、财政等事务则必须由英国公使任命的顾问作出决定。英国保留的权利还包括，外交决策权、防卫权（包括如果国民政府不能维护公共秩序，英国可以出面维护），保护意大利人财产。负责司法和财政事务的英国顾问由埃米尔任命，英国公使批准。没有英国公使的批准，昔兰尼加政府不可

① Majid Khadduri, *Modern Libya: A Study in Political Development*, p.72.

② Ibid.

以修改宪法，这种情况一直到利比亚完全独立为止。

政府运行

1949年9月18日，埃米尔颁布法令，任命内阁成员。10月11日，在同英国协商的基础上，埃米尔成立宪法委员会，并颁布宪法。[①] 宪法的具体内容包括：一是规定内阁由埃米尔任命，并向埃米尔负责。二是指出埃米尔既是行政首脑，也是武装部队总司令。三是规定议会成员部分是选举产生，部分通过任命产生，数量由立法确定。议会实行一院制，在埃米尔否决的情况下可以提出法案。年满21岁的男子都有选举权，但当选议员必须达到31岁。按照法令，议员代表达到60人才合法，10人由埃米尔任命，主要是一些德高望重的贤德之士。四是司法与行政相对独立，司法机构由民事和宗教法院、上诉法院组成。埃米尔在紧急情况下有权取消或中止宪法。

法特希·基希亚本来一直是首相的人选，但他在巴黎写了辞职信，要求回到亚历山大，重操律师行业。原因是基希亚发现自己权力受到诸多掣肘，不愿意成为名义上的首相。[②] 他的埃及妻子也不想在班加西生活。如果不依赖英国顾问，昔兰尼加也没有足够的公务员处理行政事务。1949年11月7日，埃米尔接受了基希亚的辞呈，邀请他的父亲奥马尔·曼苏尔·基赫亚为首相，成立政府。11月9日，基赫亚任命了各部部长，成立政府。基赫亚个性强硬、精力充沛，对政府的行政机构进行重新组合。1949年11月14日，他颁布法令成立班加西市镇当局，任命尤萨福·兰琪（Yusaf Lanqi）为市长。英国顾问成为昔兰尼加政府的公务员。11月23日，基赫亚辞去王室迪万首脑一职，任命埃米尔司法顾问阿卜杜·阿齐兹·哈姆扎维（Abd al-Aziz al-Hamzawi）担任此职。

但基赫亚很快就遇到两个棘手难题：一是与奥马尔穆赫塔尔组

① 宪法文本参见 *Official Gazette of Cyrenaica*, October 11, 1949.

② Majid Khadduri, *Modern Libya: A Study in Political Development*, p.73.

织发生冲突。他认为该组织是一个反政府组织，采取措施限制该组织活动。1949年11月21日，关于利比亚独立和统一的消息传到了班加西，奥马尔穆赫塔尔的童子军在没有授权的情况下发动示威游行，被基赫亚解散。二是国民大会内部发生分裂，一些人因对基赫亚缺乏信任而反对。国民大会内部的反对派由时任国民大会副主席和内务部总管赛义德·阿布·卡西姆（Sayyid Abu al-Qasim）领导。卡西姆是一位野心勃勃的赛努西家族成员，他想通过与部落的亲密联系，增强自己的地位。1949年12月20日，基赫亚任命他为民政事务总管，将部落事务交给赛义德·西迪克·里达（Sayyid Siddiq al-Rida）领导的相关部门。卡西姆认为这一措施是在削弱自己的影响，他在国民大会组织同伙对抗基赫亚。

1950年3月5日，卡西姆在国民大会演讲，抨击基赫亚政府。基赫亚向埃米尔建议，解散国民大会，但埃米尔认为首相失去民众信任，要求他辞职。3月9日，基赫亚向埃米尔递呈了辞职信，两天后埃米尔接受了辞呈。

3月18日，埃米尔接受基赫亚的建议，邀请司法部长穆罕默德·萨克兹里（Muhammad al-Saqizli）组阁，成立新政府。萨克兹里为人正直、品行端正，与老一辈政治家联系亲密，也受到年青一代政治家的尊重。但他过于诚实单纯，许多改革措施难以付诸实践。

1950年4月21日，昔兰尼加埃米尔国颁布选举法，将昔兰尼加分为三个区：班加西、德尔纳和绿山。每个区再细分为城乡和部落选举区。班加西城区选出6名代表，迈尔季1名，德尔纳2名。部落区代表为：班加西15名，绿山地区15名，德尔纳地区11名。最终选出的代表总数为51名，41名为部落代表，10名由埃米尔任命。这种分配方式让部落区代表占优势，削弱奥马尔穆赫塔尔组织，其影响仅限于班加西和德尔纳两个城区。

1950年6月5日，选举结束。选举结果显示，奥马尔穆赫塔尔组织赢得了60个席位的10个席位，实际上仅有三名成员入选，大多数代表支持政府。这次选举表明，奥马尔穆赫塔尔组织的影响仅限于城市地区。由于抨击政府，城市代表名额受限，削弱了在议会的影响。

6月12日，议会召开，由拉希德·基赫亚（Rashid al-Kikhya）主持，埃米尔参加了开幕式。穆罕默德·萨克兹里代表埃米尔发言，祝贺自由选举的议会胜利召开。议会计划进行社会和经济重建，他们许诺与的黎波里塔尼亚协商，废除两个领土之间的贸易壁垒。埃米尔在演讲中特别赞扬了与大英帝国的深厚友谊，以及对昔兰尼加的援助。

但议会仅持续了一年。1949年11月，联合国通过利比亚独立的决议，这预示着昔兰尼加内部结构将面临着重大变化。奥马尔穆赫塔尔在议会中代表较少，但其利用一次事件促使首相取消了议会。这一事件就是与以色列的贸易问题。当时，昔兰尼加地区遭遇干旱，埃米尔要求政府与以色列协商加强双方贸易，缓解干旱造成的紧张局势。奥马尔穆赫塔尔的班加西地区代表穆斯塔法·本·阿米尔抗议政府与以色列的协商，要求支持阿拉伯民族主义。

1951年7月，奥马尔穆赫塔尔借此示威游行，煽动示威民众冲向首相府。示威人群烧毁英国国旗，捣毁英国居民家的玻璃。民众之所以不满是由于经济发展不景气，干旱导致粮食短缺，以及英国权力移交后昔兰尼加政府行政管理不善。萨克兹里首相就成为了替罪羊。昔兰尼加政府逮捕了奥马尔穆赫塔尔组织的主要领袖，经过审判，或投入监狱，或被罚款。1951年7月8日，昔兰尼加政府颁布法令，解散奥马尔穆赫塔尔组织，没收其财产，该组织转入地下进行秘密活动。

二、的黎波里塔尼亚与费赞地区的政治活动

的黎波里塔尼亚的政治活动

1943年1月25日，的黎波里塔尼亚政治精英在的黎波里召开会

议，讨论利比亚内部局势。他们请求英国政府允许政党活动，遭英国军事行政当局拒绝，理由是战争仍在进行，签署和平协定后再行定夺。8月，民众不满情绪爆发，的黎波里举行示威游行。1943年7月30日，英国军事行政当局长官布莱克利（Blackley）允许文学俱乐部重新开放。文学俱乐部成立于1919年意大利殖民统治期间，1921年被当局关闭。俱乐部成员都是一些反对意大利殖民统治的民族主义者。艾哈迈德·法基赫·哈桑（Ahmad al-Faqih Hasan）是俱乐部主席，其家族一直反对意大利殖民统治。尽管俱乐部名义上是切磋文学，但与穆赫塔尔组织一样，主要从事政治活动。

意大利居民刚开始希望恢复正常生活，并未反对英国政府。部分阿拉伯人要求英国人权力移交时，意大利人应该以监护人的身份统治的黎波里塔尼亚。1944年，一些同情法西斯的民众成立共和国法西斯政党（Republican Fascist Party）。该党领袖由于与英国军事当局作对而被逮捕，政治活动遭到镇压。意大利居民的不安全感骤增，呼吁意大利的黎波里塔尼亚由意大利统治。1944年10月，阿拉伯人掀起示威游行，反对将的黎波里塔尼亚归还给意大利。

赛义德·伊德里斯访问昔兰尼加，让的黎波里塔尼亚的领袖有机会让民众重新关心政治。一些人要求赛努西担任的黎波里塔尼亚和昔兰尼加的领袖，并不因为是他们追随赛努西教团，而是因为他们意识到伊德里斯可能是将两省联合起来的唯一人选。其他人或者反对，或者不愿意接受赛努西家族的领导。还有人提交申请，要求英国军事行政当局监护的黎波里塔尼亚，条件是不接受意大利的统治。民族主义者反对英国监护，指出这些人的观点并不代表主流。

的黎波里塔尼亚有四个俱乐部，分别是文学俱乐部、运动俱乐部、工人俱乐部和米苏拉塔改革俱乐部，实际上发挥着政党功能。英国军事行政当局成立了顾问委员会，首脑是英国首席行政官员与一些头面人物，如的黎波里的穆夫提萨利姆·蒙塔塞尔（Salim al-Muntasir）、穆斯塔法·米兹兰（Mustafa Mizran）等人。这个委员会代表了国家的保守派，但是反政府人士也通过街头示威游行表达自己的诉求。10月7日，阿拉伯极端分子带领几千人涌上街头，撕碎意大利语的街头标语，换上了阿拉伯语的街头标语。

意大利人批评英国人不兑现诺言，这些人力量有限，人数也不多。的黎波里大主教雷夫·法基内蒂（Rev Facchinetti）在一次公开演讲中说，意大利有权重新统治北非殖民地，因为他们为之付出了“鲜血和眼泪”，做出了极大的牺牲。① 阿拉伯人立即向首席行政官员提出抗议：要求大主教声明，演讲仅代表自己，并向阿拉伯政治领袖道歉。的黎波里塔尼亚政治局势的紧张，示威游行成为的黎波里的常态，社会秩序混乱。1945年，犹太人也成为示威游行人群的打击对象。

流亡在埃及等邻国的政治家和留学生也回到的黎波里塔尼亚，为这里政治独立意识的兴起推波助澜。这些人回国后因找不到工作，也加入了反政府的行列。与此同时，二战后阿拉伯地区民族主义潮流风起云涌，如火如荼。

的黎波里塔尼亚的政治领袖在意大利殖民期间遭受压制，战争一结束，他们就抓住机会，成立政党。与昔兰尼加的情形不一样，赛义德·伊德里斯可以平衡各种政治力量，的黎波里塔尼亚长期缺乏有组织的领导力量，派系横生，削弱国家的凝聚力，实际上处于一种无政府状态。部落和家族忠诚仍在政治组织的形成过程中发挥着重要作用。民族主义还没有在这里扎稳基础，不可能超越传统的忠诚元素。其结果就是，这里出现了无数的政治组织，其领导人之间主张各异，难以协调一致，遑论形成统一的意识形态基础。

1944年，艾哈迈德·法基赫·哈桑（Ahmad al-Faqih Hasan）领导的部分民族主义分子，成立民族主义者政党（al-Hizb al-Watani），表达了民众对国家独立的渴望。该党起初是秘密组织，1946年4月得到官方承认。该党的政治纲领规定：确立的黎波里塔尼亚人的政治主导地位，要求利比亚独立；如果不能独立，利比亚

① Majid Khadduri, *Modern Libya: A Study in Political Development*, p.84.

可让阿盟托管。少数人主张利比亚成为埃及的保护国。随后，党内就此问题产生分歧，党的领袖哈桑脱离该党，另组他党。保守派人士穆斯塔法·米兹兰（Mustafa Mizran）接任民族主义者政党领袖，一些高官显贵也加入政党，该党的威望大增。据说，民族主义者政党有十几个，登记党员15000人。[①]

就在外交部长委员会在巴黎商讨如何处理前意大利殖民地问题之时，谣传的黎波里塔尼亚将以托管形式交给意大利统治。一些政治精英希望英国托管，而不是意大利托管。而其他一些人则反对任何形式的托管，呼吁成立联合民族阵线（United National front，al-Jabha al-Wataniya al-Muttahida），这受到民族党成员和保守人士的欢迎。该党的领导是萨利姆·蒙塔塞尔，的黎波里塔尼亚地区主要家族成员，以及一些有威望人士，如的黎波里穆夫提穆罕默德·阿布·伊萨德·阿里姆（Muhammad Abu al-Is'ad al-Alim）等人。1946年5月10日，联合民族阵线正式成立，主张在赛努西家族的领导下实现利比亚的独立与统一，的黎波里塔尼亚和昔兰尼加合并，反对意大利的统治。

联合民族阵线接受赛努西教团的领导，引发了内部的争议。1946年5月30日，一些反对赛努西统治的的黎波里塔尼亚的民族主义者，如阿里·法基赫·哈桑及其兄长艾哈迈德·法基赫·哈桑（Ahmad al-Faqih Hasan）带领着民族党的一些人成立了自由民族集团（Free National Bloc，al-Kutla al-Wataniya al-Hurra）。自由民族集团拒绝赛努西教团的领导地位，呼吁成立立宪大会，规划未来政府的形式。他们主张共和主义和共和政治，即成立共和国。宅心仁厚的阿里·法基赫·哈桑尽管有雄辩口才，正直诚实，但对温和派也表示出决不妥协的态度。自由民族集团声称自己有7万名成员，但英国军事管理当局认为是800人。[②]他们举行公共会议，散发传单，

---

① Four Power Commission of Investigation for the former Italian Colonies, Vol.III: Report on Libya, p.11.Muhmud al-Shunayti, *Qadiyat Libya*, Cairo, 1951, pp.255-256.

② Majid Khadduri, *Modern Libya: A Study in Political Development*, p.86.

呼吁独立，要求加入阿盟。他们也要求行政管理的阿拉伯化，解释现任政府为什么仍雇佣意大利人。

1946年12月，自由民族集团的两名成员阿里·拉杰卜（Ali Rajab）和哈吉·尤素福·穆萨里基（al-Hajj Yusuf al-Mushayriqi）另成立埃及—的黎波里塔尼亚联合党（Egyptian-Tripolitanian Union Party）。他们主张在埃及王冠的保护下实现的黎波里塔尼亚和昔兰尼加的自治地位。这一主张在埃及和的黎波里都没有支持者。1947年9月，巴希尔·本·哈姆扎（Bashir Bin Hamza）在被驱逐出自由民族集团后，成立了劳工党（Labor Party），主张在赛努西埃米尔的领导下成立一个统一的利比亚。最后一个政党是民族主义者党前副主席领导成立的自由党（Liberal Party），成立于1948年3月11日，其成员都是一些温和派，主张在赛义德·伊德里斯的埃米尔国领导下实现利比亚的统一。除了赛努西埃米尔，所有政党都同意在如下原则下进行统一和独立，即：完全彻底的独立；国家统一（包括的黎波里塔尼亚、昔兰尼加和费赞）；成为阿盟成员国。

尽管各方政党领袖都想将三大主要政党联合起来，但由于个人恩怨、家族矛盾等原因，很难建立友好关系。随着时间的流逝，大国之间也没有在国家未来走向问题上达成一致，各派领袖之间也变得没有耐心，更不愿意进行妥协。他们受到阿拉伯民族主义的影响，各大国都为合理解决前意大利殖民地问题寻求解决之策。

在两省联合问题上的争论

昔兰尼加和的黎波里塔尼亚领导人流亡外地时，他们在赛努西领导权问题上一直存在争议，这也妨碍了他们在解放本土方面进行合作。这些流亡政治家一回到家园，就各行其是，尽管当时的局势要求他们联合起来抵抗外侮。当时，两省的内部情形也不相同。昔兰尼加由于部落人口较少，经济资源贫瘠，如果与的黎波里塔尼亚合并，将严重依赖后者。再者，昔兰尼加的部落并不习惯于定居农业，也不想改变其落后的经济模式。的黎波里塔尼亚的政治精英希望未来国家的领导层由他们垄断，前提是没有政治竞争对手参与。

的黎波里塔尼亚内部因部落和派系不和而陷入权力之争，很难找到一个能够服众的领袖。这些人的宗教或部落忠诚并没有强大到足以让一个部落首领或宗教领袖成为众望所归的人物。赛努西教团在昔兰尼加地区占主导地位，但在的黎波里塔尼亚地区并没有多少追随者，在城市地区几乎没有什么影响。赛努西教团即使在部落地区也有一些支持者，但的黎波里塔尼亚地区的部落体系被打破，大多数部落都是半定居状态。其结果是，的黎波里塔尼亚最大的缺点就是各政治力量缺乏凝聚力，缺乏一个公众认可的领袖。

尽管昔兰尼加地区贫穷且破败，但昔兰尼加人感到骄傲的是，在意大利殖民统治的30年间，他们几乎有20年一直处于抵抗状态。昔兰尼加人认为，持续的战争和意大利殖民者的报复性破坏是本地区经济落后、国家贫穷的根本原因。总之，昔兰尼加政治精英之间的力量平衡能够避免陷入部落冲突与家族矛盾之中。由于赛努西教团的伊斯兰宗教标识和实践，大多数部落认同赛努西教团，认为他代表了真实的伊斯兰。赛努西家族在抵抗意大利殖民统治活动中扮演了重要角色，这种“爱国精神”赢得了民众的承认。赛义德·伊德里斯是一位著名的政治家，赢得了英国和其他欧洲国家的认同。

在许多的黎波里塔尼亚爱国人士看来，除非赛努西领导地位在的黎波里塔尼亚地区获得承认，否则利比亚统一是不可能的事情。的黎波里塔尼亚人也没有意识到赛努西领导地位的重要意义。

联合民族阵线向民众宣传：如果不接受赛努西的领导地位，将回归到意大利的殖民统治，因此应该承认赛努西教团的领导地位。联合民族阵线主动与伊德里斯谈判，派代表团协商两省合并的相关事宜，接受赛努西家族的领导。1946年6月，代表团成员前往开罗会见伊德里斯，建议在如下原则的基础上进行统一，即：拒绝大国提出的任何一省独立或托管方案；赛努西埃米尔国家仅限于伊德里斯本人为领袖，家族不能世袭；政府组成应该按照议会和宪法进行。

1946年11月21日，联合民族阵线召开会议商讨与赛义德·伊德里斯签署协议问题。的黎波里穆夫提穆罕默德·阿布·伊萨德·阿里姆（Muhammad Abu al-Isa'ad al-Alim）领导下组成10人代表团，计划前往班加西与伊德里斯签署协议。1947年1月15日，的黎波里塔尼亚代表团与伊德里斯和以基赫亚为首的代表团协商会议，后者成员从昔兰尼加国家阵线中挑选出。在赛义德的要求下，的黎波里塔尼亚代表团提交如下建议：（1）在第二次世界大战之前已经存在的自然疆界的基础上实现统一，拒绝任何分裂国家统一的建议。（2）利比亚完全独立。（3）承认赛义德·穆罕默德·伊德里斯·赛努西的领袖地位，宣告成立利比亚埃米尔国，建立一个宪政、民主，有议会组织形式的政府。（4）独立后的国家加入阿盟。（5）成立合作委员会，在埃米尔的指导下促进各方利益共享。（6）双方在充分协商的基础上取得一致原则，并尽可能地捍卫这些原则，拒绝任何与这些原则不一致的安排。该协议经双方代表签字，埃米尔批准后，即可生效。

1月18日，昔兰尼加代表团团长基赫亚在欢迎的黎波里塔尼亚代表团的开幕式上，表达了昔兰尼加渴望统一的想法。他又补充道：其代表团并不是毫无保留地接受6条规定，如对第六条："拒绝任何与这些原则不一致的安排"就存有疑虑。他解释说，昔兰尼加要求统一，但不是无条件的。如果给予他们特殊条件，他就会接受，并要求与的黎波里塔尼亚联合。这一保留条件成为会议讨论的主题。昔兰尼加领袖认为，独立的许诺是英国当局做出的，如果的黎波里塔尼亚不能够获得与昔兰尼加相同的地位，前者不应该拒绝。昔兰尼加代表团突出强调了三点：一是利比亚统一；二是如果的黎波里塔尼亚不能与昔兰尼加独立，或接受托管，昔兰尼加仍会独立；三是不需要埃米尔批准。

随后，双方陷入僵局，最后不欢而散。两个代表团协商失败的消息引发了的黎波里和班加西新闻媒体的激烈讨论。的黎波里塔尼亚的极端主义分子，如自由联合集团（Free United Bloc，al-Kutla）批评代表团成员在赛努西埃米尔问题上进行妥协，昔兰尼加的穆赫塔尔组织指控昔兰尼加代表团缺乏爱国主义，强调狭隘的地区主义。协商的失败还促使一些的黎波里塔尼亚领袖抱怨赛义德·伊德里斯，没有给昔兰尼加代表团施加压力，造成两省联合的希望渐行渐远。

利比亚解放委员会的努力

的黎波里塔尼亚和昔兰尼加两个代表团协商失败表明，双方缺乏共识。当时，四国刚刚与意大利签署和平协定，并派代表前往意大利前殖民地实地考察，调查民情，以决定这些地区的未来命运。阿拉伯国家代表和阿曼秘书长赞成利比亚统一和独立。但是，昔兰尼加和的黎波里塔尼亚的领袖经常出现分歧。在这种情况下，的黎波里塔尼亚地区领袖有必要调整自己的基本原则，尽可能达成共识。为此，1947年3月，在贝希尔·萨达维（Bashir al-Sa'dawi）的领导下，阿盟的支持下，利比亚解放委员会在开罗成立。

在意大利入侵期间，贝希尔·萨达维积极从事抵抗运动。他很早就意识到，的黎波里塔尼亚最大的缺陷就是缺乏一个强有力的政治领袖。自1921年赛努西·伊德里斯成为昔兰尼加埃米尔后，他就赞同接受埃米尔的领导地位。意大利征服的黎波里塔尼亚后，贝希尔·萨达维流亡异地，掀起反对意大利殖民统治的活动。当大国在意大利前殖民地问题上博弈之时，贝希尔·萨达维感到为国家独立奋斗的时刻到了。他随后与的黎波里塔尼亚和昔兰尼加的首脑联系，要求双方放下自己的私利，以民族和国家大义为重。他告诉的黎波里塔尼亚的领袖，的黎波里塔尼亚和昔兰尼加必须承认赛努西的领导地位，否则就难以实现国家的统一和独立。

1947年1月，的黎波里塔尼亚和昔兰尼加领袖在班加西的协商破裂。萨达维着手成立解放委员会（liberation committee），呼吁利比亚实现独立和统一。1947年8月22日，萨达维邀请赛义德·伊德里斯参加解放委员会。昔兰尼加国民阵线拒绝参加，理由是委员会的成立没有与昔兰尼加领袖商量，没有提及赛努西教团的领袖地位。[①]因此，解放委员会仅包括的黎波里塔尼亚的政治精英，尽管其目标是囊括整个利比亚民众。一年后，解放委员会总部移到的黎波里。

1948年3月，四国调查委员会成员到达的黎波里塔尼亚。萨达维发表演讲，其雄辩口才立即引起轰动，民众信服。在他的影响下，除劳工党以外的所有政党都同意联合，并发布备忘录，呼吁利比亚的独立和统一，成为阿盟成员国。由于班加西协商会议的破裂，备忘录没有提及赛努西教团在未来国家独立中的领袖地位，这也表明的黎波里塔尼亚政治精英在该问题上的立场，民族主义政党和联合民族阵线之间在这一问题上进行了激烈的争吵。

1948年4月，在萨达维的协调下，各党派基本承认赛努西教团的领袖地位，同意在赛努西埃米尔的领导下，统一利比亚。但由于萨达维和萨利姆·蒙塔塞尔的个人恩怨，使得赛义德·伊德里斯不想与任何政党进行协商。

贝希尔·萨达维和萨利姆·蒙塔塞尔之间难以达成一致意见，其原因十分复杂。当贝希尔·萨达维还在埃及之时，他就寻求埃及首相的帮助来劝说赛义德·伊德里斯同意在其领导下实现利比亚的独立和统一。然而，尽管他满腔热情，急切地想将的黎波里塔尼亚和昔兰尼加两省联合起来，但却导致的黎波里塔尼亚政党的分裂。为了让有关各方在利比亚独立和统一问题上达成共识，贝希尔·萨达维主张在赛努西家族领导下实现自己的目标。联合民族阵线（United National front，al-Jabha al-Wataniya al-Muttahida）的领袖蒙塔塞尔拥护赛努西家族的领袖地位，但希望由埃及来指导。联合民族阵线经会议讨论赞同贝希尔·萨达维的主张。萨利姆·蒙塔塞尔对此不满，宣布辞职。塔希尔·穆拉伊德（Tahir al-Murayyid）当选党的主席。在新领袖的授权下，贝希尔·萨达维请求埃及首相与伊德里斯协商。为了避免问题进一步复杂化，伊德里斯建议相关

① Majid Khadduri, *Modern Libya: A Study in Political Development*, p.97.

问题在利比亚赢得独立后再解决。

萨利姆·蒙塔塞尔组织组建独立党（Istiqlal Party），追随者主要是巴勒斯坦战争后失去信心，反对贝希尔·萨达维和阿盟的一些人士，主张不受阿盟干预，实现利比亚独立以及与昔兰尼加统一。[①]

当时，利比亚独立是各政党的最终目标和理念。他们认为，要获得独立，必须有外部力量的帮助。如果英国仅对昔兰尼加感兴趣而不提供帮助，的黎波里塔尼亚必须寻求其他国家帮助。“我们必须与一些大国达成临时交易，即使是不受欢迎的交易，但只要完成我们的宏图大愿即可。”[②]他们指出，这些国家必须是西方国家。阿盟不受欢迎，苏联不受待见，法国是北非帝国主义国家，不被接受，美国对此没有兴趣。共同托管（joint trusteeship）似乎行不通。只有意大利可以托付。尽管他们对意大利既不喜欢也不信任，但仍有一些支持者寻求联合国委托意大利管理的黎波里塔尼亚。这些领袖接受意大利，最终目标是实现国家独立，意大利居民对此表示欢迎。对此，英国和意大利外交部长欧内斯特·贝文（Ernest Bevin）和康特·斯福尔扎（Count Sforza）提出了一个计划，即将昔兰尼加和的黎波里塔尼亚在独立前由英国和意大利托管。

1949年1月，贝希尔·萨达维已与英国外交部接触。在萨达维看来，英国并不希望在的黎波里塔尼亚长期承担责任。2月，他两手空空地回到的黎波里，抵制意大利卷土重来，并到开罗与阿盟讨论局势发展，支持的黎波里塔尼亚代表团参加联合国大会。就在激烈讨论谁为联合国大会代表时，萨达维突然病倒，行动不利。最后决定让阿盟驻昔兰尼加秘书长阿里·乌纳伊兹（Ali al-‘Unayzi）、曼苏尔·卡达拉（Mansur Qadara）为参加联合国大会代表，埃及人福阿德·舒凯里（Fu’ad Shukri）为助手。4月，他们到达成功湖（Lake Success）。这里也是贝文—斯福尔扎计划召开地点，该计划要将昔兰尼加和的黎波里塔尼亚由英国和意大利分别托管。萨达维

① Majid Khadduri, *Modern Libya: A Study in Political Development*, p.100.

② Ibid.

仍然想与英国取得谅解，但他与宣布贝文—斯福尔扎计划的行政长官布莱克利准将之间发生争吵，使这一希望化为乌有。

5月14日，民族主义政党和联合民族阵线（al-Jabha）的领袖召开会议，目标是成立的黎波里塔尼亚国民大会。萨达维长期反对意大利殖民，熟悉阿拉伯地区政治，成为国民大会众望所归的领袖人物。据说，学校罢课、商店关门，民众拒绝纳税，示威游行成为家常便饭，社会秩序混乱。5月17日，贝文—斯福尔扎计划遭联合国拒绝。

国民大会意识到独立的困难，决定在昔兰尼加宣布独立之日（1949年6月1日），派代表前往班加西向伊德里斯埃米尔表示祝贺，并商讨的黎波里塔尼亚问题。的黎波里塔尼亚代表团在班加西受到热烈欢迎，邀请伊德里斯埃米尔访问英国期间访问的黎波里。1949年7月19日，伊德里斯埃米尔访问的黎波里。在萨达维的影响下，国民大会表现出对伊德里斯的忠诚和对领袖的尊重。但埃米尔在的黎波里塔尼亚的未来走向方面未置可否。1949年8月，国民大会举行会议，一致同意在赛努西领导下实现利比亚的独立。

费赞地区的政治活动

按照自由法国军队与英国的协议，法国占领费赞，英国占领昔兰尼加和的黎波里塔尼亚。不过，法国政府希望费赞与法属赤道非洲联合，不鼓励费赞融入利比亚，主张费赞与阿尔及利亚加强贸易交往。[①]法国将费赞地区与阿尔及利亚南部进行行政整合。赛义德·艾哈迈德·赛义夫·纳斯尔（Sayyid Ahmad Sayf al-Nasr）与占领区的自由法国军队合作，负责管理费赞。

第二次世界大战后，少数人提出费赞自治，法国开始加强对费赞的控制。当时，费赞和的黎波里塔尼亚地区的政治精英已开始联系，后者鼓励前者反对法国的治理。其结果是，费赞的政治精英

---

① Ronald Bruce St John, *Libya: from Colony to Independence*, p.93.

开始讨论抵抗运动组织问题。1946年末，费赞成立秘密社团。阿布杜·拉赫曼·本·穆罕默德·巴尔克里（'Abd al-Rahman Bin Muhammad al-Barquli）当选社团主席，穆罕默德·本·奥斯曼·赛义德（Muhammad Bin 'Uthman al-Sayd）当选副主席。赛义德与的黎波里塔尼亚和昔兰尼加的政治精英秘密联系，反对法国统治费赞。赛义夫·纳斯尔表面上与法国合作，保护了社团的生存。

1947年，法国政府发现了社团的政治活动，逮捕了部分成员。1948年，四国调查委员会到达费赞，社团公开指责法国管理不佳，要求在赛努西教团的领导下与昔兰尼加和的黎波里塔尼亚合并。委员会离开后不久，奥斯曼·赛义德因对法国政府持敌对态度遭逮捕，并被投入监狱。后来在1950年5月联合国行政官员艾德里安·佩尔特（Adrian Pelt）访问塞卜哈时，在他的要求下，奥斯曼·赛义德无罪释放。

1949年11月21日，联合国通过决议，确认利比亚独立，法国准备让费赞自治。在联合国利比亚问题专员艾德里安·佩尔特的阻挠下，该计划暂时搁浅。1950年，法国决定成立费赞代表议会（Fazzanese Representative Assembly），并在费赞选举出一行政首脑。2月初，选举大会如期举行。12日，大会选举赛义夫·纳斯尔为费赞地区首脑。13日，地区领袖从议会成员中选出3名主要顾问，8名助理顾问。法国人掌握行政权力。赛义夫·纳斯尔与昔兰尼加的埃米尔接触，并向随后访问塞卜哈的艾德里安·佩尔特宣布，费赞民众承认赛义德埃米尔为整个利比亚领袖。他代表费赞民众表达了自己的观点，认为利比亚应该以费赞、的黎波里塔尼亚和昔兰尼加为基础成立一个联邦国家，费赞地区由他们自己管理。

的黎波里塔尼亚、昔兰尼加和费赞能够联合在一起是大国博弈，地方民族主义力量内外因素综合作用的结果。昔兰尼加和费赞在人口和资源上不抵的黎波里塔尼亚，但赛努西教团担任领导力量，奠定了自治机构的基础。在各种政治力量博弈的情势下，的黎波里塔尼亚政治精英让赛义德·伊德里斯为国家的世俗领袖。不过由于的黎波里塔尼亚在经济和人口上都占有压倒性的优势，有人担心二者合并会使政治重心向的黎波里塔尼亚倾斜，昔兰尼加和费赞或者失去应有地位，或者处于附属地位。阿布杜·哈米德·阿巴尔（Abd al-Hamid al-'Abbar）指出："昔兰尼加并不想在与的黎波里合并后被溶解。"[①] 尽管的黎波里塔尼亚缺乏有组织的领导力量，但昔兰尼加正走向独立，而赛义德·伊德里斯则成为国家统一众望所归的领袖。

三、域内外国家在利比亚问题上的博弈

大国在利比亚问题上的博弈

二战后期，德、意轴心国集团在北非遭遇重创，反法西斯战线逐渐转入意大利本土。随着意大利人的离开，英、法、美盟国力量开始主导利比亚的政治局势。1943年1月，驻乍得的法国军队占领费赞。同年5月，北非的轴心国军队在突尼斯投降，英国政府成立军事行政当局管理昔兰尼加和的黎波里塔尼亚。

作为意大利的殖民地，意大利仍然拥有利比亚的法理主权，因此战后的利比亚地位与意大利在非洲的殖民地命运息息相关。意大利虽是战败国，如果大国之间达成妥协，利比亚仍可以由意大利进行管理。1943年，利比亚政治精英向大国要求自治时，得到的答复是：与意大利签署条约后才能决定国家的未来。只有意大利宣布放弃对殖民地的国家主权，利比亚政治精英才能提出国家未来的发展规划。

意大利政府希望保留战前的殖民地，将战争责任都推给了墨索里尼。因此，墨索里尼在1943年倒台后，西格诺尔·博诺米（Signor Bonomi）领导下的意大利新政府希望保留昔日的殖民地。

① Majid Khadduri, *Modern Libya: A Study in Political Development*, p.110.

不过，这仅是意大利政府的一厢情愿。1942年，英国就向赛义德·伊德里斯做出许诺，昔兰尼加不会再次落入意大利手中。[①]马吉德·哈杜里认为，按照正常逻辑，第二次世界大战后的利比亚应该从意大利转到另一主人之手。[②]美、英、法、苏等大国都认为自己有资格成为利比亚的主人。对英国来说，的黎波里塔尼亚和昔兰尼加具有重要的战略价值。这里既是英国从直布罗陀到新加坡海上通道的重要一环，也是英国到东非、印度洋和远东的中转站。[③]在英国被赶出埃及和巴勒斯坦后，昔兰尼加还是英国在中东军事基地的一个重要替补。[④]法国人认为，费赞地区与利比亚没有任何关系。1943年，当法国占领费赞后，这里的居民过着半饥半饱的生活，十人有九人患有沙眼病，1/4人口患有疟疾。[⑤]法国人在费赞开展了一系列经济援助和社会重建工作，例如提高工人工资，缩短工作时间，开办学校，治愈疟疾，沙眼病患者数量也减少了一半。法国在费赞苦心经营，这在一定程度上表明了其独占该地区的决心。

1941年8月，美国总统富兰克林·罗斯福与英国首相温斯顿·丘吉尔在华盛顿宣布《大西洋宪章》，内容之一涉及美国处理利比亚的意图与构想。

因此，利比亚国家构建不只是受到某一殖民地宗主国的牵制，而是处于几个大国利益博弈与权力制衡的状态。他们对利比亚的前途提出种种建议，表明利比亚问题的复杂性以及东西方阵营之间，甚至西方国家内部的紧张关系。英、美、法、苏等国在处理利比亚问题上提出了不同的方案。

波茨坦会议是美、英、苏3国首脑在柏林近郊波茨坦举行的战时第三次会晤。大会在意大利殖民地问题达成的一致意见是：意大

---

① Majid Khadduri, *Modern Libya: A Study in Political Development*, p.113.

② Ibid., p.v.

③ Mary-Jane Deeb, *Libyan's Foreign Policy in North Africa*, Westview Press, 1991, p.23.

④ Anna Baldinetti, *The Origins of the Libyan Nation: Colonial Legacy, Exile and the Emergence of a New Nation-state*, p.111.

⑤〔英〕约翰·赖特：《利比亚》（下），陆茵译，上海人民出版社1974年版，第340页。

利放弃在非洲领土（包括利比亚、厄立特里亚、意属索马里等）的一切权利。[1]1945年7月18日，杜鲁门总统建议将意大利前殖民地问题（利比亚问题为其一）交给由美、苏、英、法、中五国外长组成的外长委员会。苏联想以托管方式从意大利殖民地中分一杯羹，建议各大国瓜分利比亚。美国国务卿伯恩斯和英国外交大臣艾登反对苏联的计划，建议将意大利利比亚殖民地问题暂且搁置。[2]波茨坦会议末期，各大国在利比亚问题上的立场逐渐靠近，即倾向于集体托管。英国赞同将利比亚主权和领土置于四大国控制之下。苏联赞同三国管理利比亚。[3]实际上，英国并不想管理整个利比亚，它仅对昔兰尼加感兴趣。但当看到苏联想把的黎波里塔尼亚作为其称雄地中海的战略要点时，英国遂改变想法。而各方都提及他国提出的集体托管方式，实质是在重走大国委任统治的老路。

1945年9月11日，英、美、法、苏四国外长召开伦敦会议。当时，的黎波里塔尼亚和昔兰尼加民众情绪高涨，极力反对大国干预利比亚的未来。英国外交部的胡德（Hood）勋爵提出警告，北非局势已经很危险，我们如果拿不出行之有效的办法，情况会越来越糟。[4]美国代表提出了其集体托管模式并提交大会讨论。苏联外长莫洛托夫抨击美国的建议是不切实际的，建议由苏联管理的黎波里塔尼亚。[5]莫洛托夫还保证，的黎波里塔尼亚将在十年内独立，苏联不会将社会主义制度强加给利比亚人，除非后者乐意接受。苏联之所以对的黎波里塔尼亚感兴趣，目的是在地中海获得自己的出海口。法国也反对美国的方案，戴高乐公开声明，集体托管是不切实际的，他不反对意大利管理的黎波里塔尼亚和昔兰尼加。英国外

① Henry Serrano Villard, *Libya: The New Arab Kingdom of North Africa*, p.28.

② Scott L. Bills, *The Libyan Arena: The United States, Britain, and the Council of Foreign Ministers, 1945–1948*, p.38.

③ Ronald Bruce St John, *Libya: from Colony to Independence*, p.90.

④ Scott L. Bills, *The Libyan Arena: The United States, Britain, and the Council of Foreign Ministers, 1945–1948*, p.37.

⑤ G.Grove Haines, "The Problem of the Italian Colonies", *Middle East Journal*, Vol I, No.4, October, 1947, p.422.

长贝文对美国的建议反应冷淡，同时断然拒绝了苏联的计划。[①]9月14日，美国国务卿伯恩斯提出由联合国托管利比亚的“美国方案”，联合国托管理事会将成立7人顾问委员会，行使管理权，十年后实现利比亚独立。[②]在伦敦会议上，外长委员会关于利比亚问题的讨论陷入僵局，各大国的立场相去甚远。不过，解决利比亚问题的方案日渐明晰，即在集体托管方案和联合国托管模式间做出选择。

1946年4月，外长委员会在巴黎召开会议，史称巴黎会议。英国外长贝文重提联合国托管意大利殖民地问题，而法国提出将意大利殖民地主权交与联合国，而由意大利代管。苏联建议邀请意大利参与利比亚的托管，成立由英、法、苏、美四国组成的顾问委员会，意大利充当副手，苏联管理的黎波里塔尼亚。十年后，这些殖民地实现独立。英国外长贝文随即提出反驳意见，建议利比亚立即成立一个具有主权的独立国家。[③]英国计划宣布后，立刻得到利比亚国内民众的支持。伊德里斯通电赞赏贝文的立场。[④]法国反对英国的设想，支持苏联的建议，其原因有二：一是担心英国控制利比亚；二是认为利比亚经济发展落后，还不具备独立的条件。[⑤]1946年7月15日，美国在第二次巴黎会议上提出，对于意大利殖民地问题的处理时间延长一年；如果各大国在一年内仍不能达成一致意见，就将利比亚问题提交给联合国大会；并派遣调查委员会考察利比亚民众的真实想法等。尽管巴黎会议没有取得任何实质性成果，但会议提出的成立调查委员会考察利比亚民众想法的建立，也反映出大国在博弈困境情势下寻求解决问题的务实态度，且明确了联合国大会处理利比

① Hisham Sabki, *International Authority and the Emergence of Modern Libya*, pp.41–42.

② Henry Serrano Villard, *Libya: The New Arab Kingdom of North Africa*, p.30.

③ G.Grove Haines, “The Problem of the Italian Colonies”, *Middle East Journal*, Vol I, No.4, October, 1947, p.425.

④ Scott L. Bills, *The Libyan Arena: The United States, Britain, and the Council of Foreign Ministers, 1945–1948*, p.56.

⑤ Hisham Sabki, *International Authority and the Emergence of Modern Libya*, p.46.

亚问题的基本原则。

总之，英、美、法、苏等国在对如何处理利比亚问题的谈判中经历了大国瓜分、集体托管、联合国托管与利比亚独立等方案的博弈，反映出大国在利比亚问题上具有不同的利益诉求。英国的目标是占领昔兰尼加；法国的目标是控制费赞；苏联的目标是管理的黎波里塔尼亚；美国并没有自己的固定目标，但有一点是肯定的，即防止任何一个大国控制利比亚，而使利比亚问题国际化。

域内国家和组织的基本主张

埃及极为关注意大利殖民地的前途，特别是利比亚和厄立特里亚，原因是二者历史上联系密切，地缘上极为靠近。因此，四国委员会刚在伦敦召开会议讨论签署和平协定问题，埃及就于1945年9月12日迅速提交备忘录，表示对利比亚和厄立特里亚感兴趣。备忘录表示，埃及和利比亚具有共同的纽带，二者或者独立，或者合并。埃及认为，应该在利比亚举行全民公决，让民众选择独立或者是与埃及合并。如果利比亚想独立，埃及会尊重其民众选择，也可以像其他阿拉伯国家一样加入阿盟。最后，备忘录指出，如果外长委员会反对进行全民公决，想把利比亚置于某一国家或组织托管之下，应该是埃及或阿盟。[①]

由于外长委员会在会议的初始阶段没有达成任何协议，1946年1月，埃及提交了另一份备忘录，要求自己成为意大利和平协定草拟会议的代表。尽管埃及未受邀请，但被确定为相关国家，可以在意大利殖民地问题上提出自己的看法。1946年8月21日和23日，参加巴黎会议的埃及代表提出，要修改埃及—利比亚边界，将杰格布卜、塞卢姆城镇以及其他一些地区并入埃及。

阿盟之所以关注利比亚问题，一是阿盟视自己为阿拉伯民族利益的保护者；二是他们认为，如果利比亚没有获得独立，将处于埃

① Majid Khadduri, *Modern Libya: A Study in Political Development*, p.117.

及和阿盟的集体托管之下。阿盟秘书长阿布杜·拉赫曼·阿扎姆（Abd al-Rahman ‘Azzam）对利比亚事务相当感兴趣。1945年，他向阿盟成员国提交备忘录，呼吁阿拉伯国家向大国施压，允许利比亚通过全民公决实现独立或与埃及合并。[①]1946年4月、6月和10月，阿盟陆续召开会议，支持利比亚的独立。[②]

阿扎姆关于利比亚问题的观点在阿拉伯世界较受关注。1945年9月，他向外长委员会提交了第一份备忘录，认为阿拉伯人不可能接受利比亚置于某一欧洲大国的托管之下。他向许多西方政治家宣布，埃及参与利比亚问题是不妥的，最佳解决方法是：利比亚处于阿盟的托管之下，由于地缘靠近等因素，埃及承担托管的主要职责。阿扎姆也赞同昔兰尼加和的黎波里塔尼亚联合，但他也指出，如果不能实现独立和统一，昔兰尼加可以并入埃及。[③]

从1947年9月15日意大利和平协定签署之日起，外长委员会代理人就开始为意大利殖民地问题而奔走。1947年10月3日，外长委员会派遣代表团到意大利殖民地实地调查。代表团成员与相关利益国家商量，向外长委员会提出建议，为意大利殖民地的最终归属提出意见。当时，四大国正在考虑与殖民地问题相关的其他因素，特别是1948年的意大利大选，苏联和西方国家都试图施加影响。

和平协定认为，意大利殖民地的立场应该考虑居民的愿望和福利，而不是过分关注和平和安全。四大国决定派遣调查委员会前往意大利前殖民地，委员会成员来自美、英、法、苏，其任务是探知民众的真实想法，考察这些地区的基本情况。

委员会在前意大利殖民地调查了7个月，1947年11月开始，1948年5月结束。1948年3月6日，调查团到达利比亚，5月20日离开。调查团在的黎波里塔尼亚调查40天，费赞地区调查10天，昔兰

① The Arab League, *The Libyan Question*, Cairo, 1950, pp.3–9.

② *Proceedings of the Council of the Arab League*, Fourth(Extraordinary)Session, 1946, pp.24–25.

③ *The Times*, London, June 18, 1946; and *The Spectator*, London, June 14, 1946.

尼加地区调查25天。[①]其间，委员会在罗马停留，听取了前意大利官员的意见。

调查委员会到达的黎波里塔尼亚后，民众处于一种亢奋状态，这关系到他们每个人的未来前途。自由民族集团的首领阿里·法基赫·哈桑被军事行政当局逮捕，理由是为了“确保民众能自由表达意见”。利比亚解放委员会领袖贝希尔·萨达维到达的黎波里，他在政党中影响较大，希望利比亚统一。因此，尽管各政党领导人之间存在矛盾，但各政党组成统一民族阵线（Unitied National Front）。他们提出三点意见：利比亚立刻、完全独立；利比亚各省统一；成为阿盟成员国。委员会又访问了其他一些政治影响不大的民众，后者都主张利比亚立即独立。大多数人反对意大利统治，仅有一小部分人赞同。各政党对意大利居民表示友好，并指出利比亚独立后，意大利居民将享有平等地位。调查委员会成员发现，利比亚作为国家难以自给自足，未来的发展严重依赖外援，因此都认为利比亚不准备独立。[②]

费赞是委员会访问的第二个省。委员会成员发现这里人口稀少，12.5万平方英里的面积仅分散着5万居民，经济发展极为落后，许多人国家观念模糊，满足于法国的殖民统治。不过，少数政治精英也宣布赞同利比亚的独立和统一。[③]由于这里居民生活贫困，资源短缺，委员会对费赞能否独立表示怀疑。

委员会访问的最后一站是昔兰尼加。这里的部落民希望在埃米尔领导下实现独立。除了国民大会和穆赫塔尔组织等，其他组织都要求：昔兰尼加立即并完全独立，在伊德里斯埃米尔及其继承人的领导下成立宪政政府。在此条件下，昔兰尼加可以与的黎波里塔尼亚合并。埃米尔告诉委员会成员，他很同意民众的意见，希望与英国在盟友的基础上进行合作。由于本地区资金缺乏，经济境况不佳，

① Ronald Bruce St John, *Libya: from Colony to Independence*, p.95.

② Stafford, “The Ex-Italian Colonies”, *International Affairs*, Vol.xxxv, p.53.

③ Ibid., p.108.

因此，有必要接受外援。

基于大国利益的交织，国际委员会很难对利比亚局势作出准确的评估。法国和苏联在委员会访问利比亚前夕，改变了态度，要求将利比亚归还给意大利。尽管英国和美国同意意大利托管的黎波里塔尼亚，英国托管昔兰尼加，但这些国家更希望尊重利比亚民众的选择，实现国家独立。

大国在一些最基本的问题上达成一致。从委员会报告可以看出，这里的民众渴望摆脱外国人统治，实现国家独立，不过缺乏独立的基本条件。结论是，他们渴望自由，不希望回归意大利的统治。但是由于国家贫瘠、资源短缺，国家难以自我维持（self-support），需要外国援助，才能实现独立。①委员会最终得出的结论是，利比亚并不准备独立。这引起利比亚民众的一片哗然。②法国想控制费赞，支持意大利托管的黎波里塔尼亚。苏联赞同意大利管理利比亚。利比亚政治精英仍在努力，他们依赖阿拉伯国家的支持，迫使大国改变其立场。

意大利和平协定规定，外长委员会在对意大利殖民地作出处理意见之前，必须考虑“利益相关政府”（Interested Governments）的观点。相关政府指的是与意大利签署协定的所有19个国家。两个国家要求利比亚分裂或统一。意大利要求将利比亚以及前殖民地都交给它，按照托管制度进行托管。意大利认为，墨索里尼倒台后，意大利成为反法西斯国家的盟友。因此，意大利打算放弃法西斯期间侵略的土地，但利比亚是墨索里尼上台之前获得的。意大利的主要目的是，利用这块土地吸收国内的过剩劳动力。③

埃及与利比亚存在地缘、文化和历史联系，支持利比亚统一和独立。如果四国并不准备让利比亚立即独立，埃及认为鉴于地理位置的相邻，文化上的相似和共同的历史遗产，可以在联合国

① Majid Khadduri, *Modern Libya: A Study in Political Development*, p.124.

② Ronald Bruce St John, *Libya: from Colony to Independence*, p.95.

③ Majid Khadduri, *Modern Libya: A Study in Political Development*, p.125.

授权下对利比亚实行托管。埃及还提出将塞卢姆和杰格布卜绿洲，拜尔迪耶（al-Bardiya）港口和阿尔基努（Arkinu）、欧韦纳特（'Uwaynat）和萨拉（Sara）绿洲划归埃及等要求。这些地区是在英国殖民埃及，意大利殖民利比亚期间，埃及割让给它们的。[①]

其他相关利益国家的观点差别很大，但没有领土要求。这些国家赞同联合国托管理事会托管利比亚，联合托管或分别托管都可以。关于让谁托管，苏联、巴西、捷克斯洛伐克、荷兰、波兰、乌克兰和南斯拉夫赞同意大利托管；中国主张立即独立；埃及和巴基斯坦建议让阿盟国家托管；南非联邦建议英国托管；印度主张联合国亲自托管。

调查委员会在收到报告，听取相关利益政府的意见后，向外长委员会提交了一系列建议。这些建议包括：利比亚置于一两个大国的托管之下，但在何时托管和让谁托管问题上难以达成一致意见。苏联建议让意大利托管整个国家；英国和美国建议英国托管昔兰尼加，的黎波里塔尼亚和费赞在一年后做决定；法国建议三个地区都一年后再做决定。

1948年9月13日，四大国在巴黎召开会议，主要讨论各方立场。冲突双方主要集中在苏联和西方集团。苏联放弃支持意大利托管，转而支持集体托管，这本来是美国的观点，被苏联否掉。本来赞同集体托管的英法，现在拒绝了苏联的建议。很明显，大国在利比亚问题上难以达成一致立场。按照和平协定，该问题交由1948年9月15日召开的第三次联合国大会解决。

利比亚问题提交联合国与贝文—斯福尔扎计划

1948年9月15日召开的第三次联合国大会没有时间讨论利比亚问题。该问题在1949年4月的成功湖会议上才正式提出。意大利殖民地问题是第一委员会（政治和安全）的首要议程。在巴基斯坦外

① Majid Khadduri, *Modern Libya: A Study in Political Development*, p.125.

交部长扎夫鲁拉汗（Zafrullah Khan）的建议下，委员会决定邀请意大利代表参与讨论，但没有否决权。利比亚的一些地方组织也受到邀请，如昔兰尼加国民大会、利比亚解放委员会、难民民族社团（The National Association of Refugees）、利比亚前军人社团（The Association of Libyan Ex-Servicemen）和犹太社团。第一委员会举行听证会，并发表文告。他们同意利比亚统一和独立，但在统一的形式上意见不一。

苏联代表指出，英国撤军后，联合国托管利比亚。英国和美国回应认为，联合国管理不能确保该地区实现和平，英国在的黎波里塔尼亚和昔兰尼加的军事基地是和平的需要。埃及代表也支持利比亚独立，其他国家都怀疑利比亚是否为立即独立做好了准备。①

拉丁美洲集团希望，在联合国大会第四次会议之前达成协议。他们提供的草案决议要求，如果大会认为利比亚独立是可行的话，可以有一个十年过渡期，成立委员会（包括埃及、意大利、英国和美国）提交给联合国大会第四次会议，利比亚处于托管地位。

联合国大会第一次委员会会议，表明各方在意大利前殖民地问题上存在纷争，没有达成共识的基础。拉美集团赞同意大利托管，阿拉伯—亚洲集团希望利比亚独立。但各方力量相差不大，很难产生一个主导意见。联合国随后成立下属委员会，成员包括澳大利亚、巴西、智利、丹麦、埃及、埃塞俄比亚、法国、印度、伊拉克、墨西哥、波兰、南非联邦、苏联。英国和美国专门研究各方观点。

就在下属委员会召开会议的第一天，一个意想不到的消息传来，英国外交大臣欧内斯特·贝文和意大利外交部长康特·卡洛·斯福尔扎在伦敦就意大利殖民地问题达成协议，即贝文—斯福尔扎计划（The Bevin -Sforza Plan）。该协议是双方妥协的产物。一方面，英国在第二次世界大战期间许诺不会让意大利再次统治昔兰尼加；另一方面，拉美集团支持意大利接管利比亚。贝文—斯福尔扎计划规

① Majid Khadduri, *Modern Libya: A Study in Political Development*, p.128.

定：意大利托管的黎波里塔尼亚，英国托管昔兰尼加，法国托管费赞。10年后，如果联合国大会认为时机成熟，利比亚实现独立。意大利在1951年，即英国结束军事管理后可以托管的黎波里塔尼亚。

贝文—斯福尔扎计划得到英国、美国和拉美国家的支持，阿拉伯国家、苏联等国家拒绝，理由是忽视了利比亚民众的需求。5月13日，该计划被下属委员会批准，并向第一委员会呈送如下决议：从该决议执行之日起，利比亚在10年内实现独立，只要联合国大会认为时机得当。昔兰尼加处于国际社会托管之下，由英国具体负责管理。费赞处于国际社会托管之下，由法国负责管理。的黎波里塔尼亚处于国际社会托管之下，从1950年末，意大利具体负责管理。在过渡政府期间，英国临时管理当局在顾问委员会的指导下工作，顾问委员会由埃及、法国、意大利、英国、美国，以及期间的领土代表组成。顾问委员会应该与行政管理当局商量决定处理事务。三国采取必要措施，协调各方立场，推进利比亚独立进程。托管理事会负责监督协议的执行情况。[①]决议也认为，执行协议应该由托管理事会和联合国大会临时委员会共同设计。

在第一委员会接受下属委员会决议之前，该决议受到阿拉伯国家代表的严厉批评。他们认为，决议是在联合国框架之外由英意达成的，满足了大国的野心，但忽视了本土民众的利益，更为关键的是，在利比亚统一原则已经确定的情况下，贝文—斯福尔扎计划将利比亚划分为三个政治实体，这不利于其未来的统一。[②]

贝文—斯福尔扎计划一传到的黎波里塔尼亚，这里民众群情激奋，抗议的呼声不断，甚至发生暴力冲突。阿拉伯国家得到苏联的支持，指责该计划“过于霸道、独断专行”。波兰代表指责是“给联合国背后刺了一下”，分裂了意大利殖民地，“毫不顾忌这些领土

---

① United Nations Document A/C.I/466.

② Majid Khadduri, *Modern Libya: A Study in Political Development*, p.130.

上居民的经济利益和地缘考量”。[①]巴基斯坦外交部长扎夫鲁拉汗（Zafrullah Khan）认为，该计划将利比亚分割，未来利比亚将面临着三种管理方式，三种管理语言，经济发展模式会更加不同。[②]

联合国大会最终对贝文—斯福尔扎计划进行投票表决，大多数人反对意大利托管的黎波里塔尼亚。拉美集团看到意大利托管的黎波里塔尼亚无望，转而也反对该计划，最终投票结果是14国赞同，37国反对，7国弃权。贝文—斯福尔扎计划最终破产。贝文—斯福尔扎计划被联合国大会否决，让意大利政府感到痛苦的惊讶（painful surprise）。意大利外交部长意识到殖民主义已不合时宜。此后，意大利支持利比亚统一。由于大多数国家不支持意大利托管的黎波里塔尼亚，拉美集团也不再支持贝文—斯福尔扎计划，这将意味着意大利殖民地问题将延迟到联合国第四次大会再做决定。这也表明，任何决议的通过都必须赢得拉美集团、阿拉伯国家和亚洲其他国家的支持，双方妥协才能解决问题。拉美集团坚持要求利比亚独立，阿拉伯和亚洲国家要求殖民地建立自治政府。英美大国也意识到托管制度已行不通，利比亚独立是最佳选择。苏联要求利比亚立即独立，撤离所有军事基地。法国赞同利比亚独立，但并不同意统一。[③]

联合国与利比亚联合王国的建立

近代国家构建的历史逻辑是，民族主义力量在与旧政权或外来侵略者的抗争中以政治动员为手段推进社会革命，通过革命战争创建统一、独立的国家。但问题是，利比亚内部宗教与世俗民族主义者间缺乏团结与自我组织能力，又往往被大国分化控制，故很难自发地展开集体行动，难以实现政治动员和社会革命，而大国在此问

---

① United Nations, *Official Records of the Third Session of the General Assembly*（ORTSGA）, Part II, p.528.

② Ibid., p.534.

③ Majid Khadduri, *Modern Libya: A Study in Political Development*, p.134.

题上也相互拆台，因此缺乏一个强有力的支持其国家构建的外部力量。在此情况下，将利比亚问题提交给联合国反而为利比亚国家的构建带来了转机。

1948年9月15日，英、美、法、苏四大国向联合国秘书长提交备忘录，放弃在利比亚问题上扮演主要角色，要求联合国大会决定利比亚的命运。[①]而联合国接受对利比亚问题的受理对利比亚国家构建产生了至关重要的影响。首先，刚刚诞生的联合国，引起了利比亚民众的好奇，而更为重要的是，诸多亚非拉国家的成立使利比亚民众对联合国充满期待和信任。其次，联合国成为利比亚民众政治动员的有效工具，并把大国集体决策内化为利比亚民众的价值观念。最后，联合国大会处理事情不像安理会那样实行五大国一票否决制，大会成员国在平等基础上对重大问题进行投票，获得2/3成员国表决通过，决议即可生效。

1949年4月，联合国大会召开利比亚问题第一次会议，会议成立由比利时、埃及、法国、海地、印度、新西兰、挪威、爱尔兰、苏联、英国和美国组成的利比亚问题委员会。[②]委员会在多次到利比亚进行实地调查后，向大会提交了四份报告，介绍了的黎波里塔尼亚、昔兰尼加和费赞地区政党组织提出的基本观点。昔兰尼加地区的利比亚解放国民大会呼吁利比亚独立，接受伊德里斯的领导。[③]他们反对大国（特别是意大利）托管，甚至以发动暴力袭击相要挟。[④]利比亚军人退役协会以及利比亚和东非难民社团属于亲意大利派，声称自己代表大多数利比亚人的利益，要求意大利托管利比亚，[⑤]指

① United Nations Document A/873.United Nations, *ORTSGA*, Part Ⅰ, Plenary Meeting, Annexes, 15, September 1948, p.105.

② Document A/873, United Nations, *ORTSGA*, Part Ⅱ, Plenary Meeting, Annexes 1948, p.91.

③ United Nations, *ORTSGA*, First Committee Summary Records of Meeting, 5 April-13 May, 1949. p.139.

④ Document A/873, United Nations, *ORTSGA*, Part Ⅱ, Plenary Meeting, Annexes 1948, pp.132–133.

⑤ Ibid., p.146.

责伊德里斯的统治“臭名昭著、腐朽落后且反对民主”。[①]的黎波里塔尼亚的犹太社区并不在乎利比亚的分裂与统一，其更在乎犹太社区的利益是否得到保证。[②]经过一个月的讨论，联合国大会关于利比亚问题第一次会议陷入僵局。在大国博弈之外，新增了其他非关联国家的建议，体现了联合国大会集体干预模式的特点。

一、英国的建议。1949年5月3日，英国提出自己的决议草案。内容包括：自决议履行之日起，10年后只要联合国大会认为利比亚具备条件就可以独立；昔兰尼加并入利比亚，但在过渡期间由英国托管；埃及、法国、意大利、英国和美国将根据利比亚独立期限和条件以及托管理事会的建议，将利比亚问题提交给联合国大会第四次会议审议。[③]很明显，英国人支持伊德里斯，确保昔兰尼加不落入意大利的控制，保护英国利益。英国的建议受到苏联与东欧社会主义国家的指责，拉美和阿拉伯国家也反对英国的建议，前者是因为反对英国排斥意大利参与利比亚问题，后者是因为英国剥夺了利比亚独立的权利。[④]

二、苏联的建议。1949年5月16日，苏联提出自己的决议草案。利比亚将在5年（刚开始是10年）后独立。在此期间，联合国托管理事会将按照相关协议任命咨询委员会管理利比亚。咨询委员会由9人组成，英、苏、法、意、美、埃和欧洲国家各出一人，利比亚本国出2人。[⑤]苏联的战略目的是阻止英国控制利比亚，挫败欧洲国家主导利比亚问题的图谋。

三、印度的建议。印度主张将利比亚置于国际托管之下，由联合国行使管理权。10—20年的托管期结束后，在托管理事会的建议下，由联合国大会同意后举行全民公决，决定利比亚的未来：各地

---

① Document A/873, United Nations, *ORTSGA*, Part Ⅱ, Plenary Meeting, Annexes 1948, p.147.

② Ibid., p.144.

③ Document A/C.1/446, United Nations, *ORTSGA*, Part Ⅱ, Annexes 1949, pp.19-20.

④ United Nations, *ORTSGA*, First Committee, Summary Records of Meeting, 5 April-13 May, 1949, pp.161-165.

⑤ Document A/881, United Nations, *ORTSGA*, Part Ⅱ, Plenary Meeting, Annexes 1948, p.100.

区是统一在一起，还是并入邻国。[①]

四、拉美国家的建议。拉美国家极力争取意大利托管利比亚，赞扬意大利对西方文明及其所在殖民地的贡献，认为墨索里尼时代只不过是意大利的一场悲剧，意大利托管利比亚有着宗教、文化以及种族的意义。正如秘鲁代表所说："拉丁人最具现实主义态度，擅长协调正义，意大利凭什么被剥夺捍卫自己利益的权利，罗马为世界文明作出了巨大贡献。"[②]印度强烈反对拉美国家的建议，认为将殖民地管理权委托给某一大国，后者会对殖民地施加影响，甚至将殖民地吞并。[③]印度的提议得到大多数国家的支持。拉美国家看到自己的想法难以实现，又提交了一份决议，要求将利比亚问题交给联合国大会。

五、伊拉克的建议。[④]1949年5月6日，伊拉克向联合国提交决议草案，建议利比亚立即独立。这代表了阿拉伯国家和利比亚民众的想法。利比亚民众反对意大利托管，要求立即独立，并得到大多数阿拉伯国家的支持。

就在大会僵持不下之际，美国代表杜勒斯（Dullus）建议联合国成立利比亚问题委员会分委员会，协调相关各方的立场，并在1949年5月12日前提交一份能让大多数国家都接受的报告。[⑤]分会成员为巴西、智利、丹麦、埃及、埃塞俄比亚、法国、印度、伊拉克、墨西哥、南非联盟、苏联、英国和美国。在苏联的极力争取下，波兰加入分委员会。

利比亚问题在联合国第四次大会上取得了突破。大会成员国经过投票表决，一致同意利比亚独立。美英代表团知道利比亚独立已

---

① Document A/C.1/448, Adrian Pelt, *Libyan Independence and The United Nations: A Case of Planned Decolonization*, New Haven, CT: Yale University Press, 1970, p.77.

② United Nations, *ORTSGA*, First Committee, Summary Records of Meeting, 5 April-13 May, 1949, pp.108-109.

③ Ibid., p.64.

④ Hisham Sabki, *International Authority and the Emergence of Modern Libya*, p.92.

⑤ Document A/C.1/453, United Nations, *ORTSGA*, Plenary Meeting, Part Ⅱ, Annexes 1948, p.94.

为大势所趋，决定放弃所有托管计划，赞同利比亚独立，但又要求预留三到五年的准备期。苏联要求利比亚立即独立，外国军队撤出在利军事基地。苏联的主张得到阿拉伯国家的支持。[①]拉美集团看到自己的想法难以实现，向阿拉伯国家妥协，放弃意大利托管计划，支持利比亚独立。

1949年10月11日和12月1日，17人组成的下属委员会召开会议，草拟独立草案，要求利比亚在1952年1月1日之前实现独立。经过冗长的讨论，最终达成如下决议草案：

1.利比亚包括昔兰尼加、的黎波里塔尼亚和费赞，成为一个独立的主权国家。

2.利比亚尽可能不迟于1952年1月1日之前实现独立。

3.利比亚的成立，包括政府形式都应该由昔兰尼加、的黎波里塔尼亚和费赞居民代表在国民大会里协商决定。

4.为了帮助利比亚成立政府，制定宪法，联合国大会会任命一联合国特派专员和委员会提供帮助和出谋划策。

5.联合国专员会和委员会协商，每月向联合国秘书长提交报告，汇报相关情况。

6.委员会包括十个成员：（a）埃及、法国、意大利、巴基斯坦、英国和美国各出一名代表，（b）利比亚三个地区各出一名代表，少数族群出一名代表。

7.联合国专员任命6（a）（b）中的代表，但必须与相关国家、政党代表协商。

8.联合国专员可以接受顾问委员会成员的建议，但是接受与否，接受何人建议，由联合国专员决定。

9.联合国专员可以向联合国大会、经济和社会理事会以及秘书长提供建议，针对利比亚存在的问题，联合国可以采取相应措施。

---

① Majid Khadduri, *Modern Libya: A Study in Political Development*, pp.133-134.

10. 联合国专员合作过程中的行政权力：

（a）采取各种必要措施将权力移交给独立政府；

（b）帮助利比亚政府管理领土，在政府组成和运行方面提供指导；

（c）向联合国大会提供年度报告，并将这些建议付诸实施。

11. 独立后的利比亚加入联合国。[①]

第一委员会通过了上述草案的大多数条款，利比亚独立成为无可置疑的事情。1949年11月19日，巴拿马代表提交了报告，联合国大会对此激烈讨论。伊拉克代表宣布支持委员会决议。英国代表宣布支持该建议，但对某些细节表示怀疑。英国政府宣布完全与联合国专员合作，完成委员会分配的任务。法国政府对利比亚短期能否独立表示怀疑。苏联代表团抗议，要求利比亚立即独立，并获得通过。联合国在短期内成功地解决了前意大利殖民地问题，表明了联合国具有集体行动的能力，而大国在这一问题上博弈了4年。意大利前殖民地问题的解决，增强了联合国的荣誉，为联合国解决国际争端提供了较好先例。

1949年12月21日，经过激烈讨论，联合国大会以48票赞成，1票否决（埃塞俄比亚），9票弃权的结果，通过了关于利比亚问题的289号决议。该决议内容如下：利比亚的领土范围包括昔兰尼加、的黎波里塔尼亚和费赞；利比亚不迟于1952年1月1日前成立一个具有独立主权的国家；昔兰尼加、的黎波里塔尼亚和费赞代表组成的国民大会决定利比亚宪法的内容；联合国大会成立十人顾问委员会，成员包括埃及、法国、意大利、巴基斯坦、英国与美国，以及经联合国处理利比亚问题专员艾德里安·佩尔特任命的四位利比亚领导人。英法等国将权力交给利比亚政府；利比亚独立后加入联合国。[②] 亨利·赛拉诺·维拉德（Henry Serrano Villard）认为，该决议的通过体现了英美苏法和阿拉伯国家在利比亚问题上的博弈：阿

---

① United Nations Documents, General Assembly, A/1089, November 15, 1949, pp.22–23.

② Document A/RES/338(IV)-A/RES/288(IV), United Nations, *Official Records of the Fourth Session of the General Assembly*, 1949, pp.10–13.

拉伯国家欢迎阿拉伯兄弟国家的诞生；苏联反对一切殖民统治；英国想从繁重的行政治理中解散出来；美国一直支持亚非国家构建自由与民主的国家；尽管法国不乐意看到利比亚独立，但也无能为力。[①]

利比亚政治精英在政府组成方面存在两种观点：即联邦制和集权制。昔兰尼加赛努西教团与民众担心人口占多数的的黎波里塔尼亚垄断权力，主张成立一个地方政府拥有较大自治权的联邦制政府，而的黎波里塔尼亚的民族主义者则害怕中央政府缺乏权威，赞同成立一个中央集权制政府。1949年12月2日，双方达成妥协，同意成立一个联邦制的民主政府。[②]1949年12月，联合国特派专员佩尔特到达利比亚。在国民大会中，佩尔特试图平衡三个地区的利益。但各方都想在宪法中寻求平等地位，这种平等试图掩盖各省之间在人口素质、部落传统和资源禀赋方面的客观差异。1950年7月，佩尔特要求昔兰尼加、费赞与的黎波里塔尼亚地区各自派出7名代表，组成21人委员会。随后经委员会讨论决定，提出国民大会成员的产生方式，即由三个省长各指派20名成员组成国民大会。

1951年3月，利比亚临时政府成立。10月，国民大会批准了佩尔特和占领当局共同拟定的宪法草案，共213个条款。宪法宣布利比亚联合王国是一个世袭的君主制政权，实行联邦制的政治架构。1951年12月15日，英法按照联合国大会的安排将除国防、外交以外的所有权力交给利比亚临时政府。12月24日，利比亚联合王国建立，昔兰尼加的赛义德·伊德里斯成为国王。利比亚联合王国的成立标志着利比亚国家构建的初步完成，而联合国的功劳不可磨灭。正因如此，利比亚被约翰·赖特称为“联合国之子”。[③]

---

① Henry Serrano Villard, *Libya, The New Arab Kingdom of North Africa*, p.33.

② No.13, Confidential, Paul Preston and Michael Partridge General, eds., *British Documents on Foreign Affairs: Reports and Papers from the Foreign Office Confidential Print*（简称BDFA）, Part V, from 1951 through 1956, Series G, Africa 1951, editor by Peter Woodward, Volume I, LexisNexis, 2005, p.324.

③ John Wright, *A History of Libya*, Revised and updated edition, p.169.

利比亚问题移交给联合国大会对利比亚的未来产生了决定性影响。就实际情况而言，当时的利比亚还没有任何一种民族主义力量能够凭借自己的权威，建立一个让民众信服的、具有政治合法性的政府。在联合国的推动下，宗教与世俗民族主义力量在政治共同体的建立上破天荒地达成了一定的共识，使利比亚各地结束了政治上分立的局面，具有了统一立国的基础，但民族构建与国家构建的深层次矛盾仍深植在这一新生的政治共同体之中。

在国家领导人的确立方面，面对大国博弈的复杂局面，赛义德·伊德里斯赢得了三个地区民族主义力量和部落的支持。1944年7月，流亡22年的伊德里斯回到昔兰尼加，受到各部落的热情拥戴。[①]1945年6月，在外长委员会开始认真讨论利比亚问题以前，伊德里斯的支持者给开罗的英国国务大臣传递信件，阐述了有关昔兰尼加独立，支持伊德里斯为国王的构想。1946年7月，昔兰尼加的部落首领发表声明，要求英国承认伊德里斯为埃米尔，并在昔兰尼加地区成立立宪政府。1949年7月，伊德里斯在马纳尔王宫宣布昔兰尼加独立，担任埃米尔。昔兰尼加在英国的支持下实现独立，但英国人仍保留了立法权和外交权。的黎波里塔尼亚的阿拉伯民族主义者也认同伊德里斯成为自己的国王。到1947年，的黎波里塔尼亚领导人由于没有得到英国人让他们独立的保证，并担心重新被意大利殖民，呼吁与昔兰尼加统一。昔兰尼加宣布独立后，的黎波里塔尼亚民众承认伊德里斯的领导地位，认为后者是昔兰尼加和的黎波里塔尼亚统一的不二人选。[②]费赞地区人口稀少，12.5万平方英里仅有5万居民。民众缺乏政治意识，但也要求利比亚统一，接受伊德里斯的统治。[③]昔兰尼加和费赞在人口上不敌的黎波里塔尼亚，但伊德里斯国王的领袖地位抵消了上述劣势。在这种情况下，成立一

① Scott L. Bills, *The Libyan Arena: The United States, Britain, and the Council of Foreign Ministers, 1945–1948*, p.21.

② Majid Khadduri, *Modern Libya: A Study in Political Development*, p.82.

③ Ibid., pp.122–123.

个由伊德里斯为国王，包括昔兰尼加、的黎波里塔尼亚与费赞，实行联邦制政治结构的利比亚，符合民众的利益和需要。

在一个以部落结构为主体的社会里，构建政治共同体面临着十分严峻的挑战，因为部落社会的政治忠诚多以地方忠诚和部落忠诚为主，很难上升到民族国家构建理论所要求达到的高度。昔兰尼加的部落首领明确支持联邦制，以最大程度地保持自治地位。[①]

利比亚联邦制政府面临中央、地方和国际三方面力量的现实博弈，这里面既有原来部落、超越部落的阿拉伯民族主义和赛努西宗教民族主义以及殖民地时期宗主国因素的影响，也有在创建联合政府时期所产生的现实问题。正如佩尔特指出，利比亚联邦制的现代化模式代表各地方力量在制度层面的折中调和，联邦政府现在还没有能力将松散的国家整合为一个有机整体。[②]具体而言，政府方面的博弈体现在四个方面：

第一，中央和地方之间权力制衡，互相约束。利比亚宪法第36—39条款清晰阐明了联邦政府和地方政府的权力范围。联邦政府在某些领域拥有立法和行政执行权，但是在银行、进出口贸易、税收、地下矿藏等重要领域仅有立法权和监督权，行政权归属地方政府。

第二，地方政府权力坐大，联邦政府权力弱小。利比亚联邦制度规定中央议会为地方议会负责，的黎波里、班加西和塞卜哈的省级立法会和行政会拥有较大权力。

第三，地方政府行政部门齐全而完善，各地方政府都有自己的政府首脑、议会和内阁等行政机构和官僚部门。

第四，由于难以确定班加西与的黎波里哪一个为国家首都，后来认定二者均为首都。这种安排的弊端表现明显：行政费用昂贵，

---

① Paul Preston and Michael Partridge General ed, *BDFA*, Part Ⅴ, from 1951 through 1956, Series G, Africa 1951, Volume Ⅰ, LexisNexis, 2005, p.324.

② Dirk Vandewalle, *A History of Modern Libya*, Cambridge: Cambridge University Press, 2006, p.46.

办事效率低下。随后，利比亚政府又改为班加西与的黎波里轮流担任首都。一开始是一年轮换一次，后来改为两年一换。[①]

由于联邦政府软弱，赛努西君主制政权面临着一系列国家构建难题。利比亚联合王国的成立使利比亚达成了形式上的统一，但整个国家仍然是一个松散的“大拼盘”。三大省份之间难以塑造一种政治忠诚感，更遑论在多种矛盾对立面之上构建一种国家认同。利比亚实行联邦制是不同地区之间进行妥协的结果，这为具有分裂性的利比亚三个地区披上了“国家”的外衣。从根本上讲，利比亚国家构建的独特性源于利比亚国家产生的特殊方式。

四、利比亚联合王国的建立

立宪准备

1949年12月10日，联合国大会任命联合国副秘书长艾德里安·佩尔特为联合国处理利比亚事务特派专员，帮助利比亚草拟宪法，创建国家。佩尔特生于1892年，长期在联合国工作，经验丰富。1950年1月18日，他到达的黎波里，访问了三个省。他在的黎波里发表声明，说明自己的使命：帮助利比亚民众制定宪法，成立独立政府。[②]

佩尔特在利比亚驻留三周。为了成立顾问委员会，他与相关管理国（英法）、昔兰尼加埃米尔、三个省的政治精英、重要政党进行协商。他要求伊德里斯提交一份候选人名单。3月28日，埃米尔提交了一份8人名单，让佩尔特从中挑选。的黎波里塔尼亚政党提交了一份7人名单，少数族群代表4人。佩尔特在与相关国家商量后，从上述名单中挑选4名代表。6人按照联合国大会决议由大国任命，

① Henry Serrano Villard, *Libya: The New Arab Kingdom of North Africa*, p.75.

② United Nations, First Annual Report of the United Nations Commissioner in Libya, 1950, p.39.

分别出自美国、英国、法国、意大利、埃及和巴基斯坦。该委员会通常被称为十人顾问委员会，其职责是帮助专员，提供建议。[①]1950年4月5日，利比亚顾问委员会最终成立并走马上任。联合国专员在与顾问委员会充分商量的基础上向秘书长提交年度报告。

佩尔特的主要任务就是执行联合国大会决议，让利比亚民众草拟一部宪法。佩尔特与昔兰尼加埃米尔、的黎波里塔尼亚地区政党代表和费赞地区首领协商后，决定成立一个预备委员会，三个省选出同样数量的代表，为国民立宪大会草拟宪法做准备。为此，佩尔特向顾问委员会提交计划，基本议程如下：1950年6月选举昔兰尼加和的黎波里塔尼亚地方议会；不迟于1950年7月之前选举国民大会预备委员会；建议选举方法，包括利比亚国民大会的组成，草拟宪法；1950年秋，选举并召开利比亚国民大会；1951年初，国民大会成立利比亚临时政府；1951年国民大会通过宪法，决定利比亚政府的组织形式；1952年1月前，利比亚独立并成立政府。

1950年4月，该计划原则上在顾问委员会通过，但在预备委员会的组成和功能上还有些分歧。在的黎波里塔尼亚政党的影响下，埃及和巴基斯坦代表反对成立预备委员会，理由是的黎波里塔尼亚在英国军事行政当局的控制下，选举会受到英国影响。顾问委员会要求国民大会成立自己的预备委员会。佩尔特参考各方意见指出，如果国民大会是一个选举实体，预备委员会将不得不出台一个选举法。

由于各方意见不一，佩尔特成立预备委员会的日期被推迟。埃及和巴基斯坦代表支持的黎波里塔尼亚代表穆斯塔法·米兹兰（Mustafa Mizran）的观点，坚持认为的黎波里塔尼亚不应该举行选举，因为这可能导致国家陷入混乱。相反应该任命一个机构。联合国大会决议也没有说明国民大会成立的具体思路。经过冗长的讨论，法国代表提出一个选举办法，即挑选的黎波里塔尼亚代表与各政党

① Henry Serrano Villard, *Libya: The New Arab Kingdom of North Africa*, p.51.

领袖协商，的黎波里塔尼亚有较多政党。

1950年6月4日，巴基斯坦代表提交的决议草案得以通过，决议内容如下：要求埃米尔推荐7名昔兰尼加代表；听取的黎波里塔尼亚政治精英的意见，在顾问委员会的建议下，联合国专员邀请的黎波里塔尼亚7名杰出人士，加入昔兰尼加代表。要求费赞首领从费赞地区任命7名代表，这些人不晚于7月1日之前与的黎波里塔尼亚和昔兰尼加地区代表会面，共商国是。

1950年7月25日，佩尔特邀请顾问委员会通过的候选人名单，成立21人委员会。7月27日，21人委员会举行第一次会议，通过了基本程序。[①]他们选举的黎波里塔尼亚穆夫提穆罕默德·阿布·伊萨德·阿里姆为委员会主席，另外选举两名秘书，即昔兰尼加的哈利勒·卡拉尔（Khalil al-Qallal）和费赞地区的奥斯曼·赛义德。委员会的工作包括：

一是确定国民大会人数的组成原则：即同等代表原则，即的黎波里塔尼亚、昔兰尼加和费赞地区的代表数量相同。国民大会定为60人，各省出20名代表。1950年8月7日，该决议通过。

二是提出国民大会成员通过挑选产生。费赞和的黎波里塔尼亚代表阿里·拉杰卜赞成选举原则，认为这才符合民主原则。昔兰尼加和的黎波里塔尼亚的其他人不赞成选举原则，他们认为选举要经过长时间筹备，的黎波里塔尼亚进行选举还不成熟。原因在于，政府机构还没有成立，如果举行选举，英国政府会影响选举结果。[②]佩尔特协调各方立场，费赞代表接受了选举原则，条件是的黎波里塔尼亚的主要政党仅是国民大会代表，不能代表任何政党。10月12日，通过决议，要求的黎波里塔尼亚通过选举产生国民大会成员。10月13日，决议要求昔兰尼加埃米尔、费赞地区首脑负责挑选昔兰尼加和费赞地区代表。不迟于1950年10月26日之前提交给21人委员会。

三是通过了最终决议文本。10月15日，21人委员会召开会议，

---

① Henry Serrano Villard, *Libya: The New Arab Kingdom of North Africa*, p.35.

② Majid Khadduri, *Modern Libya: A Study in Political Development*, p.52.

讨论国民大会第一次会议召开的日期和地点，并决定国民大会召开日期是11月25日，会议地点是的黎波里，最终决议文本如下：国民大会包括60名成员；昔兰尼加、的黎波里塔尼亚和费赞地区在国民大会的代表数量相等，即各20人；国民大会的代表通过挑选的方式产生；昔兰尼加地区代表由埃米尔穆罕默德·伊德里斯·赛努西挑选，费赞地区代表将由赛义夫·纳斯尔挑选。按照21人委员会中的黎波里塔尼亚代表的建议，的黎波里塔尼亚的代表由委员会主席穆罕默德·阿布·伊萨德（Muhammad Abu al-Is'ad）经过与有关各方协商后草拟候选人名单，不迟于1950年10月26日提交给21人委员会。决议的复印件将发给埃米尔和艾哈迈德贝伊（Ahmad Bey），即非国民少数民族不允许参与国民大会。国民大会第一次大会将在1950年11月25日在的黎波里召开，会后会决定下一次会议的召开日期和地点。[①]昔兰尼加代表团提出利比亚政府组成形式应该是联邦（federal）或者君主制（monarchical），昔兰尼加的埃米尔是国王。的黎波里塔尼亚的穆夫提由于在候选人问题上难以达成一致，在10月26日难以提交名单，时间一再推迟。10月30日，穆夫提提交了名单，但遭到阿里·拉杰卜和扎卡拉伊（Zaqalla' i）的严厉批评，理由是他没有与所有政党和个人商议。不过，提交的名单最后经投票通过。

联合国大会内部各方的态度

按照1949年11月21日联合国大会决议，佩尔特必须每年提交年度报告。1950年9月，联合国大会召开不久，佩尔特就提交了他的第一份年度报告。联合国大会审议报告后提出三项建议：一是苏联代表提出的利比亚统一和外国军队撤离的要求；二是按照民众希望成立政府机构；三是阿拉伯等亚洲国家强调利比亚立即独立，将国家权力早日移交给独立的利比亚政府。这三大建议最后形成一项

① Majid Khadduri, *Modern Libya: A Study in Political Development*, p.149.

决议草案，即：联合国专员将在利比亚委员会的帮助下，采取必要措施，与相关各方合作，尽早、彻底、完全执行1949年联合国大会决议，即利比亚的独立和统一。10月19日，草案决议经政治委员会讨论投票表决通过。

1950年11月16日，联合国大会讨论决议，批评之声再起，主要集中在利比亚国民大会的成立方式。苏联代表指出，英法没有对大会决议产生影响，指责他们故意肢解利比亚。出于这个原因，苏联代表团提交了决议草案，要求利比亚统一，外国军队撤离。

阿拉伯国家代表主要抨击利比亚国民大会的不民主，将三个省分为自治的单元。英国、美国和拉丁美洲代表团支持政治委员会提出的决议草案，指出尽管利比亚国民大会并不是选举产生的，但成立的程序符合联合国大会1949年决议的规定。佩尔特指出，他会向顾问委员会建议，并与利比亚国民大会建立联系。建议包括如下几点：第一，国民大会通过的宪法应该是一个临时草稿，最终形式要求批准通过。如果必要的话，可以让利比亚民众选举产生的议会进行修改。利比亚国家可以具有稳固的政治基础。第二，为了协调国内的两股政治力量，议会应该包括两个机构，小参议院（small senate）和众议院（popular chamber）。前者由三块领土上的代表选举产生；后者由全体民众选举产生。众议院有资格制定国家预算。第三，利比亚政府应该为众议院负责。①

尽管佩尔特言辞雄辩，许多代表支持政治委员会的决议草案，但埃及代表认为，利比亚国民大会应该通过选举方式产生。佩尔特指出，如果按照决议草案的安排，国民大会在1951年1月之前召开，从1950年11月到年底仅有44天。他又补充说："在如此短的时间内，进行国民大会选举是绝对不可能的事情"②。埃及代表并没有理会佩尔特的警告，在阿拉伯国家的支持下坚持要求通过正当的选举，

① United Nations, Official Records of the General Assembly, Fifth Session, 1950, Vol.I, p.412.

② Ibid., p.416.

选出一个有代表性的国民大会。[1]土耳其代表建议，在有限的时间内进行正常的选举。佩尔特对此否定，认为很可能为利比亚带来意想不到的后果。[2]最终埃及代表提案遭否决，决议草案得以通过，联合国大会通过此举结束了国民大会合法性问题的争论，批准了制定宪法的具体步骤。这一决议鼓励了佩尔特在各种反对力量声中继续推动利比亚向独立国家发展。

1951年1月23日，佩尔特向国民大会建议：国民大会准备的宪法应该以临时宪法的形式颁布，需要最终的批准和修改，如果必要的话，需要由利比亚全体民众选举出的议会批准和修改。宪法规定应该提交议会，议会由两院议员组成，小的参议院议员代表从三个地区选举产生，众议院由利比亚全体民众选举产生。众议院拥有控制国家预算的职能。利比亚政府，也就是利比亚内阁，为众议院负责。佩尔特的决议在联合国通过。

1951年4月3日，佩尔特给国民大会主席写信，国民大会在1950年11月25日召开。佩尔特在信件中指出，他在提交宪法草案时，删除了“草案”（draft），原因在于：按照1949年11月21日联合国决议，“草案”一词削弱了利比亚宪法的权威。

佩尔特提交利比亚委员会的信包括四点建议：

（1）由于国民大会采取联邦制度，他建议参众两院在选举的基础之上产生，参议院一些成员应该被任命为国家首脑，这些成员是一些不同族群和宗教背景的公众人物。

（2）利比亚委员会提出了两套不同的宪法制定模式：一是修改宪法，要求三分之二通过来实施；二是经过一段时期的实验重新制定。前一种可能修改宪法的大部分内容。佩尔特认为利比亚国民大会可能选择实用的后一种，原因是国民大会不是通过选举产生的，而是被任命的政治实体；利比亚没有现代意义上的宪政政府先例，只有经过若干年实验，才能通过民主程序决定国家结构是否需要

---

① Majid Khadduri, *Modern Libya: A Study in Political Development*, p.153.

② United Nations, Official Records of the General Assembly, Fifth Session, 1950, Vol.I, p.416.

改变。

（3）他建议采用部长对议会负责的政治原则。他警告，僵化使用这些原则会导致政府不稳定，要求内阁对众议院负责。

（4）他在1950年11月16日联合国大会上声明，并在1951年1月23日的利比亚大会上宣布，众议院控制国家预算，拥有财政事务的最后决定权。[①]

建立临时行政政府机构

1948年后，英国管理下的的黎波里塔尼亚仅仅是一个自治政府。在费赞，法国军事行政当局管理的政府一直持续到1950年。当时赛义夫·纳斯尔当选为议会代表，但行政当局仍然受法国人控制。1949年6月1日，昔兰尼加成立阿拉伯人管理的自治政权。

1949年11月21日，联合国安理会通过决议，允许利比亚独立。1950年3月25日，的黎波里塔尼亚国民大会在塔朱拉召开会议，通过了许多决议，包括执行联合国决议，但没有提及成立利比亚政府。1950年11月，利比亚国民大会召开会议，认为应将三个省整合起来，成立一个临时国民政府。1951年2月21日，国民大会通过决议，邀请待命的国王（1950年12月2日被称为未来的国王）挑选的黎波里塔尼亚和费赞地区临时政府成员，这是成立利比亚联邦政府的第一步。1951年3月，利比亚各地临时政府成立，待利比亚宪法通过后，做最终调整。[②]

伊德里斯候任国王在与各政党领袖、社会名流就成立临时政府进行协商后，国民大会于3月29日召开会议，通过决议任命了临时联邦政府。

国民大会决议主要包括：（1）自1951年3月29日成立临时联邦政府，其功能有：与联合国专员接触，按照联合国大会1950年11月17日的决议，利比亚两个权力机构渐进地移交权力，确保在

---

① Majid Khadduri, *Modern Libya: A Study in Political Development*, p.159.

② Henry Serrano Villard, *Libya: The New Arab Kingdom of North Africa*, p.53.

1952年1月1日之前完成权力移交，条件是符合宪法规定。联邦政府和地方政府之间的权力移交事务由国民大会决定。（2）对内阁主要成员的任命：赛义德·马哈穆德·蒙塔塞尔（Sayyid Mahmud al-Muntasir）——总理、司法大臣、教育大臣；赛义迪·阿里·基尔比（Sayydi ‘Ali al-Jirbi）——外交和卫生事务大臣；赛义德·奥马尔·欣尼卜（Sayyid ‘Umar Shinnib）——国防大臣；赛义德·曼苏尔·卡达拉（Sayyid Mansur Qadara）——财政大臣；赛义德·易卜拉欣·本·沙班（Sayyid Ibrahim Bin Sha’ban）——交通大臣；穆罕默德·本·奥斯曼·赛义德（Muhammad Bin ‘Uthman al-Sayd）——国务大臣。（3）国民大会主席将把相关决议传达给相关行政当局。（4）临时政府的功能就是规划和协调各行政机构的工作，与协调委员会合作为权力移交准备行政和预算规划，以便将国家权力移交给利比亚政府。

国民制宪会议与利比亚独立

利比亚成立国家之前必须着手制定一部宪法。利比亚顾问委员会建议，成立国民大会，在各政党领袖的推荐下，通过任命而不是选举的方式，产生制宪成员。贝希尔·萨达维领导下的国民大会党（National Congress Party），感到很满意，因为21人委员会的7名成员中有4人来自的黎波里塔尼亚地区，一人是国民大会党成员。然而，的黎波里塔尼亚穆夫提提交了一份21人委员会代表名单，该名单没有经过国民大会党批准，后者指责国民大会不是经过选举产生的，而是任命产生的结果。埃及和巴基斯坦代表已经在21人委员会上质疑国民大会的合法性，国民大会党挑拨民众示威游行，抗议委员会任命是非法行为。

阿盟秘书长阿布杜·拉赫曼·阿扎姆（Abd al-Rahman ‘Azzam）激烈地批评国民大会的合法性。由于国民大会党成员对埃及友好，在国民大会中失去影响，阿扎姆建议阿盟政治委员会拒绝承认即将成立的利比亚国家。[①]

阿扎姆的发言在利比亚特别是昔兰尼加和费赞地区引发了尖锐的批评。由于其声明在意大利报纸发表，给民众印象认为阿扎姆想与意大利友好，出卖利比亚利益。1951年3月17日，阿盟委员会通过决议，建议阿拉伯国家不要承认国民大会通过的宪法和政权。[②]这一态度不仅让昔兰尼加和费赞地区首脑感到失望，也让保守的的黎波里塔尼亚人感到失望，他们认为这是对利比亚宪法的破坏。因此，1951年1月17日，国民大会召开会议，并派遣代表团向阿盟委员会解释利比亚人的观点。1月22日到2月8日，代表团抵达开罗，抗议阿扎姆的声明，并向埃及外交部长穆罕默德·萨拉赫丁（Muhammad Salah al-Din）以及阿拉伯代表团解释了利比亚内部局势。穆罕默德·萨拉赫丁承认国民大会的合法性，但他坚持同意艾德里安·佩尔特的观点，即草拟宪法应该由选举产生的利比亚议会批准。其他阿拉伯代表团，特别是伊拉克和黎巴嫩都支持利比亚的观点，坚持认为利比亚宪法问题是一个国内问题，阿盟无权干预。[③]利比亚代表团向埃及媒体解释了利比亚人的观点，阿盟秘书长和利比亚国民大会党也都认同这些观点。

事实上，早在国民大会着手考虑草拟宪法之前，1950年12月通过的基本法已颁布实施。基本法规定，利比亚是一个联邦国家，昔兰尼加和费赞代表支持，的黎波里塔尼亚代表勉强接受，希望这是利比亚走向统一的重要步骤。1950年11月2日，国民大会顺利通过联邦制立法。1950年12月2日，利比亚通过建立君主制政权和联邦制度的决议。12月4日，国民大会继续召开会议任命宪法委员会来草拟宪法，宪法委员会由18人组成。为加速宪法草拟进度，委员会成立次委员会，由6人组成，各省2人，称为工作组，主要任务草拟

① Majid Khadduri, *Modern Libya: A Study in Political Development*, p.165.

② Arab League, *Proceedings of the Council of the Arab League*, Fifteenth Session, 1951, pp.84–85.

③ The Report of the Delegation to the National Assembly, *Proceedings of the Libyan National Assembly*, pp.33–35.

宪法的各个部分，并呈送给委员会。①

1950年12月6日，委员会召开第一次会议。12月11日，宪法草拟工作组召开第一次会议，讨论联邦政府和地方政府的权力分配问题，提出原则上外交、国防、财政、金融、司法、教育与卫生由联邦政府负责。1951年3月19日，关于权力分配的草案计划完成，并呈送委员会研究。5月17日，该草案获得通过。在充分参考埃及、伊拉克、叙利亚、外约旦和人权宣言的基础上，工作组草拟了权利法案。

关于国王的特权，主要以许多阿拉伯国家宪法，特别是伊拉克宪法为基础，规定国王有批准法律的权力。没有得到国王认同的法律必须提交议会重新考虑。内阁向代表议院负责，内阁决议要求三分之二成员通过方有效。

委员会在如何选举议会成员问题上各执一词。有人指出，参议员应该由国王任命。利比亚在制宪问题上没有经验，让国王任命一些经验丰富、德高望重的人物，更有利于议会的发展。这一决定要在宪法中体现。下议院议员的选举方法引发许多争议。一些人认为，联邦议会成员应该从省级议会中选举产生，该议会基本上能代表省。其他人则认为，按照省选举法，各省都可以选举自己的代表。这将意味着，利比亚存在着三种不同的省级选举法。联邦政府与省级政府最终达成妥协："按照联邦选举法的规定，代表议院成员将包括从三省中选举出的代表。"②

工作组反对佩尔特的建议，要求修改宪法。佩尔特指出，像利比亚这样的国家，以前没有制宪经验，过几年后可能需要修改宪法，因此，建议宪法运行几年后进行修改。首都设在哪里一直悬而未决，交给宪法委员会决定。佩尔特已经草拟了权力移交的具体方案，工作组和宪法委员会将相关方案提交给国民大会。8月18日，上述相关文件被批准。工作组举行了96次会议，修改草案，以便让宪法委

① *Proceedings of the National Assembly*, pp.12–14, 153.

② Pelt's *Second Annual Report*, 1951, p.18.

员会批准。宪法委员会也举行了25次会议，对工作组的草案未作较大改动。

国民大会对一些有争议的条款进行改动。1951年9月10日，国民大会开始讨论宪法草案，但一直没有进展。9月29日，国民大会在班加西召开，艾德里安·佩尔特、伊德里斯等人讨论分歧，解决争议。10月2日，国民大会再次召开会议，讨论宪法草案。相关讨论有：移民问题，昔兰尼加代表建议移民权由省级地方政府决定，最后通过一些附加条款解决了这一难题。王室的特权也是争论的焦点。昔兰尼加代表认为，国王权力太小，议会权力太大。他们指出，利比亚刚刚建国，政治上没有经验，实现彻底的民主制度不符合国家利益。这一观点代表了族长制社会（patriarchal society）的政治理论，的黎波里塔尼亚地区代表对此提出不同意见。他们指出，不要考虑国王的个性，因为他已经赢得了尊重。为了弘扬联合国决议精神和国家未来的良性发展，有必要建立一个民主的议会。国民大会同意了这一原则，批准了前92条款。

在佩尔特的推荐下，工作组同意将文本中的“2/3大多数”替换为议会中的绝大多数成员。10月3日，国民大会召开会议，决定接受修改条款。

联邦政府收入问题也引起讨论。国民大会原则上接受关税应该在联邦政府的法律范围内收取。

关于首都地点有两种观点：一种建议将的黎波里和班加西都定为首都；二是将的黎波里定为联邦政府的唯一首都。前者是昔兰尼加代表提出的，后者得到的黎波里塔尼亚和费赞代表的支持。最后，前者得到支持，由国民大会批准。

1951年11月1—6日，国民大会召开7次会议讨论选举法草案。在佩尔特的建议下，主要参考了伊拉克的选举法，选举法草案进行了多次修改。

国民大会一直存在到利比亚宣布独立。总之，国民大会成功地为利比亚国家构建搭建了宪法架构，国民大会成员都自我约束，以大局为重，团结一致，求同存异。国民大会也经常听取反对者的声音。艾德里安在联合国报告中指出，他很满意国民大会的工作业绩，后者很尊重他的建议。[①]

1951年2月21日，国民大会决定采取联邦制度，通过决议成立地方政府，接受权力移交。由于地方势力的反对，英国政府没有在的黎波里塔尼亚召开国民大会，仅仅成立地方政府，行政长官发布过渡权力公告，待国王批准，并在1951年3月成立政府。首席行政长官主持的行政委员会按照1951年3月8日国民大会决议，批准成立摄政委员会。过渡权力机构声明，国家内部权力移交给本土人控制，行政委员会停止存在，首席行政官员成为英国公使。行政委员会的副主席马哈穆德·蒙塔塞尔为的黎波里政府首脑。艾德里安·佩尔特建议新成立的地方政府名为“行政机构”（administrations），而不是“政府”。

英国公使和部长委员会（也称摄政委员会）平衡分配了政府权力，后者权力包括：管理公共设施，控制农业、教育和公共卫生。英国公使的权力包括：立法和金融事务，如捍卫领土，从事外交关系。不过，各部门首脑都是本地人担任，但有若干英国顾问帮助。1951年12月24日，利比亚联邦政府成立，的黎波里塔尼亚、昔兰尼加和费赞三个联邦政府成为省级政府。在此期间，英法逐渐实现了权力移交。在艾德里安的监督下，利比亚成立协调委员会，具体负责权力移交事宜。

1951年12月24日，伊德里斯国王在班加西的马纳尔王宫宣布国家独立，颁布宪法。他说：

> 我很高兴地向高贵的利比亚人民宣布，按照1949年11月21日的联合国决议和我们不懈的努力，我们热爱的国家，在真主的帮助下获得了独立……

---

① Pelt's *Second Annual Report*, 1951, p.21.

我宣布，从今天起，利比亚正式成为一个独立的主权国家，遵从1950年12月2日利比亚国民大会决议，我将担任“利比亚联合王国国王陛下”这一职务。

我们也欢迎将1951年10月7日国民大会通过的宪法付诸实施，我们希望国家的生活符合宪法原则，我们也希望按照宪法的规定行使我们的权力……

在这神圣的时刻，我非常缅怀昔日的英雄。[①]

① Majid Khadduri, *Modern Libya: A Study in Political Development*, p.214.

第六章　利比亚联合王国的兴衰

约翰·赖特认为：如果说生存是任何国家的第一目标的话，按此标准，利比亚联合王国乏善可陈。[①]这个松散的联合王国艰难维系了18年，历经11位首相，40多届内阁的轮换，应对内外各种困局和巨大社会变迁。[②] 利比亚联合王国的现代发展之路，具有初始现代化的诸因素；同时，作为在殖民主义背景下人为炮制出来的新国家，其现代化又具有明显的传导性和一定的创新性，形成了一种独特的现代化发展样貌。利比亚曾经是奥斯曼帝国的边缘地区和意大利的"第四海岸"，国家构建是在封建帝国和西方列强双重统治的基础上由三个不同地区整合而成。建国伊始，利比亚就存在实施联邦制或集权制两种主张的分野，它折射出关于利比亚未来发展和现代化模式的不同选择。利比亚早期现代化道路之争注定了利比亚从传统社会向现代社会的转型不可能一帆风顺，这取决于利比亚固有的政治和经济形态以及现代化客观条件的种种局限。

一、制度与机构建设

宪法与联邦制度

利比亚联合王国是大国博弈、世俗宗教民族主义以及联合国斡

① John Wright, *A History of Libya*, Revised and updated edition, London: Hurst & Company, 2012, p.177.

② Ronald Bruce St John, *Libya: from Colony to Independence*, Oxford: Oneworld, 2009, p.174.

旋多种力量角逐的产物。

独立之初的利比亚，国家积贫积弱，经济与社会面临严重挑战。就农业来说，利比亚耕地贫瘠，肥力不够，降雨量少，沙漠强风很容易将肥沃土壤吹走。农耕方式原始而简陋，偶尔还有蝗虫灾害，致使农业生产十分落后。工业部门也并不比农业强。利比亚缺乏原材料、资本、训练有素的高技能劳动力，以及工业发展所必需的一系列因素，如电力等能源。国家经济收入主要依靠出口蓖麻、细茎针草，在二战战场垃圾中寻找金属，以及国外盟友提供的援助。[①]1950年，人均收入仅仅35美元，在阿拉伯世界属于最低的。[②]二战对利比亚社会秩序构成严重破坏。作为北非战场之一，英法占领利比亚后并不想进行经济重建，因为利比亚的未来一直是一个未知数。1942年，利比亚境内的意大利银行分行都关闭，直到1951年才开放。二战期间，利比亚境内埋藏了大量地雷，估计多达1200万枚，这些地雷妨碍农业发展，限制交通运输，污染空气和土地。利比亚还缺乏推动经济发展的劳动力，原因有二：一是人口数量少。独立之初，利比亚人口不到100万，尽管年出生率高达4%，但医疗条件落后造成死亡率较高，人口增长率不到1%。[③]二是民众文化素质低。由于没有受教育机会以及职业培训机构的缺乏，导致文盲率高达90%，人口文化素质亟待提高。拥有大学学位者仅16人。[④]当然，独立之初的利比亚也具有一些优势：一是没有教派之争，100万逊尼派穆斯林没有与非阿拉伯穆斯林（包括柏柏尔人、图布人与费赞黑人）发生冲突。二是没有分离主义族群。20世纪40年代，4万犹太人已经移民到以色列。三是与邻国也没有边界冲突与纠纷。[⑤]上述便就是独立之初利比亚的经济与社会形势，也是利比亚政治制度构建的基本国情。

---

① Henry Serrano Villard, *Libya: The New Arab Kingdom of North Africa*, p.4.

② John Wright, *A History of Libya*, Revised and updated edition, p.3.

③ Ronald Bruce St John, *Libya: from Colony to Independence*, p.245.

④ Henry Serrano Villard, *Libya: The New Arab Kingdom of North Africa*, p.4.

⑤ John Wright, *A History of Libya*, Revised and updated edition, p.182.

利比亚包括昔兰尼加、的黎波里塔尼亚和费赞省，其政治结构是三个省组成的联邦制。利比亚联邦政府的权力有限，省级政府有较大权力。联邦政府的权力分为两类：一是立法和行政权；二是其他权力。

宪法规定的利比亚联邦政府包括如下权力：（1）外交、领事和商业代表权；（2）联合国事务和具体代理机构；（3）参与国际会议；（4）与战争或和平有关的事务；（5）签署或执行条约和协定；（6）制定护照和签证的具体规则；（7）移入或移出利比亚；（8）接纳或驱逐外国人；（9）与国籍有关的事情；（10）与外交事务有关的事务；（11）陆海空军的训练和维护，以及招募军人；（12）与国防工业有关的事务；（13）与陆海空军工厂有关的事务；（14）各种国防武器，包括火炮、弹药与炸药；（15）与战争法有关的事务；（16）原子能及其相关产品；（17）国防；（18）航空公司以及相关协议。其他权力包括：成立公司、银行与进出口组织批准权；征收收入税；垄断与特许权；地上的财富矿藏的所有权；各种保险；人口普查；船只和航海；联邦政府认为与国际航行有重要性的主要港口管理权。

利比亚提供了一个联邦制国家权力分配的典型个案。省级政府权力较大，联邦政府在很大程度上依赖于地方政府，诸如税收、移民、举行人选等，联邦政府必须依靠地方政府进行。不过，省级政府在任何情况下都不能取消联邦政府的法律，这也表明联邦政府拥有最终决定权。利比亚联邦政府拥有立法和执行权，原则上有权监督其他省份。

联邦制是利比亚三省份实现统一的有效方式：没有联邦制，昔兰尼加和费赞都不会放弃自治地位。作为一种政治手段，联邦制可以消弭利比亚部落杂糅、相互倾轧的混乱局面。联邦制不应该被看作是一种僵化的体系，这是一种较为灵活的政治架构，有助于协调各省之间的关系。

政治架构

君主制政权的性质在利比亚宪法颁布之前就已经确定，这是由塞努西家族在利比亚历史上所扮演的角色决定的。在大国的支持下，伊德里斯成为国王。早在1949年，伊德里斯国王就被称为埃米尔。昔兰尼加和的黎波里塔尼亚地区分别在1920年和1921年承认伊德里斯为领袖。正如1950年12月2日国民大会通过的基本法所说，新政权是“宪政的、民主的和具有代表性的。”① 1951年10月7日，国民大会通过的宪法确认利比亚为君主制政权，作为君主政体的国王从理论上来说具有至高无上、神圣不可侵犯的权力。②宪法的具体内容包括：

第一，详述了王位继承规则。王国的王位实行世袭制，并对以下两种特殊情况做出具体规定：一是如果新国王年纪尚幼或没有执政能力，大臣委员会将在议会同意的情况下任命摄政王，代为治理国家，直到国王有能力执掌政权。二是在王位空缺的情况下，议会应该举行两议院联合会议在10天内任命一个继承人。两院内阁3/4成员出席，投票要求2/3成员同意方可。

第二，规定了国王的具体权力和管理范围。利比亚宪法规定，国王是国家的最高行政首脑，军队的最高指挥官。其权力包括：批准并强制执行法律，发布戒严令，可以在议会空缺期间举行大选，召开、中止、延长或解散议会。议会闭会期间，国王可以采取紧急措施，只要不违反宪法即可。国王不对任何人负责，他是神圣不可侵犯的，免除各种责任。国王可以挑选首相，并任命其他大臣，可以解除首相职位，在首相的建议下罢免大臣。国王可以任免各省总督。国王可以在首相的建议下授予军衔、减免刑罚，没有国王的同意，不得执行死刑。国王负责处理对外关系，他可以在外交部长的建议下任命或解除外交大使。国王有宣布战争的权力，在内阁的建议下缔结和平协定。

第三，规范了内阁的基本构成。内阁由首相和相关大臣组成，这些人必须是利比亚人，不包括王室成员。内阁主要负责利比亚国

① Henry Serrano Villard, *Libya: The New Arab Kingdom of North Africa*, p.49.

② Ronald Bruce St John, *Libya: from Colony to Independence*, p.115.

内外公共事务，大臣对下议院负责。如果下议院通过对内阁的不信任案，内阁必须辞职。上述决定涉及某一部门，大臣必须辞职。大臣们不允许在其他部门任职，也不允许购买或租赁国有财产，更不允许直接或间接从事与政府部门有关的商业活动。内阁在首相的主持下召开会议，在执行前交给国王批准。如果首相辞职，或被解除职务，所有大臣都必须辞职或解除职务。

第四，阐明了议会的运行规则。立法权属于议会和国王。议会由两大议院组成，即参议院和代表议院组成。参议院代表来自各省，包括24名成员，各省占1/3成员。参议员中的1/2成员由国王任命，另外1/2由省立法议会选举。任命的参议员都是利比亚的德高望重人士，王室家族成员可以不经选举，直接任命到参议院。参议员的年龄不小于40岁，任职期限为8年，每4年替换1/2。前一届议员可能被再次任命或选举。参议院主席必须由国王批准。

代表议院议员经选举产生，每2万名男性成员中选出1名代表，每省代表不少于5名。议员年龄在30岁以上，通过秘密投票直接选举。代表议院议员的任期一届为4年，从11月的第一周开始。妇女不享有投票权，男性参与投票，其条件是：（1）利比亚公民；（2）25岁；（3）智力健全；（4）没有犯罪记录；（5）无债务；（6）非武装部队或警察。候选人如参加选举，需符合如下条件：（1）13岁以上；（2）在过去5年，没有因违规选举而判处6个月以上的刑期；（3）能阅读和书写阿拉伯语；（4）非王室成员。

代表议院可以发起立法活动，参议院和代表议院通过的法律必须经过国王确认，在30天之内颁布。如果国王不想颁布此法，可以驳回议会再进行考虑。如果法律再次被2/3多数通过，则国王必须在30天之内将之颁布执行。议会成员可能会提出问题，并要求部长在8天内作出解释。议会成员绝对言论自由，享有豁免权。他们不能被随意逮捕或审判。

第四，明确了各省治理结构与立法会的权利。各省总督称为瓦利，由国王任命或罢黜。瓦利代表国王，向国王负责。他批准国民大会通过的法律，并发布命令执行。他可以在国王的名义下召开、解散省立法会议，可以参与立法会的讨论，但在立法会里没有投票权。瓦利的命令必须由行政委员会的首脑和纳兹尔（Nazirs）确认。但以下情况除外：（1）任命行政委员会的首脑，必须由国王签署；（2）纳兹尔的任命，必须由行政委员会首脑确认，国王签署。立法会制定的法律，如果瓦利认为与利比亚宪法不符，可以向最高法院提出进行审查，如果最高法院认定不违反宪法，则瓦利必须在30日内颁布执行。

行政委员会向各省立法会负责，如果省立法会中的2/3成员投否决票，行政委员会首脑必须辞职。各省的立法会颁布法律。立法会成员中的3/4成员必须经选举产生。的黎波里塔尼亚有40人，昔兰尼加有20人，费赞地区有70人。的黎波里塔尼亚立法会的30名成员，昔兰尼加立法会的3/4成员，费赞立法会成员都经选举产生。

由于伊德里斯国王没有子嗣，其弟赛义德·穆罕默德·里达（Sayyid Muhammad al-Rida）被立为储君。1955年夏，赛义德·穆罕默德·里达去世。1956年10月，国王又任命赛努西家族的又一成员，其外甥赛义德·穆罕默德·哈桑·里达（Sayyid Muhammad al Hasan al-Rida）为王位继承人。从1951年政府成立起到1961年，利比亚共经历七届内阁。与其他阿拉伯国家相比，利比亚内阁变换比较频繁。

1952年3月，选举参议院。3月25日，第一届议会召开会议。自此以来，议会定期召开会议。刚开始参议员有8人来自各省，都由国王任命，由于缺乏省级立法会，这些参议员一直留任到1956年。1956年，国王从各省任命了4名参议员，各省立法会选举了4名参议员，在任8年。1960年，按照宪法第98条款，通过抽签的方式，让一半任职8年的议员退休，空出的议员一半由国王任命，一半由省级立法会选举。因此，每4年替换一半的议员，这些人任职8年。昔兰尼加的城市居民经常抱怨，部落代表过多。昔兰尼加和的黎波里塔尼亚居民批评，乡村和部落地区的选举由政府控制，当选者经常是支持政府的人士。

各省地位在利比亚独立后经历了一系列变化。1949年，昔兰尼加完全实现自治。独立后，其地位与的黎波里塔尼亚和费赞同等。

行政、司法与政党

在意大利管理期间，利比亚分成四个省：即的黎波里、米苏拉塔、班加西和德尔纳。各省再细分为不同地区。省和地区都置于总督的控制之下，总督最终为罗马的意大利政府负责。

在英国军事管理期间，利比亚的行政制度稍有改动。各省处于军事管理之下，被细分为许多区（mutasarrifiyya），由区长（mutasarrif）管理。每个区又细分为县（mudiriyas），由县长（mudir和na'ib）管理。的黎波里塔尼亚被细分为四个大的区，由区长（Kabir al-Mutasarrifin）管理。各城都有一个市镇当局（municipality），首脑是市长（ra' is），后者主要由地区的区长担任。

英国控制利比亚后，开始任命利比亚人担任行政官员。利比亚临时政府成立后，人数逐渐增加。英国人逐渐减少，仅剩下一些技术顾问。利比亚成立公务员委员会，由英国人和利比亚人组成，主要从各省为联邦政府挑选公务员。1951年，公务员法颁布，规范国家公务员的雇佣方式。但该法律是临时颁布的，具体规定了联邦政府的组织方式。该法律在1956年被另一部更复杂的法律替换，规定了公务员的特权和职责以及惩罚性措施。[①]1956年，以此法为范本，利比亚颁布了省公务员法，规范各省政府招聘公务员的办法。1957年，利比亚政府规定，国外学有所成的利比亚年轻人和利比亚大学的毕业生逐渐填充利比亚公务员队伍，他们在实践中积累经验，办事颇有效率。

利比亚宪法承认司法独立和权力分离原则，以确保司法独立和公正。在奥斯曼帝国和意大利统治时期，利比亚有两种法院：民事

---

① *Official Gazette*, June 24, 1956.

法院和宗教法院。利比亚独立后，效仿埃及和叙利亚等国，将伊斯兰法中的个人地位法与现代民法相结合。1954年9月20日，利比亚废除宗教法院。但发现新式民事法院太复杂，在解决冲突中效果不佳。昔兰尼加的部落对现代民事法庭表现不满。1958年10月18日，利比亚政府经过调查，决定将法院分为宗教和民事法院。利比亚联合王国一共有三种法院：（1）民事法院；（2）宗教法院；（3）最高法院。民事法院的管辖权包括民事、商业和刑事案件，管辖范围包括部落地区，与穆斯林个人地位有关的案件。

最高法院由院长和许多法官组成，由国王任命，是利比亚联合王国最高司法机构。法院院长必须在国王面前宣誓，院长缺席期间，国王可以任命法院成员来替换他。1953年，利比亚成立法院，法院条例允许任命法官，任期10年。规定法院中至少有两名通晓伊斯兰法的专家，从利比亚法官中选出，这些人必须从专业院校毕业。最高法院法官一旦任命，享有豁免权，不能罢职，不能减少薪水和津贴。宪法第147条规定，最高法院法官由于健康、失去信任和尊重等原因不能担任职务，可以解除其职务，但前提是经法院大多数人员的批准。①最高法院主要处理联邦政府和省政府之间的案件纠纷，是国家的最高上诉法院。

第二次世界大战以前，利比亚几乎没有政党存在，仅有一些部落政治组织存在。二战后，的黎波里塔尼亚形成6个政党，昔兰尼加有3个政党，他们要求独立，反对意大利的统治。

的黎波里塔尼亚的政党提出的三项主张是：完全独立；二省份实现统一；成为阿盟成员国。昔兰尼加的政党，除奥马尔穆赫塔尔组织外，大都强调利比亚的统一和地方自治，拥护伊德里斯为国家首脑。

利比亚独立后，的黎波里塔尼亚的民族大会党以及奥马尔穆赫塔尔组织等在独立后纷纷解散。这样利比亚大体成为家族、部落与

① Article 11 of the Statute of the Supreme Court, *Official Gazatte*, November 18, 1953.

宗教力量角逐的舞台，族属与派系构成的关系网成为政治博弈有组织的结构单元。君主制政权将国家权威委托给有权势的地方家族，通过政治联姻巩固他们的经济与政治地位。[①]历史学家约翰·怀特一语中的："利比亚联合王国从一开始就只不过是一个由一群家族、部落与商业利益集团进行温和专制管理的寡头政治。"[②]

第一届政府

利比亚宣布独立的当天，临时政府首脑马哈穆德·蒙塔塞尔向国王递交辞职信。国王邀请蒙塔塞尔组建第一届国民政府，成员与临时政府类似。第一届政府主要履行了以下工作：

第一，确定政府组成成员。蒙塔塞尔——担任首相，负责外交事务[③]；法特希·基希亚——担任副首相，负责司法和教育；曼苏尔·卡达拉（Mansur Qadara）——负责金融和经济；阿里·伊尔比（'Ali al-Jirbi）——负责国防安全；易卜拉欣·本·沙班（Ibrahim Bin Sha'ban）——负责交通；穆罕默德·本·奥斯曼（Muhammad Bin 'Uthman）——负责卫生。三个大臣是的黎波里塔尼亚人，两个大臣是昔兰尼加人，一个大臣是费赞人。

第二，在首相的推荐下，国王颁布法令，任命三个省的省长。昔兰尼加首相萨克兹里被任命为昔兰尼加省长；费赞政府首脑赛义夫·纳斯尔被任命为费赞省长；的黎波里塔尼亚政府的教育部长法迪勒·本·齐克里（Fadil Bin Zikri）被任命为的黎波里塔尼亚省长。三个省的自治政权转为地方行政机构。按照利比亚宪法第177条款，各省继续草拟自己的基本法，在宪法颁布的一年内公布，并成立地方行政机构。昔兰尼加和的黎波里塔尼亚的过渡权力声明，昔兰尼加的宪法和议会，的黎波里塔尼亚和费赞的摄政委员会都停止工作。英国领事的所有权力都移交给国王。

---

① Ronald Bruce St John, *Libya: from Colony to Independence*, p.112.

② John Wright, *Libya: A Modern History*, 1982, p.89.

③ Henry Serrano Villard, *Libya: The New Arab Kingdom of North Africa*, p.44.

第三，宣布国家独立，申请成为联合国会员国。12月24日晚，首相向艾德里安·佩尔特宣布，利比亚已是一个独立主权国家，并要求他通知联合国大会主席宣布利比亚独立。同时，申请成为联合国成员国。艾德里安将继续工作，直到利比亚政府终止其职责。首相在给联合国大会主席的信中指出："艾德里安是我们最可爱的朋友，聪明的顾问，为利比亚的利益不辞辛劳。"①

第四，举行全民大选和驱逐国民大会党党魁贝希尔·萨达维。利比亚宪法规定，从选举法颁布之日的3个半月之内进行议会大选。1951年11月6日，选举法颁布。利比亚政府将2月19日设定为选举日。次日，选举结果公布。此后的20天之内，也就是不迟于1952年3月11日召开第一届议会。实际上第一次议会于3月25日召开。

按照选举法，国民政府采取的第一项措施就是将利比亚的三个省份分为城乡选举区。这些地区分为选民或部落单元，各地设投票站。1951年11月26日，司法部长发布选举通告，利比亚被分为10个城市和乡村地区，即3个城市选举区和7个乡村选举区。这10个地区再分为59个选区，与代表议院席位相对应。的黎波里塔尼亚35选区，昔兰尼加15选区，费赞5选区。除费赞外，其他地区基本每2万人出代表1人。59个选区被分为226个投票站。12月，司法部长任命选举监督员，负责选票登记工作。随后，发布选举通告，有资格的选民前来登记参加选举。登记过程较为漫长且缓慢，司法部长希望将登记日期延长。1952年1月，司法部长发布选举文书，预定投票定于1952年2月19日进行。按照规定，城市地区秘密投票，乡村地区通过登记官员监视下进行。

1952年，议会选举在一种不祥的预兆下拉开了序幕。②一些政府官员在一些选区干预选举，禁止某些官员参加政党，但并未奏效。2月28日，一个代表团前往班加西将这些建议提交给国王。国王对代表团较为满意，宣布选举将在"自由、公正的氛围下进行。"国民

① Pelt's, *Supplementary Report to the Second Annual Report*, p.3.

② Ronald Bruce St John, *Libya: from Colony to Independence*, p.112.

大会党积极参加选举，希望在议会中赢得多数。代表议院中的2/3席位（55席位中有23席位）来自的黎波里塔尼亚。国民大会党一直反对联邦制的政府架构，试图通过在议会中占大多数来修改宪法，放弃联邦制度。贝希尔·萨达维表面上强调忠诚国王，但他图谋不轨，试图推翻君主制政权。[①]2月19日，大选结束，的黎波里塔尼亚的国民大会党获胜。

国民大会党在部落地区选举中落败，这让其党魁感到意外。部落领袖认为，政府官员干预选举。在国民大会党的煽动下，部落民冲进政府建筑，破坏公共财物，切断电话线，阻断交通，几十人死于非命。[②] 骚乱民众拿起武器，种种迹象表明冲突会演化为一种推翻现政府的起义。

利比亚政府迅速采取措施应对，阻止了事态的蔓延。参与冲突的主要领袖被逮捕，警察控制了各个地区。国民大会党的影响仅限于的黎波里，政府决定将贝希尔·萨达维驱逐出境，但是有迹象表明国民大会党试图以武力夺取政权。在国王的批准下，利比亚政府决定在2月21日采取行动。法迪勒·本·齐克里省长向警察局发布命令，将贝希尔·萨达维驱逐出境。他先到开罗，后到利雅得担任伊本·沙特的政治顾问。1957年1月，在访问贝鲁特时去世。驱逐贝希尔·萨达维是解除政府强大对手的短期措施。尽管他被驱逐，但派系之争一直主导着的黎波里塔尼亚政坛，加速了政党的崩溃进程。国民大会党势力削弱，内阁开始与省级政府权威展开权力角逐。

第五，召开议会四次会议。按照宪法规定，不迟于1952年3月11日召开议会第一次大会，会议日期定于3月25日。议会第一次会议在东首都班加西召开。两大议院分别开会，议员进行了宪法宣誓。次日，代表议院召开会议。两议院选举了常务委员会，以及两个临时委员会，为伊德里斯王位登基演讲做准备，以及制定各议院的内部规定。

---

① Majid Khadduri, *Modern Libya: A Study in Political Development*, p.219.

② John Wright, *A History of Libya*, Revised and updated edition, p.178.

3月31日，议会召开第四次会议，国王强调了国家独立和稳定的重要性，希望与其他国家建立友好关系，感谢联合国和其他国家在利比亚独立过程中所提供的帮助。国王希望埃及在推进利比亚教育方面提供援助。①

第一次议会会议一直持续到1952年8月18日，其间颁布立法，处理了一些重大问题。由于工作的压力，利比亚政府向议会提交了较少的议案。议会会议分别在班加西（1952年3月25日到4月8日）和的黎波里（1952年4月27日到8月18日）召开，国民政府在两个首都之间频繁奔波。

中央与地方的权力博弈

利比亚独立后联邦政府开始运行，但中央政府和地方政府的冲突立即显现。一般来说，所有的联邦制式的政府都会经历中央政府与地方政府的冲突，直到消弭障碍，建立和谐的政治治理关系。

然而，利比亚特殊的国情与社会环境使利比亚联邦政府面临更为复杂的局势。利比亚宪法第10条款较为模糊地规定了地方政府的权力。地方政府基本法中规定，中央政府未明确的权力归地方政府。更具体地说，代表国王的瓦利的法律地位成为王室和中央政府争议的核心议题之一。那么瓦利应该对谁负责？国王还是首相？利比亚宪法第180条规定："国王任命瓦利，有权解除其职务"。这将意味着，向首相负责的瓦利应该由首相任命或解除瓦利职务。但地方政府的基本法则规定，瓦利代表国王也仅对国王负责。②争论核心议题之二是中央政府监督地方政府公共支出费用问题。中央政府认为，尽管宪法第174条款对此未作明示，但由于资金来自财政收入，应该接受监督。地方政府拒绝接受监督，理由是利比亚宪法未规定中央政府有此权力，地方政府完全控制自己的财政事务。

利比亚独立后，三个地区的首脑成为地方政府领导。1951年12

① Majid Khadduri, *Modern Libya: A Study in Political Development*, p.222.

② Ibid., p.232.

月24日，国王在马哈穆德·蒙塔塞尔推荐下，任命法迪勒·本·齐克里、萨克兹里、赛义夫·纳斯尔分别为的黎波里塔尼亚、昔兰尼加和费赞的地方政府首脑。昔兰尼加和费赞的地方首脑继续将自己治理的省份看作是自治的政治实体。萨克兹里在1950—1951年间担任昔兰尼加首相，认为自己仅向国王负责，后者也是昔兰尼加埃米尔，主张限制联邦政府权力。一个典型的例子是，关于外国政府放弃的司法权和财产权问题。英国从昔兰尼加撤军后，要租用一些已归还利比亚的房屋建筑。蒙塔塞尔指出，英国将这些财产交给中央政府，财产的处置权必须由中央政府决定。萨克兹里坚持财产处置权归属地方政府，理由是中央政府可以代表地方政府同外国政府谈判，财产处置权属于地方政府。

蒙塔塞尔在与萨克兹里的竞逐中占据上风，但他自己也成为赛努西王室内部争权夺利的牺牲品。易卜拉欣·谢勒希（Ibrahim al-Shalhi）是赛努西家族王室成员，起初支持中央政府，但为了支持其门生赛义德·阿卜杜拉·阿比德（Sayyid 'Abd-Allah 'Abid）转而反对中央政府。为了维持中央政府和地方政府之间权力平衡，国王并不想让瓦利的地位低于中央政府的地位。他很满意自己作为中央政府和地方政府之间调解冲突、平衡利益的角色，认为联邦制是维持利比亚统一的最有效方式。1953年5月14日，侯赛因·马奇克（Husayn Maziq）被任命为昔兰尼加瓦利，替换了萨克兹里。6月13日，西迪克·蒙塔塞尔（Siddiq al-Muntasir）代替法迪勒·本·齐克里为的黎波里塔尼亚瓦利。国王的两个法令，既没有与首相协商，也没有首相的签署。执行人是皇家迪万首领。马哈穆德·蒙塔塞尔对此提出抗议，重申中央政府的地位必须高于地方政府，可以任命瓦利，拥有财政监督权，这样中央政府才能最终统一。

1954年1月21日，马哈穆德·蒙塔塞尔向最高法院院长写信，要求在瓦利和中央政府的地位问题上作出判断。具体地说，他要求法院鉴定皇家法令的有效性。要求最高法院认定国王直接任命瓦利以及中央政府是否有权监督地方政府。他还指出，利比亚中央政府是议会制政府，对议会负责，执行国家首脑的权力。国王不能直接行使权力。他给出的结论是：利比亚宪法规定国王的权力必须通过负责任的政府付诸实施。这一原则也适用于国王与中央政府的关系。按照利比亚宪法第38/138/181条款，瓦利的权力处于中央政府的监督之下。

王室迪万为了解决联邦政府和地方政府的矛盾，直接干预此事。1953年9月18日，萨克兹里担任王室迪万的首脑。1945年1月31日，他在分析利比亚联邦政府立法地位的基础上，认为该问题可以不诉诸最高法院也可以解决。联邦政府和地方政府的基本争议集中在瓦利的地位，后者主要为国王负责，宪法并无此规定。萨克兹里主张，解决方法可以参照世界其他联邦制国家，如加拿大和澳大利亚。他指出，加拿大和澳大利亚总督通过地方行政委员会（provincial executive councils）向地方立法会（provincial legislative assemblies）负责，行使权力。利比亚的情况也类似，如果地方行政委员会的行政首脑向瓦利负责，瓦利代表国王，免除责任。他建议修改地方基本法，任命地方行政委员会的主席，主席对国王或省级立法会负责，这样就免除了瓦利的法律责任。

萨克兹里指出，国民大会草拟的利比亚宪法较为仓促，许多方面未及考虑。他在担任昔兰尼加首相时就建议，草拟宪法人员应该熟悉法律，他推荐了许多专业人士参与。但是出于政治原因，许多人都没有被任用。因此，联邦政府一开始运作，宪法的缺陷就显现出来。

联邦政府和地方政府的冲突，导致王室以国王的名义在国王不知情的情况下卷入内阁事务，造成内阁危机。蒙塔塞尔决心摆脱危机，但联邦政府与地方政府的权力之争异常激烈，局面复杂而失控。1953年9月，心力交瘁的蒙塔塞尔出国治病，其政敌抓住时机改组政府。随后，国王发布法令，副首相法特希·基希亚任命阿里·乌纳伊兹里（‘Ali al-’ Unayzli）为财政部长，替换阿布·伯克尔·纳阿马（Abu Bakr Na’ama）。萨克兹里被调离到王室迪万任职，阿布·马阿玛（Abu Ma'ama）代替他接任教育部长。

当蒙塔塞尔得知内阁发生重要职务变动后，迅速向国王发电报请求辞职。但国王不予批准。蒙塔塞尔必须在去留问题上做出选择，1954年2月，蒙塔塞尔正式宣布辞职。7月，国王将他被派往代表利比亚国王的圣詹姆斯（St.James）法院任职。蒙塔塞尔的离去标志着地方政府势力的胜利。

二、利比亚早期现代化的两条道路之争

利比亚实行联邦制

1951年12月24日，伊德里斯·赛努西国王在班加西的马纳尔王宫宣布成立利比亚联合王国，利比亚君主制民族主义开始走上正轨。独立后的利比亚既有着无限前途和巨大发展潜力，又面临着严重的困难与问题。

其一，从国际环境上看，利比亚仍是大国激烈角逐的场所，巨大的石油开发潜力和碎片化的政治版图，吸引着大国贪婪的眼球。

其二，利比亚从殖民主义向独立国家形态的转变都是在大国的安排下进行的，没有一个统一的意识形态和目标一致的政治运动。君主制民族主义面对一系列文化认同难题：如在三大省份之间构建一种政治忠诚感和国家认同，在多种矛盾对立面之间构建一个民族国家。

其三，君主制民族主义亲西方的对外交往姿态与当时盛行的阿拉伯社会主义等革命民族主义格格不入。利比亚的财政援助资金和专家都来自西方，允许美国和英国使用惠勒斯（Wheelus）、阿丹姆（al-Adem）等军事基地。1959年末，美国援助利比亚达1亿美元。[①]

在政治现代化道路上，利比亚联合王国是一种松散的联邦制模

① Dirk Vandewalle, *A History of Modern Libya*, p.45.

式，包括多重司法系统、国家内阁、两院制的议会，省内阁和地方议会。从独立直到1963年，这种制度范式构成利比亚国家宪法的基石。利比亚联邦制现代化模式具有如下特点：

第一，中央和地方之间权力制衡，互相约束。利比亚宪法213条款中的36—39条款清晰阐明了联邦政府和省政府的权力范围。联邦政府在某些领域拥有立法和行政执行权，但是在银行、进出口贸易、税收、地下矿藏等重要领域仅有立法权和监督权，行政权归属于地方政府。

第二，地方政府权力坐大，联邦政府权力弱小。利比亚联邦制度规定中央议会对地方议会负责，的黎波里、班加西和塞布哈（Sebha）的省级立法会和行政会拥有较大权力。利比亚首相的职权远逊于省长的权威，联邦政府因地方政府的权力制约而无所作为。

第三，地方政府行政部门齐全而完善，行政人员远超联邦政府。各地方政府都有自己的国家首脑、议会和内阁、行政和官僚部门。1959年，利比亚联邦政府的政府职员有1200人，而的黎波里地区的政府雇员竟达6000人，昔兰尼加地区的政府雇员多达4000人，联邦政府和省级政府的雇员薪水占国民生产总值的12%。[①]地方政府之间拥有类似主权国家的边界标志，国民出国必须有地方政府的签证和护照。

利比亚之所以在立国之初采取了联邦结构的政治现代化道路，大国政治博弈和联合国斡旋起了重要作用。第二次世界大战后，利比亚仍处于英法等国军事占领之下。1949年5月，英意向联合国提交了瓜分利比亚的《贝文—斯福尔扎计划》，按照该构想利比亚的独立计划还要推迟10年。[②]由于利比亚人民的反对和国际社会的同情，该计划被联合国否决。在这种情况下，松散的联邦制成为英法意影响利比亚未来政治格局的最后手段，各大国都试图通过新政府

① Elizabeth Hayford, “The Politics of the Kingdom of Libya in Historical Perspective”, Doctoral Dissertation, Tufts University, 1970, p.196.

② 彭树智主编：《阿拉伯国家史》，高等教育出版社2002年版，第307页。

获取利比亚潜在的石油利益份额。基于此，许多利比亚国民议会成员认为联邦模式是英法在利比亚产生影响的一个公开把戏。[①]1949年12月，联合国特派专员佩尔特到达利比亚。在国民议会中，佩尔特试图平衡三个省的利益。但每一方都想在宪法中寻求地位平等，这种平等试图掩盖各省之间人口素质、部落传统和资源禀赋的差异。[②]1951年3月，利比亚临时政府成立。10月，国民议会批准了佩尔特和占领当局共同拟定的宪法草案，联邦制的政治架构最终敲定。联合国托管处主任艾德里安·佩尔特指出，利比亚联邦制现代化制度模式代表各地方力量在制度层面的折衷调和，联邦政府现在还没有超强能力能将松散的国家整合为一个有机整体。[③]

利比亚各省，包括伊德里斯国王，都欢迎联邦制的政治构想。除了一些民族主义者和的黎波里部分民众要求成立集权制政府外，而各省则赞同建立一种松散的联邦关系。实际上，在一个以部落结构为主体的社会里构建政治共同体也面临着挑战，这里的政治忠诚感至多延伸到省级，经常在城乡部落之间，很难上升到民族国家构建的理论高度。昔兰尼加省和费赞省担心集权制政治模式会被人口占三分之二的的黎波里占据主导地位，坚持建立一个联邦模式的政府。公开反对联邦制的仅有巴希尔·萨达维领导的的黎波里国民大会党，理由是联邦制将会使中央政府陷入无权的境地。随着宪法的颁布，国民会议采纳了联邦制的政治范式，昔兰尼加埃米尔伊德里斯·赛努西成为国王。

国家权力的集中与分权与领导人的性格禀赋有着难以割舍的天然联系。伊德里斯国王是一个虔诚的穆斯林，他为人态度和蔼、处事低调谨慎，拒绝将自己的图像印在货币上，反对将名字大张旗鼓地传遍利比亚各地或以自己的名字命名名胜古迹以流芳百世。作为

① Dirk Vandewalle, *A History of Modern Libya*, p.47.

② Adrian Pelt, *Libya Independence and the United Nations: A Case Study of Planned Decolonization*, p.23.

③ Dirk Vandewalle, *A History of Modern Libya*, p.46.

国家政治生活中至关重要的人物，伊德里斯国王是一个“勉为其难的君主（reluctant monarch）”。他在许多场合表达了不想当国王的意愿，他不喜欢宪法外的个人权力。[①]伊德里斯对美国驻利比亚第一任大使亨利·塞拉诺·维拉德坦言：“我并不想统治的黎波里地区，而是对昔兰尼加埃米尔的地位感到十分惬意。我本不想成为利比亚的国王，接受利比亚王位在于防止国家分裂，这是我作为一位爱国人士应该承担的职责和应尽的义务。”[②]伊德里斯国王曾对穆斯塔法·本·哈利姆说：“对我来说，与真主的关系最重要。我与其他人的关系并不重要……，我想退位，我无能为力。”[③]国王自己也没有构建政治共同体的具体认知，亨利对国王的了解可谓简单明了：“他给我的印象似乎仅仅对统治昔兰尼加地区感兴趣。”[④]国王的这种政治态度对于王国的政治现代化模式产生很大影响。

利比亚碎片化的地缘格局决定了联邦制的现代化治理模式。政治发展意味着建立一个适应特定社会，稳定的政治体系。利比亚的历史—社会—文化秩序具有自己的特征，那就是碎裂化的地缘格局（昔兰尼加、的黎波里和费赞）、冲突式的族群差异（柏柏尔人和阿拉伯人）、多样性的宗教分歧（部落宗教信仰、图腾崇拜和伊斯兰教）。就三个省的实际情况来说，甚至存在着文化断裂和间隙，种族、文化和语言方面更加复杂多样。在文明交往方面，昔兰尼加地区倾向于与埃及进行贸易交往，的黎波里地区具有罗马文化的传统，其经济交往与马格里布以及突尼斯更为频繁。费赞地区是一个狭小的、半游牧的、自给自足的社会共同体，主要与撒哈拉南部非洲地区交往密切。[⑤]正如美国学者罗斯（Ruth）所说：“从外面看，利比亚像是一个国家；到其内部体验，这些省几乎是自治性质的，因为

---

① Dirk Vandewalle, *A History of Modern Libya*, p.47.

② Majid Khadduri, *Modern Libya: A Study in Political Development*, p.319.

③ Ali son Pargeter, *Libya: the Rise and Fall of Qaddafi*, p.48.

④ Henry Serrano Villard, *Libya: The New Arab Kingdom of North Africa*, p.42.

⑤ Dirk Vandewalle, *A History of Modern Libya*, p.15.

联邦政府依赖于省政府执行其立法。”[①]

利比亚部落主义的传统和现实，也适应联邦制的现代化模式。就当时的社会构成来讲，传统的农民、游牧或半游牧民是利比亚社会的主要构成元素。部落主义是一种建立在落后生产方式基础之上的部落自我意识，一种集团认同心理，同时它又是一种行为。由于部落成员具有比民族社会成员更强烈的族属意识和内聚力，在与其他族属交往中，其心理和行为往往表现出封闭性和排他性。利比亚始于殖民体系之内，其历史基础是中央集权的帝国边缘政治，残酷压制的殖民主义系统，严密独特的宗教文化体系。因此，部落结构、部落传统和部落主义是影响利比亚早期现代化发展的重要因素。

利比亚联邦制政府的运转

利比亚联邦制政府一开始就面临着中央政府与地方政府的博弈问题，马哈穆德·蒙塔塞尔内阁决定以议会制国家首脑治理国家，提出了许多有悖宪法问题，被迫辞职。随后，利比亚内阁政府经历了如下几个阶段：

第一阶段：萨克兹里内阁。

1954年2月18日，国王邀请王室迪万首脑萨克兹里组阁，并担任外交部长。国王有三重考量：一是利比亚刚刚独立，面对诸多内政和外交问题，需要一个办事灵活、心思缜密、具有法律思维的人士，萨克兹里显得略胜一筹。二是国王想除掉王室迪万的首脑；三是国王想让昔兰尼加地区人士担任联邦政府首脑。1954年3月4日，他在内阁会议上指出，宪法在瓦利的法律地位问题上规定的模糊不清，建议修改宪法免除瓦利的责任。在他的建议下，瓦利免除法律责任，行政委员会对此负责，修改地方基本法，提出任命行政委员会首脑的方法。这次宪法修改临时解决了法律问题，地方政府权力增加，联邦政府权力遭削弱。1954年4月10日，萨克兹里的内阁出

① Ruth First, *Libya: The Elusive Revolution*, The Penguin Press, 1974, p.77.

现危机。萨克兹里举行内阁会议，决定辞去首相职务。皇家迪万首领阿里·阿比迪亚（Ali al-Abidiya）参加内阁会议宣布国王对内阁缺乏信任。萨克兹里立即将辞职信交给迪万首领。

第二阶段：本·哈利姆政府时期。

就在萨克兹里辞职的同一天，国王召见信息大臣穆斯塔法·本·哈利姆（Mustafa Bin Halim）并要求组建政府。由于最高法院宣布王室迪万的黎波里塔尼亚立法会的命令是违宪的，本·哈利姆必须处理的第一个问题就是缓和王室迪万和最高法院之间的紧张态势。国王尊重最高法院的决定，条件是选举新的立法会。就在本·哈利姆组建内阁的前一天，他与最高法院的院长穆罕默德·萨卜里·伊卡里（Muhammad Sabri al-'Iqari）讨论局势，最终达成一致意见认为：王室命令必须有首相的签名才能生效。这就满足了最高法院的要求。本·哈利姆在议会发表声明，危机得以缓和。但随后，易卜拉欣·谢勒希被暗杀，表明王室和内阁之争已到白热化。谢勒希忠于国王，精明能干。伊德里斯国王认为，谢勒希为他服务了41年，诚实可靠，二人亲同父子。[①]但王室认为谢勒希使他们与国王关系疏远，继承权受到威胁。[②]伊德里斯国王认为，赛义德·艾哈迈德·谢里夫（Sayyid Ahmad al-Sharif）没有王位继承权。然而，谢里夫的继承人声称具有王位继承的合法性，认为谢勒希是导致自己失宠的罪魁祸首。1954年10月谢勒希遭枪杀。故此，国王对王室失望至极，他在绞死凶手与严惩相关王室成员后，离开班加西前往图卜鲁格，图卜鲁格遂成为王室迪万的驻地。

谢勒希被暗杀不仅没有消除联邦制度的争论，反而再度加剧了王位继承问题。1953年，国王的弟弟穆罕默德·里达被任命为王储，但1955年7月29日里达去世。本·哈利姆提出两条解决之策：一是他建议国王再娶一妻，有可能生育一男性继承人，这是伊斯兰法允许的。二是他建议将君主制改为共和制。在王宫顾问的影响下，国

① Majid Khadduri, *Modern Libya: A Study in Political Development*, p.250.

② John Wright, *A History of Libya*, Revised and updated edition, p.179.

王于1955年6月另娶一埃及女子为妻，但仍未生育。两人的婚姻后来在1958年1月解体。1956年11月26日，在各大臣的催促下，国王在议会宣布任命自己的外甥哈桑·里达（al-Hasan al-Rida）为王位继承人。1959年，哈桑·里达娶了一位的黎波里塔尼亚女子为妻，为的是让的黎波里塔尼亚民众支持他继承王位。

本·哈利姆的国内政策总体上是成功的，但外交政策经常遭受严厉批评。1955年，利比亚与苏联建立外交关系，这可能是为了取悦民众。当时，苏联在阿拉伯世界拥有较高的威望。本·哈利姆接受艾森豪威尔主义，获得上百万的经济重建资金。但亲美的外交举动引发民众的不满，并遭到国内一些反西方人士的批评。

1957年5月，本·哈利姆提出辞职，请求国王解除其首相职务。国王予以批准，并任命库巴尔（Ku'bar）组建新政府。作为利比亚潜在的公众领袖，本·哈利姆政府的使命结束了。他随后到巴黎任利比亚驻法大使。

第三阶段：库巴尔政府的问题和成就。

1957年5月26日，库巴尔受邀组阁成立新政府，并迅速挑选政府人员。新政府中6人为的黎波里塔尼亚人，5人为昔兰尼加人，1人为费赞人。库巴尔政府成员与本·哈利姆政府人数相同，并于29日在议会宣布新政府将遵循前政府的路线方针政策。

第一，协调与各派政治力量的关系。为避免各方对权力的角逐，库巴尔首先与王室达成妥协，强调与三个省长的个人友好关系。为了维持国家机器的运转，库巴尔的当务之急是确保外来援助的持续性。按照1953年签订的英国—利比亚协定，英国的财政援助每五年需要重新审议。1958年协议将到期，库巴尔开始为即将到来的协商做准备。

第二，接受英美财政援助。1958年5月，库巴尔与英国政府签署协议，英国允诺每年提供325万英镑的财政援助，并持续五年。英国保证为利比亚军队提供军事设备和义务军事训练。同时，库巴尔也开始接近美国。1958年，美国政府同意按照1956年7月相关协议，向利比亚政府供应武器装备、弹药。[①]1960年，两国再次协商，美国经济援助增加到1000万美元，直接拨给联邦政府，这是库巴尔政府弥补财政预算的一笔不菲的开支。库巴尔从英美获得了足够多的财政援助。苏联也向利比亚频频示好。早在1958年4月，赫鲁晓夫通过苏联大使向库巴尔首相写信，要向利比亚提供财政援助。但库巴尔首相拒绝了苏联的援助，原因是担心苏联从事破坏性活动。

第三，扮演中东冲突的掮客。1958年5月21日，库巴尔首相试图推动黎巴嫩加入阿盟，反对阿拉伯联合共和国干预黎巴嫩内战。利比亚的政策就是在阿拉伯国家内部冲突中保持中立，但这次冲突涉及邻国埃及，利比亚民众对埃及充满好感。1958年6月，阿盟会议在班加西召开，伊拉克和埃及剑拔弩张，库巴尔首相左右为难。7月14日，巴格达发生革命。伊拉克王室被推翻使伊德里斯国王感到悲伤，其原因：一是赛努西家族和哈希姆家族同属先知穆罕默德后裔，有同命相怜之感；二是出于人道主义同情。伊拉克国王年幼，尚不知事，在革命中惨遭不幸使国王深感惋惜。伊德里斯国王命令王室迪万首领宣布利比亚从1958年7月21日到27日举行哀悼，拒绝承认伊拉克新政权。然而，利比亚的那些拥护阿拉伯统一的阿拉伯民族主义者认为，伊拉克王室被推翻是埃及纳赛尔总统领导的阿拉伯统一运动的胜利。他们希望利比亚政府承认伊拉克新政权，但被政府拒绝。埃及电台在整个阿拉伯世界宣传，只有利比亚和以色列没有承认新生的伊拉克民族政府。[②]

库巴尔首相面对这种复杂局势，处于左右为难的境地，他被指责为帝国主义的工具。为改变被动地位，库巴尔要求国王承认伊拉克新政府。伊德里斯国王同意承认新政府，但拒绝接受新政权派来的大使，要求保留前政权的驻利比亚大使。伊拉克新政权应允了国王伊德里斯的要求。1958年8月4日，利比亚政府正式宣布承认伊

① *Department of State Bulletin*, Vol.39, 1958, p.84.

② Majid Khadduri, *Modern Libya: A Study in Political Development*, p.297.

拉克新政权。

第四，修改联邦选举法，实行相对自由的选举。第二届议会到1960年到期。库巴尔首相在大选进行之前，决定修改选举法。1959年9月，利比亚政府颁布法令，废除城乡社区在进行秘密投票时的不同要求。库巴尔这样做的目的是结束民众的批评之声，营造一种和谐的选举氛围。1959年11月，利比亚政府首都迁回到的黎波里，并为1960年1月的选举做准备。按照选举法程序，本次选举在1960年1月17日完成。这次选举没有受到政府控制，政府的两名官员为候选人，但没有当选，许多反对派的领袖赢得了选票。1960年2月15日，议会召开会议，这次议会成员出现了许多新面孔，有一些都是较为活跃的议员，对政府的措施颇有微词。

第五，库巴尔首相成功地赢得了王室家族、地方首领的支持，但其缺点也是很明显的。最大的问题是：他放纵某些权贵人物肆无忌惮地索取财物。修建费赞公路中的贪污腐败问题就是明证。利比亚民众普遍认为，需要修建一条连接费赞省到地中海沿岸的公路。公路经过米苏拉塔南部到费赞的塞卜哈。费赞政府特别热衷此事。专家指出，这里有储量极为丰富的石油和其他矿产资源，如果公路修成，将有外国公司进驻。库巴尔首相的错误在于：仓促将合同给予赛义德·阿布德·阿拉·阿比德（Sayyid Abd-Allah ‘Abid），合同额为110万英镑，在三年内完成。有人估计阿比德可能为了得到合同对库巴尔首相施加影响。

1960年，阿比德要求利比亚政府追加资金110万英镑完成费赞公路。经考察，利比亚政府决定追加400万利比亚镑完成公路的其余路段。整个事件都是秘密进行的。一个月后，国王收到举报信：费赞公路合同中存在严重贪腐问题。1961年10月12日，库巴尔被迫辞职。

随后，穆罕默德·本·奥斯曼（Muhammad Bin ‘Uthman）组成新政府，主要成员没有大的变动，国王立即予以批准。10月16日新政府在图卜鲁格宣誓就职。本·奥斯曼政府也有一些反对派，如在阿拉伯社会主义影响下的复兴党组织秘密散发传单，政府随之将之逮捕并审判。

利比亚从联邦制向集权制的转换

统一的民族国家是推动现代化的最重要前提之一。它意味着有效中央权力的建立，政治共同体的整合，地域与种族差异的消除，民族国家的同质。利比亚选择联邦制这种现代化模式在缓和地方部落矛盾层面表现出无限魅力，是利比亚民族国家宏大架构构建的逻辑必然，但与现代化的客观需求背道而驰。从政治学的角度来说，任何一个政治组织通常都是为了履行某种特定的职能而创立的，当这一职能不再需要时，该组织就必须去发现新的职能，否则就会失去它继续存在的基础。一个政治体制或一个政府也是如此。如果它能随着社会的发展变化不断去开拓扩大自身的新职能，并能有效地应付处理新的环境与社会事务，它就能不断获得新的生命力，具有存在的合理性。随着利比亚早期现代化整体结构的系统运行，联邦政府与地方政府之间的矛盾日益突出，联邦制的存废已成为决定利比亚现代化推进和延误的关键变量和起决定作用的结构属性。

1954年，国王的亲近顾问谢勒希遭暗杀的事件，就隐含着反对联邦制的因素。同年，本·哈里姆首相要求国王废除联邦制，将君主制转变成共和制，伊德里斯国王为共和国终身总统。这一计划在于一劳永逸的解决联邦制度。1955年1月，本·哈里姆的草案在图卜鲁格会议上争论了七次，但由于昔兰尼加部落力量对国王施压，计划最终流产。但联邦制已经成为利比亚现代化进程的巨大阻碍，废除联邦制已经成为利比亚现代化发展不可阻挡的历史潮流。1963年，利比亚开始修改宪法，宪法废除省级立法会和省级司法制度，伊德里斯国王有权任命地方行政委员会和国家参议员。国家的名字也从“利比亚联合王国”改为“利比亚王国”。石油收入和公司以及个人税收都归属中央政府，利比亚政治结构逐渐从联邦制过渡到集权制，地方权力收归中央。利比亚王国分为十个行政区域，由中央政府统一管理，国王通过内务部控制了国家权力，议会的作用大为削弱。[①]由于禁止政党活动与控制新闻媒体，利比亚政治活动大为减少。

当然，利比亚现代化模式的转换并不是国王一纸法令所决定的，而有其特殊的历史背景。

第一，联邦制下的利比亚政治系统陷入一片混乱。联邦制下的利比亚基本上是一种松散的地方性关系，这种松散性和地方性决定了它不足以建立起一种全国性的横向经济联系和社会互动网络。从经济发展的视角来评估利比亚早期现代化的成果，其结果令人失望之极。联合国任命的经济学家本杰明·希金斯（Benjamin Higgins）颇有感触地说道："三个省联合而成的利比亚，成为经济发展难以逾越的障碍，包括地缘、经济、政治、社会学和科学技术层面。如果利比亚能够实现经济增长的话，那么世界上最贫穷的国家都有这种希望。"[②]

第二，联邦制下的"藩镇割据、各自为政"状态限制了石油资源的有效开发。伊德里斯国王在政治问题上焦头烂额之际，同样也面临着经济现代化和经济发展层面的问题。早在第二次世界大战以前，意大利的地理学家就预测到利比亚北部海岸储蓄大量的石油，但第二次世界大战爆发使得这一构想化为乌有。1953年，利比亚矿产法规定了外国公司到利比亚石油探勘的相关规定。利比亚还组织一些国外专家帮助地方官员草拟了1955年利比亚石油法。英国石油公司、皇家德国壳牌石油公司、美国新泽西标准石油公司等九个公司被授予一年的石油勘探调查期。[③]同年，阿尔及利亚发现石油，再一次证明了利比亚地下蕴藏石油的极大可能性。

① John Wright, *A History of Libya*, Revised and updated edition, p.180.

② Benjamin Howard Higgins, *The Economic and Social Development of Libya*, New York: United Nations Technical Assistance Programme, 1953, p.37.

③ Judith Gurney, *Libya: The Political Economy of Oil*, Oxford: Oxford University Press, 1996, p.23.

利比亚石油的诱惑还在于其富有魅力的地缘位置：利比亚紧靠欧洲南部港口，对欧洲国家来说等于在家门口，运输费用较低；利比亚的石油输出管道不像海湾国家连通数国，只在一国境内，不易受国际局势和地区局势的影响；利比亚石油也不经过苏伊士运河，不受运河是否关闭的制约。1955—1958年，利比亚将国土的55%分配给8个国家的14个国际石油公司（后来增加到40多个）。1955年石油法规定，国家被分为四个勘探区：南北各两个区域，制定了特许开采权和政府收益为公司利润50%的规定。尽管分区主要基于地理因素，也反映了联邦制下省级边界的现实。利比亚宪法第38条规定，所有地下财富都属于国家，但省级政府拥有勘探授予权。特别是石油产地丰富的苏尔特盆地，骑跨的黎波里和昔兰尼加两地。因此，联邦制下的地方权力膨胀限制了石油资源的有效开发。

第三，利比亚石油收入的突飞猛进，石油美元的共享使得贫油的地方政府也乐意统一在中央政府的旗帜之下。1959年，石油公司在利比亚的锡尔提加找到6个大油田，石油收入给经济发展带来了前所未有的经济动量。在不到5年的时间里，利比亚就成为世人瞩目的、高质量石油的生产国，也是中东国家中较大的“石油玩家”。①1961年的石油产量为667万桶，到1968年增加到9166万桶。石油收入从1962年的1370万英镑增加到1965年的8150万英镑，1968年的3.03亿英镑。石油经济使得利比亚国民收入飞速增加，人均收入在国家独立时为25—35美元，到1969年已经迅速增加到2000美元。②但伊德里斯国王已经意识到石油财富带来的困难：他在利比亚独立十周年会议上指出：“前面的奋斗历程仍很艰难而漫长，一点不比过去的十年少。”③国家领导层面临双重困境：一方面是如何有效、公平、公正地利用石油资源，促进国家经济的长期发展；

① John Wright, *A History of Libya*, Revised and updated edition, p.187.
② Dirk Vandewalle, *A History of Modern Libya*, p.63.
③ John Wright, *A History of Libya*, Revised and updated edition, p.188.

另一方面是如何调整联邦制度，将政治权威和独立的经济权力在中央政府和地方政府之间实现和谐调整。石油工业的兴起以及随之而来的石油美元的狂进，要求国家拥有统一的经济政策和国家立法。石油收入使得国王的管理和投资不超过昔兰尼加地区，而其他贫油地区则望油兴叹，难享石油财富带来的美好生活。因此，当中央政府试图将集权制政治构想付诸实施时，这些省份一改前十年的反对态度，他们意识到只有真正的财政、行政和官僚机构的整合，才允许三个省享受石油的益处。①

第四，石油美元促进利比亚经济的稳定增长客观上削弱了利比亚部落和家族力量。尽管利比亚具有浓厚的部落社会和前官僚政治的传统文化范式，石油美元迅速增长不可避免也对王国的部落产生影响和制约。国家控制、分配石油财富的资源配给方式使得部落民众生存更多地是依靠国家自上而下地分配石油财富，而不是像以前那样依赖自下而上的公民纳税。联邦政府通过石油收入可以雇用到训练有素的治国专家和具有行政经验的行政人员，中央权力逐渐强大起来。正如一位观察家曾经说过：由于发现石油，“这个国家的部落主义力量正在逐渐萎缩”。②尽管这样的评论有点言过其实，但是部落的力量确实得到遏制。当一位优秀雇员进入国家的官僚机构，政府任命公务员的兴趣和情感会集中考量其专业技能娴熟与否，而不是审视其部落身份的高低贵贱。联邦制度废除以后，对于国家来说，部落变成“纯粹的象征符号”。但皇家政要、的黎波里国防军、官僚机构的高层仍是部落力量的天下，它们是中央政府缓和部落利益的平衡机制。

利比亚向集权制国家的转换标志着国家治理绩效的巨大改观，臃肿的官僚系统得以简化，从而提高了政府的行政效率，削减了行

① Majid Khadduri, *Modern Libya: A Study in Political Development*, pp.264–267.

② Salaheddin Hasan Sury, “A New System for a New State: The Libya Experiment in Statehood, 1951–1969, ” in Anna Baldinetti, ed., *Modern and Contemporary Libya: Sources and Historiographies*, Rome: Istituto Italiano per L’Oriente, 2003, p.183.

政费用，创造了中央集权的国家机器。[1]

早期现代化道路评析

利比亚早期现代化构建了具有现代政治意义上的民族国家，早期现代化两条道路之争促进了利比亚政治、经济和社会秩序的有效运转，其重塑与改造的历史功能是显而易见的，是一种进步的社会力量。但是也必须看到，由于国际环境、文化背景、历史传统等条件不同，对利比亚来说，其早期现代化与西方国家现代化有着大不相同的历史条件。君主制民族主义只能利用现成的有组织的政治力量来引导和推动利比亚早期现代化的发展，掌握资源分配，并在这个发展过程中培育市场，改造国家权力。

民族主义与现代化是近代以来并行发展的两大历史思潮，二者对人类历史和国际体系的巨大塑造作用，是其他任何历史力量所不能比拟的。尽管利比亚君主制民族主义构建了现代政治意义上的民族国家，实际上现代化的运转规则并不总是单线型的制度模式，按照政治精英意念自由流动。利比亚早期现代化模式从联邦制向集权制的转换这一历史行为，表明其现代性结构还处于不成熟的雏形形态，其直接后果是1960年9月1日卡扎菲领导的革命民族主义推翻了伊德里斯的君主制政权。

正如范德瓦勒所说，卡扎菲革命之所以能够成功的原因，与其说是民意的表达和军队的广泛支持，还不如说是旧政权（赛努西政权）的无能，卡扎菲革命政府理解了在利比亚发动政变所依赖的意识形态价值。[2]赛努西教团作为君主制民族主义的母体能够改造利比亚社会，却无法改造自己的传统基因，因此它最终会被后来的革命民族主义力量所替代。到1969年夏，利比亚至少有四股力量企图夺权：一是伊德里斯的亲信奥马尔·谢勒希；二是国王之弟阿卜杜·阿齐兹（Abd al-Aziz），当时是军队的参谋长；上述两人都想

① Ronald Bruce St John, *Libya: from Colony to Independence*, p.116.
② Dirk Vandewalle, *A History of Modern Libya*, p.86.

夺取政权，但保留君主制；三是力图取而代之的商人和技术专家；四是渴望发动军事政变的高级军官。[①]从理论上讲，在当时急剧变动的经济与社会条件下，赛努西的君主制如要保持自身的长期稳定存在，关键在于国王能否把握时代变化的趋势与脉搏，对传统君主政治进行及时的自我调整改革。这种调整改革的核心内容之一就是要在原有体制之外创立新的体制，把原属旧体制的权力逐渐转移到新体制中，并使这个新体制有足够的权威与能力采取有效行动，通过政策创制、组织发展和结构变动，来主动促进和领导社会与经济的现代化发展与改革，并成功地处理早期现代化引起的一系列问题。如能做到这一点，就有可能实现传统君主政治的结构转换与权力运作方式的变革，使其诞生出新的生命力，获得继续存在的充足条件。亚里士多德曾经说过："君权范围越小，君主的权威不受损害地延续的时间越长。"[②]而伊德里斯王朝面对激荡澎湃的民族主义和现代化激流，并没有调整战略，而是作出抗拒的姿态，君主制政府的亲西方政策与阿拉伯民族主义主导伊斯兰世界的意识形态背道而驰。正如一位观察家所言："当阿拉伯民族主义成为忠诚和认同的流行范式时，代表传统激情的赛努西运动力量就开始衰弱。"[③]

独立后的利比亚君主制政权仍然没有摆脱大国的控制与影响。大国之所以将利比亚问题交与联合国，很大程度上是为了缓和大国矛盾，确保自己在利比亚的利益得以保全。因此，利比亚独立后，经济发展依靠外援弥补财政赤字。从1950年到1961年，许多海外援助机构弥补利比亚财政赤字，直到石油成为利比亚政府收入为止。[④]在独立初的几年里，利比亚的发展计划、技术与资本都来自

① John Wright, *A History of Libya*, Revised and updated edition, 2012, p.195.

② 〔美〕塞缪尔·亨廷顿：《变动社会的政治秩序》，张岱云等译，上海译文出版社1989年版，第195页。

③ John Wright, *Libya: A Modern History*, 1981, p.28.

④ 这些外援机构包括：利比亚公共发展与稳定机构（LPDSA）、利比亚美国技术援助服务机构（ATAS）、利比亚美国合作服务机构（LAJS）以及利比亚美国重建机构（LARCA）等。

国外，利比亚经济计划委员会设立了经济发展课程，强调员工培训、教育、农业研究以及修复公共工程设施。在发现石油以前，利比亚并没有重要的工业基地，仅能生产半工业的、与农业相关的商品，如烟草、棕榈油与椰枣，以及传统的丝织品，如毛毯。出口商品有石灰、动物皮革和砖等，以及二战期间欧洲人在利比亚打仗时留下的废金属。

利比亚官员认为，这个国家唯一的财富就是重要的战略地位。①利比亚政府的大多数官员，包括石油发现以前的首相都相信，他们应该利用这个重要的财富。对于具有防御思想的美国来说，获得基地并不具有商业目的，但对于资源缺乏的利比亚人来说，出售军事基地具有重要的商业意义。利比亚与美国关系对利比亚非常有好处。当时，利比亚经济发展不佳，操作空间很有限，因为利比亚政府机构已经发展了，利比亚依赖于邻国、世界强国和国际社会的援助，才能生存下来。

利比亚的财政援助资金和专家都来自西方，君主制政权允许美英分别租借惠勒斯、阿丹姆等军事基地。伊德里斯出租军事基地换取欧美国家的援助资金以渡过财政难关。1959年末，美国援助利比亚达1亿美元，利比亚成为美国无偿军事援助数额最大的国家之一。②从1964年美国国务院与利比亚驻美大使阿比迪亚（Abidia）的电报可以看出，利比亚石油收入还不足以维持国家发展计划，利比亚迫切需要美国的技术、经济和军事援助。而美国则需要利比亚的惠勒斯军事基地。③此外，大国仍在利比亚暗中博弈，赛努西政权很难摆脱西方的影响。1953年7月29日，利比亚和英国签署友好条约，

① Mansour O.El-Kikhia, *Libya's Qaddafi: The Politics of Contradiction*, University Press of Florida, 1997, p.64.

② Dirk Vandewalle, *A History of Modern Libya*, p.45.

③ Nina Davis Howland and David S.Patterson ed, *Foreign Relations of the United States(简称FRUS), 1964-1968,* Volume XXIV, Africa, United States Government Printing Office, Washington, 1999, p.69.

以加强二者两个世纪以来的友谊。[①]1954年，法国和利比亚签署友好条约，以确保法国在费赞地区的影响。[②]而赛努西君主制政权的亲西方立场与利比亚盛行的阿拉伯民族主义的反西方立场截然不同，削弱了前者的政治合法性。

石油发现后的利比亚成为福利国家的典范。石油美元为利比亚国家提供了充足财政收入，卫生健康、社会安全以及高等教育都得到极大改善。到1969—1970年，1/5人口享受从小学到大学的免费教育。到1968年，85%的适龄儿童上学，而1951年则为10%。[③]整个国家运行有序，社会安定，犯罪率较低，对宗教与少数族群持宽容态度。

伊德里斯国王也意识到英美军事基地问题的严重性。从1964年3月17日美国国家安全事务总统特别助理的备忘录中可以看出，伊德里斯国王再三要求美国废除惠勒斯基地租让协议，以便制止风起云涌的阿拉伯民族主义运动，挽救风雨飘摇的赛努西君主制政权。国王甚至以退位相威胁。[④]而事实上，美国和英国已经同意在基地协议上做出让步。[⑤]但还没等美英做出反应，赛努西君主制政权已经在1969年被卡扎菲为首的自由军官组织推翻。王国难以在东西方之间找到最佳契合点，亲西方的赛努西在民众中威信扫地。君主制政府的腐化堕落现象极为普遍，严重破坏了20世纪60年代利比亚宪政统治的支柱，腐蚀了公务人员的正直和诚实。[⑥]这一切为将来的革命民族主义埋下伏笔。

---

① JT 1052/23, No.6, Paul Preston and Michael Partridge General ed, *BDFA, Part V, from 1951 through 1956, Series G, Africa 1953*, Volume Ⅲ, LexisNexis, 2007, p.368.

② JT10317/12, No.2, Paul Preston and Michael Partridge General ed, *BDFA, Part V, from 1951 through 1956, Series G, Africa 1954*, Volume Ⅲ, LexisNexis, 2008, p.109.

③ John Wright, *A History of Libya*, Revised and updated edition, p.194.

④ 7/64-12/68, Confidential. Nina Davis Howland and David S.Patterson, *FRUS*, 1964-1968, Volume ⅩⅩⅣ, Africa, United States Government Printing Office, Washington, 1999, p.76.

⑤ H/63-6/64, Secret. Nina Davis Howland and David S.Patterson, *FRUS*, 1964-1968, Volume ⅩⅩⅣ, Africa, United States Government Printing Office, Washington, 1999, p.73.

⑥ Ronald Bruce St John, *Libya: from Colony to Independence*, p.109.

利比亚早期现代化的两条道路之争决定利比亚从传统社会向现代社会的转型不会一帆风顺，更从另一个层面证明了现代化模式历史选择的多样形态以及现代化客观条件的规定取向。现代化学者认为，革命是传统社会向现代社会转型的一种手段，革命的原因在于现代化。这些话的意思是：传统社会向现代社会的转变是无可阻挡的，当现有的社会框架赶不上变化的迫切性时，革命就会发生。[①]赛努西的君主制代表了落后的保守力量，不能对传统政治体系进行系统更新，更不能完成利比亚国民“现代人”的自主心态，以及将“非现代人”从传统的政治、文化权威的束缚中解放出来，因此，在社会转型时期很容易从引领现代化的旗手变成阻碍现代化发展的保守元素。正如韦伯所言：“具有慑人魅力的领袖人物只有通过生活中表现力量才能获得和维持自身的权威。若想做先知，必须显奇迹；要想做军阀，必须立战功”。[②]换句话说，领袖如果没有获得“魅力”的基础，群众又怎么会崇拜他呢？这一切都为卡扎菲革命民族主义与伊斯兰社会主义的启动奠定了基础和根基，也是利比亚早期现代化两条道路之争的发展诉求与历史逻辑必然。

三、独立初期的利比亚外交

利比亚外交的国情基础

20世纪50年代，宪政君主制规范下的利比亚政府过于软弱而贫穷，其国内外政策的取向与选择缺乏对外交往经验。独立之初的利比亚积弱积贫，只有依靠国际社会的外援才能生存下来。1951年，联合国成立了七人专家委员会对利比亚经济进行评估，

---

① 钱乘旦：《“革命”研究：革命的原因、性质和目的——从〈国家与社会革命〉谈起》，《南京大学学报》（哲学·人文·社会科学）2002年第3期。

② Max Weber, *The Theory of Social and Economical Organization*, New York: Free Press, 1975, p.328.

得出的结论是：利比亚极端贫困，人均收入不到35美元。[①]同年，联合国教科文组织官员也到达利比亚，认为尽管英国管理期间利比亚教育有所发展，但仍很落后。[②]文盲率达90%左右，教师数量很少。

20世纪40年代末，利比亚遭遇严重干旱，粮食产量极低。国家刚刚独立、缺乏资源的基本国情决定了利比亚独立初期外交的基调，那就是：通过争取外援，保持国家的独立和领土完整，防止域内外国家利用利比亚贫弱的现实影响或控制其内外政策。[③]伊德里斯政权大多数时间都在平衡西方国家的利益，压制日益高涨的阿拉伯民族主义，这一原则基本规范了利比亚对外交往的诉求与指向。[④]

利比亚具有重要的战略地位。利比亚一方面是二战后英、美、法等国潜在军事基地的最佳选择；另一方面是在埃及、苏丹与近东殖民的英国和马格里布有殖民地的法国的战略缓冲区。美国驻利比亚外交使团第一任主席亨利·维拉德指出："就目前来说，利比亚的战略地位就某种意义上就是一种重要的商品，西方国家具有重要的政治需求，利比亚的政治稳定与经济发展对西方国家至关重要。"[⑤]到1961年，利比亚开始出口石油。人均收入从独立初的35美元，到10年后增加到6000美元。[⑥]

利比亚和英国的联盟协定

1949年6月，伊德里斯成为昔兰尼加的埃米尔，急需与一个海陆空都较为强大的国家结盟。当时，整个意大利殖民地问题由联合国处理，结盟问题暂且搁置。就在1951年12月24日利比亚宣布独

---

① Mary -Jane Deeb, *Libyan Foreign Policy in North Africa*, Boulder, Oxford: Westview Press, 1991, p.28.

② R.l.le Tourneau, "The Libyan Economy before Independence, " in UNESCO, Report of the Mission to Libyan, Johanness Weisbecker, Frankfurt, 1952.

③ Mary -Jane Deeb, *Libyan Foreign Policy in North Africa*, p.22.

④ Ronald Bruce St John, *Libya: from Colony to Independence*, pp.112–113.

⑤ Henry S.Villard, *Libya: The New Arab Kingdom of North Africa*, p.147.

⑥ Mary -Jane Deeb, *Libyan Foreign Policy in North Africa*, p.29.

立之前，英国驻约旦大使亚力克·柯克布莱德（Alec Kirkbride）到达班加西，成为英国驻利比亚第一任大使。柯克布莱德的第一项使命就是协商两国结盟问题。

1953年7月，利比亚和英国在基本问题上达成共识。随后，国王授权首相马哈穆德·蒙塔塞尔签署协定。协定规定：利比亚和英国建立和平友好的盟友关系，任何一方陷入战争或武装冲突，另一方将进行集体防御。利比亚给英国提供军事基地，英国将给利比亚提供财政援助。协定有效期为20年，期满可以续期。按照协定，利比亚20年间接受500万美元的财政援助。[①]同日，两国签署了两个附属协议，主要阐述财政援助的具体细节。英国许诺向利比亚军队提供武器、弹药等基本设备，利比亚允许英国在领土内进行军事行动，使用利比亚的机场等。英国许诺第一个五年给予利比亚100万镑用于经济发展，275万镑为财政援助。[②]很明显，协定的目标是防御性的，利比亚成了英国在埃及军事基地的替补。埃及为了和英国讨价还价，要求利比亚延缓签署协定，并向利比亚提供军事援助。结果，贝希尔·萨达维和阿布杜·拉赫曼·阿扎姆发起抵抗运动，矛头直指利比亚政府和首相马哈穆德·蒙塔塞尔，后者被指为帝国主义的工具。[③]利比亚国内批评之声较为温和，公众在条约的态度上可以分为三类：一是反对与英国签署任何协定；二是赞同签署协定，但要求巨额财政援助；三是赞同批准协定，但反对英国军队占用过多的国土。

1953年8月，条约呈送议会批准。代表议院将文件交给国防和外交关系委员会审阅。国防和外交关系委员会经认真讨论，给出详细报告。报告主要强调了三点：即财政援助、国防、维持独立。报告指出："该协定巩固了利比亚的独立地位，反对外国人入侵，确保

① Mary -Jane Deeb, *Libyan Foreign Policy in North Africa*, p.30.

② Treaty of Friendship and Alliance between the United Kingdom of Great Britain...and The United Kingdom of Libya, London: Her Majest's Stationery Office, 1953, cmd. 8914; United Nations, Treaty Series, Vol.186, 1954, pp.185–283. See Appendix Ⅳ.

③ Majid Khadduri, *Modern Libya: A Study in Political Development*, p.229.

国家经济稳定，提高民众的生活水平，不干涉国家的财政、经济和政治事务。”协定没有规定，期限满后是否续期或立即撤军。1953年11月7日，议会批准协定，国王签署，利比亚—英国同盟协定正式生效。

英国—利比亚协定具有重要的历史意义：对利比亚来说，利比亚驻扎的英国军队可以向利比亚军队提供武器装备，确保利比亚领土完整，利比亚政府可以不受干扰地追求自己的外交政策。该协定也引起了国际社会的关注。埃及称英国—利比亚协定是一种“背叛”行为。[①]阿盟认为，该协定将是利比亚加入阿盟的阻碍，许诺400万英镑换取利比亚修改或拒绝签署该协定。[②]

美国与利比亚关系

本·哈利姆从任职之日起，就对加强与欧美国家的交往表现出浓厚的兴趣，对利比亚国内问题的关心略显不足。本·哈利姆说：“利比亚外交政策只有一张牌可打，——那就是与英国结盟。”[③]但是他随后想利用另一张牌，即与美国建立友好关系，目标不仅仅是为利比亚经济发展获得财政援助，而且在利比亚与法国、意大利以及邻国处理问题中寻求美国的支持。本·哈利姆也注重团结阿拉伯国家，先是与埃及友好，直到1956年的苏伊士运河危机，影响了两国关系。1957年，利比亚与突尼斯建立友好关系。

英国从利比亚撤军后，苏联想托管的黎波里塔尼亚，以及随后的冷战态势，促使美国要求继续使用利比亚的军事基地。对美国来说，利比亚具有重要的战略地位，是捍卫北非和地中海，对抗苏联入侵的重要军事基地。[④]美国与利比亚一直在军事基地问题上谈判协商，相关争议主要集中在：与基地有关的财政援助，界定美国在基

① John Wright, *Libya: A Modern History*, p.229.
② Mary -Jane Deeb, *Libyan Foreign Policy in North Africa*, p.31.
③ Majid Khadduri, *Modern Libya: A Study in Political Development*, p.252.
④ Mary -Jane Deeb, *Libyan Foreign Policy in North Africa*, p.32.

地的地位等，如美军在利比亚的刑事管辖权，免除美国进口的地方关税和税收等。[①]

本·哈利姆任首相时期，大力推动利比亚与美国建立友好合作关系。1952年1月21日，美国和利比亚签署四项技术合作协议。同年，美国按照财政援助第四点项目的要求，向利比亚提供财政援助。在惠勒斯基地协议中，利比亚政府允许美国使用其军事基地，这对于后来的经济合作有较大的好处。

1954年6月，本·哈利姆访问美国，谈判最终完成。9月9日，美国与利比亚在班加西签署《友好与相互支持协定》和其他相关条约，有效期至1970年12月24日。按照协定，美国可租借的黎波里城外的惠勒斯军事基地。[②] 同时规定美国在第一年向利比亚支付700万美元的发展援助项目，为干旱地区提供2.4万吨的谷物用于救济灾民。美国保证连续6年为利比亚每年提供400万美元的财政援助，随后11年每年提供100万美元的财政援助。[③]1955年双方又对协定进行了修改。

对利比亚来说，与大国建立直接联系，可以弥补捉襟见肘的财政收入。美国也保证帮助利比亚发展教育、医疗和农业项目。1954年10月初，当议会讨论协议时，谢勒希遭暗杀。本·哈利姆的地位削弱，他只好尝试寻求国王的支持。内阁中的黎波里塔尼亚四名成员支持基地协定，前提条件是政府所在地迁回的黎波里。本·哈利姆并不想在这件事上与国王对抗，建议在协定批准后再迁移首都。国王很乐意将政府迁移到的黎波里。政府中的的黎波里塔尼亚成员认为这是他们的胜利，因此在惠勒斯基地协定上支持本·哈利姆。

参议院主席奥马尔·曼苏尔·基希亚对协定持反对态度，尽管他的儿子法特希·基希亚积极参与协议谈判，并向他解释协定的诸

---

① U.S. Department of State, *United States Treaties and Other International Agreements*, Vol.5, Part 3, 1954, U.S. Government Printing Office, Washington, D.C., 1956, pp.2492–2493.

② Ronald Bruce St John, *Libya: from Colony to Independence*, p.116.

③ Majid Khadduri, *Modern Libya: A Study in Political Development*, p.255.

多利处。基希亚公开谴责协议。本·哈利姆不得不寻求国王的支持。1954年10月15日，国王发布命令解除了基希亚参议院主席职务。

本·哈利姆呼吁国民支持他的政策。1954年10月1日，也就是谢勒希被暗杀4天以前，本·哈利姆邀请代表议院副主席萨利赫·布韦斯尔（Salih Buwaysir）在家中共进午餐，陪同者有：侯赛因·马奇克、赛义德·阿布·卡西姆·赛努西（Sayyid ‘Abu al-Qasim al-Sanusi）。本·哈利姆对客人解释与美国签署协议的好处，并暗示邀请布韦斯尔加入内阁。但谢勒希遭暗杀一事严重刺激了布韦斯尔，他更加公开地反对与美国的基地协定。

1954年10月30日，利比亚一美国基地协定经议会秘密表决通过。国王予以批准并付诸实施。这是本·哈利姆积极争取的结果。在协定执行之前，美国于1954年9月25日宣布将利比亚驻美公使提升为驻美大使。

1955年，埃及开始与苏联进行武器交易，中东的共产主义活动极为活跃。一些中东国家寻求苏联的支持，特别是苏联主张的阿拉伯国家主权独立赢得了阿拉伯世界的信任。1957年1月5日，艾森豪威尔要求国会授权对中东国家援助，以阻止共产主义的渗透。具体措施是：与中东国家或组织进行合作并提供援助，发展经济，维持国家独立。为有合作意愿的国家提供军事援助。雇佣武装军队保护中东国家领土完整和政治独立，抵御共产主义的入侵。1957年3月9日，美国国会通过联合决议授权总统执行决议，授权总统花费2亿美元用于中东国家的经济发展，抵御共产主义的入侵。3月9日，美国总统正式签署联合决议，这被称为艾森豪威尔主义。

1957年1月7日，艾森豪威尔任命詹姆斯·理查德（James P.Richard）为其特别助手，负责执行国会的联合决议。3月11日，理查德离开美国，前往中东和北非宣传艾森豪威尔主义。15日，就在理查德到达利比亚之前，美国副总统理查德·尼克松访问的黎波里，并与本·哈利姆就美国援助和中东局势安全交换意见。两天后，理查德到达的黎波里，与利比亚主要政治家交换观点。尽管本·哈利姆最初认为提供的经济援助相对较少，但他宣布原则上接受艾森豪威尔主义，并不是图谋物质回馈。不过他也指出，美国对利比亚的经济援助应该持续增加。理查德与利比亚首相交换意见，双方商定在遭遇共产主义威胁和侵略时，相互防御；开发中东国家的安全力量，保护其自由和独立。

利比亚国内不乏批评之声。他们认为，利比亚应该在东西方之间袖手旁观，原因是西方在解决阿尔及利亚问题和其他阿拉伯国家问题上均以失败而告终。[①]本·哈利姆对此进行辩解：利比亚抵制任何外来侵略，不仅仅是苏联集团。利比亚的主要目标是：维护艾森豪威尔学说，确保利比亚独立。本·哈利姆在与理查德协商时要求增加美国援助。1955—1956年，美国向利比亚提供900万美元的援助资金，包括2.5万吨的小麦饥馑救助资金。[②]到1959年，美国已经向利比亚提供了1亿美元的财政援助，利比亚成为世界上人均接受美国援助最多的国家。[③]

法国—利比亚协议

在利比亚获得独立之前，英法似乎达成了微妙的共识：已经独立的昔兰尼加和费赞分别处于英法影响之下。英国迅速与利比亚达成协议，有权使用昔兰尼加的军事基地。法国也想效法英国，在费赞建立自己的基地。利比亚宣布独立当天，利比亚和法国签署了两个临时协议：一个军事协议是允许法国在费赞驻军6个月，待长期协议签署后替换现行协议；另一个是财政协议，法国许诺给利比亚提供财政援助，等于法国的预算赤字。但是利比亚邻国阿尔及利亚反法殖民斗争中断了双方协议的签署。1954年年末，利比亚首相本·哈利姆允许埃及通过利比亚向独立战争刚刚开始的阿尔及利亚提供战舰。同时，利比亚议会也向法国政府施压，要求法国撤离其

① Tarabkus al-Gharb, Tripoli, March 26, 1927.
② Mary -Jane Deeb, *Libyan Foreign Policy in North Africa*, p.32.
③ Ronald Bruce St John, *Libya: from Colony to Independence*, p.116.

驻塞卜哈南部、加特与古达米斯地区的400名士兵。[①]

英国—利比亚协定签署后，法国和利比亚的协商仍没有恢复，双方缺乏和谈基础。法国向利比亚建议，希望它在费赞地区产生影响。但是前后与法国协商的利比亚政府首相马哈穆德·蒙塔塞尔和萨克兹里都不乐意接受法国对利比亚的建议，前提条件是法国从费赞地区撤军。[②]双方的协商陷于僵局。

1954年5月，利比亚与法国恢复协商。7月，本·哈利姆在访问美国返程中抵达巴黎，表明利比亚并不准备与法国签署军事协议，法国应该按照协议撤军。刚开始，法国拒绝撤军，但本·哈利姆坚持撤军是两国谈判的基础，利比亚也将不再续签1954年12月31日到期的临时军事协议。

1955年1月，利比亚和法国达成共识，同意1956年11月之前撤军，保持经济联系和文化交往。[③]1955年8月10日，法国和利比亚在的黎波里签署协议。协议包括11条款，外加附件，财政、文化以及睦邻条款，条件是法国和利比亚建立和平友好关系。法国许诺最迟在1956年年末内从费赞地区撤军，并给予100万美元的发展援助资金，[④]1955年给予13亿法郎、1956年给予35亿法郎的财政援助，以推动利比亚的经济发展。[⑤]此外，两国许诺推动经济和贸易合作，将法语引进高等教育机构。1956年4月10日，利比亚通过了法国—利比亚协定。

但两国随后发展并不顺利。1957年，法属阿尔及利亚与利比亚发生边界战争。1958年，法国—利比亚委员会成立，其任务是调查未来可能发生的违约事件。直到1962年，阿尔及利亚赢得独立后，利比亚与法国关系才逐渐改善。[⑥]

---

① Ronald Bruce St John, *Libya: from Colony to Independence*, p.117.

② Mary -Jane Deeb, *Libyan Foreign Policy in North Africa*, p.32.

③ Ibid.

④ Ronald Bruce St John, *Libya: from Colony to Independence*, p.118.

⑤ Majid Khadduri, *Modern Libya: A Study in Political Development*, p.260.

⑥ Ronald Bruce St John, *Libya: from Colony to Independence*, p.118.

利比亚加入阿盟和联合国

利比亚迫切希望成为阿盟的成员国。阿盟秘书长阿布杜·拉赫曼·阿扎姆干预利比亚国内问题，支持贝希尔·萨达维抨击国民大会。尽管阿盟并不认同阿扎姆的观点，但利比亚温和派担心加入阿盟对利比亚不利。1951年12月，利比亚一宣布独立，马哈穆德·蒙塔塞尔就申请加入联合国，但没有申请加入阿盟。

1952年，阿盟秘书长阿扎姆卸任。1953年2月，利比亚内阁决定申请加入阿盟，得到国王的批准。1953年2月12日，利比亚正式申请加入阿盟。1953年3月28日，利比亚成为阿盟第18个成员国。

1951年12月24日，利比亚申请成为联合国成员。利比亚是通过联合国决议独立的，成为联合国成员国仅需要履行一个程序。根据联合国宪章第4条款，利比亚独立后，就应成为联合国成员国。利比亚正式提出申请时，恰逢苏联正在向联合国安理会提交一份关于13个国家申请加入联合国的议案，顺便将利比亚也列入提交议案的名单。苏联试图借机讨好利比亚，而安理会成员国并不想给苏联面子。[①]巴基斯坦代表也提交了一份利比亚申请加入联合国的议案，但在1952年9月6日被苏联代表否决，理由是利比亚已在苏联提交议案的名单中。[②]三年后，利比亚再次提交申请，理由是利比亚是一个特殊个案，是由联合国创建的，无论从道义还是义务上都有资格成为联合国成员国。不过这次仍然没有成功。

本·哈利姆担任首相后，决定与苏联进行直接协商，确保后者支持利比亚加入联合国。当时，苏联要求与利比亚建立外交关系，阿拉伯世界严厉批评利比亚对西方的过分依赖。本·哈利姆在确认西方国家的首肯后，决定与苏联建立外交关系。这样，不仅赢得了苏联支持利比亚加入联合国，而且也向阿拉伯世界表明利比亚疏离西方的立场。当时，苏联在阿拉伯世界的威望达到顶点，利比亚不

---

① Majid Khadduri, *Modern Libya: A Study in Political Development*, p.261.

② The United Nations, *Security Council Official Records*, 7th year, 1952, pp.11–19.

可能孤立自己。

1955年，利比亚与苏联建立外交关系，但这并不意味着利比亚就向共产主义阵营敞开大门。本·哈利姆向苏联大使格涅拉洛夫（Generalof）表明，利比亚并不打算容忍共产主义在利比亚境内活动。苏联大使的答复是，苏联也不想将共产主义思想输入利比亚。[①]但是利比亚与苏联建立外交关系并没有提高利比亚在阿拉伯世界的威望，迫使本·哈利姆寻求西方国家的经济援助，拒绝苏联的援助。

利比亚入联问题引发了联合国成员国的广泛关注。1955年12月9日，联合国大会通过决议，要求安理会考虑这些待审批的国家。在联合国大会的要求下，1955年12月10、13、14日安理会通过决议，对这些待审批国家进行审查。1955年12月14日，安理会通过决议同意利比亚等16个国家成为联合国成员国。

利比亚—埃及关系和苏伊士运河危机

由于与西方国家关系紧密，利比亚对二战后阿拉伯地区盛行的反西方情绪采取了超脱态度。这经常引起阿拉伯民族主义人士的指责，认为他们是西方国家的代理人。1954年，本·哈利姆组阁后，认为美国—利比亚关系是外交政策的基石，但也与阿拉伯国家发展关系，特别是与埃及维持友好。尽管他知道利比亚发展经济需要西方国家的支持，但也意识到利比亚作为阿拉伯国家不能脱离阿拉伯世界。如果不与阿拉伯国家建立友好关系，其政府将会失去民众的支持和政治合法性。

20世纪40年代到利比亚独立，埃及就对利比亚十分感兴趣。埃及和利比亚两国地缘上较为靠近，埃及感觉自己应该在意大利殖民地处理问题上有自己的发言权。[②]埃及是阿拉伯世界的领头羊，自然是利比亚首先建立友好关系的对象。除了共同的族群、语言、宗教与文化纽带，利比亚的杂志和报纸都来自埃及，利比亚学校的

---

① Majid Khadduri, *Modern Libya: A Study in Political Development*, p.262.

② Mary -Jane Deeb, *Libyan Foreign Policy in North Africa*, p.33.

教师大都来自埃及。本·哈利姆在埃及长大，他很熟悉埃及民众的国民性格，时刻关注着埃及国内的政治变迁。他与埃及一些政治领袖私交甚好，因此在担任利比亚首相后，坚信能与埃及建立友好关系。

利比亚独立后，利比亚与西方大国签署条约。埃及认为利比亚亲善西方是对自己的威胁，试图阻止利比亚与这些国家，如英国结盟。1954年7月，本·哈利姆访问埃及，并与纳赛尔进行亲密交谈，解释与西方国家亲善的原因，纳赛尔对此谅解。1954年11月，本·哈利姆再访埃及。纳赛尔暗示他支持阿尔及利亚内部的叛乱，表明埃及向阿尔及利亚提供武器。当时，利比亚正与法国谈判撤军问题，这可能会影响利比亚与法国的关系。本·哈利姆告诉纳赛尔，他必须回国和国王商议。经过商议，利比亚允许埃及中转向阿尔及利亚反法游击队提供武器。伊拉克邀请利比亚加入巴格达条约组织，本·哈利姆担心惹恼埃及拒绝加入，利比亚与埃及关系进一步改善。[①]

1956年7月26日，纳赛尔宣布苏伊士运河国有化。随后，英、法、以色列对埃及发动进攻，这就是战后中东史上著名的“苏伊士运河战争”。利比亚的立场很微妙。最初，本·哈利姆支持埃及。10月29日，本·哈利姆从图卜鲁格回到的黎波里，与国王讨论埃及问题，并与英国驻利比亚大使格拉哈姆（W.G.G.Graham）见面。他询问，英国是否会利用利比亚的军事基地进攻埃及。格拉哈姆回答：尽管没有不允许英国使用利比亚军事基地的事先规定，但按照联合国宪章和阿盟条约，英国不会使用利比亚军事基地打击邻国。本·哈利姆要求英国言而有信、“绝对保证”，如果英国使用利比亚军事基地，利比亚军队会进行抵抗。英国政府随后确认，英国政府不会利用利比亚军事基地打击埃及。[②]

苏伊士运河战争爆发后，国王伊德里斯并不想卷入战争，利比

---

① Majid Khadduri, Modern Libya: *A Study in Political Development*, p.269.

② Mary -Jane Deeb, *Libyan Foreign Policy in North Africa*, p.35.

亚国内的民族主义情绪高涨。一些人要求利比亚结束与英法外交关系，更有甚者要求利比亚进攻英国。的黎波里发生屠杀犹太人，抢夺犹太人财产的事件。[①]

当时，利比亚国内的民族主义者群情激昂，国外的广播也在煽动民众的民族主义情绪。的黎波里塔尼亚省长穆罕默德·贾迈勒·丁·巴什·阿加（Muhammad Jamal al-Din Bash Agha）警告政府提防民众骚乱。10月31日，利比亚政府宣布国家处于戒严状态，地方政府加强对民众的行动限制。埃及陆军武官萨迪克（Iama'il Sadiq）将武器分发给利比亚人，鼓励他们袭击英国的军队设施。英美军事基地遭到袭击。的黎波里塔尼亚省长发现地方局势很难控制，要求利比亚政府驱逐埃及陆军武官。

本·哈利姆为了避免惹恼埃及，11月12日，埃及武官被利比亚警察押送出境，送回埃及。纳赛尔总统写信向伊德里斯国王致歉。本·哈利姆要求英国政府召回格雷特雷克斯（Greatorix），理由是他不经首相知晓，向伊德里斯国王抱怨，反对政府。[②]

本·哈利姆处理事情较为决断，但他在埃及的威望大失。埃及媒体指责他是西方帝国主义的工具。[③]1956年11月13—14日，阿拉伯国家召开贝鲁特会议，主要讨论阿拉伯国家与英法的关系。本·哈利姆表面上迎合阿拉伯国家的主张，却拒绝中断利比亚与西方国家的关系。

1956年事件迫使埃及决心干预利比亚政治以实现自己的推翻君主制政权的目标。1958年，伊拉克发生军事政变，哈希姆家族被推翻。伊德里斯国王不承认新生的伊拉克政府。埃及电台展开了反对利比亚的政治宣传，指出利比亚和以色列是中东地区未承认伊拉克新政府的两个国家。[④]1958年8月4日，迫于埃及的压力，利比亚承

---

① John Wright, *A History of Libya*, Revised and updated edition, p.190.

② Majid Khadduri, *Modern Libya: A Study in Political Development*, p.274.

③ Mary -Jane Deeb, *Libyan Foreign Policy in North Africa*, p.34.

④ Ibid., p.36.

认伊拉克新政权。

20世纪60年代，利比亚—伊拉克关系进入新时期。1961年后利比亚开始出口石油，石油收入猛增。与此同时，埃及在利比亚加强宣传，纳赛尔成为利比亚青年人仰慕的英雄。[①]这些阿拉伯民族主义者希望国王利用石油美元摆脱与西方的关系，积极参与阿拉伯地区政治，而国王试图利用这些石油美元巩固自己在国内的统治，加强与西方的盟友关系。

1964年2月22日，纳赛尔呼吁利比亚关闭英美军事基地，防止在阿拉伯国家对以色列动武的时候，英美国家利用这些军事基地。首相做出保证，不会利用基地来进攻任何阿拉伯国家。[②]

实际上，到1966年，英美已经大规模从利比亚军事基地撤军。1967年十月战争期间，利比亚国内的学生举行抗议活动，要求政府关闭英美军事基地，甚至与英美断交。利比亚政府拒绝上述要求。1967年，利比亚首相侯赛因·马奇克因不能控制局势而辞职。10月末，阿卜杜·卡迪尔·巴迪尔（Abd al-Qadir Badir）被邀组阁，成立新政府。

利比亚开始向阿拉伯国家给予巨额援助，以安抚国内的民族主义躁动。到1965年，在埃及的压力下，利比亚拿出4200万美元支持埃及的统一阿拉伯军事指挥（United Arab Military Command）。[③]

利比亚联合王国感到了埃及的咄咄逼人，开始改进军队装备，扩大军队规模。1967年10月初，利比亚首相巴库什（Bakkush）宣布利比亚军队从7000人增加到10000人。[④]海军由英国训练并提供装备，空军由美国训练并提供装备。1969年4月，利比亚和英国签署协议，英国向利比亚提供先进的坦克、大炮以及高射炮。[⑤]

---

① John Wright, *Libya: A Modern History*, p.98.

② Mary -Jane Deeb, *Libyan Foreign Policy in North Africa*, p.37.

③ Ibid., p.39.

④ Ibid., p.40.

⑤ Ruth First, *Libya: The Elusive Revolution*, pp.89–96.

利比亚与意大利的关系

意大利居民从昔兰尼加撤离以及随后英国军队占领整个利比亚领土，其遗留财产成为民众争议的话题。由于昔兰尼加的所有意大利居民都撤离了，他们放弃的财产并没有监护人照管，这些财产的最终处置成为意大利殖民地问题之一。

1950年12月5日，联合国针对处理意大利财产问题通过决议。决议规定，利比亚政府有权无偿接受意大利人在利比亚的动产或不动产。[①] 至于利比亚意大利人的私人财产自然要得到保护。英国军事当局按照联合国决议成立法院。大英帝国执行联合国决议，将所有财产移交给利比亚当局。利比亚成立专门法庭处理此事，但直到1956年意大利人财产问题仍没有解决。

1953年初，意大利派代表前往的黎波里会见以萨克兹里为代表的利比亚代表团。他们没有签署协议，因为萨克兹里要求补偿战争损失，重新开放公众和私人财产。意大利外交部坚持认为，战争赔偿不在协商范围之内，理由是战时利比亚是意大利的一部分，因此没有提出索赔的权利，公共和私人财产的区别问题已经在意大利和英国之间得以解决。

协商中断了近乎两年。1955年，意大利再次主动示好，要求讨论双方的争议。利比亚坚持认为，不可能仅从法律角度去协商问题，应该包括政治因素。为此，1955年6月，意大利政府派代表团前往的黎波里协商。协商总体顺利，但在战争赔偿问题上破裂，意大利代表团坚持认为，利比亚无权索取赔偿。

1955年10月，以阿里·萨赫利（Ali al-Sahili）为代表的利比亚代表团受邀前往罗马，意大利为利比亚提供50万英镑的财政援助，后来增加到275万英镑，这样战争赔偿问题就基本解决了。[②] 按照1950年12月15日的联合国决议成立的法庭作出了有利于利比亚

---

① *Yearbook of the United Nations*, 1950, New York, 1951, pp.357–359.

② Majid Khadduri, *Modern Libya: A Study in Political Development*, p.276.

的决定。利比亚和意大利建立关系的最终障碍被清除。

1956年10月2日，专家委员会草拟了相关细节和最终协定草案，并在罗马签署协定。该协定不仅解决了两国间悬而未决的问题，而且为两国签署财政和文化协议奠定了基础。事实证明，阿里·萨赫利是一位娴熟有能力的协商者，能够应付利比亚面临的复杂问题。该协定认为，利比亚应该继承意大利政府的公共财产，但属于个人的私有财产应该受到利比亚政府的保护。意大利政府保证向昔日意大利殖民政府任职的利比亚人支付津贴和补偿金。为了弥补战争损失，意大利政府保证给利比亚提供770万美元援助，条件是意大利在利比亚有商业贸易权利。此外，协定要求意大利投入约370万美元，在1960年前完成的黎波里塔尼亚的建设计划。两国政府还商议签署商业、航海和文化协议。1957年3月30日，利比亚议会通过利比亚—意大利条约，并经国王批准。1961年10月末，定居工程中的2/3的意大利人已经将土地卖给利比亚人。1964年，的黎波里塔尼亚地区仅存120户意大利人家庭。[①]

利比亚与突尼斯签署了友好协定，其原因在于：纳赛尔的反西方政策，与利比亚的亲西方政策并不一致，而突尼斯认为未来的发展依赖西方，这样，利比亚和突尼斯基于地缘上的邻近，共同的亲西方立场，拥有了建立友好关系的基础。

利比亚与马格里布国家关系

利比亚独立之时，马格里布其他国家仍然处于殖民占领之下。利比亚与西方国家保持友好关系的同时，坚决支持阿尔及利亚的反法斗争。1954年11月，利比亚首相本·哈利姆访问埃及，埃及要求允许通过利比亚向阿尔及利亚军队运送武器。伊德里斯国王默许了这一要求。[②]1958年9月，费尔哈特·阿巴斯（Farhat Abbas）在埃及开罗成立了“自由阿尔及利亚”流亡政府，利比亚在法国警告下

① Ronald Bruce St John, *Libya: from Colony to Independence*, p.118.

② Mary -Jane Deeb, *Libyan Foreign Policy in North Africa*, p.41.

承认了流亡政府的合法性。阿尔及利亚独立后，利比亚和阿尔及利亚经济和政治关系迅速发展。

赛努西王朝时期，利比亚与摩洛哥关系相对一般。1958年，利比亚派代表参加以阿拉伯马格里布统一为主题的丹吉尔会议（Tangier Conference）。由于石油收入的猛增，利比亚的外交政策日益独立，大力推进马格里布的统一。到1967年，马格里布事务永久协商委员会（Permanent Consultative Committee for Maghribi Unity）在的黎波里成立，其目标主要是推进马格里布国家经济整合。

利比亚—突尼斯协定的发起者是利比亚。利比亚外交部长阿里·萨赫利首先与时任突尼斯总理布尔吉巴进行协商。布尔吉巴反应迅速，想领头成立一个西北非集团（Northwest African bloc），遏制纳赛尔的东部阿拉伯集团（East Arab bloc）。布尔吉巴和阿里·萨赫利达成协议草案。1957年1月16日，本·哈利姆访问突尼斯时正式签署条约，该条约含有政治结盟的意味。[①]协定指出，利比亚和突尼斯建立长期友好和兄弟关系，其目标是加强两国联系，协调二者关系，确保捍卫国家主权和独立。利比亚和突尼斯保证相互协商，在东西方国家关系上协调政策与立场，捍卫国家安全和政治稳定。各国不参加有损于另一国的同盟，一方遭受进攻，另一方有义务提供援助。该协定还提出了，两国在经济、商业、文化、卫生、社会等层面进行合作的可能性。最后，两国许诺，相互尊重、承认政治合法性。[②]1957年5月11日，利比亚和突尼斯签署条约，成为后来北非国家联合的样板。利比亚—突尼斯协定具有重要的意义：一是将利比亚作为马格里布的一部分加以制度化。传统的观念认为，仅有的黎波里塔尼亚和费赞是大马格里布的一部分，其他地区被认为属于阿拉伯马什里克。二是在埃及看来，利比亚发起的与突尼斯政治结盟，是疏远埃及纳赛尔主义的手段之一。随后，埃及—突尼斯关系迅速恶化。1958年11月24日，突尼

① Mary -Jane Deeb, *Libyan Foreign Policy in North Africa*, p.41.

② Majid Khadduri, *Modern Libya: A Study in Political Development*, p.279.

斯最高法院审判萨拉赫·本·尤素福（Salah Bin Yusuf）等人，指控他们向突尼斯运送武器，企图建立反对党，阴谋推翻布尔吉巴政府。埃及对此否认。[①] 在整个纳赛尔时代，布尔吉巴和纳赛尔一直龃龉不断。利比亚发现自己在埃及和突尼斯之间左右为难，无所适从。

① Mary -Jane Deeb, *Libyan Foreign Policy in North Africa*, p.42.

第七章　卡扎菲治理下的利比亚

1969年卡扎菲发动的军事政变，是利比亚“革命民族主义”的逻辑起点。但政变并不能与革命画等号，也不意味着一定能够改变社会结构和社会价值准则。伴随“革命民族主义”的狂飙，利比亚在政变后采取了一系列影响深远的措施：卡扎菲在其《绿皮书》中反复强调推翻伊德里斯王朝不是军事政变，而是革命的起点。[①]因为他改变了利比亚人的生活方式。[②]卡扎菲掌权后，他在政治上提出了“世界第三理论”，在实践上竭力推动民众革命、政治参与和政治合法性的建构，并在利比亚全面推行超常的伊斯兰社会主义的尝试；与此同时，卡扎菲在外交上挑战以美国为主导的国际秩序，将“革命民族主义”作为塑造利比亚民族国家最具影响力的一种政治力量，实现了利比亚摆脱西方殖民主义桎梏的独立之梦。

一、利比亚“革命民族主义”的肇始

利比亚“革命民族主义”的逻辑起点

艾森斯塔特在《现代化：抗拒与变迁》一书中对“革命民族主

---

① Dirk Vandewalle, *A History of Modern Libya*, Cambridge University Press, 2006,p.86.

② Alison Pargeter, *Libya: The Rise and Fall of Qaddafi*, New Haven and London: Yale University Press, 2012,p.67.

义”的内涵与特征进行了论述。①“革命民族主义”的特点：一是形成于“分裂型”的现代化。现代化一般是在独裁政权崩溃后发展起来的，寡头或独裁政权失去了控制其现代化进程的能力；二是强调以抗拒社会作为新政权的基础，形成了倾向于现代化并较有内聚力的精英团体，他们能使有效的现代化模式与结构定型化；三是现代化的群体具有强烈的内部取向，精英一旦占据优势，就会强制性地推行自己的制度模式与变迁取向；四是较弱的国际取向，这是由革命所表现出的对国际秩序抗拒的基本倾向所塑造的；五是在意识形态和价值观领域中，民族主义精英的革命目标在于构建一种具有弹性结构的象征与集体认同。即在结构—制度这一层次上，建立广泛而统一的行政机构，占支配地位的中央官僚组织，约束与容纳各阶层的意志与利益。

汉纳·阿伦特所说：“暴力与变化一样，都不足以形容革命现象；只有当发生的变化意味着另一种新的开端，暴力的使用是为了构成一种完全不同的政府形式，是为了形成一种新的国家之时，……我们才能谈到革命。”②因此，1969年卡扎菲在利比亚发动的军事政变不应被视为一场政治暴乱而应看作是一场社会革命，是利比亚“革命民族主义”的逻辑起点。

1969年9月1日，一小批自称“自由统一运动”的利比亚军官发动军事政变，推翻赛努西君主制政权。伊德里斯国王当时在希腊和土耳其接受医疗，政变后在埃及定居。1983年5月25日，伊德里斯病逝于开罗，享年94岁。领导这次政变的20人组成中央委员会，并成立革命指挥委员会（GCC，简称革指会）。革指会成员与政变领导者刚开始都是秘密的，民众并不知道是谁。不久，革命政权就发布了简短声明，宣布上尉穆阿迈尔·卡扎菲（Mu'ammar al-Qaddafi）被擢升为上校军衔，任命为利比亚军队的总司令。卡扎菲

① 〔以〕埃森斯塔特：《现代化：抗拒与变迁》，张旅平等译，中国人民大学出版社1988年版，第114—145页。

② Hannah Arendt, *On Revolution*, Westport, Conn.: Greenwood Press, 1963, p.28.

称1951年的利比亚独立为“错误的独立（false independence）”，而将1969年9月1日称为利比亚真正的独立日。[①]从革命政府所释放出的信号可以看出，新政府已经将“革命民族主义”意识形态与利比亚历史、文化、宗教等话语符号融合在一起，成为革命精英寻求政治合法性的一部分。从此，利比亚掀开“革命民族主义”的序幕，利比亚的现代化走上了伊斯兰社会主义的历史征途。

该事件的发生是预料之中的事情。整个20世纪60年代，诸多政治事件已经预示着君主制政权的合法性在昔兰尼加外的利比亚民众中认同度较低。在民众看来，伊德里斯国王缺乏治国才能，没有消除王室贪污腐败的决心与能力。就在政变发生以前，利比亚国内军事暴动的谣言一直不断，国王也采取措施调换军队，但最终没有摆脱被推翻的厄运。此外，石油收入的剧增导致利比亚社会贫富加剧，社会秩序混乱。国王任人唯亲，王室贪污腐化，也使君主制政权的反对力量增加。国王对阿拉伯民族主义的保守立场，在民众看来是逆历史潮流而动，以至于一些人认为君主制政权被推翻不足为奇。

政变初期，人们一直在猜测国家新领导人的身份。政变发生一周后，穆阿迈尔·卡扎菲的名字才正式见诸媒体报端。卡扎菲担任革命指挥委员会主席，是革命的真正指挥者。四个月后，革命指挥委员会的组成名单公布于世。他们是：穆阿迈尔·卡扎菲、阿卜杜·萨拉姆·贾鲁德（Abd as-Salam Jallud）、巴希尔·哈瓦迪（Bashir Hawadi）、穆赫塔尔·阿卜杜拉·格尔温（Mukhtar Abdallah Gerwy）、阿卜杜·穆尼姆·塔希尔·胡尼（Abd al-Munim Tahir al-Huni）、穆斯塔法·哈卢比·胡维利迪（Mustafa al-Kharubi al-Khuwaylidi）、穆罕默德·纳杰姆（Muhammad Nejm）、阿里·阿瓦德·哈姆扎（Ali Awad Hamza）、阿布·伯克尔·尤尼斯·贾贝尔（Abu Bakr Yunis Jabr）、奥马尔·阿卜杜拉·穆海斯（Omar Abdallah al-Muhayshi）。[②]

① Dirk Vandewalle, *A History of Modern Libya*, p.86.

② Ruth First, *Libya: The Elusive Revolution*, pp.110–116.

卡扎菲“革命民族主义”与伊斯兰社会主义理想的构建

卡扎菲于1941年出生于利比亚沙漠中部，苏尔特南部阿布哈迪（Abou-Hadi）的羊皮帐篷里。[①]卡扎菲出生的环境是金色沙洲和流动沙丘的大沙漠，这里并没有好莱坞大片上演的浪漫情怀，生存环境极为恶劣。卡扎菲的父亲阿布·米尼亚尔（Abu Miniar），母亲阿伊莎·本·尼朗（Aisha Ben Niran），都是目不识丁的贝都因人，他们一家在很大程度上沿袭着其祖先几个世纪以来的生活方式。卡扎菲的父亲放牧骆驼和羊，在世界上最贫穷的国家维持着最低生活水平。他隶属于卡扎法（Qathathfa）部落，这个小部落的名字在阿拉伯语中是很奇怪的，也是很难听的：卡扎法的意思是咯血或呕吐。部落名称是从柏柏尔字转化而来的，被吸收到阿拉伯语中而成为现在的名称。[②]

卡扎菲出生的年代正是第二次世界大战如火如荼地进行期间。在此过程中，利比亚人遭受了巨大的苦难。卡扎菲童年时代经历了战争的残酷考验，这都深深地影响了他成年后的脾气禀赋与个人生活，甚至包括他治理国家所执行的方针政策。由于正规学校大都在人口众多的城市中心，卡扎菲早期接受的教育主要是本地部落教师讲授的传统宗教课程。部落社会价值观，特别是当时民众熟知的宗教原则在两个层面强烈地影响了卡扎菲的整个人生：一方面：卡扎菲父母按照贝都因人的传统，给孩子们讲述许多关于他们部落及其历史的故事，讲述部落英雄，意大利法西斯暴行，反对帝国主义和怀疑、讨厌外国人的种子已在这个家族中扎下了根，它给卡扎菲统治下利比亚的外交政策蒙上了阴影。另一方面，卡扎菲父亲每周将儿子带到宗教学校，学习《古兰经》，伊斯兰教的基本精神与价值观

---

① 一些报道认为他出生在1943年，参见Alison Pargeter, *Libya: the Rise and Fall of Qaddafi*, p.62.

② 〔英〕布伦蒂·莱斯特：《民族领袖——卡扎菲》，马福云译，时代文艺出版社2002年版，第40—41页。

深深浸染着卡扎菲的思想深处。

卡扎菲从小就显得与众不同，他父亲的评价是，他一直很安静、严肃，总是在思考着什么。他的中学历史老师沙兰·阿卜杜尔哈利克（Shalan Abdelkhaliq）也认为，卡扎菲喜欢一个人在校园里孤独地站着，似乎那是他自己的孤岛。[①]卡扎菲在苏尔特地区接受小学教育，四年就完成了六年的学业。随后在利比亚中南部的一个小镇塞卜哈接受中学教育。正如有学者指出，如果说利比亚革命有起点的话，那么这个起点就在塞卜哈中学的教室里。[②]他在塞卜哈可以定期接触阿拉伯报纸与电台广播，特别是收听来自开罗的“阿拉伯之声”，使他第一次接触到纳赛尔社会主义等新鲜事物。卡扎菲在塞卜哈上中学期间，其大多数教师来自埃及，学校课本也是埃及提供的。这些都刺激卡扎菲对埃及革命产生浓厚的兴趣。埃及发生了一系列重大政治事件，如1952年的埃及革命；1956年的苏伊士运河危机；1958年的埃及—叙利亚联合，对卡扎菲的世界观产生强烈影响。他成为埃及总统纳赛尔革命性政策的狂热崇拜者。卡扎菲极为钦佩埃及革命的反帝国主义、支持阿拉伯民族主义的外交政策以及主张平等主义、社会主义的国内改革。可以说，利比亚革命完全借鉴了埃及革命的结构模式：第一，自由统一军官运动与成立革命指挥委员会是埃及革命影响的外在标识。第二，九月革命的目标：自由、社会主义与统一与1952年纳赛尔革命提出的口号完全一样。第三，利比亚革指会发布的政策，更突出显示了对埃及革命经验的过分依赖。利比亚宣布在大国有争议的问题上保持中立，反对任何形式的殖民主义与帝国主义。革指会声称推进阿拉伯民族主义，支持巴勒斯坦事业，反对以色列。1969年卡扎菲的演讲，简直就是20年前纳赛尔发动埃及革命时讲话的翻版。

利比亚当局勒令卡扎菲与其家族在高中毕业以前离开塞卜哈。关于卡扎菲被勒令退学的叙述有多种说法，但他们承认的共同事实

---

① Alison Pargeter, *Libya: The Rise and Fall of Qaddafi*, p.63.

② 〔英〕布伦蒂·莱斯特：《民族领袖——卡扎菲》，第49页。

是，卡扎菲是一个政治活动家，散发批评君主制政权的传单，组织公众举行抗议活动。卡扎菲从这些政治实践中得出的结论是：非暴力政治活动并不能有效地改变不民主政权。[①]卡扎菲在利比亚第三大城市密苏拉塔的沿海小镇完成其中学学业，比起塞卜哈来，这里更具世界性大都市的城市氛围。卡扎菲在密苏拉塔学习期间也是其政治理论构建的关键时期。20世纪60年代初，阿拉伯世界是一个各种政治组织骚动不安，竞相争取群众支持的舞台。这些组织有：阿拉伯复兴社会党、穆斯林兄弟会、阿拉伯民族主义运动等。卡扎菲担心参加这些组织会使其失去进入英国皇家军事学院学习的机会，因而远离这些组织。他博览群书，包括叙利亚政治理论家米歇尔·阿弗拉克的著作、孙中山文集、穆斯塔法·凯末尔·阿塔图克与亚伯拉罕·林肯的传记。他还阅读了与纳赛尔、埃及革命、法国革命有关的所有书籍。对卡扎菲影响最深的书籍，除了《古兰经》就是纳赛尔的《革命哲学》。

卡扎菲在密苏拉塔与一批志同道合的学生建立联系，这些人大都热衷伊斯兰教原则、阿拉伯统一、自由和社会平等，拥有改变利比亚社会的雄心抱负。不过，卡扎菲规定，加入自由军官组织必须"不饮酒、不玩女人。"[②]1963年，卡扎菲意识到军队在政治变迁中的重要意义，加入班加西的利比亚皇家学院，成为第七批学员。这个学院成立于1957年，以英国桑赫斯特陆军军官学校为模板，为利比亚军队培养了第一代青年军官。卡扎菲所在昔兰尼加卫队是专门保卫国王的精锐部队。当时，青年军官思想上很不稳定，动乱产生的氛围正在悄悄酝酿。一位英国军官已经感觉到这种气氛，他说："我注意到风正从东方吹来"，"许多学员是亲纳赛尔，反对西方，特别是反美的。""我在相当长的时期内一直感觉利比亚要变天"。[③]在入军校的两年间，他成立了自由统一军官运动，并精选了12名精兵干

---

① Ronald Bruce St John, *Libya: from Colony to Independence*, p.137.

② Alison Pargeter, *Libya: The Rise and Fall of Qaddafi*, p.50.

③ 〔英〕布伦蒂·莱斯特：《民族领袖——卡扎菲》，第57—58页。

将，组成中央委员会。

1965年8月，卡扎菲从皇家军事学院毕业，在陆军通信部队当一名通讯员。1966年4月，他被派到英国接受军事培训。指挥员是这样描述卡扎菲的："一个幽默，有趣味的军官，总是乐观向上，工作起来很努力，并且勤勤恳恳、尽职尽责。"[①]回到利比亚后，他在班加西附近的军队任职，继续组织反政府军官，并在1969年9月1日，领导了推翻君主制政权的军事政变。

关于政变日期几经变动，第一次确定日期是1969年3月19日，但这一天与埃及歌唱家欧姆·卡司欧姆（Oum Kalthoum）的音乐会日期相冲突，许多军官要去参加音乐会。第二次日期是3月24日，卡扎菲本想在的黎波里发动政变，但当时伊德里斯国王到了图卜鲁格，英军在那里戒备森严，政变只好作罢。第三次确定日期是9月1日，原因有三：一是赛努西政府察觉到了政变的氛围；二是许多军官表现出失望的情绪；三是频繁改变日期，导致自由军官组织许多成员不想参加政变。[②]

就在政变前夕，卡扎菲要求自由军官组织革命人员照常工作，直至政变开始。这次政变几乎没有遇到抵抗，伊德里斯国王的精锐部队——昔兰尼加国防军司令赛努西·费扎尼（Sanussi Fezzani）在家中熟睡时被逮捕。利比亚军队首脑阿卜杜尔·阿齐兹·舍尔西（Abdul Aziz al-Shelhi）上校也没有做任何抵抗。当伊德里斯国王听到政变消息后，向英国求助，英国政府执行从殖民地逐渐撤出外交政策，不再干预利比亚内政。在这种情势下，卡扎菲为首的自由军官组织兵不血刃地推翻了伊德里斯王朝。

利比亚"革命民族主义"与伊斯兰社会主义的历史背景

现代化学者认为革命是传统社会向现代社会转型的一种手段，革命的原因在于现代化。传统社会向现代社会的转变是无可阻挡

---

① Ruth First, *Libya: The Elusive Revolution*, p.139.

② Alison Pargeter, *Libya: The Rise and Fall of Qaddafi*, pp.52–55.

的，当现有的社会框架赶不上变化的迫切性时，革命就会发生。[①]现代化理论从社会转型的角度来理解革命的原因，超越了历史定势的传统视角，为我们提供了一个新的学理思路。从现代化学理视角出发，利比亚革命民族主义与伊斯兰社会主义产生的历史背景包括以下内容：

一是作为“人造国家”的利比亚，三个地区（的黎波里、昔兰尼加和费赞）的政治认同性不强，即现代性的凝聚力不强。随着利比亚君主制政治进程的展开.这种根深蒂固的部落认同阴影加重，政治权力结构沿着种族、教派界限出现断裂的可能性增大。由于对国家忠诚的转移，使得国内种族、地方以及亚团体与个人等部落力量分散了国家力量。正如西方学者泽根（Gergen）所说：“当身份与忠诚变得更加多样时，公民的概念就分解了”。[②]由于人们的部落认同强于民族、国家认同。部落等亚文化认同很容易直接转变成政治认同和政治旗帜。这种政治动员很容易转换成部落动员，从而又使部落利益直接转换成政治利益，形成一种分裂型的民族国家。赛努西集团将利比亚的主要财富都拨给昔兰尼加，对的黎波里塔尼亚和费赞地区的投入极少，这种政策进一步加剧了各部落的离心倾向。

二是石油收入带来的社会财富暴增在部落中产生的分配问题。在阿拉伯的政治文化传统中，经济实力与财富并不是获取政权的必要前提。古代阿拉伯人认为，财富不是政权的源泉而是政权的报偿。[③]只有当经济问题与政治及思想问题密切相关时，才去涉及它。由于商业性的经济体系缺乏中央行政的有效干预，直到20世纪60年

---

① 钱乘旦：《“革命”研究：革命的原因、性质和目的——从〈国家与社会革命〉谈起》，《南京大学学报》（哲学·人文·社会科学）2002年第3期。

② K.J.Gergen, *The Saturated Self: Dilemmas of Identity in Contemporary Life*, New York, Basics, 1991, 转引自杨雪冬：《全球化：西方理论前沿》，社会科学文献出版社2002年版，第79页。

③ 秦朵：《国家主导的经济发展与民族宗教运动的复兴——伊朗和埃及二例的对比研究》，《世界经济与政治》2000年第4期，第49页。

代初期，利比亚仍依赖于血缘联系的经济分配方式，缺乏雇佣式的商业经营模式。部落联盟和地方家族势力由于受国王的青睐，他们经常在情谊的基础上而不是在能力的基础上担任国家要职。石油财富并没有使广大民众从中普遍获得实惠，相反，社会贫富分化加剧，特别是一批政府官员，因与塞努西集团有着千丝万缕的联系，而一夜暴富。1962年10月16日，美国政府给约翰·肯尼迪总统的一份报告中称："利比亚财政极为混乱。尽管有巨大的石油收益，但利比亚人沉迷在完全失控的浪潮之中（还有贪污），以至出现了现金短缺。"[①]因此，利比亚的草根阶层成为革命的主要支持力量。卡扎菲本人是中下级军官，属于草根阶层，政变发生一周后，人们才知道他的名字。四个月后，人们才知道他是革命指挥委员会的主席。政变的参加者大都来自乡村地区的草根阶层，与塞努西教团没有什么联系。[②]

三是阿拉伯民族主义和纳赛尔主义的影响。民族主义指的是从文化视野中，民众可以意识到自己不同于其他社会团体。这种从属关系意识可以表达为民众的独立、自决和改善生活的意愿。[③]阿拉伯民族主义是影响中东政治生态的强大精神资源之一，其目的在于通过统一的方式将阿拉伯民族团结起来，消除西方意识形态和器物形态主导阿拉伯地区政治结构的格局。而赛努西君主制政权的亲西方立场与阿拉伯民族主义的反西方立场截然不同，卡扎菲曾经说过："赛努西君主制政权让外国人充斥着整个国家，一个士兵怎能向这样一位国王致敬！一个美国人可以在大街上叫住你，你如何能接受这样的事实。我自己亲历的一件事。当我进入惠勒斯基地，竟被赶出。"[④]卡扎菲思想中的阿拉伯民族主义成分主要从纳赛尔主义中吸取营养，以纳赛尔主义为主要特征的"经

---

① 〔英〕布伦蒂·莱斯特：《民族领袖——卡扎菲》，第65页。

② Dirk Vandewalle, *A History of Modern Libya*, p.79.

③ Tawfic E. Farah edited, *Pan-Arabism and Arab Nationalism: The Continuing Debate*, Westview Press, 1987, p.59.

④ Dirk Vandewalle, *A History of Modern Libya*, p.80.

典”阿拉伯民族主义在卡扎菲思想哲学中得到具体的体认。卡扎菲自称纳赛尔主义者，并把对纳赛尔主义的忠诚作为他的“自由军官组织”成员的标准之一。除了《古兰经》外，卡扎菲深受纳赛尔的《革命哲学》的影响。卡扎菲曾说：“告诉纳赛尔总统，我们的革命是为他进行的。他可以利用我们的一切资源，只要是反对以色列和实现阿拉伯世界的统一。”[①]1970年9月，纳赛尔去世后，卡扎菲称自己失去了一位“可爱的父亲。”[②]卡扎菲将自己看作是纳赛尔遗产的继承人，阿拉伯民族主义与统一是利比亚革命的一部分。卡扎菲认同纳赛尔主义，梦想着一个统一的阿拉伯世界能够有效地对抗西方。可以说，纳赛尔及其思想对卡扎菲的世界观、价值观及其外交理念都产生了深远影响。卡扎菲在革命初期的二十多年里，提出了不同的统一计划：如1969年与埃及、苏丹签署《的黎波里宪章》；1971年与埃及、叙利亚签署《班加西协定》；1972年埃及与利比亚联合；1973年与阿尔及利亚签署《哈西迈萨乌德（Hassi Messaoud）协定》；1974年与突尼斯签署《杰尔巴协定》；1981年与乍得签署《的黎波里公报》；1984年与摩洛哥签署《乌季达（Qujda）协定》。以上统一计划由于某些原因大都失败了。

四是以卡扎菲为首的政治力量代表了一种现代社会变革的新生力量。卡扎菲在夺取政权后采取了四项措施，来表明革命民族主义政权与君主制政权格格不入：一是清除军队中与赛努西集团有关联的潜在力量；二是1969年12月，卡扎菲领导的革命指挥委员会成为国家的最高权力机构，有权任命部长等官员；三是君主制时期的少校以上官员以及与赛努西集团有密切联系的昔兰尼加部落精英都卸甲归田，沦为平民。四是在意识形态领域内宣传民众主义与革命主义话语，这些领导人的社会-经济与政治背景与君主制政权的政治

① Mohammed Heikal, *The Road to Ramadan*, New York: Quadrangle /New York Times Book Co.1975, p.70.

② John Wright, *A History of Libya*, Revised and updated edition, p.201.

精英与众不同。革命军官都属于中产阶级，所在部落的地位也不突出。新政府的依靠对象也是那些没有名望的部落成员，他们成为政治权力的核心支柱力量。这些出人意料的革命性举动在民众眼里陌生而新奇，但却使民众对新政权寄予厚望，并认为他们能够代表大多数人的利益，因此默认其政治合法性。①

五是国际社会的打压。利比亚革命还有其特定的意识形态与国际政治背景。英国学者弗·哈利迪写道："革命民族主义被证明是更多国际冲突的起源，使人们在更大程度上竞争性地关注于民族利益。"②在"革命民族主义"意识形态架构内，利比亚与西方和美国之间的对抗与打压、挑战与应对关系成为当时国际体系的突出特征。赛努西君主制时期，利比亚与美国的关系比较友好，但又持谨慎态度。新政权成立后，美国希望利比亚不滑入苏联的战略轨道，不主张与新政权保持敌对态度，而利比亚也与美国保持亲密的商业交往。但革命政权在构建政治合法性的过程中发现，清除英美在利比亚的军事基地，是新政权与君主制政权划清界限的最佳方式。因此，对抗西方和反对帝国主义成为卡扎菲为首的革命政权寻求个人合法性、政治合法性与革命合法性的有力手段。③ 1970—1971年间，革指会对英美国际石油公司增加税收，这也是卡扎菲收回石油经济主权的前奏。早在1973年，卡扎菲就提出"武装人民群众"的思想，号召对以色列和美国发动圣战。1980年2月15日，美国关闭的黎波里大使馆。及至1982年末，美国已停止从利比亚进口石油，并且宣布抵制向利比亚出口高技术产品以及与石油生产相关的设备。④利比亚与西方大国的关系处于低谷，甚至断交，因而成为美、英等国长期敌视的对象和打压的目标。这使得利比亚在国际社会更加孤立。

---

① Alison Pargeter, *Libya: the Rise and Fall of Qaddafi*, pp.67-68.

② 弗·哈利迪著：《革命与世界政治》，张帆译，世界知识出版社2006年版，第88页。

③ Alison Pargeter, *Libya: the Rise and Fall of Qaddafi*, p.2.

④ P.Edward Haley, *Qaddafi and the United States since 1969*, p.78.

二、政治合法性的构建

模糊的治国方略

卡扎菲夺取政权后，利比亚政治现代化由赛努西君主制时期的集权型政治发展道路走上了以“革命民族主义”为主导的伊斯兰社会主义路径模式。

尽管卡扎菲为首的自由军官组织通过革命得到了回报：成为非洲第四大国家、战略地位极其重要以及日进300万美元（1969年）的石油收入，[①]但他们对利比亚国家的政治治理、经济发展与意识形态构建并没有清晰的思路。直到1970年11月16日，革命政府的第一个政治议程才浮出水面。其内容包括将外国军事基地清除出利比亚领土，仿效1952年的君主制政权，压制各政党活动。革命政府剥夺了一批乌莱玛的特权地位，后者与赛努西领导层关系密切。同年，位于贝达的赛努西伊斯兰大学被关闭。

埃及政治家穆罕默德·海卡尔（Mohammed Heikal）称卡扎菲及其革命集团为“（1967年）后挫折（post setback）的一代”，也是与传统君主制政权彻底决裂的一代。但这些年轻的军官在利比亚夺取政权后，并没有任何合法性基础，也缺乏治理国家的政治技巧与经济手段。年轻的革命者可能拥有克里斯玛（charismatic）魅力，但缺乏纲领性计划与意识形态话语。革命政权也没有制定国内外政策的清晰轮廓。1970年，革指会的任务就是破坏君主制政权遗老遗少的影响，如昔兰尼加、的黎波里塔尼亚和费赞的高层官僚与商人集团。它们将赛努西军官清除出正规军，昔兰尼加部落、城乡精英以及高级乌莱玛被解除职务。[②]革命政权的所作所为并没有遇到多大阻力。

① John Wright, *A History of Libya*, Revised and updated edition, p.199.

② Alison Pargeter, *Libya: the Rise and Fall of Qaddafi*, p.69.

革指会在清除君主制政权政治精英时，较为小心谨慎。1970年初，革命政府在政府机关发起了一场轰轰烈烈的反腐败活动，本来想将旧政权的高层官僚替换殆尽，而没有足够的替换人员，尤其缺乏油气部门工作的相关技术人员。

除旧布新是革命政府的基本任务，除旧已经达到目的，但如何布新则是革命新政府必须面临的新课题。他们面临的第一个任务就是成立一个超越革指会的统治实体。按照1969年3月的原计划程序，革指会应该在革命成功后的一个月内将权力交给一个民选政府。革指会随后成立一民选政府（Civilian Government），首脑是一位具有左倾思想的巴勒斯坦人穆罕默德·苏莱曼·马格里布（Mohmoud Suleiman al-Maghrebi）。但与此同时，卡扎菲将自己擢升为上校，成为利比亚武装部队的最高领导人，并规定内阁的所有决定必须得到革指会的首肯。[1]很明显，卡扎菲并不想把权力交给任何人，更不用说是一个民选政府。

1969年12月，革命政府颁布宪法，规定革指会为国家最高权威机构，有权任命部长委员会。1970年10月，国家相关部门的部长均由革指会成员担任，仅有石油部长因没有合适的人才而未做替换。与此同时，军队成为利比亚年青一代就业谋生的主要渠道。君主制政权时期上校以上的官员被辞退，但军队人数飞速增加。很明显，军事院校是享有特权的机构，既是个人向上层社会流动的通道，也是推动革命前进的舵手。

如果说以卡扎菲为首的自由军官组织出身背景与前君主制政权的官员们有所不同的话，那么二者之间的意识形态更是大相径庭。利比亚领导人的治国理念与当时中东地区流行的阿拉伯民族主义者的话语结构较为一致。卡扎菲热衷于阿拉伯民族主义，认为埃及的纳赛尔是一位全心全意为阿拉伯民族服务的革命志士，并能恢复阿拉伯世界昔日的辉煌。纳赛尔在1955年万隆会议上的精彩发言以及

---

① Alison Pargeter, *Libya: the Rise and Fall of Qaddafi*, p.70.

将苏伊士运河成功地国有化，使他成为阿拉伯世界团结的象征符号。纳赛尔的反西方话语与行为吸引着利比亚新领导人的眼球，在卡扎菲看来，腐败的君主制政权允许利比亚国土上存在着英美军事基地是一件不可接受的事情。[①]1970年3月，英国军队从图卜鲁格军事基地撤退。几个月后，美国军队也从惠勒斯军事基地撤出。

阿拉伯社会主义联盟和民众革命

为了赢得民众的支持，革命政府发动民众革命。1971年1月14日，卡扎菲在扎维耶宣布：国家将实行民众统治（polular rule），即通过民众大会（Popular Congress）任命国家议会（country's parliament）代表，直接选举国家领导人。革指会成员到利比亚全国各地巡回演讲，鼓励民众参与国家大事。尽管革命政府付出较大的努力，但未能成功。革命政府意识到民众对政治参与的冷漠，开始了激进的政治动员。1971年6月12日，革命政府仿效纳赛尔，宣布成立阿拉伯社会主义联盟（Arab Socialist Union，ASU）。利比亚成立的阿拉伯社会主义联盟不仅有助于动员民众的政治参与激情，而且还可以巩固革命成果，实现"真正的民主"。[②]

阿拉伯社会主义联盟存在于利比亚各个级别的政府机关。就在卡扎菲主持召开阿拉伯社会主义联盟第一次全国大会（National Congress）后不久，利比亚于1971年12月、1972年1月分别组织召开地方与省级的选举会议。1972年5月30日，利比亚第71号法律规定，在阿拉伯社会主义联盟外的任何政治活动都是违法行为，违法者甚至可以被判处死刑。[③]

事后来看，阿拉伯社会主义联盟从来没有赢得卡扎菲为首的革指会的信任。尽管该组织成立了较长时间，但没有掌握实权。阿拉伯社会主义联盟也没能有效地动员利比亚民众参与政治事务，相反

---

① Dirk Vandewalle, *A History of Modern Libya*, p.80.

② John Wright, *A History of Libya*, Revised and updated edition, p.206.

③ Alison Pargeter, *Libya: The Rise and Fall of Qaddafi*, p.72.

在利比亚构建了一个包括中产阶级以及具有现代思想的新型革命领导阶层，他们在政治立场上持中立态度。部落、家族以及地方势力仍是困扰利比亚国家构建的重要因素。到1973年，革命政权采取的两种民众动员方式效果不佳。

1972年11月，为了方便革命政权高层之间思想交流，利比亚成立国家高层委员会（Higher Council on National Orientation）。这次会议主要讨论未来利比亚发展模式问题。政府本想削弱部落首领的权力，而实际效果不佳。随后让那些出身低微、具有现代思想的年轻人替换君主制政权时期的官僚阶层。卡扎菲想把接受过良好教育的技术专家与知识精英吸纳到革指会，但革指会内部强烈反对。卡扎菲命令政权二号人物贾鲁德重新构建政府体系，政府17个重要部门（包括计划部）中的15部门部长由知识精英担任。

1973年4月16日，利比亚民众在祖瓦拉举行大会，纪念先知穆罕默德忌日。卡扎菲在这次会议上正式发起民众革命（Popular Revolution）。这被称为“卡扎菲主义”（Qaddafism）的起点。[①]民众革命自下而上动员民众，这与阿拉伯社会主义联盟自上往下动员民众的方式不同。卡扎菲在祖瓦拉会议上宣布了民众革命的五点宣言：即破坏国家现存的政治结构；增强民众在革命民族主义中的分量；清除现政权中的反对派；武装利比亚民众；取消现行法律制度（去制度化）。[②]这也说明，卡扎菲试图通过某些强力措施，动员民众参与革命。用他的话就是：“通过锁链将民众带进天堂。”[③]

卡扎菲宣布民众革命的目标是清除革命民族主义变迁中的行政与立法障碍因素，推动利比亚政治现代化的发展。民众革命的第一个目标是清除对革命政权充满敌意的地方官僚。其他被撤换的人员还有：班加西、德尔纳和盖尔扬的总督，的黎波里市镇委员会的所有人员，利比亚国内大学校长。随后，利比亚国有企业以及公共社

① Alison Pargeter, *Libya: The Rise and Fall of Qaddafi*, p.78.

② John Wright, *A History of Libya*, Revised and updated edition, p.206.

③ Alison Pargeter, *Libya: The Rise and Fall of Qaddafi*, p.80.

区成立民众委员会。到1973年8月末，在革指会的批准下，利比亚成立了2400个民众委员会，并开始工作。[①]

尽管革命政权发起民众革命，但革指会仍然牢牢控制国家权力。实际上，民众革命标志着利比亚国家二元化政治结构——正式权威机构与非正式权威机构——的形成，这也是卡扎菲时期利比亚政治结构的典型特征。1973年10月12日，以治国专家为主导的利比亚政府颁布了民众委员会法律，但将重要的经济部门排除在民众管理范围之外。卡扎菲反对这一规定，拒绝签署法律。这一事件说明治国专家与卡扎菲革命民族主义者之间的不同意见，后者更赞同采取革命措施动员民众，实现政治参与。到1973年末，卡扎菲还没有巩固自己在利比亚的政治地位，对革命政府持异议者还大有人在。

卡扎菲对国内民众政治参与积极性不高而感到失望，这在祖瓦拉宣言中有所表现。在他看来，革命民族主义已经被利比亚国内那些图谋阻碍社会进步的人挫败了。唯一的解决之道，就是"让民众自己管理自己"。1973年的民众革命意味着，利比亚产生了一个以地方力量为基础的，出身于中下阶层的，年富力强的领导阶层，这与赛努西君主制遗留下的传统精英集团有所不同。以卡扎菲为首的政权更倾向于打破旧王朝时期井然有序的政府结构，实现社会秩序的重建。到1973年中期，利比亚国家官僚机构的规模几乎扩大了一倍，与军队一样成为新政权促进社会发展、加强政治控制的有效方式。[②]

利比亚政府刚开始并不将伊斯兰教视为革命民族主义寻求政治合法性的一部分，强调伊斯兰教是个人与真主之间的直接关系。[③]尽管由于乌莱玛附属于赛努西政府而名声扫地，但革命政权并没有放弃伊斯兰教及其体现的价值观。革指会关闭了与伊斯兰教规定相矛盾的楼堂会所，禁止饮酒。从1972年起，缴付札卡特（zakat，"宗

---

① Dirk Vandewalle, *A History of Modern Libya*, p.84.

② Alison Pargeter, *Libya: The Rise and Fall of Qaddafi*, p.79.

③ 参见Mahmoud M.Ayoub, *Islam and the third Universal Theory: The Religious Thought of Mu'ammar al-Qadbdhafi*, London:KDP limited, 1987.

教税"）成为民众的正式义务。伊斯兰法成为世俗法律体系的一部分。1973年，卡扎菲成立伊斯兰号召党（Islamic Call Society），任务是向全世界传播伊斯兰教。卡扎菲还坚持利比亚政府文件必须使用伊斯兰教历和基督教历。[1]

新政权赢取合法性的渠道还包括在地方企业竞标政府项目问题上实行"利比亚第一（Libya first）"的政策。按照该法律，政府优先考虑并保护利比亚企业投资，地方企业可以将这些企业自由转租或分租给外国人。在该政策的鼓动下，利比亚国内成立了上千万的小企业，利比亚普通民众受益匪浅。尽管这些企业没有产生经济效益，后来因为资源浪费和效益低下而破产，但也表明，直到《绿皮书》出版以前，新政权通过向民众分配物资资料的慷慨方式，赢得了民众的支持。消费者与企业家、革指会与自由军官成为新政府两大支持力量。

直接民主

自从阿拉伯社会主义联盟成立以来，利比亚政权精英一直在动员民众参与政治事务。卡扎菲的祖瓦拉演讲启动了民众革命，目的是采取各种措施克服民众对政治参与的漠视。祖瓦拉宣言两年后，由于民众委员会与阿拉伯社会主义联盟二者之间的分歧，利比亚国内政治秩序陷入一片混乱。卡扎菲成立民众委员会的主要目的是排斥阿拉伯社会主义联盟对自己的约束。

1974年11月，阿拉伯社会主义联盟与革命民族主义精英的矛盾公开激化。矛盾的焦点是：技术专家一派想通过制定科学高效的经济发展计划，解决国家现存问题，而革命民族主义精英则强调阿拉伯统一与伊斯兰社会主义等意识形态追求。[2]斗争一直延续到1975年，其结果是两败俱伤。1975年初，利比亚爆发学生骚乱，局势骤然紧张。尽管革命政府采取措施，但骚乱仍在蔓延。

---

① Alison Pargeter, *Libya: The Rise and Fall of Qaddafi*, p.72.

② Dirk Vandewalle, *A History of Modern Libya*, p.100.

1975年整个夏天，利比亚国内发生政变的谣言不绝于耳。同年7月，忠诚于卡扎菲的军队包围了的黎波里。当时，阿拉伯社会主义联盟召开政府重组会议，技术专家治国论者占据了主导地位，革指会成员仅有四人进入政府，新产生的部长都是没有革命民族主义意识的知识分子。革指会内部一些人对卡扎菲个人权力的滋长以及他所从事的泛阿拉伯主义（如与埃及的统一）有不同看法，也有人对卡扎菲及其支持者从政治层面干预利比亚经济发展项目而加以指责。在这些技术专家看来，经济问题纯粹是技术问题，不应该与政治有关系。[①]双方的矛盾主要是意识形态领域的，焦点是利比亚石油财富应该如何分配；国家应该在经济发展中扮演何种角色。

1975年8月，革指会成员巴希尔·哈瓦迪和时任计划部长奥马尔·穆海斯（Umar al-Muhayshi）发动政变，拒绝拨付用于地方经济发展的项目资金。政变失败后，奥马尔·穆海斯及其支持者逃亡突尼斯。这一事件是利比亚革命民族主义政治进程中的标志性事件，规范了利比亚未来十年政治、经济与意识形态的发展趋向。革指会仍然是利比亚最有权力的部门，人员缩减为5人：即卡扎菲、贾巴尔、哈米迪、哈鲁比、贾鲁德。卡扎菲随后采取措施极力推进无国家社会（Stateless Society）的构建。由于没有技术治国专家这些反对派从制度上的制约，卡扎菲迅速巩固了自己的地位，革命政权的发展理念沿着他个人意志延伸。1975年后半年，凡是被认为是对革命政权不忠诚的潜在人员，包括普通民众、军人、专家技术人员，都被解除部长等重要职位。那些在国家经济与金融领域展露才华的青年才俊被清理出国家正式机构。利比亚国家审计员穆罕默德·穆盖拉夫（Muhammad Mugharyif），由于经常批评时政，被撤职替换。这次政变也标志着技术专家治国主导利比亚政治经济格局的结束，卡扎菲所在的部落家族成员开始进入国家安全与军队等重要领域。

① Dirk Vandewalle, *A History of Modern Libya*, p.101.

《绿皮书》

卡扎菲利用政变之际，将他的革命民族主义纲领与伊斯兰社会主义提上议程，集中体现在三本名为《绿皮书》的小册子。《绿皮书》第一部分的标题是："民主问题的解决之道——民众权威"，主要阐述卡扎菲直接民主的理论基础及其在利比亚执行的以人民大会与人民委员会为基本内容的政治制度的特征。[①]他拒绝东西方政治体系，推进直接民主（direct democracy），也就是在利比亚成立全国人民大会与人民委员会。

《绿皮书》第二部分的标题为："解决经济问题的出路——社会主义"，首次出版时间是1978年。[②]卡扎菲反对资本主义和共产主义，认为资本主义将社会改造成为一个马戏团，个人像脱缰野马无拘无束；而无神论的社会主义通过废除私有财产解决所谓的经济问题，而将人变成绵羊。[③]这两种都是不可取的，只有伊斯兰社会主义是最优化选择。他认为，民众应该平等分享社会财富，工人不应该成为"工资工人"（wage worker），而应该成为"生产中的伙伴"（partner in production），前者意味着剥削，后者意味着平等与工人当家做主。[④]

《绿皮书》第三部分的标题是："第三世界理论的社会基础"，考察了第三世界理论的社会基础，集中在家族、部落与国家层面。[⑤]这一部分于1979年出版，从某种程度来说，是最令人感兴趣的部分，

① 引自《绿皮书》第一部分，参见Mu'ammar al-Qaddafi, *The Green Book, Part 1: The Solution of the Problem of Democracy–"The Authority of the People"*, London: Martin Brian & O'keefe, 1976.

② 引自《绿皮书》第二部分，参见Mu'ammar al-Qaddafi, *The Green Book, Part 2: The Solution of the Economic Problem– "Socialism"*, London: Martin Brian & O'keefe, 1978.

③ Alison Pargeter, *Libya: The Rise and Fall of Qaddafi*, pp.80–81.

④ Ibid., p.87.

⑤ 引自《绿皮书》第三部分，参见Mu'ammar al-Qaddafi, *The Green Book, Part 3: The Social Basis of the Third Universal Theory* (Tripoli: Public Establishment for Publishing, Advertising, and Distribution, 1979).

也是理论性最强的部分。大致来说，这一部分尝试性地考察个人、家庭与妇女在伊斯兰社会的角色。这也是卡扎菲对世界深入洞察的结果。第一，家庭是社会最重要的单元，如果个人与家庭分离，他就失去价值和社会生活。对于个人来说，家庭比国家更为重要，家庭是摇篮、源泉与社会保护伞。部落就是一个大家庭，国家就是部落的大家庭。[①]第二，男女平等，性别歧视是不可容忍的行为。但卡扎菲又认为，由于生育、哺乳等生理因素，男女存在着天然的不平等。由此，西方学者认为这是自相矛盾的观点。[②]但这是一个问题的两个方面：一方面，从生理因素来说，男女不同的生理结构，担任不同的社会分工和角色；另一方面，从法理来说，二者的社会地位和所享受的权利与应尽到的义务应该是平等的。

卡扎菲对《绿皮书》的评价甚高，认为他是解决利比亚社会问题的万能良药。就在《绿皮书》第一部刚刚出版之际，卡扎菲指出，随着这种独一无二的政治制度的问世，世界上其他政治理论都破产了。1976年1月18日，利比亚总人民大会举行闭幕式，卡扎菲在会上指出："如果说1976年以前，世界上出版的哲学著作对解决民主问题提出一点看法的话，那么现在（随着世界第三理论的出现）都成为一堆垃圾。"《绿皮书》是一部现代福音。[③]

《绿皮书》主要展现卡扎菲对利比亚政治、经济与社会演进的基本规划，意味着卡扎菲试图通过政治、经济部门的重构，颠覆革命初期的改革努力，构建一个无国家社会。卡扎菲认为，作为产油国的利比亚，很容易忽视民众的力量，应该将国家交付民众，由民众委员会管理。《绿皮书》显示了卡扎菲在革指会中处于无可置疑的领导地位。利比亚政府的意识形态的基础是，卡扎菲如何重构利比亚社会，从而让民众充分参与国家政治生活。这也是革命民族主义政府构建政治合法性、推动经济社会发展的规范准则。

---

① Alison Pargeter, *Libya: The Rise and Fall of Qaddafi*, p.88.

② Ibid., p.89.

③ Ibid., pp.90–91.

《绿皮书》主要囊括了卡扎菲对利比亚发展方向的基本构想。按照卡扎菲的构想，利比亚应该成立一个民众国，即一个以大众协商而不是权威认命为特点的政治共同体。[①]在这里，普通民众可以通过民众大会和民众委员会体系行使国家权力。《绿皮书》的每一卷都包含了共同的主题：即不信任现代国家等级官僚结构，认为这些机构妨碍民众直接管理他们社会生活。卡扎菲认为，《绿皮书》是一种行动宣言，以前所做的一系列行为虽然以失败而结束，但这次努力能实现政治动员，其原因有三：一是以前的国家政治体系不能表达利比亚民众的真实声音；二是利比亚人没有直接掌控国家的经济资源；三是以前的国家机器已经陈旧过时，不符合时代潮流。[②]这一思想的核心内涵并不深奥，它所坚持的平等主义和缺乏等级体系的主张反映了卡扎菲部落主义精神特质和时代风气。《绿皮书》的核心理念是，普通民众能够直接管理国家，掌握自己的命运，设计解决利比亚经济与社会问题的基本方式。《绿皮书》的基本思想是“无国家社会（staleless society）”，即在没有国家机构的前提下民众管理自己，但也保留了一些必要的经济机构，约翰·赖特称之为“中央非计划经济”（a centrally unplanned economy）。[③]它们强调协商与平等，反对国家机构的等级体系，禁止将国家权力移交给国家官员。其最终结果是卡扎菲一再强调“直接民主”，即民众控制国家。

按照《绿皮书》的说法，西方的议会制度只表达议员的政治意愿，剥夺了人民的权利，选举并不能够产生民主。他认为“世界第三理论”外的所有民主制度都不是真正的民主制度，西方的民主选举制度并不能代表真正的民主。获胜的政党即使获得了51％的席位，但是49％选民不能表达自己意愿。[④]卡扎菲得出结论：政党不可能代表民主，因为代表是“对民主的弄虚作假、串改、伪造和歪

---

① John Wright, *A History of Libya*, Revised and updated edition, p.207.

② Dirk Vandewalle, *A History of Modern Libya*, p.103.

③ John Wright, *A History of Libya*, Revised and updated edition, p.207.

④ Dirk Vandewalle, The Libyan Jamahiriyya since 1969, in Edited by Dirk Vandewalle, *Qadhafi's Libya, 1969–1994*, Macmillan Press Ltd., p.17.

曲。”政党是以侵占人民的权利为代价，反映少数人的意见。卡扎菲抨击西方议会制度是一种可以用选票来买卖的体制。其最终结果是大多数穷人成为牺牲品，真正体现了富人的意志。他认为议会制度是最残暴的制度。政党是富人的工具，但是它经常表面上代表大多数人民。迄今为止，只有直接民主才能真正解决这一难题。

《绿皮书》认为现代社会需要保留个人与组织的权威，现代国家难以保证代表能够表达民众意图。解决该问题的唯一方法是，通过成立民众参与的地方民众大会（Local Popular Congresses），实现“直接民主”。卡扎菲认为，这是人民为实现民主而奋斗的最终成果。[①]

直接民主最重要的机构是民众任命的大会或者是基层人民大会（Basic People Congress，简称BPC）。每个基层人民大会选举自己的工作委员会（Working Committee），后者成立各地区的人民大会监督和指导总人民大会（General People' Congress）。卡扎菲认为，这才是真正的民主。用他本人的话就是：“民主就是人民监督人民”。[②]人民大会与人民委员会分别具有立法和行政职能，处于权力最高层的总人民大会和总人民委员的职能与昔日内阁相当。从原则上来说，后者并没有独立的职权。上述机构成员均通过协商或选举的方式产生。基层人民大会任命掌管地方行政事务的基层人民委员会成员，后者向总人民大会这一同级别机构报告相关事务。这种方式保证了利比亚每个地区都保持自治，可以将地区民众的要求上升到国家层面。因此，利比亚革命民族主义政治体系的构建是自下而上的方式，而不是自上而下的方式。

1976年1月，卡扎菲将阿拉伯社会主义联盟改名为总人民大会。总人民大会的成员可以对行政机构进行质问，政治活动受到基层人民大会的约束，但外交决策除外。1977年3月2日，卡扎菲在

① Alison Pargeter, *Libya: the Rise and Fall of Qaddafi*, p.86.

② Mu'ammar al-Qadhdhafi, *The Green Book, Volume I*, Tripoli: The Green Book Center, 1980, p.12.

塞卜哈宣布“民众时代”已经来临，将利比亚重新命名为“大阿拉伯利比亚人民社会主义民众国”（The Socialist People's Libyan Arab Jamahiriyya）。[①]

随后的变革并没有停止，最突出的事件：一是1990年年中，利比亚增设市镇委员会（municipal committees）；二是在总人民大会内成立“技术专家顾问组”（technocrat advisory group），对经济发展与石油相关的技术问题提出决策意见。上述机构在1980年已经存在，但没有充分发挥作用。革指会被正式废除，通过委员会与大会制度，民众控制了利比亚。革命指挥委员会成员继续占据重要的政治和军事职位，暗示着这些成员还可以保持一定的权力。如卡扎菲与贾巴尔为利比亚军队首脑；哈米迪为警卫局司令；哈鲁比为陆海空军司令；贾鲁德负责利比亚革命政府的经济事务。从原则上来说，利比亚人是自己管理自己，可以替换或者间接任命国家官僚与行政人员。在一年一度的总人民大会上，民众讨论基层人民大会和市政人民大会所反映的重大政治经济问题。

但民众对政治参与仍不感兴趣。民众仅对“人民权力”有所感触，对“民众民主”漠不关心。最典型的事例就是，民众大会缺席率较高，如在的黎波里，民众大会缺席率达59%，米苏拉塔地区民众大会缺席率达90%。[②]在卡扎菲看来，利比亚大学学生应该接受其世界第三理论，也是理论对外传播的讲坛。但是学生对卡扎菲政权的不满由来已久。早在1976年1月，学生们就上街游行示威，要求言论自由，反对政府对学生会领袖的压制。在伊斯兰激进力量的煽动下，学生运动此起彼伏。1976年4月7日，政府在的黎波里大学和班加西大学逮捕学生，那些参与游行抗议的学生在大学校园被公开处决。

总人民大会的权威受到限制。从原则上说，总人民大会任命

① Alison Pargeter, *Libya: the Rise and Fall of Qaddafi*, p.92.

② Hanspeter Mattes, “The Rise and Fall of the Revolutionary Committees, ” in Dirk Wandewalle(ed.), *Qaddafi's Libya, 1969–1994*, p.91.

自己的秘书处，它相当于西方议会制度的内阁。但在实际操作中，秘书处决定总人民大会的议事日程。技术委员会（technical committees）决定利比亚日常商业性事务。尽管秘书处的部长们通常由总人民大会选举产生，但实际上是由革命政权任命。此外，利比亚国家的许多重要部门并不允许总人民大会插手，如外交决策、军队、警察、国家预算以及油气部门。以上情况说明，卡扎菲所声称的“民众权力”具有选择性的特点。1977年成立的革命委员会遏制了总人民大会的权威，这也说明以卡扎菲为首的革命民族主义者希望利用正式与非正式机构来实现对国家的治理的想法。事实证明，这些“革命性的治理方式”效果更为良好，迎合了卡扎菲的某些思想，是革命政权的防护力量。1979年3月，总人民大会的第二次年度会议上，民众机构和革命机构的二元统治机构得到卡扎菲的认可。

三、卡扎菲政治体系的构建

二元化的政治机构

1978年9月1日，卡扎菲在九月革命周年纪念会上宣布，革命权威将与民众权威分开。1979年3月，利比亚成立革命权威机构，标志着利比亚革命进入另一历史阶段。利比亚存在着以民众大会和民众委员会为核心的正式政府部门，以及以革命机构（如国家情报机构和革命委员会）为主导的非正式政府部门。这种二元化的政治结构一直延续到卡扎菲政权崩溃。

从原则上来说，总人民大会和总人民委员会是利比亚的立法和行政机构，有权做出一系列决策。卡扎菲在《绿皮书》中也提及1980年后利比亚的政治现实：“从理论上说，（人民大会和委员会体系）是真正的民主。但实际上另一股强大的势力在进行统治。”① 卡扎

① Dirk Vandewalle, *A History of Modern Libya*, p.119.

菲曾经说，他不应该为利比亚政治与经济颓废负责，因为他没有官方职位。国家所做的每一个决策都由民众来负责。卡扎菲说：

> 你们应该知道，自从1977年以来，我不再享有任何宪法意义上的，政治、经济与行政管理层面的特权（constitutional prerogative）。请让我澄清这一点。你们可能想征求我的意见；我准备承担一个革命推动者的作用，我的所作所为已经证明这一点。然而，我的行动受到民众权威的束缚……民众权威已经束缚了我的革命行为……，甚至束缚卡扎菲；我不能有任何作为。①

卡扎菲所言甚是，民众委员会的权威实在有限，国家安全机构，如军队、警察、情报机构和利比亚国际石油公司都不在其管辖范围之内。此外，革命政府管理着国家的财政预算，不让总人民大会过问。国民预算不经过讨论，革命委员会批准即可生效。

民众权威受到1977年11月成立的革命委员会的挑战。革命委员会成员由经过精心挑选的年轻人组成，直接向卡扎菲负责。他们是卡扎菲动员民众和宣传思想的工具，主要任务是鼓励广大民众参与基层人民大会的各项活动。1979年9月1日，卡扎菲在庆祝革命成功10周年会上，正式指出了革命委员会的职责，即监督人民大会选举、挑选与选举大会候选人、确保国家实权掌控在革命领导人的手中，捍卫革命的成果。②他说："民众委员会成员……并不比革命委员会成员缺少爱国精神或革命精神，但后者宣布他们准备为捍卫革命成果随时付出生命。"③卡扎菲在这里第一次指出了正式权威机构（人民大会和人民委员会）与捍卫革命的非正式权威机构之间的区别。革命委员会直接向卡扎菲负责，总部位于巴布阿齐齐亚（Bab al-Aziziyya）的特殊中央协调委员会为执行机构，主任是卡扎菲所

---

① Dirk Vandewalle, *A History of Modern Libya*, p.120.

② John Wright, *A History of Libya*, Revised and updated edition, p.208.

③ Dirk Vandewalle, *A History of Modern Libya*, p.120.

在部落成员，也是他私人秘书阿里·盖拉尼（Ali al-Kilani）。从1976年起，利比亚举办一系列培训班，向革命委员会成员灌输忠诚革命事业的理念。

为了让正式权威机构和革命权威机构之间有显著的不同，卡扎菲辞去总人民大会秘书长一职，以便自己全身心投入于革命活动。[①]1979年3月2日，总人民大会召开会议，民众委员会与革命委员会正式分离，贾鲁德、尤尼斯·贾巴尔、哈鲁比和哈米迪被任命为革命权威机构的首脑，正式权威机构的高层领袖均由平民担任。到1979年末，革命委员会已经完全渗透到正式权威机构以及公共领域：包括民众委员会、民众大会、市镇民众总委员会、大学与专门研究机构。他们迅速成为仅次于卡扎菲及革指会成员的最有势力的组织。1980年1月，总人民委员会召开会议，出身于平民的利比亚新任总理阿卜杜·阿提·奥贝迪（Abd al-Ati al-Ubaydi）宣布："各级民众大会、总人民大会的秘书处以及基层民众大会的秘书处，永久处于革命委员会的控制之下。"[②]委员会协调办公室的部分成员担任正式权威机构的秘书（相当于部长）。

革命委员会创办有自己的刊物《绿色三月》（*The Green March*）和《民众国》（*Jamahiriyya*），它们成为革命政权非官方代言人。从1979年开始，革命委员会控制了基层民众大会的选举活动，能够对那些没有革命热情的候选人投否决票。通过这种方式，他们一定程度上控制了总人民大会的议事日程。

革命委员会负责监督《绿皮书》相关指示的执行情况。他们负责处理腐败与挪用公款等现象，遭控诉的个人包括革命政权不喜欢的君主制时期的遗老遗少。1980年10月，革命委员会接管了国家的出版社。整个20世纪80年代初期，他们的功能扩展到宣传、指导与控制革命。利比亚与西方国家的关系随之恶化。革命委员会的权力随后延伸到司法领域，1980年，革命委员会在"革命法"的基础上

① Alison Pargeter, *Libya: the Rise and Fall of Qaddafi*, p.96.

② Dirk Vandewalle, *A History of Modern Libya*, p.121.

成立革命法院。自1969年以来，革命政权试图设计法律制度，执行《绿皮书》中提出的社会、政治和经济指标。利比亚领导人起初提出了将“沙里亚”作为利比亚法律的唯一源泉。尽管革命政权强调法律法典化，但并不适应革命精英不断变化的治理模式。伊斯兰法所主张的诸多原则，如商业合同法、保护私人财产等，都与革命政府的理念相矛盾。

卡扎菲发表祖瓦拉宣言时宣布，取消国家正在执行的所有法律。1978年7月3日，利比亚民众在穆罕默德清真寺里与乌莱玛展开辩论。卡扎菲指出，伊斯兰法不能用来当作现代社会经济与政治关系的指导原则。与此同时，他也认为，伊斯兰法所规定的商业与财产权的传统原则不能在现代社会发挥法律意义上的作用。1980年5月，利比亚废除私人业务法，包括所有的专业性职业，清除了卡扎菲政府成立革命法院的最后一个障碍。革命法院不依赖于正规法官，由不受国家刑法约束的革命委员会成员构成。在整个20世纪80和90年代，由于缺乏制度的约束，革命法院滥用职权，随意处决犯人。

到1980年，民众机构与革命机构的矛盾更为尖锐，后者操纵司法体系，卡扎菲革命民族主义权力基础日益狭小。尽管如此，卡扎菲做出的所有政治决策大都通过总人民大会，从而证明其程序的合法性。整个20世纪80年代，利比亚统治方式的频繁变动就是为了构建维持政权长治久安的联盟集团，革命委员会和革命法院的成立是政权为保持国家高层掌控权力而作出的切实可行的措施之一。革命委员会迅速成为政权控制社会、确保政权生存的工具。自从卡扎菲上台以来，革命委员会几乎忽视法律规则。革命法院执行革命政权的指示所采取的措施，在利比亚国内造成极大的恐慌。

卡扎菲迅速意识到革命委员会的弊端，开始约束其权力。1986年8月，利比亚两架飞机在苏尔特湾被美国飞机击落后，卡扎菲呼吁动员民众，成立新型“革命卫队（Guard of the Revolution）”。与此同时，利比亚国家机构都贴上“人民”标识，如驻国外的使馆改名为人民局（People Bureaus）。革命卫队部分遏制了革命委员会的权力，卡扎菲在此期间有效地平衡各机构权力，掌控国家。20世纪90年代，这些机构还有助于遏制昔兰尼加的伊斯兰反政府活动。

卡扎菲政治认同与合法性的塑造

卡扎菲一直声称，利比亚1969年政变及其后所发生的事情是20世纪一场伟大的社会解放革命。[①]卡扎菲在《绿皮书》里将利比亚革命看作是利比亚社会、经济与政治发展，不可避免的历史进程，并认为民众国将代替资本主义与共产主义，这是植根于阿拉伯历史与传统，与利比亚文化与历史经验相一致的革命行为。这样做的目的是，缩小民众与卡扎菲革命政权之间的距离，赢得政治合法性。这也说明，刚刚独立的利比亚首先面临的任务就是通过弘扬文化认同的诸因素和阿拉伯传统，呼唤民众的国家认同意识。此外，卡扎菲强调的文化精神还包括：叙述利比亚在西方国家控制下的悲情意识，强调西方剥削压迫利比亚的残酷历史，如意大利法西斯在利比亚的殖民罪行，奥马尔·穆赫塔尔被逮捕处死的悲怆情景等。[②]这些都成为卡扎菲演讲话语的主题。

外部敌人也是卡扎菲构建国家认同的利用对象，首先是石油公司和西方国家。卡扎菲教导民众警惕那些为了个人利益出卖革命的叛徒。卡扎菲说：

> 我必须告诫大家，叛徒是我们民族自由、独立的最大威胁，它比殖民主义的危害更大。这些叛徒带领着意大利人深入利比亚境内，意大利人自己是不可能深入利比亚的沙漠高山地带，如果没有叛徒告知奥马尔·穆赫塔尔的下落，意大利人不可能抓住他，……现在，我们应该搜寻那些为美国人进入利比亚铺平道路的叛徒并消灭他们。今天的美国人就如同昔日的意大利

① Dirk Vandewalle, *A History of Modern Libya*, p.124.

② John Wright, *A History of Libya*, Revised and updated edition, p.210.

人，1911年10月的叛徒就如同1993年10月的叛徒。[①]

毫无疑问，卡扎菲抓住了利比亚人对西方国家殖民历史的愤恨与不满，构建民众对新政权的认同，增强其政治合法性。革命政府通过1970年和1971年与西方国家谈判石油问题，在石油财富上获得主动，而让西方国家离开利比亚军事基地等做法，让利比亚普通老百姓感受到前所未有的尊严感。1969年9月1日的军事政变也可以被解释为：利比亚民众拒绝君主制王国及其亲西方倾向的集体行动。而夺权后革命政权满足民众的意识形态诉求是：反西方主义、阿拉伯民族主义和民众主义。

更为重要的是，在乌莱玛和普通民众的呼吁下，利比亚革命与伊斯兰教的基本理念联系在一起。革命政府的法律体系更多参照了西方国家的法律模本，尽管将伊斯兰法和习俗法作为立法的源泉，但利比亚法律政策更多地体现了世俗精神。尽管利比亚官方从来没有正式承认忽视伊斯兰法和习惯法作为立法的参照主体，但卡扎菲一再强调利比亚革命就是真正实现伊斯兰的精神。

按照革命政权的说法，1969年9月1日革命就是将西方文化、殖民主义和君主制从利比亚社会中扫地出门。革命政府的许多措施都显示出这一特点：如焚烧西方国家书籍和西方乐器，关闭夜总会，提倡民众穿利比亚传统服饰，将教堂改变为清真寺，原则上采用伊斯兰的惩罚方式，重新命名了格利高里日历。石油成为对抗西方国家的武器，也是恢复阿拉伯世界昔日拥有的文化和政治权力的方式。利比亚与阿拉伯国家构建联盟来对抗西方，其动机：一方面是革命政府可以在国内赢得支持，另一方面使利比亚成为本地区纳赛尔主义的继承人。

从1969年卡扎菲发动政变至今，他一直构建的政治统治机制就是：通过非正式的、非制度化的方式增强自己的个人魅力。卡扎菲

---

① Dirk Vandewalle, *A History of Modern Libya*, p.125.

向民众表达了一种个人完美无缺并赢得尊重的情感，这与赛努西君主制政权的旧官僚政治结构，国王年高体弱，以及难以在阿拉伯世界突出利比亚的地位等形象形成鲜明对比。赛努西君主制政权的政治体系自创立以来，一直将其民众置于边缘化的地位。20世纪60年代，利比亚贪污腐败现象日益严重。革命政权推翻君主制政权增加了卡扎菲在民众中的地位。卡扎菲在与石油公司打交道过程中所展现的强硬而又富有策略的方式，最终使利比亚在石油收益上获得了较大份额，提升了他在国内与国际社会的地位。以卡扎菲为首的革命政府给民众的印象是：正直无畏，在阿拉伯世界立场鲜明，尽职尽责，荣誉至上，个人表现很勇敢。在某种意义上说，卡扎菲成了利比亚革命的导师。他通过将自己说成是奥马尔·穆赫塔尔等反西方斗士的继承者，将利比亚民众团结在自己周围，构建了一种神圣的国家认同与团结意识。

与君主制政权形成鲜明对比的是，卡扎菲似乎拥有阿拉伯民族主义的所有特质：激进的反西方精神、朝气蓬勃、高度的政治参与能量。尽管遭受过诸多打击，但卡扎菲有追求自己所构想的政治共同体的意志。魅力型统治要求统治者不断复活或者更新其统治能量，为此，卡扎菲需要动用强大的动员机制，协调平衡政治体系，以保持更新自己的魅力。作为一位魅力型领导，卡扎菲也主张与普通民众直接接触。他在全国巡回演讲，宣传革命精神，颂扬那些支持革命的有志之士。

但是，从本质上来说，单凭塑造魅力来维持统治是不稳定的权力来源。这种统治方式不仅要求领导具有超凡的魅力与品质，而且民众必须信服他的所作所为，至少没有异议。20世纪70、80年代，卡扎菲采取的措施造成社会秩序混乱，魅力型动员政治进程受到阻碍。几十年革命民族主义实践，特别是1986年美国对利比亚打击后，越来越多的迹象表明，卡扎菲魅力型统治的政治力量在利比亚政治体系中日益受到多方面限制。

尽管革命政府利用宗教认同、政治魅力以及文化符号来加强政治动员，但仍然有诸多政敌出现：包括逃亡国外的君主制政权的精英；昔日卡扎菲政权的支持者，如穆海斯；地位被严重削弱的乌莱玛；还有一些普通民众也对政权不满，其原因是不满意对《绿皮书》指导下的革命实践对其生活带来的不利影响。随着利比亚革命民族主义的推进，其反对派也遍及西方与整个中东地区。这些反对派定期发行刊物，宣传自己的政治主张。最著名的反对派组织有穆罕默德·穆盖拉夫领导的，成立于1981年的利比亚拯救国家阵线。该组织还有自己的武装力量，即解放部队。他们在20世纪80年代采取了一系列反对卡扎菲的军事行动。在利比亚拯救国家阵线的领导下，不同的组织开始有效地组织起来，但它们之间互不信任，存在巨大的分歧，反映了各个组织不同的政治取向。此外，由于利比亚安全部门的有效控制、卡扎菲采取各种渠道从内部分化瓦解反对派，后者难以形成有效的抵抗力量。革命政权还采用一种更隐藏的手段：即让民众去政治化，禁止民众进行有组织的政治活动。

按照《绿皮书》的政治构想，国家实际上成为民众维持生计的唯一经济行为体。在这种情势下，利比亚民众不再拥有共同的经济利益。其结果就是，革命政府通过经济手段给民众发放生活物品，换取后者在政治上的沉默。不过，利比亚民众也可以通过民众大会发表自己的不同言论，其底线是不挑战革命政治体系的基本结构。卡扎菲经常在公共场合鼓励民众对国家大事发表批评意见与不同言论。

与此同时，《绿皮书》还意味着，禁止在利比亚出现任何具有独立政治基础的支持力量，如部落、社会经济阶层、军队、民众或革命委员会的成员，以及知识分子和学生这一阶层。民众大会与民众委员会受到严密监视，即使是利比亚安全机构最有权力的机构革命委员会也不允许拥有任何自治的权力。革命政府通过成立民众军队与民兵，禁止出现职业军人，以防对现政权构成威胁。

利比亚反对派有效运作必须具备两个条件：一是要求反对派成立有组织的网络体系；二是革命政权具有不可避免的缺陷。尽管美国期望利用1986年4月轰炸利比亚的时机，引发反政府力量推翻卡扎菲政权，但事与愿违。20世纪80年代中期，利比亚国内出现了各种涂鸦式反政府口号与图案。1986年8月，反政府组织暗杀革命委员会骨干分子艾哈迈德·瓦法利（Ahmad al-Warfalli）。卡扎菲政权指责此事为国内的激进伊斯兰分子所为，并开始大规模的镇压活动。

《绿色人权大宪章》

1986年美国轰炸利比亚后，卡扎菲政权在国内外面临着一系列的挑战，削弱了他孜孜以求的伊斯兰社会主义事业的动力。阿拉伯民族主义统一运动效果不佳且遥遥无期，与西方对抗付出了沉重的代价。

1986年4月15日至16日，美国轰炸的黎波里和班加西给利比亚领导层带来了极大的恐慌。这次袭击也暴露了利比亚在面对大国袭击时，防御力量的虚弱。甚至一些革命委员会成员悄悄弃职而去。据说，利比亚东部省份也出现了一些有组织的抵抗运动。在利比亚领导人的动员下，民众掀起大规模的反美集会。

美国轰炸利比亚后的几周，卡扎菲没有在电视上露面。随后，卡扎菲宣布在利比亚继续推进“革命的延伸（extension of the revolution）”，但其实际措施却有背道而驰之势。他公开谴责某些“革命的治理方式”，并于1987年在塞卜哈召开的总人民大会上提出自己的看法。会议代表提出一系列公众关切的经济问题。整个1987到1988年，卡扎菲公开谴责了国家安全机构与革命委员会的失职。1988年5月，卡扎菲在对全国民众的电视演讲中，无意之中透露了利比亚民众国权力的真正核心。他说：“如果他们做出的偏离、损害革命的越轨行为，没有人会保护他们，革命并不是镇压。相反，我想证明的是，革命委员们热爱民众，他们捍卫自由，他们支持我的革命。”[1]几周后，利比亚成立了一个特殊委员会，处于国家司法部的

---

① Dirk Vandewalle, *A History of Modern Libya*, p.142.

领导之下。该机构的职责是调查革命委员会成员的贪污腐败以及滥用权力，审计革命委员会成员的财产状况。到1988年12月，革命委员会逐渐失势，他们在情报、安全与警察机构的角色遭受遏制。利比亚成立了动员民众和领导革命部，领导人是阿里·沙里（Ali Al-Sha'ri）。他是卡扎菲最信任的人之一，任务就是控制革命委员会的活动，让革命委员会回到其发挥意识形态功能的角色。

与此同时，卡扎菲尝试着在利比亚推进政治自由化措施。1987年和1988年，利比亚释放了大量政治犯。1988年3月3日，卡扎菲亲自开着推土机推倒的黎波里监狱大墙，释放政治犯。他抨击革命委员会成员滥用革命权威来实现一己之私。在卡扎菲的监督下，成千上万的利比亚民众档案被毁。同月，卡扎菲毁坏了突尼斯—利比亚边境的拉斯贾迪尔（Ras al-Jadir）哨所，声称利比亚人可以按照自己的意愿自由旅行。仅在1988年，就有100万被贬称为“绿色蝗虫”的利比亚人到突尼斯旅游，各种费用均由政府买单。

利比亚经过几十年艰苦的革命岁月，这些看起来较小但颇具代表性的动作，给民众带来前所未有的呼吸空间。卡扎菲允许流落在异乡的反政府人士回归故里，以往过错既往不咎并提供就业岗位。卡扎菲会见某些政治反对派，希望他们回到利比亚，支持革命政权，但大都以失败而告终。

卡扎菲主张民众享有自由，坚持民众拥有人权，并采取措施，推进利比亚社会的法制化进程。他要求总人民大会制定法律，革命法院仅负责叛国罪的审判，其他工作由人民法院代替。1989年3月，利比亚成立司法部，以确保法律法规的执行与落实。

《人权绿色大宪章》就是在这种背景下出台的。1988年6月12日，总人民大会通过了《人权绿色大宪章》。大宪章包括27个条款，其主要内容可以归纳为：

1.利比亚民众国权力属于人民，人民通过人民大会和人民委员会直接行使权利。公民权是神圣不可侵犯的，公民可以通过结社、工会与社团的方式捍卫自己的利益。公民享有神圣的人权，并受保护。死刑仅适用于那些触犯宪法、危害社会的罪大恶极之人。

2.民众国公民有工作的权利和义务，劳动所得财产神圣不可侵犯。民众国是一个团结的共同体，确保每一个公民过上有尊严和富足的生活，为公民提供高质量的医疗保障。任何人不得限制或强迫公民自由获取知识的权利。

3.保护妇女、儿童、老人与残疾人的合法权益，构建一个健康有序的社会。男女平等，婚姻自由。

4.鼓励公民同帝国主义、种族主义和法西斯主义等敌人作斗争。消除生化武器与大规模杀伤性武器，保护以民众享受权利为基础的政治制度，保卫民众国是每个公民的责任与义务。

《人权绿色大宪章》（大宪章）保证利比亚人有自由成立团体、工作的权利，尊重个人自由。大宪章限制了死刑的范围，并指出政权的未来目标就是完全废除死刑。禁止对违法人员进行侮辱性惩罚，不虐待囚犯，并声称保证每一个利比亚公民都享有接受公平审判的权利。宪章呼吁结束军备竞赛，禁止生化武器与核武器的开发。卡扎菲政权如果完全按照规定的内容将之完全实施的话，那将停止或扭转利比亚政权的威权主义倾向。但不久，利比亚就开始研发生化武器项目，一直持续了20年。①

大宪章提出之际，也是卡扎菲公开质疑革命委员会与安全机构的角色与责任的时刻。卡扎菲公开批评法律规则的失败，承认滥用职权，一夜之间成为坚持合法性、自由与人权的先锋人物。然而，批评者认为，大宪章缺乏传统意义上的国际法与国内法，赋予利比亚民众基本公民权利与政治权利的相关规定。大宪章第11条规定，私人财产是“神圣的，受保护的”，但又在没有界定什么是公共利益的情况下，指出“公共利益”可以侵害私有财产。大宪章第25条要求，国家的每一个成员誓死捍卫自己的国家。大宪章第26条要求，所有利比亚人都承担责任，这是宪章的“基础”。这样做的目的是，为政府

① Ann Elizabeth Mayer, “In Search of Sacred Law: The Meandering Course of Qadhafi’s Legal Policy, ” in Dirk Vandewalle, *Qadhafi’s Libya, 1996–1994*, pp.123–131.

认定什么是叛国罪又引进了一个模糊界定的灰色领域（gray areas）。

1989年春，利比亚开始执行大宪章的相关规定。1989年3月，总人民大会颁布了关于解除宗教与政治活动、民众自由活动的法令，要求通过立法，成立独立的司法部门，加强人民法院的权利。1989年5月，利比亚参加了联合国《反酷刑协议》，参与关于民事与政治权利的国际公约。然而，人权组织指出，利比亚在保护民众基本权利与自由方面仍没有多大改观。在后宪章时代（post-Charter era），利比亚政府对待不同政见者的态度似乎没有什么变化。

1989年，利比亚成立卡扎菲人权奖金，奖励那些在“解放斗争（liberation struggle）”最前线的第三世界的人物、组织或运动。利比亚在瑞士设立了1000万美元的资助资金，首位获得者就是正在囚禁中的、南非活动家纳尔逊·曼德拉，他获得了25万美元。随后获奖者包括美国的印第安人以及那些反对以色列占领，参与巴勒斯坦起义中的孩童。1996年，利比亚将该奖授予伊斯兰民族组织（Nation of Islam）领导人路易斯·法拉罕（Louis Farrakhan）。该组织成立于1930年，基地在芝加哥。法拉罕亲临利比亚接受了该奖项，但被迫婉言谢绝了25万美元的奖金。美国也不允许伊斯兰民族组织接受利比亚的10亿美元的捐助。[①]

卡扎菲在九月革命第十九周年纪念日上，宣布了废除国家正规军与警察的计划，取而代之以新成立的民兵组织（popular guard），宣布义务兵役期从两年缩短为一年，并强调任何人都不得免除服兵役。大宪章也没有建立允许民众表达反对意见的公共政治平台。卡扎菲的解释是，利比亚是一个由民众直接统治的民众国，民众可以在民众大会自由表达意见，因此，没有制定适用民众自由表达反对意见的规则与必要。[②]同样，卡扎菲认为，利比亚人也没有必要成立工会，因为他们已经是工厂的主人。《绿色大宪章》强调的仍是卡扎菲对国家政权的控制。

---

① Ronald Bruce St John, *Libya: from Colony to Independence*, p.199.

② Dirk Vandewalle, *A History of Modern Libya*, p.144.

四、利比亚革命政权收回石油主权的斗争

提高原油标价

利比亚革命对石油生产影响甚微，除了为期两周的空运和邮政中断以外，石油生产和出口贸易照常进行。革命者在执政初期延续着前政权的石油政策，许诺承认赛努西君主制时期所签署的各种协议。9月18日，利比亚总理马哈茂德·苏莱曼·马格拉比指出，利比亚革命政府承诺不会改变前政府的石油政策，以消除石油公司的不安。[①] 石油工业对技术的要求十分严格，革命政府只能依赖于国外的专业技术人员和石油公司管理石油企业。同时，革命政府精英也意识到石油国有化的时机尚未成熟，从而转向价格机制控制权的争夺。10月，石油部长发表措辞强硬的讲话，指责国际石油公司不公正地垄断标价权。卡扎菲也发出信号，声称要改变这种状况。[②]12月22日，革命政府依照卡扎菲的指示成立价格委员会，专门负责与石油公司商讨调整利比亚原油标价的相关问题。利比亚政府首先向埃索公司提出每桶标价提高43美分，埃索还价只涨5美分。其他大公司也因在别处另有油田，顶住压力并不打算让步。利比亚政府决定采用减产和谈判相结合的方式迫使石油公司就范。此时，革命政府意识到赛努西王朝将特许权同时授予独立公司和大石油公司的可利用之机，决定采用分而治之的策略对他们逐个击破。矛头首先指向了西方石油公司，该公司是利比亚两家最主要的独立石油公司之一，其产量的97%来自利比亚。1970年5月，西方石油公司接到了利比亚政府将原油日产量80万桶削减到40万桶的指令。[③] 这种情况

---

① Ronald Bruce St John, *Libya: from Colony to Independence*, p.145.

② Ibid., p.146.

③ Frank C. Waddams, *The Libyan Oil Industry*, The Johns Hopkins University Press, 1980, p.231.

在中东地区是前所未有的。随后，一辆推土机撞坏了位于叙利亚境内一处跨阿拉伯半岛的输油管，沙特出口到欧洲的石油因此每天减少了50万桶。海湾出口到西欧的运费进一步上升。加之尼日利亚国内战乱致使石油生产陷入停顿，与欧洲一海之隔的利比亚瞬间成为石油贸易中心。

利比亚责令石油公司减产，再加上跨阿拉伯半岛输油管道被迫关闭，欧洲市场每日石油供应量减少90万桶，西方石油公司在欧洲的炼油厂也出现石油短缺。西方石油公司在求助埃索公司无果后，为确保炼油厂得到充足的石油供应，接受利比亚政府的提价要求。1970年9月1日，西方石油公司与革命政府签订协议：石油标价每桶增加30美分，以后5年每年再增加2美分；为补交1965年以来损失的税金，税率由50%提高到58%；对低硫原油给予补贴。[①]9月4日，卡扎菲在推迟三天举行的“九一革命”周年庆祝活动中宣布：向西方石油公司提出的条款适用于利比亚境内的所有石油公司。到9月底，利比亚境内的所有石油公司都让步了。

利比亚最终取得了这一轮油价斗争的胜利。自此，国际大石油公司单方面决定原油标价的垄断局面被打破了。利比亚与石油公司签订的一系列协议带来的变化不仅仅只是原油标价的上涨，更重要的是它改变了产油国与石油公司力量对比。利比亚的胜利鼓舞了斗志，不仅适时扭转了油价的下降趋势，还重新开启了产油国争取石油资源控制权的道路。

1970年12月，欧佩克在加拉加斯召开会议。会议根据利比亚的斗争经验，制定了新的工作目标，包括：普遍提高石油标价；取消1968年矿区使用费协议中的销售补贴；决定鼓励成员国与国际石油公司展开谈判。会议结束后，利比亚根据这次会议精神，向石油公司要求提高5%的税率，并按月支付税款；每桶原油提价50美分，并另加25美分作为再投资金额。为了抵制利比亚的新一轮提价和增

① Frank C. Waddams, *The Libyan Oil Industry*, p.233.

税要求，23家石油公司在纽约秘密举行会议，达成“利比亚生产者协议”（Libyan Producers Agreement）。内容包括：所有签字公司未经其他公司同意，不得单独与利比亚签订协议；如利比亚迫使任何一家公司减产，其他公司都将按比例向该公司提供石油。事实上，由于利比亚的强势态度以及原油供应量的日益紧张，各大石油公司从未兑现过上述承诺。

1971年2月22日，地中海各产油国响应欧佩克加拉加斯会议精神，委托利比亚与石油公司在的黎波里举行会议。4月2日，双方签订《的黎波里协议》，规定石油标价提高到每桶3.32美元①，该价格包含了对未通过苏伊士运河、轻质低硫原油的价格补偿；确定税率为55%；取消销售补贴。此外，石油公司还同意对赛努西王朝定价偏低做出补偿，对特许权期间出口的每桶石油支付一定的追加费用。

1970年到1973年十月战争前，利比亚石油总产量虽然有所下降，但是石油收入一直在增长。1970年，利比亚曾达到日产331.8万桶的历史最高纪录，但此后由于限产等原因，石油产量不断下降。然而，同一时期利比亚的石油收入却由1970年的13亿美元增长到1973年的23亿美元。②即便国家停止石油出口，其财富也足以维持国家正常运转4年。③利比亚与石油公司的斗争取得了初步胜利。

石油国有化历程

20世纪70年代初，国际石油公司仍牢牢掌控着产油国石油资源的所有权，石油生产、销售等上下游活动也由大公司垄断。石油标价机制斗争的胜利，打破了国际石油卡特尔垄断石油标价的局面，也推动了产油国收回石油资源主权的斗争，并将最终摧毁了西方国家控制包括利比亚在内的中东产油国石油资源的租让制。

---

① Frank C. Waddams, *The Libyan Oil Industry*, p.241.

② ［美］约翰·库利：《利比亚沙暴——卡扎菲革命见闻录》，赵之援、汪淼、王正译，世界知识出版社1986年版，第102页。

③ Dirk Vandewalle, *A History of Modern Libya*, p.91.

第一，渐进推行石油资源国有化。

所谓国有化是指石油生产国将那些在本国经营的外国石油公司的财产全部收归国有，废除原有的石油租让协定，石油生产商的业务活动由国营的石油公司经营。[①] 利比亚的石油政策与实现石油资源主权国有化的政治决策紧密联系在一起。1971年底，英国人撤出海湾，伊朗旋即占领了位于霍尔木兹海峡的三个小岛。三岛落入伊朗人之手让卡扎菲极为恼火。紧接着，卡扎菲宣布将英国石油公司在利比亚的第65号租地股权收归国有，并封锁了该公司在哈雷加的装载设备。[②]同时，利比亚政府要求其他石油公司的产量保持不变，以防止他们援助英国石油公司。卡扎菲还宣布成立利比亚阿拉伯湾开发公司专门接管英国石油公司的股权。

1972年"海湾总协定"[③]签订后，利比亚向石油公司提出比参股协议更高的要求作为谈判基础，并准备通过直接接管外国石油公司51%的股权实现对石油资源主权的控制。利比亚首先在意大利埃尼集团取得50%的参股权，并按账面净价值计算赔偿费6240万美元[④]。亨特公司（Bunker Hunt）作为"利比亚生产者协议"的成员之一，在革命政府宣布对英国石油公司国有化后，曾将石油卖给英国石油公司，这是对利比亚政府的一次公然对抗。当时亨特石油公司日产量为22.8万桶。同年5月，利比亚政府要求其减产到15万桶/天以示告诫。10月，利比亚政府要求分享亨特公司一半的石油产量及50%的股权。在遭到拒绝后，利比亚政府迅速做出反应，在1973年6月11日，也就是美国撤出惠勒斯空军军事基地三周年纪念日上，利比亚将美国邦克—亨特石油公司资产全部没收。卡扎菲声称，这

---

① 王能全：《石油与当代国际经济政治》，时事出版社1993年版，第73页。

② John Wright, *A History of Libya*, Revised and updated edition, p.204.

③ 1972年10月海湾国家和石油公司达成"参与协议"，规定东道国参与25%的股份，1983年增至51%。尽管协议得到欧佩克的赞同，但阿尔及利亚、利比亚、伊朗均不加入协议。〔美〕丹尼尔·耶金：《石油大博弈：追逐石油、金钱与权力的斗争》，艾平等译，中信出版社2008版，第134页。

④ Frank C. Waddams, *The Libyan Oil Industry*, p.253.

是给美国“骄傲的脸上打了一记响亮的耳光。”[①]

1973年7月底，利比亚政府又陆续向绿洲集团（Oasis）、西方石油公司发出国有化法令，声称谈判的最后期限是8月底，逾期公司资产将全部国有化。8月，西方石油公司接受利比亚政府的要求：即利比亚政府接管公司51%的股份；按账面净价值计算赔偿金；公司享有按市场价购买利比亚股份石油的优先权。拥有绿洲集团83.3%股权的三家公司（Continetal，Marathon，Amerada）同意接受国有化，并和利比亚签订了类似西方石油公司的协议。唯有壳牌拒绝利比亚政府的国有化要求，原因是仰仗其石油资源渠道多元化以及在尼日利亚获得的最惠国待遇的特许权。随后利比亚将绿洲集团51%的股权收归国有。

1973年9月1日，利比亚政府颁布法令，宣布将所有石油公司的51%的股权收归国有，并限定必须在一个月内做出答复。如果接受，就与西方石油公司签订类似协议；如果拒绝，将全部股权国有化。正如卡扎菲所言：“世界上没有哪条法律阻止拥有石油的国家将资源收归国有。”[②]1974年2月，利比亚政府完成了对3家美国石油公司——美国海外石油公司（American Overseas Petroleum）、利比亚美国石油公司、加利福尼亚亚细亚石油公司（California Asiatic Petroleum）——的国有化。3月，埃克森（Exxon）和美孚都表示接受国有化。4月初，革命政府接管了壳牌在绿洲集团16.7%的股权。至此，利比亚已将境内石油公司全部或部分股权收回国有。

第二，建立国有石油公司，收回石油自主经营权。

在政权稳固之初，利比亚政府就已着手对石油工业进行全面改造，逐步将石油工业控制权收归自己手中。利比亚政府在与外国石油公司就提高油价、实现资源国有化等问题上进行不懈斗争的同时，还成立了国营石油公司，提高利比亚政府在石油工业中的参与

① Frank C. Waddams, *The Libyan Oil Industry*, p.256.

② Ronald Bruce St John, *Libya and United States: Two Centuries of Strife*, Philadelphia: University of Pennsylvania Press, 2002, p.94.

程度。

1970年5月，利比亚政府通过第24号法令将原来的利比亚石油总公司（1968年赛努西王朝创建的国有石油公司）更名为利比亚国家石油公司。该公司通过不同的下属石油公司全方位接管利比亚石油工业，对勘探、生产、提炼、加工等进行全面的管理和指导。外国石油公司的销售设备所有权也转归国营石油公司所有，主要涉及壳牌、埃克森等石油公司。此外，它还可以以独立或合资人身份进行石油开发。法律对合资公司做出了一系列限定：外国石油公司应承担商业开发前期全部的勘探风险；在利润分成上，规定利比亚国家石油公司将采用固定比例而非滑动比例分成。

作为当时世界上最大的产油国之一，已出口石油十多年的利比亚仍需依靠外国石油公司进行产品分销，这是卡扎菲等革命者不能容忍的。根据1970年7月第69号法规，利比亚国家石油公司获得利比亚石油产品的市场经营全权，包括拥有独家进口、销售石油产品权等。之后，革命政府专门成立卜雷加石油销售公司负责该部分业务。

在利比亚开始实行接管和国有化的过程中，国家石油公司先后取得了绝大部分尚未租出和石油公司放弃的租地。例如，1973年利比亚政府将德士古公司、美国海外石油中的加利福尼亚标准石油公司资产全部收归国有，并建立了利比亚国家石油公司的另一个分公司——乌姆加瓦比石油公司，接受美国海外石油公司的股权。1971年底，已有将近23.4万平方公里的土地处在公司的管辖下。利比亚国家石油公司的原油主要来自1971年国有化的英国石油公司，1973年原属亨特公司的萨里尔油田以及1974年的阿莫斯西公司油田。

1970年9月到1971年3月间，国家石油公司陆续签订了一批总量为900万吨的石油销售合同，截至1971年已成功交易150万吨。[①]

① Frank C. Waddams, *The Libyan Oil Industry*, p.282.

之后石油公司按照1971年的黎波里协议中提高后的标价出售石油，获益颇丰。卡扎菲政府为了实现石油销路的多样化，拉开了与苏联贸易的序幕。1972年，贾卢德访问苏联，利比亚石油公司与苏联以及东欧签订了大宗萨里尔油田贸易订单。总之，利比亚政府通过对国家石油公司的扶植和对外国石油公司的打压，利比亚国家石油公司的原油产量在全国总产量所占比例从1971年的0.33%上升到1976年的65%，[①]并完全掌控利比亚石油产品的销售权。

第三，再次运用石油武器。

1976年10月6日，叙利亚和埃及军队同时对以色列发动进攻，第四次中东战争爆发。此次战争也是4次中东战争中破坏性最大、战争最激烈、影响最深远的一次。但是对于中东国家来说，达成政治诉求的最有力武器就是拿起石油武器，即削减产量、限制出口以及禁运石油等。

20世纪70年代，特别是第四次中东战争前夕，大多数阿拉伯国家将石油资源主权控制在自己手里，通过几次提价掌握了大笔石油财富，因而有能力抵抗禁运带来的资金短缺等风险。20世纪70年代，世界石油领域的另一大转变是卖方市场终于形成，全世界更加依赖中东和北非的石油。石油已经成了世界工业经济的命脉。

1973年10月17日，阿拉伯石油输出国组织召开会议，决定以1973年9月实际产量为基础，每个成员国的石油产量每月减少不低于5%，以后每月同比例递减，直至以色列军队撤出1967年战争所占领的阿拉伯领土，巴勒斯坦人民恢复合法权益为止。[②]

利比亚主要采取减产、提价、禁运和国有化等措施来配合阿拉伯国家的石油武器政策。10月18日，美国国会批准向以色列提供总额22亿美元的军事援助法案。这引起阿拉伯人的强烈不满，纷纷以增加减产幅度和对美国实行禁运还以颜色。利比亚和阿拉伯其他产

① 姜英梅:《利比亚石油工业发展及投资环境》,《亚非纵横》2008年第4期。

② 《第三世界石油斗争》编写组:《第三世界石油斗争》，生活·读书·新知三联书店1981年版，第218页。

油国一起对美国和荷兰实行禁运，并宣布所有消费国的石油生产也将逐月累进削减5%。

在禁运和减产的同时，利比亚借机再次提高油价。1973年9月，为庆祝利比亚革命成功4周年，政府提高油价至每桶6美元，在1974年初又飙升至每桶15.768美元。①同年，利比亚石油收入达到60亿美元。②1974年1月，利比亚向美国发出警告。2月11日，利比亚宣布将三家美国石油公司——德士古、加利福尼亚亚细亚石油公司、利比亚美国石油公司——的全部财产收归国有。

然而，石油武器也是把双刃剑，它在彰显阿拉伯国家团结一致对外抗争的同时，也显示出国际石油市场对利比亚石油工业的巨大影响力。石油标价过高和世界性的经济疲软，抑制了西方工业的经济增长，人们对石油的需求量也迅速下降。大型油轮的出现削弱了利比亚的地理优势，过高的原油标价也让它失去对海湾石油的价格优势（海湾石油提价后价格为11.651美元/桶）。为了支援阿拉伯世界的石油禁运，它切断了向美国和加勒比海岸炼油厂的石油供应，这使得“1974年全国石油产量下跌26.4%，其出口量在1975年2月一度降至91.2万桶/天，这是利比亚石油出口十多年来的历史最低水平。”③1975年初，卡扎菲解除了禁运，恢复对美国的石油供应。然而，经济的不景气让卡扎菲第一次陷入了严重的财政危机，不得不动用财政储备资金维持国家正常运转。

利比亚石油武器在十月战争中发挥了巨大的作用。一方面，利比亚在十月战争中，不但向前线国家提供了大量的物资和武器援助，还配合其他阿拉伯产油国对美国等支持以色列的西方国家实施禁运。这是阿拉伯国家第一次以石油资源为手段向西方和美国成功施加经济压力而达到了自己的政治目的。作为美国同盟的欧洲和日本，迫于本国经济对石油的高度依赖以及产油国的石油限运压力，在中东

---

① Dirk Vandewalle, *Libya 1969–1994*, Macmillan, 1995.p.13.

② John Wright, *A History of Libya*, Revised and updated edition, p.206.

③ Dirk Vandewalle, *A History of Modern Libya*, p.110.

政策上与美国分道扬镳，或多或少地改变了一贯的中东政策。另一方面，卡扎菲政府通过参与这次石油斗争，切身感受到了石油武器的强大威慑力。利比亚政府借助十月战争的东风完成本国石油国有化并正式掌握了油价决定权，它们用巨额石油财富购买先进武器，寻求地区大国地位。

第四，改变石油合同类型，积极进行石油合作。

为了进一步铲除西方石油公司掠夺利比亚石油资源的租让制，利比亚决定实行新型石油合同——产品分成合同，旨在加强对利比亚石油工业的控制。产品分成合同与特许权制的本质区别在于，产油国保留了石油资源的绝对所有权。合同商提供石油作业生产，根据石油产量进行成本回收和获取产品分成比例。1966年印度尼西亚美国石油独立公司（Independent Indonesian American Petroleum Company，简称IIAPCO）公司与印度尼西亚国家石油公司签订了第一份产品分成合同。此后，该合同形式受到欢迎而广泛推广，主要包括矿区使用费、成本回收、利润油分成和税收四部分。利比亚产品分成协议的主要内容包括：协议总期限为35年，其中5年用于石油勘探，30用于石油生产；如5年内没找到可供商业勘探的石油，则合同自动作废；利比亚政府要求石油公司提供用于石油勘探开发的专项资金，并承诺当产量达到一定标准时会给予公司适当的补偿，此举显示了利比亚政府与石油公司共同承担开发风险的决心，消除了石油公司不稳定情绪；石油公司开发出石油后免交手续费、矿区使用费、税收以及相关其他费用。

1974年，西方石油公司同利比亚政府就21个新区块达成一致协议，从而成为第一个签订产品分成合同的公司。合同规定西方石油公司需承担9000万美元的石油勘探开发费用，并得到19%的利润分成。利比亚政府免去了公司的税务和矿区使用费。随后产品分成协议受到其他石油公司的追捧。至1978年，埃克森、美孚（Mobil）、道达尔（Total）、埃尔夫阿基坦（Elf Aquitanie）、阿吉普（Agip）等公司相继和利比亚政府签订新石油合同，内容与西方石油公司协议相似。

事实上，石油公司在签订新协议时承担了比以往更多的风险。在卡扎菲上台后，利比亚迅速收回石油标价权和石油资源主权，在商业谈判中占据上风。各个石油公司都需在投标前谨慎估量自身实力，以确定是否有足够资本在风云变幻的石油战场上稳步发展。相较而言，大型石油公司和国有公司稍占优势，他们可以凭借雄厚的财力和资金抵抗勘探风险和巨额开发费用。对于利比亚政府而言，产品分成协议通过提供免税等优惠政策刺激了石油勘探。石油公司掌握着世界先进石油钻探开发技术，拥有大批专业技术人员。这对于利比亚石油工业的自主发展具有深远的意义和影响。

第五，20世纪80年代前期利比亚石油经济和政策的调整。

不同于20世纪70年代利比亚与石油公司就石油资源主权展开的一系列跌宕起伏的斗争，80年代双方的“交火”显得尤为温和。利比亚石油政策更多受到国家外交发展的影响，并为此付出了一定的代价。世界石油市场在经历了1979年的第二次石油危机带来的高油价冲击后，在80年代渐渐疲软。整个石油市场陷入混乱的价格大战。利比亚作为石油出口国，在应对国际石油市场的同时，与美国关系交恶甚至引来单边制裁，都让日益恶化的国家经济雪上加霜。

为了应对国际石油价格不断下跌，石油收益大为减少的局面，同时考虑到石油资源的稀缺性和不可再生性，利比亚政府决定采用“限产保价”充分保护和利用石油资源为国家经济发展服务。由于西方国家经济不景气，能源利用效率提高，非欧佩克石油产量大增，以及20世纪70年代因两次大幅度提价促成替代能源广泛开发和利用等因素的影响，欧佩克在20世纪80年代初联合制定了新的行动方针。1982年，欧佩克召开第63届部长会议，宣布了欧佩克的最高产量限额以及各成员国的产量配额。1980年，利比亚日产原油182.7万桶。此后，根据欧佩克的产量配额规定，利比亚原油产量降为平均日产100万桶左右。1984年日产仅为94.7万桶。1987年日产97.3

万桶。[①]同时，利比亚还和伊朗、阿尔及利亚等国协同反对沙特阿拉伯、科威特等国家提出的“超产降价”策略，并呼吁石油输出国组织控制产量保护石油资源。

20世纪70年代末80年代初，利比亚政府出于对石油储备枯竭的考虑对产品分成合同进行修改，并于1980年公布了第二版产品分成合同（EPSA II）。第二版产品分成合同按照开采区域内实际矿藏储量的多少分配石油收益，其中开发前景较好区块的分成比例是85：15，利比亚政府占有较大份额。中等区块分成比例为81：19，前景较差的区块政府按照75：25分成。签署合同后前5年的石油勘探开发费用预计将达到10亿美元。[②]

纵观整个20世纪70、80年代利比亚石油政策的发展轨迹，可以看出这是利比亚石油史上最为辉煌的时期。利比亚或单独或联合其他欧佩克成员国一起与石油公司进行斡旋，在赛努西王朝时期分散石油经营权避免利比亚出现一家石油公司坐大的基础上以减产为手段，以对利比亚依附力强的独立石油公司为切入口，逐步掌控了石油标价权以及实现石油资源的国有化。政府成立国家石油公司，以参股人的身份经营石油业务，从而实现了从“收租人”到“所有人”的身份转变。同时，利比亚还用实际行动证明了石油作为一种有效政治武器的强大力量。

利比亚革命政府石油国有化的原因

20世纪70年代，利比亚革命政府实行石油国有化政策的主要原因有：

第一，产油国受到西方石油公司的多重压榨，迫切需要改变现状。20世纪60年代和70年代以来，美元不断贬值，产油国通货膨胀加剧，经济遭受重大损失。据统计，20世纪60年代，美元每年贬

---

① 潘蓓英编著：《列国志·利比亚》，第131页。

② Ronald Bruce St John, *Libya: from Colony to Independence*, p.176.

值的平均数值达到2.6%，而在1971年为4.45%，1973年达到4.7%。[①]但在美元贬值的同时，国际卡特尔一手操纵的原油标价却一直保持不变甚至有所下降，相反工业制成品价格却不断攀升。从1958年到1969年，石油输出国组织成员国的平均每桶油价下降了2%，而工业制成品价格却上涨了47%。[②]这一不平等的价格差使产油国蒙受了双重损失。正如1972年2月20日，委内瑞拉《现代》杂志发表文章:《不宣而战》所揭露的：西方国家一方面以最低廉的价格向这些国家购买石油，另一方面向他们出售价格昂贵的商品，事实上，他们受到双重压榨，损失了对于他们的发展而言必不可少的资金。利比亚经济基础薄弱，农工业发展条件先天不足，石油工业是利比亚的经济命脉和主要支柱。国际石油公司依靠石油标价权和美元贬值，趁机赚取利润差额，致使利比亚遭受双重盘剥，迫切需要改变现状。

第二，全球能源结构调整为利比亚国有化创造有利条件。20世纪70年代初，西方发达国家对第三世界尤其是中东地区石油依赖程度日益加深，由此也造成了国际石油市场的有利形势。据统计，1970年西欧能源结构中石油所占比重已由1960年的32.6%上升到59.6%[③]。而美国在1973年的石油自给率也由1960年的79.6%下降到60.2%。欧美对第三世界的石油依赖日益加深，为第三世界运用石油武器创造了最基本的条件。利比亚石油的90%都用于出口，其中意大利、西班牙和西德是最大买主。其优质的原油品质和便利的地理位置都使其成为欧洲石油供应地的不二人选。利比亚政府审时度势，利用欧洲市场对利比亚石油的高度依赖适时开展国有化运动。

第三，缺乏石油自主权，利比亚长期蒙受巨额经济损失。自石油输出国组织成立以来，中东地区联合委内瑞拉等产油国经过长期斗争，虽然在维护石油权益方面已取得了一定的成就，但是总体而

① 《第三世界石油斗争》，第172页。

② 同上书。

③ 同上书，第174页。

言，产油国的经济命脉——石油工业仍控制在西方国家手中。据统计，在1971年仅八大石油公司就控制了中东七个主要产油国和地区原油生产的92.1%份额。在1960年至1973年的13年内，西方国家仅从伊朗、委内瑞拉、沙特阿拉伯、科威特、利比亚、伊拉克、尼日利亚等九个产油国获取原油总量就达上百亿吨之多。虽然赛努西王朝通过《石油法》避免了国际跨国石油公司主宰利比亚石油格局的局面，但是石油公司刻意压低税收计算的基础——石油标价，大量的石油财富流入了西方石油公司的腰包，严重阻碍了利比亚经济发展，从而使国家和石油公司之间矛盾进一步激化。

第四，第六届联合国特别会议的胜利召开加快利比亚石油国有化步伐。1974年4月9日，以原料和发展问题为议题的联合国第六届特别会议召开。第六届特别联大后，产油国收回石油资源控制权斗争的一个显著特点是，产油国不仅大大加快了增股和国有化的步伐，使半个多世纪以来一直是西方国家掠夺产油国石油资源的主要形式——租让制走向全面崩溃，而且还把这一斗争逐步深入到控制下游业务中区，从而进一步从根本上动摇和打击了西方世界的石油霸权。第六届特别联大通过的《宣言》指出每个国家对自己的自然资源和一切经济活动都拥有绝对的永久性主权。《宣言》中关于实行国有化精神极大地鼓舞了第三世界的许多国家，他们大都采取了国有化的措施维护本国资源主权，保护民族工业和本国经济的发展。整个第三世界自然资源国有化运动的迅猛发展，给予利比亚的石油国有化以一个有力的推动，从而使利比亚加速了石油资源国有化的步伐。

第五，油价斗争的胜利为利比亚国有化奠定了坚实的经济基础。在20世纪60年代末70年代初，产油国担心国有化会遭到石油公司的联合抵制，从而导致国家经济崩溃。但由于产油国利用十月战争中夺回标价权，原油价格得到了大幅度的提高，产油国经济实力剧增。1973年十月战争前，利比亚已经积累了巨额石油财富，足以在停止石油出口的情况下正常运转4年。此外，石油输出国在1975年

1月废除双重价格制，实行单一价格制，也是促使利比亚国有化进程加速发展的一个因素。

五、美国制裁期间利比亚的石油政策

美国制裁利比亚的原因

卡扎菲成为利比亚领导人后，利比亚激进的外交政策与美国关系不断恶化。1980年里根入主白宫，对利比亚采取强硬态度。他借口利比亚支持国际恐怖主义，下令关闭利比亚驻美人民办事处，并宣布对利比亚实行全面制裁。此后两国发生武装冲突，关系降至冰点。美国制裁利比亚的原因主要有：

第一，利比亚政府由亲西方到反西方的政策转向。1951年，伊德里斯王朝在联合国的支持下获得独立，随即开始奉行一条亲西方路线。当时在美苏争霸的影响下，美国为了在中东地区开辟军事基地，确保全球战略部署，和利比亚赛努西君主制政权签订友好协议，容许美国继续使用惠勒斯空军基地。作为回报，美国每年支付一定金额的租金，并向利比亚提供经济援助等。在石油开发之初，美国埃克森石油公司就在锡尔特沙漠成功发现大油田，并于1961年出口石油。随后美国石油公司大举进入，由于石油勘探开采、提炼和运输销售都要靠美国的资金和技术，石油产品也大量销往美国，美国成为利比亚国内石油探勘生产的主力军。卡扎菲上台后为了维护国家主权和民族独立的需要，收回了美国在利比亚的空军基地，并将石油公司部分或全部国有化。在美国政府看来，掌控利比亚油气资源不但能保障美国和欧洲国家的石油来源，同时还能达到左右他国内政外交的作用，从而实现美国全球霸主的野心。然而，卡扎菲的国有化政策却给了美国沉重一击。

第二，激进的外交政策。卡扎菲上台以后，高举阿拉伯民族主义和反西方大旗，实行了一套在美国看来与之相违背的外交政策。

首先，在巴勒斯坦问题上，利比亚坚持宣布支持巴勒斯坦人民的武装斗争，主张武力消灭以色列。这与将保障以色列安全与发展为己任的美国外交政策背道而驰。其次，对外输出利比亚式革命，支持阿拉伯国家中的革命民族主义运动，力求实现以利比亚为中心的阿拉伯世界统一，支持恐怖主义活动。此外，卡扎菲谋求地区大国地位，干涉他国内政，卷入乍得内战。这与美国在北非的战略规划背道而驰。

第三，亲苏外交。作为虔诚的穆斯林，卡扎菲在上台之初猛烈抨击苏联的共产主义意识形态，认为苏联和美国是“一丘之貉”。尽管如此，利比亚和苏联保持了一定的商贸往来。1972年2月，利比亚副总理兼经济部部长贾卢德少校访问苏联，之后双方签订经济和技术合作协议，规定两国在利比亚石油勘探、开采和加工等方面进行合作，苏联还负责为利比亚培养技术人员及干部，这也为利比亚日后接管外国石油公司铺平了道路。十月战争后，利比亚与苏联关系有较大改善。当时西方国家停止向利比亚输送武器，苏联乘虚而入，双方签订交易额达数十亿美元的军售合同。此外，双方在中东问题、阿富汗问题、柬埔寨问题、乍得问题等重大国际问题上立场相似或接近。[①]苏联也表态：“作为地中海国家，利比亚在这一地区的影响力逐渐提高”[②]利比亚与苏联关系“暧昧”让美国大为光火，认为这严重侵犯了美国在西亚北非地区的利益。为了达到有效遏制苏联的目的，利比亚遂成为美国打击的主要对象。

利比亚应对制裁的石油政策

自1980年里根总统上台并开始对利比亚实行全面制裁，至2004年9月美国取消对利比亚的贸易禁运政策为止，利比亚遭到美国长达24年的制裁。美国政府坚信石油收入是利比亚对外政策的物质基础。1981年5月29日，里根总统指出：“利比亚石油收入几乎全部

① 彭树智主编：《阿拉伯国家简史》，第376页。

② 1985年10月11日戈尔巴乔夫在欢迎卡扎菲宴会上的讲话。

用于购买军火、训练国家恐怖主义分子以及在北非邻国进行直接干预活动”。[①]因而，对利比亚实行经济制裁，尤其希望通过对石油工业的限制达到切断利比亚政府的资金来源，摧毁卡扎菲政权赖以生存的物质基础。

1982年3月，美国宣布将对包括石油设备在内的其他所有工业设施等实施禁运（医疗设备和食品除外），理由是利比亚支持恐怖分子并在国外从事恐怖活动。与此同时，美国还从利比亚撤出2000名石油技术工人，减缩两国合作项目，并要求西欧国家对利比亚进行制裁。[②]

1985年底，罗马和维也纳机场遭受恐怖袭击，有证据表明利比亚牵涉其中。1986年1月，美国宣布对利比亚实行全面制裁，停止美国公司在利比亚的一切经济活动，让所有的美国人回家。[③]同时，冻结利比亚在美国境内及海外银行的全部资产，要求美国石油公司在当月月底前全部撤离利比亚，并严禁向第三国出口可能用于帮助利比亚石油工业的产品和技术。

1986年年中，卡扎菲伊斯兰社会主义政权向在利比亚拥有石油区块的美国公司发出最后通牒，最终，美国石油公司和利比亚政府达成“冻结协议”（Stand-Still Agreement），规定：利比亚政府保证在不损害美国石油公司利益的前提下，暂时中止其在利比亚的石油业务，而美国石油公司的回报就是允许利比亚政府出售美国石油公司的石油。

面对美国的制裁，利比亚主要采取以下政策加以应对：

第一，实现买家的多元化。自美国开始对利比亚实施制裁后，利比亚一直尝试通过买家多元化减轻美国制裁对本国石油工业的影响。利比亚高品质的石油以及绝佳的近欧位置，都让其他的工业

① 李保平：《里根政府对利比亚的政策》，北京大学硕士论文1987年。

② John Wright, *A History of Libya*, Revised and updated edition, p.213.

③ Richard N. Haass, *Economic Sanctions and American Diplomacy*, New York: Council on Foreign Relations，1998, p.143.

国，如德国和意大利石油公司希望进军利比亚原油市场。为了弥补因禁运造成的资源损失，美国开始从北海进口石油。作为美国的盟友——英国，在美国发布禁令后的最初13个月内从利比亚的石油进口量增加了350%。[①]巴西和土耳其等国家对利比亚石油的依赖度也不断提高。当1986年美国原油禁令将制裁范围扩大到利比亚的所有商品时，利比亚采取了类似的应对措施。贸易伙伴重新洗牌带来的局面是利比亚有效地减少了因美国制裁而造成了商品贸易损失。在1986年至2001年制裁期间，利比亚和美国非石油贸易额仅仅1.8亿美元。

第二，引入东欧新客户。随着利比亚与美国关系恶化，美国石油公司在1986年撤出利比亚。为了应对美国制裁，利比亚政府决定让东欧国家参与本国碳氢工业，并与其签订第二版分成协议。利比亚国家石油公司认为东欧国家财力和技术较之西欧国家都差强人意，因而对此举措表示异议。但最终罗马尼亚国家石油公司和匈牙利国家石油公司都得到了一大片石油开采区块。

第三，改革产品分成协议。20世纪80年代中期，由于世界石油市场价格低迷，利比亚国内石油产量不乐观以及经济制裁的消极影响，利比亚政府面临着严重的财政资金困难。为了促进石油资源的深度开发，1988年利比亚公布了第三版产品分成合同。合同中增加了鼓励石油公司重返利比亚的优惠条件。具体内容包括：政府根据开发地段的前景，对石油公司收益份额比例条款进行修改。前景较好区块分成比例是70∶30，一般区块分成比例是65∶35，勘探费用将从石油收益中扣除。截至1995年，有20多家石油公司重返利比亚。然而，这些石油公司大部分是刚刚进入石油领域的新手，既缺乏勘探开发经验也没有庞大的资金支持。再者，由于石油工业的技术特性，早期石油设施的老化陈旧已经不能适应新的勘探开发。尽管第三版产品分成合同成功地吸引了一些新石油公司，但大部分勘

---

① O'Sullivan, Meghan L, *Shrewd Sanctions: Statecraft and State Sponsors of Terrorism*, Washington, D.C.Brookings Institution Press, 2003, p.189.

探活动都没有什么进展。

1989年，卡扎菲开始执行新的外交政策以改善利比亚在国际社会的孤立状态。他停止支持恐怖主义活动，并主动和欧美国家改善关系。这些举动大大缓和了它与欧洲国家的紧张关系。可惜好景不长，由于卡扎菲在伊拉克入侵科威特中支持前者，并对中东和平进程发表激烈言论而再次受到舆论批判，利比亚再次受到国际社会的指责。

美国制裁对利比亚的影响

制裁决议宣布之后，包括埃克森、美孚等美国石油公司立即停止了他们在利比亚的石油项目，其他国家的石油公司未响应美国的号召，仍坚持留下来继续生产。尽管如此，美国的经济制裁仍让利比亚蒙受了巨大的经济损失。一旦失去可靠的原油市场，利比亚国民收入的三分之一将化为泡影。①

美国制裁对利比亚的影响主要表现在：

第一，利比亚石油产量下降。作为世界上最大的能源消耗国（石油消费占到世界市场的四分之一），美国在1980年8月从利比亚购进的原油已占其进口总量的10.8%。利比亚已经成为继沙特阿拉伯和尼日利亚之后的美国第三大石油供应国。失去了美国这位大客户，利比亚石油收入骤然减少，这在一定程度上增加了利比亚的经济困难。美国限制将石油工业技术和设备出口到利比亚，利比亚石油工业陷入困境。

第二，制裁加剧利比亚石油工业生存问题。从表面上看，利比亚在石油产量和出口上保持了稳定水平，制裁并没有影响到利比亚的石油生产能力。但事实上，这种影响效果是长时段的。美国公司撤离利比亚后，其所属油田由利比亚国家石油公司接管。尽管利比亚政府再三努力，设备零件缺失以及利比亚本土石油工人技术知识

① Ronald Bruce St John, *Libya and Unites States: Two Centuries of Strife*, p.128.

和管理经验的匮乏成为美国石油公司所属油田产量下降的最主要原因。[①]再者，强烈的民族主义情绪驱使利比亚政府希望在不借助外力的情况下妥善处理这些问题。不过，在第三版产品分成合同以及欧洲和美国协商签订的“生产者协议”[②]共同作用下，利比亚油田产量的下降趋势被遏制，并趋于稳定。但从长远来看，美国是世界上最大的工业国家，其工业制成品不但在世界市场上占有很大份额，而且拥有某些高精尖工业产品和设备的垄断权。因此虽然利比亚可以从其他国家进口工业品作为替代，但是一些关键的石油工业设备只有美国公司掌握。

第三，进口限制对利比亚投资环境的影响。1983年，利比亚利用巨额石油美元开始在欧洲投资石油冶炼和市场营销等业务。在随后十年里，利比亚在东西欧以及马耳他、埃及成立了一定数量的提炼厂和加油站。从某种意义上说，利比亚在国外进行石油下游产业开发也是无奈之举。尽管美国石油禁令只对利比亚造成了暂时的损失，但这也迫使利比亚需要为本属于美国公司买单的那部分石油找到新买家。当时，美国还在说服其他国家共同对利比亚进行商业制裁，这让利比亚政府更感到确保石油市场稳定的迫切性。因而，利比亚加强了与欧洲国家的经济整合程度，利比亚与环地中海国家的国际关系较为密切。

尽管利比亚竭尽全力在一定程度上保证了产量的稳定，但20世纪80年代利比亚石油工业已经力不从心，开始走下坡路。利比亚石油工业倒退的原因是多方面的：其一，能源部门资金投入严重匮乏，难以满足利比亚早期油田的开发需求。利比亚现存油田大部分在20世纪50年代就开始勘探。自1973年利比亚政府接管大量国有化石油公司后，一直未能给予能源部门足够的投资，影响了利比亚的国际石油业务。其二，利比亚的现状是20世纪80年代世界石油市场的真

---

① 美属油田产量占利比亚石油总产量的三分之一。

② 该协议主要内容为，美国公司允许外国公司进入美国石油公司在利比亚原有的油田生产勘探。

实写照和晴雨表。在此期间，由于在中东产油国提高石油产量，而全球经济衰退、节能技术日益普及等综合因素影响下，国际社会对石油的需求下降导致供求结构发生变化。许多国际石油公司暂停了他们在全球（包括利比亚）的多项勘探工程。其三，利比亚政府强烈的“革命特性”也让不少投资者望而却步。1991年一篇文章对利比亚丰富的石油资源和石油公司低效的投资率之间的差异性做了解读，引用一位石油部官员的话：“人们一旦提到‘利比亚’，就会想到洛克比空难，爱尔兰共和军，而且经常如此。”[①]尽管卡扎菲对石油工业限制不多，但他的所作所为还是让许多投资者望而却步。而美国的单边制裁又深化了利比亚的负面形象，加深了外界对利比亚的投资环境恶化的顾虑。

在经济全球化的今天，作为制裁实施方的美国也未能全身而退。实际上，美国的全面制裁并没有阻止美国公司断绝与利比亚的贸易往来，他们仍然依靠设在外国的下属公司继续和利比亚进行贸易往来。1987年5月，美国审计总局报告称：由于某些美国石油公司继续向利比亚政府提供石油设备和勘探开发所需供应，这导致美国针对利比亚石油工业的贸易制裁收效甚微。相反地，美国石油公司整体收益因制裁影响而大幅下降。

美国石油公司负责人不甘将利比亚这块肥肉送入欧洲竞争对手手中，转而对美国政府进行游说，以防止利比亚政府将他们价值至少20亿美元的资产变卖。1989年，里根在结束任期前，签署法案，批准美国大型石油公司通过在欧洲的分公司重新开始在利比亚经营石油业务。“冻结协议”宣告终结。然而与欧洲石油公司相比，美国人已经失去了利比亚这块肥肉。

---

① O’Sullivan, Meghan L., *Shrewd Sanctions: Statecraft and State Sponsors of Terrorism*, p.193.

第八章　后冷战时代利比亚政治、经济与外交变迁

卡扎菲执政后，利比亚经历了由君主制向共和制的转变。同时，卡扎菲又在所谓“伊斯兰社会主义”的旗号下，自上而下地对利比亚进行全面的社会改造。这种改造聚焦于意识形态，且具明显的“乌托邦”和“理想化”色彩。因此，卡扎菲在利比亚推行的各种不切实际的现代化实验，大都成为空洞的政治宣传和表演，不可能实现既定的发展目标，甚而在国际上陷入备受孤立的窘境。伊拉克战争后，面对复杂多变的国际形势和美国日益强硬的外交施压，利比亚开始由以前挑战国际秩序到认同国际秩序的转向。而在“阿拉伯之春”猛烈冲击下的利比亚政治剧变，乃是卡扎菲利益集团内部矛盾与部落政治斗争的延伸，加之北约等各种外部力量的干预，致使危机迅速扩大化，最终酿成利比亚战争。卡扎菲政权寿终正寝，他本人也死于非命。罗纳德·布鲁斯·圣约翰曾预见性地指出，后卡扎菲时代利比亚各种力量将上演群雄逐鹿的大戏。[①] 确实，利比亚政治重建之路遍布荆棘、任重道远。

---

① Ronald Bruce St John, *Libya: from Colony to Independence*, Oxford: Oneworld, 2009, p.261.

一、后冷战时代利比亚政治结构的变动

后冷战时代的利比亚局势变迁

伴随后冷战时代国际形势的嬗变，东西方对峙态势的缓和，利比亚政治结构也显露出不同的特征。1992—2003年，利比亚度过了最艰难的岁月，当时有三大挑战威胁着革命政权的生存：即国际社会制裁、伊斯兰激进力量的冲击和频繁发生的政变。[①]几十年民族主义话语的宣传和动员，利比亚民众已经疲惫不堪，而经济与社会结构中出现的问题更加深了民众的不满。这些问题包括：贪污腐败、谋取暴利、黑市交易、通货膨胀、货币贬值、高失业率、生活水平下降、孤独感、道德下降、知识停滞和民族自信心不足。国际社会制裁造成利比亚经济增长率较低，每年仅1%，人均GDP从7300美元降到6000美元。石油出口收入下降，1998年仅为70亿美元。[②]国际社会的禁运不仅使利比亚出口贸易收入损失惨重，而且使民众有一种民族耻辱感和孤独感，甚至孤立于阿拉伯兄弟之外。制裁极大地摧残了民众的身心，利比亚经济损失巨大，医疗服务质量较差，医务人员缺乏。[③]据估计，到1998年，制裁已经使利比亚损失240亿美元，平均每年40亿美元。实际数字可能还高。[④]

更重要的挑战是利比亚内部频繁发生的政变。1993年11月，的黎波里塔尼亚东南部的奥法拉部落的高级军官发动政变。该部落属于卡扎菲的亲信部落，卡扎菲的军队大都由奥法拉部落控制。但自20世纪90年代以来，军队因以下事件倍受耻辱：一是在1986年的美国空袭中没有还手之力；二是在乍得事件中以失败而告终；三是

① John Wright, *A History of Libya*, Revised and updated edition, p.218.

② Ibid., pp.218-219.

③ Report to the UN Secretary General, The impact of UN Sanctions against Libya, September 1996.

④ John Wright, *A History of Libya*, p. 219.

在镇压昔兰尼加伊斯兰激进分子的暴乱中表现平平。1993年政变似乎表明，政权内部出现裂痕，军队对政府表现出不满。政权的保护任务交由准军事革命卫队（扩大到4000人）负责。军队的地位次于安全机构，这与赛努西君主制时期的情形一样。1995年2月，利比亚又发生一场政变，利比亚的权力集团日益被卡扎菲归属的部落所垄断，包括昔日掌握要职的人士（如贾鲁德）也被剥夺职权，由青年人代替。

制裁期间，卡扎菲政权面临的第三个挑战就是昔兰尼加的伊斯兰激进力量的暴力活动。1995—1998年，利比亚绿山地区的暴力活动尤为突出。卡扎菲政府将这次暴力发动者称为“帝国主义的工具”，参加者是对卡扎菲革命民族主义心怀不满的青年一代，他们利用伊斯兰的名义进行反政府活动。暴力活动的领导者是所谓的“利比亚伊斯兰战斗团”（Libyan Islamic Fighting Group），其成员也在欧洲活动，也许与1988年美国肯尼亚和坦桑尼亚大使馆袭击案有关。军队在镇压叛乱中表现不佳，甚至有支持叛乱的意向。卡扎菲政府不得不利用安全部队和古巴及塞尔维亚的雇佣军才将叛乱镇压下去。昔兰尼加的暴力活动引起了卡扎菲政府的警惕，促使卡扎菲政府改变统治策略，以确保政权的生存。

到20世纪90年代末，国际社会制裁已经给利比亚造成巨大的损失，卡扎菲政府必须采取措施摆脱困境。1998年5月，利比亚伊斯兰战斗团刺杀卡扎菲，后者受伤。美国这时也提出结束制裁的条件：即停止对恐怖主义的支持；禁止大规模杀伤性武器的研发；遏制卡扎菲的地区野心。洛克比空难发生后，美国又提出以下要求：将洛克比空难嫌疑人移交司法机构；支持中东和平进程；承认以色列。

1999年4月，卡扎菲政府交出两名洛克比空难嫌疑犯，联合国制裁随之取消。但与美国的对抗在四年后才结束，六年后才正式建交。1999年，英国也在与利比亚断交15年后复交。法国要求利比亚赔偿3100万美元，以补偿UTA客机中的受害者，但利比亚否认六个利比亚人对此事负责。美国对利比亚的制裁仍没有完全解除，因为卡扎菲政府并没有公开承认对洛克比空难的责任，赔偿费用也没有完全支付。二者的交往已经开始。2000年，一些美国公司不顾石油国有化的痛苦记忆，开始为重返利比亚投资石油经营做积极准备。

“9·11事件”为美国和利比亚双边关系的改善提供了转机。卡扎菲并没有对美国遭受袭击表现得幸灾乐祸，而是出乎预料地表示同情。这次袭击似乎为卡扎菲政权摆脱国际制裁提供了机会，也为美国和利比亚缓和关系提供了难得的机遇。在公众视野中，卡扎菲已经到了领退休金的年龄（2002年已经60岁），不再是昔日叱咤风云的弄潮儿。而不论官方承认与否，卡扎菲实际上仍是这个国家的统治者，经历了30年的政治、经济与社会变迁。为了政治生存，卡扎菲政府需要与阿拉伯、非洲邻国和西方国家培养感情。到2001年9月，卡扎菲认为美国有权对恐怖袭击进行报复，并与美国在恐怖主义信息方面实现共享。①

2003年3月，美国发动伊拉克战争，推翻萨达姆的复兴党政权。2003年8月，卡扎菲政权接受洛克比空难的全部责任，向遇难者家属支付27亿美元的赔偿费用。2003年12月，卡扎菲宣布解除大规模杀伤性武器，停止开发远程导弹，允许国际社会到利比亚调查。这些行为表明了卡扎菲政权融入国际社会和国际体系的决心。正如英国驻的黎波里大使安东尼·雷登（Anthony Layden）所说，利比亚的行为可以视为“诚心诚意的悔改”。②美国也需要改善与利比亚的关系，其原因有：一是利比亚石油的诱惑；二是也表明美国“反恐战争”的胜利，因为一贯被称为“世界秩序的敌人”的卡扎菲，也向美国举手投降了；③三是卡扎菲政权当时没有崩溃的迹象。2004年4月，美国解除部分制裁，但仍将利比亚视为支持恐怖主义的国家。18个月后，才将制裁解除。2005年3月，卡扎菲在阿尔及尔公

---

① John Wright, *A History of Libya*, p.222.

② A.Layden, “Recent Development in Libya”, *Libyan Studies*, Vol.38, 2007, p.6.

③ John Wright, *A History of Libya*, p.223.

开承认，他一贯热衷的泛阿拉伯民族主义结束了。[①]随后，利比亚加入欧盟—地中海合作伙伴（Euro-mediterranean Partnership）。2005年5月，美国将利比亚从“恐怖主义”的黑名单中除名，两国全面恢复外交关系。

对部落力量的依赖

在中东地区，强大的部落势力通常都认为，民族国家的建立将使他们的权益受到威胁，因此普遍会要求新建立的国家应以部落势力占主导地位。关于建立民族国家或建立部落国家的两种倾向的冲突，也是利比亚独立后一直面临的一个重要问题。冷战结束后，卡扎菲思想在利比亚政治实践中发生的一个明显变化就是强化了对部落主义的依赖。这和中东部落历史传统密切相关。在贝都因人的氏族感情中，集体的荣誉和利益至高无上，血统的纯洁和宗谱的高贵优于一切。在部落外，不存在共同的利益和权力。[②]部落主义指的是“以一种粗犷的求生存的本能和一种坚持对某种程度的原始或氏族集团的效忠为特征的现代以前的政治交往形式”。[③]在贝都因沙漠中，各部落之间近似无政府状态的环境培植出一种弱肉强食、有仇必报的部落政治传统。就个性来说，阿拉伯人显示出一种高度的个人主义和狭隘主义的特点。它在一般情况下表现为狭隘的效忠，痴情于部落和家族的天性。[④]美国学者希提在他的著作中一针见血地写道：“个人主义是这样的根深蒂固，以致游牧人未能变成一个具有社会意识的生物。他只关心本部落的福祉，要他关心各部落共同的福利，那是很困难的。”[⑤]这充分说明在阿拉伯世界传统部落结构的广

---

① John Wright, *A History of Libya*, p.224.

② 任继愈、金宜久主编:《伊斯兰教史》，中国社会科学出版社1992年版，第25—26页。

③〔美〕托马斯·弗里德曼:《从贝鲁特到耶路撒冷》，天津编译中心译，世界知识出版社1992年版，第86页。

④ Majid Khadduri, *Socialist Iraq: A Study in Iraqi Politics since 1968*, The Middle East Institute, Washington, D. C., 1978, p.47.

⑤〔美〕菲利普·K.希提:《阿拉伯通史》上册，马坚译，商务印书馆1995年版，第17页。

泛存在，而且具有强大的势力。这种现象在巩固政权的同时，也使政治体系具有部落政治的特征，这对现代政治来说却是一种历史的倒退。卡扎菲对部落主义力量的依赖主要体现在以下层面：

第一，革命委员会领导人主要从部落中任命。到1994年，革命委员会领导人大都控制在卡扎菲部落的手中。卡扎菲主要依靠卡扎法部落，其目的在于确保个人的权威和政权的巩固。卡扎法是一个小部落，19世纪流落于昔兰尼加地区。大多数成员以游牧为生，贫穷而落后。他们虽拥有忠诚于部落的武装力量，但在君主制时期，并未得到赛努西国王的器重。卡扎菲上台后，竭力提升该部落的政治地位。来自卡扎法部落的军官都被委以利比亚政府敏感、重要的职位。1975年8月，革命指挥委员会成员巴希尔·哈瓦迪和计划部长奥马尔·穆海斯发动未遂政变后，卡扎菲将革命指挥委员会人数减为5人。同时，他加紧巩固自己的地位，凡是认为对自己不忠的官员都被清除出国家机关。1995年2月，利比亚又发生未遂军事政变，促使卡扎菲更加重用部落亲属，授予他们各种权力。

第二，在军政各部门安插部落中的亲信。1995年4月，出生于卡扎法部落的陆军上校哈利法·伊奈斯（Khalifa Ihneish）掌控了苏尔特地区，马苏德·阿卜杜拉·哈菲斯掌控塞卜哈。其他不太重要的职位由瓦法拉（Warfala）部落，或与卡扎法部落和瓦法拉部落有血亲关系的部落成员担任。贾卢德所属的马戈哈（Magharha）部落也是卡扎菲政权的依靠对象，其成员一般担任低级军官。卡扎菲试图通过任用各部落成员参与政治，为利比亚政权打造多元化的光环。因此，部落势力在利比亚政治结构中占有举足轻重的地位，并且强化了卡扎菲的权力。

第三，卡扎菲在利用部落的同时，也采取各种措施限制部落势力的过度膨胀，以便确保自身的权威。卡扎菲借助部落力量巩固了政权，但是部落力量的迅速增长，也对卡扎菲的权威构成挑战。他的堂兄哈桑·伊沙卡尔（Hassan Ishkal）不仅掌握着利比亚国家安全和石油部门，而且控制着军队。尽管卡扎菲对他较为信任，但其显赫的地位也使卡扎菲疑心重重。哈桑·伊沙卡尔极有个性，不愿遵守卡扎菲的命令，两人经常发生冲突。哈桑·伊沙卡尔后来在与卡扎菲支持者的交火中，被杀死。

在许多利比亚人看来，国家寻求稳定最合乎逻辑的方式就是回归到部落状态。这在人民委员会的选举中表现得尤为明显，许多议员都以部落联盟的名义参加选举和提出治国安邦的策略。自相矛盾的是，卡扎菲在指责部落主义的同时，却在加强忠诚于他的部落势力。尽管利比亚试图超越传统部落社会的历史局限，但在实践中又无法摆脱传统部落社会的特征。因此，利比亚这种根深蒂固的部落社会惯性，很难产生民主政治的基因，这对于利比亚的政治现代化进程也是非常有害的。

政治统治方式和权力结构的变动

按照马克斯·韦伯（Marx Weber）的分类，政治统治模式可分为传统型、法理型和克里斯玛型三种，而中东的“强人政治”基本上都属于克里斯玛型。卡扎菲的统治模式是典型的克里斯玛型特征，其主要特点是：卡扎菲的行政治理班子成员并非训练有素的“官员”，而是依据领袖的直觉召唤来的“亲信”；卡扎菲的领导权既没有“职务辖区”和“权限”，也没有固定的“机构”；更没有规章和法律原则，而是即兴创造法律。利比亚更多的是靠在政治上对领导者个人魅力的大力宣传，缺乏有效的制度保障。

20世纪90年代初，利比亚的多重权力体系得到巩固。政治权力和权威机构仍是总人民大会，然而实权却控制在所谓的“革命部门”手中，国家安全部门处于非正式机构的控制之下。这些国家机构并不受总人民大会控制，而是处于卡扎菲的直接领导之下。卡扎菲通过以下的政治机构牢牢控制着国家权力。

一是公开成立的安全机构。1.领导人情报局（The Intelligence Bureau of the Leader）。这是最重要的机构。该机构于20世纪70年代在东德的帮助下成立，总部位于阿齐齐亚，既保证利比亚领导人在的黎波里官邸的安全任务，又负责国家安全和各安全机构的情报协调工作。2.军事秘密服务局（The Millitary Secret Service）。该机构负责卡扎菲的个人安全，其负责人是卡扎菲的亲信艾哈迈德·拉马丹·阿萨比亚（Ahmad Ramadan al-Asabiyya）。3.民众国安全机构。处于阿卜杜拉·赛努西（Abudullah al-Sanusi）的控制之下，负责利比亚国内外安全。4.反帝、反封建、反法西斯世界中心。该组织是从民众国安全机构演变出的一个情报机构，负责清理流散在国外的利比亚反政府人士。除此以外，还有20世纪80年代末90年代初成立的革命护卫队、人民护卫队和清除委员会等安全机构。

二是秘密机构。1.自由统一军官运动（Free Unionist Officers' Movement）。其成员是中央机构的领导核心，大约60—80人，大都出身于部落，还包括卡扎菲在班加西军事学院毕业的左膀右臂。他们一直是卡扎菲依靠的力量，掌握国家的重要职务。2.卡扎菲伙伴论坛（The Forum of Companion of Qadhafi）。从名字看，似乎是一个军事沙龙，实际上是由100人左右组成的秘密机构，负责人是易卜拉欣·伊本加德（Ibrahim Ibjad）。3.人民社会领导委员会（People's Social Leadership Committees）。1994年，卡扎菲在代纳（Daina）宣布成立人民社会领导委员会，其成员主要是利比亚国内各主要部落的代表，其目的是要借助部落权威人士来控制部落和家族，确保国家的稳定。这一机构可有效平抑中央和地方基层草根阶层的矛盾，对社会稳定意义深远。

事实上，利比亚的所有实权都掌握在卡扎菲的手中。新成立的革命委员会领导人主要从卡扎菲信任的部落中任命。国家机构的成员变为记忆并在某些场合模仿卡扎菲演讲的传声筒。

为了保持对革命委员会的控制，卡扎菲随时会清除或替换委员会中那些难以控制的成员。当这些成员积累了一定的财富，卡扎菲允许他们将钱财汇往国外，然后到国外享乐，替代者往往都是忠于卡扎菲的部落新成员。1994年9月1日，利比亚成立了250个清洗委员会。它们有权审查利比亚国民的财富，利比亚人必须定期向清查委员会报告其家产及获得方式。不宣布自己财产的人将被处以断手的刑罚。

1993年9月，卡扎菲宣布对利比亚目前的政治结构感到不满，并决定在利比亚实行公社制度，即将利比亚划分为1500个自治的、自我管理和自我调控的公社。

此外，卡扎菲还成功地控制着利比亚的三大机构，即军队、人民委员会和革命委员会。这三大机构相互牵制又相互依存，构筑了卡扎菲权力的支柱。通过这三大机构调整和相互制约，卡扎菲可以根据需要来变换政治结构的模式。

尽管，卡扎菲制定了诸多安全措施，但自1969年以来，利比亚先后发生了几十次未遂政变。政变失败的主要原因在于这些安全机构保证了政治系统的有效运作，这也是利比亚难以出现革命性变革的原因。另一方面，卡扎菲经常违反自己制定的政治规则。1990年1月27日，卡扎菲曾信誓旦旦地说："从革命的观点来说，我知道许多法条是由民众制定的。但革命的合法性是我自己的事业，通过革命的方式获得它是正确的。革命的合法性意味着，我们直接或者通过革命和先锋示范来领导民众。我不会向你们任何人负责，因为革命赋予我合法性的权力。"①

超越民族主义的现代化转型

民族主义的现代化是一种"政治性"的现代化。从结构上看，民族主义主要由三个层面构成：政治权力（国家）、社会政治运动、意识形态。与之相应，民族主义的功能主要表现为政治动员、国家整合和文化认同三个方面。民族主义的经济功能则比较薄弱。②根据上述观点来分析利比亚现代化转型的原因可以做出如下判断：

首先，从意识形态层面来看，革命民族主义和政治权力相结合所形成的权威主义，迟滞了政治民主化进程。卡扎菲执政后确立的

① Dirk Vandewalle, *Qadhafi's Libya, 1969–1994*, p.60.

② 田文林：《中东民族主义与中东国家现代化》，《世界民族》2001年第4期。

个人权威及专断政策使其在国内外树敌众多。在国内，他在军队中清除反对力量，对商人和社会其他阶层进行的强制性改造，使越来越多的利比亚人成为卡扎菲的反对派。在国外，他被西方指责为支持恐怖主义，遭到西方和国际社会的制裁。在国际社会多年的制裁下，利比亚国内石油收入锐减，经济萧条，对外资吸纳能力不足，社会经济发展和民主化进程严重受阻。

其次，革命民族主义所承担的政治动员和国家整合两大历史使命随着利比亚的独立已基本完成。它的另一任务便是推动经济发展，实现富国强民。但利比亚革命民族主义长期关注在意识形态方面对利比亚的社会改造，并将其置于政治需要的前提之下，同时经济发展也要服从政治考量，它造成利比亚经济与社会发展很难沿着符合自身规律的政治轨迹前进。

最后，革命民族主义所寻求的文化认同内涵赶不上时代潮流。由于缺乏系统、稳定和被国民普遍认同的价值体系、社会制度与行为规范，利比亚革命民族主义逐渐由一种具有进步意义的革命力量转变为偏狭、落伍的保守政治力量。卡扎菲统治利比亚近40年，其强人政治的魅力已今非昔比，“革命民族主义”历史诉求在新一代年轻人中没有得到认同。1969年后出生的利比亚年轻人受过良好的西方教育，思想开放，希望社会能够给予他们施展才能的足够空间，厌倦于利比亚的社会结构。[①]阿拉伯国家在伊拉克战争中的冷漠态度使卡扎菲感到孤立。同时，它也使卡扎菲谋求阿拉伯统一的宏伟夙愿化为明日黄花。在国内外交困的形势下，利比亚被迫在反思中寻求新的突破与出路。

基于国内外的各种压力与困难，自20世纪80年代后半期，卡扎菲的治国策略和对外政策出现改弦更张的新变化，奠定了利比亚现代化转型的历史基础。1987和1988年，利比亚释放了许多政治犯。卡扎菲还亲自与政敌和解，扩大政权的支持基础。1988年5月，利

① Dirk Vandewalle, *A History of Modern Libya*, p.177.

比亚革命法院被人民法院所代替。1989年3月，利比亚成立了司法部，完善司法审理程序。利比亚同非洲国家冰释前嫌，先后与乌干达、乍得、突尼斯和埃及化干戈为玉帛。1999年，国际社会解除对利比亚在某些领域的制裁，欧洲国家的投资商将注意力投向的黎波里地区。在2000年、2001年、2002年，国际石油与天然气公司将利比亚列为世界上最理想的投资场所，巨大的石油开发潜力与前景吸引着各国投资商的眼球。与此同时，利比亚石油设施老化，需要更多的资金维护设备的更新换代。2003年，利比亚日出口石油150万桶，利比亚国家石油公司试图在未来十年将石油生产维持在每天300万桶，达到这一目标就必须投入中长期资金100亿—300亿美元。[①]

利比亚同美国等西方国家缓和关系是其现代化转型的外部动力。2000年，美国官员就承认利比亚已经远离恐怖主义，美国近东事务助理秘书长罗纳德·诺曼（Ronald Neumann）认为，利比亚与恐怖主义断绝关系"绝不是表面作秀，而是严肃的决定。"[②]"9·11事件"后，卡扎菲谴责恐怖主义行为，认为美国发动阿富汗战争是自卫行动，称塔利班是"无神论政治伊斯兰的推动者"（Godless promoter of political Islam）。[③]2003年8月，利比亚政府同意支付27亿美元作为对洛克比空难受害者家属的赔偿。[④]同年12月20日，卡扎菲宣布放弃大规模杀伤性武器。布什政府随之解除禁止美国公民到利比亚旅游的禁令。2004年3月，利比亚签署了《不扩散核武器条约》附加议定书，并加入了《禁止化学武器公约》。这一系列行动受到广泛好评。美国前国务卿鲍威尔说："我意识到我们的关系应该往前走，接受利比亚返回国际社会符合我们的利益。"[⑤]白宫发言人说："通过这次行动，利比亚为其他国家确立了一个标准，我们希望其他

① Dirk Vandewalle, *A History of Modern Libya*, p.175.

② Ronald E.Neumann, "Libya: A US Policy Perspective", *Middle East Policy*, February 2, 2000, pp.142-145.

③ Dirk Vandewalle, *A History of Modern Libya*, p.180.

④ Larry Luxner, "Libya: Game on", *The Middle East*, October 2004, p.36.

⑤ Ibid., p.40.

国家都能效仿。”[①] 2006年5月15日，美国与利比亚全面恢复外交关系。随着利比亚和西方国家关系的改善，利比亚重新回归国际政治舞台。

1999年后，卡扎菲之子赛伊夫·伊斯兰·卡扎菲（saif Islam Qadhafi）亮相政治舞台，其所作所为已经表现出与乃父不同的风格与理念。2005年1月，赛伊夫·伊斯兰·卡扎菲在达沃斯会议上宣布了一项利比亚现代化改革计划。他说：“旧的时代已经过去，利比亚将迈向现代化的新阶段。”[②]他的发言向国际社会发出信号，利比亚将超越以前的革命民族主义视角，构建一种与众不同的现代化发展模式。利比亚超越民族主义的现代化模式是一个涵盖政治、经济和外交的系统工程，具体说来包括以下层面：

第一，加速对外贸易，吸引外国投资。

对外贸易在利比亚国民经济中占有十分重要的地位，利比亚有吸纳外国资本的广阔市场。1969年“九一革命”后，利比亚对外贸易格局基本上是由国家通过国营外贸公司控制，进口贸易实行计划和许可证双重管理的制度。外国在利比亚一般采取合资经营的投资方式，利比亚占有50%以上的股份。外国公司可以投资的领域限制在国际航空、石油地质勘探、水库建设等16个领域。1989年前，进出口贸易完全由几十家国营外贸公司垄断。

1987年3月，利比亚政府宣布实行改革开放的经济政策。但随着国际社会的制裁，这一政策随之延搁。2002年1月，利比亚再次宣布实行开放的经济政策，吸引外国资本投资利比亚。为此，利比亚政府统一本国多层次的国家汇率（官方、黑市），以便与国际货币基金组织的要求相一致。利比亚还将货币贬值，将关税降低50%，吸引外商投资。伊拉克战争后，利比亚政府渴望吸引更多的外国公司开发本国油气资源。2003年6月，卡扎菲宣布对利比亚的国有经济进行根本性的改革，允许外资直接进入石油化工、钢铁、化肥、

① Neil Ford, “Libya and Now for the Oil”, *The Middle East*, August/September 2004, p.40.

② Dirk Vandewalle, *A History of Modern Libya*, p.189.

农业等大型国有公司。利比亚政府列出361家改制国有企业的名单，他们的所有制改革进程将从2004年1月份开始，分三个阶段进行。其中241家小型企业将拍卖给本企业职工，其余中型企业则采取公开拍卖，至于大型企业，则在最后阶段由外资收购。这一举措旨在降低政府直接参与经营活动的程度，最大限度发挥私营部门的作用。这是自1969年卡扎菲当政以来，利比亚首次允许外国资本直接进入国有企业。

经济模式的转型为利比亚吸引外资提供了制度保证。卡扎菲不止一次地说过，他打算向外国投资者开放各个经济领域，甚至包括石油和天然气领域。2004年3月，英荷壳牌石油公司和利比亚国有石油公司签署合同，后者控制利比亚石油产量的50%以上。同年7月初，美国公司和利比亚达成第一笔石油交易。除美国公司以外，意大利、西班牙和澳大利亚公司也在利比亚积极活动。利比亚天然气开发前景潜力巨大。45亿美元的利比亚天然气项目工程已经启动，天然气将出口到意大利然后经过管道通往法国。2004年初，美国公司开始在利比亚投资。随后，美国商业代表团15人到利比亚访问。前美国驻土耳其大使马克·R.帕里斯（Mark R. Paris）在2004年7月30日到8月2日访问利比亚期间说："利比亚国家管理层的精英都受过美国教育，他们说一口流利的美国腔英语。很明显，他们很乐意与美国人打交道，迫切想恢复两国的石油交易和其他商业贸易。"①

第二，经济发展模式从国有化到私有化的转型。

在意识形态领域，国有化以及反对外国公司来利比亚投资的观念已被彻底放弃。2003年，卡扎菲宣布公有部门已失败，将进行石油等领域的私有化革命。②此后，利比亚为国有化到私有化的转型进行了一系列变革。

卡扎菲《绿皮书》的经济原则是限制甚至消灭私有经济，防止出现剥削。卡扎菲认为人们从事经济活动只能以满足自身需要为目

---

① Larry Luxner, "Libya:Game on", *The Middle East*, October 2004, p.37.

② Neil Ford, "Libya and Now for the Oil", *The Middle East*, August/September 2004, pp.40–42.

的，超过这个限度的各种形式就是剥削，是不能允许的。[①]按照上述思想逻辑，利比亚商业体系主体是国有企业，包括工业公司、进出口公司、"人民市场"、消费者合作社，少数个体商贩从事零售业。20世纪80年代中期，由于石油收入减少，商品紧缺，政府对私有经济的限制逐渐放宽，允许在某些城市郊外建立集贸市场。

20世纪80年代后期，利比亚启动私有化改革，后因洛克比事件招致联合国和美国的制裁而被迫停止。1987年后，利比亚政府将国有中小型企业转变成合作关系的伙伴企业，同时出售国有资产改变国有企业的性质，在制造业、零售业等领域允许私人经营。1998年，面对油价下跌的经济困境，利比亚政府鼓励私人经营工商业，允许将除石油与大型企业外的所有企业变为伙伴企业或私人股份有限公司，发展出口创汇型企业，放宽进出口限制。2002年，利比亚允许外国银行在利比亚设立分支机构或开办合资银行，也允许本国银行到国外设立分支机构，参与世界金融全球化的浪潮。

伊拉克战争以后，卡扎菲宣布全面推进经济改革，包括建立证券交易所，推进货币市场的成熟，启动加入世贸组织的初始程序。在2000—2005年的国民经济发展计划中，利比亚投入350亿美元改善基础设施，为投资创造良好的社会环境和发展空间。[②]

自2003年9月国际社会解除对利比亚制裁以来，又恰逢高油价的世界形势，利比亚石油收入大幅增加，带动了国家的经济发展。2004和2005年，利比亚加快了融入国际社会的步伐，取消除烟草、汽车等奢侈品外其他商品的进口关税，放开私人经商的领域。2005年，利比亚有了第一家外资银行和大型超市，超市里的商品大都来自欧盟国家。随着利比亚与美国、欧盟关系的改善，在利比亚的西方人也越来越多，当时仅在利比亚工作的欧盟专家就有2万多人。的黎波里也不再是受制裁期间的萧条景象，一些革命式的口号已让位于商业性的广告宣传。

---

① 潘蓓英：《列国志·利比亚》，第189页。

② Neil Ford, "Libya: Diversifying Success", *The Middle East*, May 2003, p.50.

第三，法律体系的变革。

1997年的5号法律鼓励外国公司到利比亚投资。利比亚为什么在国际社会制裁严峻的情况下，通过该法呢？主要原因：一是缓解国际社会制裁造成的经济萧条局面。1996年美国通过了达马托法，对那些到利比亚油气部门投资超过4000万美元的非美国公司进行惩罚，这些公司包括1995—1997年阿吉普、雷普索尔（Repsol）、道达尔等。二是利比亚决策者意识到国外投资者对利比亚石油资源的兴趣，通过此立法创造更好的投资环境。1997年5号法律开放了以前禁止私人投资的领域，包括工业、卫生、旅游业、服务业和农业等其他部门，石油部门并不在此列。法律给投资者提供了诸多优惠待遇：到利比亚投资的外国公司可以100%拥有公司所有权，并提供各种优惠待遇，免缴5年的公司收入税，视情况再延长3年，所得利润再投入该项目。免除与项目有关的进口关税。投资者可以开立账户，自由兑换货币，自由雇佣外国劳工，利比亚政府保护他们的财产安全，保证他们的财产不被没收，有接受仲裁的权利。

尽管利比亚政府提供优惠特权与待遇，但在国际社会制裁期间到利比亚的投资者寥寥无几。原因如下：

1.利比亚政府的执行力度不够。利比亚政府颁发的投资许可证较少，更重要的是，与外国公司投资有关的问题解决起来阻力重重。按照对外投资法规定的程序，办理特许证需要较长的时间。利比亚外国投资委员会对投资者的要求十分严格，最低投资额为60万欧元。

2.项目申请过程烦琐冗长。外国投资者首先必须向外国投资委员会提交申请书，详细阐述投资项目的可行性和5年财政预算计划。投资委员会将向秘书处提交申请书，决定最低投资额。这一过程充满不确定性因素，利比亚政府并不对遇到难题的投资者提供指导和帮助，以确保申请书得以顺利通过。许多投资商由于申请书遇到难题而知难而退。

3.一些吸引外国投资公司眼球的部门处于利比亚政府的严格控

制之下，如电信和金融部门处于政府垄断之下，零售业和大规模批发行业也仅限于利比亚国民经营。

4.利比亚相关立法并没有给国外投资项目“国民待遇”。当遇到法律纠纷时，这些国外企业难以享受国内企业的优待与特权。

5.不动产地位的模糊性。由于私人土地市场和公共土地市场存在着价格差，国外和地方投资者面临着诸多不确定因素。国外投资法并没有清晰阐明房地产等不动产在没有得到政府批准下是否可以自由转让。这些问题在2004年的第3号立法中得到解决，该法主要解决房地产所有权问题，非利比亚人的房屋租赁以及利比亚人拥有第二套房的所有权问题。

2002年第21号法律规定了外国人到利比亚投资的领域和条件。利比亚阿拉伯人和其他阿拉伯国家和非阿拉伯国家的国民均可到利比亚投资，投资领域为工业、农业、旅游业、卫生和服务业等。每一个到利比亚的投资者可以从国外进口项目需要的各种机械设备以及零部件和原材料，免收关税。

2005年，利比亚总人民委员会颁布了第13号法令，具体详述了国外公司在利比亚投资的活动：如从事土木工程，修公路、建桥梁和筑大坝；修建海上码头、船坞和海港疏浚，修建飞机场和机场跑道，铁路布置和站台修建；建立和维持发电站的运行，增加电力供应量；建立和维护电缆网络的运行，有效地输送电力；建立海水淡化工厂；利用各种地质学、地理学、地球化学的知识和技术勘探石油；修建油气管道，储油池和抽油站及其维护；修建油气勘探和油气海上平台；维护和安装石油提炼平台和石化工厂；为海底钻探产品提供海上运输服务。上述活动临时委托给外国公司的分公司经营，直到利比亚成立国家公司可以承担上述工作为止，但附加条件是外国公司中的技术人员60%为利比亚劳工。

第四，改革派已成为利比亚现代化的主导力量。

2003年6月，利比亚总理穆巴拉克·阿卜杜拉·萨米赫被前经济和贸易部长加尼姆替换。后者说：“利比亚的经济模式已经改变——这也是我为什么能在这里任职的原因。我们正努力使私营部门参与经济运行。”外交部长阿卜杜勒·拉赫曼·萨卡姆也说：“公有部门完成了其历史使命，官僚机构过分膨胀要求我们重新考虑私有化的好处。”①2006年3月5日晚，总人民大会决定，总人民委员会秘书（总理）舒克里·加尼姆改任利比亚国家石油公司主席。加尼姆在美国获得经济学博士，是典型的海归派。他是一位石油专家，一直是改革派的代表，也是利比亚重返国际社会的主要倡导者之一。2003年9月，联合国解除对利比亚制裁后，正是在加尼姆的积极推动下，利比亚迅速扩大了对石油领域的投入，进行了几轮石油区域招标，西方跨国公司纷纷重返利比亚。随后，加尼姆出台了一系列加快改革、扩大开放的政策，包括实行国企私有化改革、免除进口商品关税、开放投资领域、改革国家补贴制度，等等。改革给利比亚的社会面貌带来了新变化。虽然多数利比亚百姓抱怨改革步伐缓慢，但对改革带来的初步成效颇感欣慰。利比亚高层表示开放和改革的步伐不会停止，改革的内容还将继续深化。

利比亚人对国内的改革普遍持支持态度，但对利美关系的改善却有不同的看法。利美双方互有所求，美国需要石油，利比亚需要美国公司的技术与设备，以提高石油产量，这一点彼此都心知肚明。很多利比亚普通百姓也有同感，认为利美双方在互不信任中相互利用。利比亚民众还对当年美国飞机轰炸利比亚和受制裁的艰难岁月记忆犹新，对美国当年的做法义愤填膺。

二、联合国制裁时期利比亚的石油政策

联合国制裁利比亚

卡扎菲时代激进的外交行为和石油武器的政治威慑是其执政的

---

① Neil Ford, “Libya Edges Back into the Fold”, *The Middle East*, October 2003, p.49.

一大特征，但同时这也让整个国家背负了沉重的负担。20世纪80年代美国单边制裁尚未结束，90年代联合国制裁接踵而来。利比亚陷入双重制裁的痛苦深渊。

1988年12月21日，美国泛美航空公司一架由伦敦飞往纽约的103号航班在经过苏格兰洛克比镇上空时发生爆炸，造成机上259名乘客及11名机组人员全部遇难，其中188名为美国国籍。这就是举世震惊的"洛克比空难"。1989年9月，一架编号为772的法国客机在尼日尔特内雷沙漠上空爆炸，机上171名乘客和机组人员全部遇难。经调查发现两起爆炸案都与利比亚有关。1991年11月，法国要求引渡与航空爆炸案有关的四名利比亚情报人员。几周后，美国和英国指控两名利比亚安全人员阿卜杜拉·巴塞特·阿里·迈格拉希和阿明·哈里法·费希迈与泛美航空的103号航班爆炸案有关。此后，美英法签署三方宣言，要求利比亚当局合作调查这两起爆炸案，并交出嫌疑人。利比亚政府断然否认了三国的指控，并拒绝交出疑犯。

随即英法美将此事提交联合国处理。1992年3月，联合国安理会通过第748号决议，要求利比亚在指定日之前交出嫌疑人，否则将会实行有限制裁。1993年11月，安理会通过对利比亚制裁升级的第883号决议，宣布冻结利比亚的海外资产，并禁止各国向利比亚提供炼油设备和零部件。决议重申，只有在利比亚承认对爆炸案负责的情况下才会取消制裁。①

面对严厉制裁，一方面卡扎菲政府表示坚持拒绝交出疑犯。另一方面美英也毫不妥协。1996年美国通过经济制裁法案《达马托法》（ILSA），规定美国将对帮助利比亚开发油气资源且投资金额超过4000万美元的外国公司进行制裁。

自此，利比亚在经历了海湾战争中油价上涨带来的短暂春天后，进入到前所未有的困境中。1992年到1999年间，利比亚经济年增长

① 王林聪：《利比亚和美国外交关系论述》，《中国社会科学院研究生院学报》2004年第6期。

率仅有0.8%，[1]人均收入持续下降，通货膨胀率居高不下。面对这种情况，利比亚不得不再次对石油政策进行调整。

联合国制裁期间利比亚的石油政策

联合国制裁期间，利比亚基本沿袭了20世纪80年代的石油应对政策，尤其加强同欧洲国家的石油贸易。

利比亚出口欧洲的石油量占总量的90%。尽管面临制裁，但利比亚政府全力确保欧洲供应量。1999年，利比亚日产99.1万桶石油中有97.4万桶流向欧洲。其中意大利和德国各自进口43.8万桶/天和25万桶/天，这两国的总进口量占利比亚石油总产量的70%。[2]意大利石油公司通过对政府的游说确保了利比亚和意大利之间的战略合作关系。德国和瑞士也和利比亚建立了合作关系，并在利比亚成立石油公司。为此，意大利和德国明确表示反对制裁利比亚。

对于欧洲国家而言，利比亚丰富的油气资源是他们甘愿与美国唱反调的根本原因。利比亚——连同阿尔及利亚已然成为欧洲国家能源政策中举足轻重的角色。欧洲石油公司在美国石油公司从利比亚撤走后迅速填补真空，趁机完成对利比亚石油市场的抢占。

总体而言，尽管有欧洲公司的不离不弃，但利比亚这一阶段的石油工业仍面临着种种困难。其原因是：

首先，利比亚经济和国际石油市场以及石油价格紧密相关。20世纪90年代，世界石油市场风云变幻，由于亚洲金融危机，亚洲国家石油需求量骤减，从而造成整个世界石油需求总量急剧下降，原油价格也不断下跌。1998年，国际市场上原油价格降到1973年以来的最低水平。同年12月份，几个交易日价格甚至跌至50年以来的最低

① O'Sullivan, Meghan L, *Shrewd Sanctions: Statecraft and State Sponsors of Terrorism*, p.195.

② Luis Martinez, translated by John King, *The Libya Paradox*, New York: Columbia University Press, c2007, p.142.

水平。全年WTI[①]、布伦特[②]和迪拜油的平均价格分别为14.43美元/桶、13.18美元/桶和12.22美元/桶。与1997年相比，每桶分别降低5.17美元、6.16美元和5.93美元。[③]而1998年欧佩克7种原油一揽子价格平均为12.28美元/桶，相比1997年下降了6.4美元，降幅约34.3%。虽然产油国为了扭转油价的低迷状态几次宣布减产，但到1999年10月时，欧佩克油价跌至每桶9美元，成为近30年来的最低点。作为欧佩克成员国的利比亚，浮动的油价造成利比亚石油收入骤减，进而影响了国内经济的正常发展。

其次，联合国以及美国的共同制裁让利比亚举步维艰。联合国资产冻结决议迫使利比亚不得不削减它在国外的提炼厂和分销站，从而限制了利比亚的海外收入，妨碍了政府正常的支付能力。在石油大繁荣时期，这些限制可能收效甚微，然而在20世纪90年代，由于世界原油价格急剧下跌，利比亚的外汇储备也日益减少，不得不同时面对贸易以及短期信贷的巨大压力。

最后，联合国的贸易制裁对利比亚更为致命。尽管制裁方案中列出了有限的禁运物资，但是这对利比亚的损害却是全方位的。多边制裁意味着美国单边制裁时转换贸易伙伴的策略已不那么奏效了。联合国虽并没有对与利比亚进行贸易往来的国际公司施加制裁，但由于制裁引发的诸多不确定因素以及航空管制的禁令都让投资商望而却步。

联合国制裁对利比亚的影响

第一，联合国和美国的制裁措施为国际石油公司和利比亚的石

---

① WTI即West Texas Intermediate（Crude Oil），美国西得克萨斯轻质原油，是北美地区较为通用的一类原油。由于美国在全球的军事以及经济能力，目前WTI原油已经成为全球原油定价的基准。而为统一国内原油定价体系，美国以NYMEX（纽约商业交易所）上市的WTI原油合约为定价基准。

② 布伦特原油出产于北大西洋北海布伦特地区。伦敦洲际交易所和美国商品交易所有地的期货交易，是市场油价的标杆。

③ 刘佩成：《国际石油市场回顾与展望》，《东南亚石化市场研究》1994年第2期。

油贸易往来划定新框架。尽管曾长期染指利比亚石油业的大型石油公司声称在制裁期也不会撤出，但是在制裁期驻留的大多数是小中型公司，他们的勘探能力有限。20世纪90年代，利比亚向国际石油公司提供了更具吸引力的新产品分成合同，但那些“优惠条款”和公司的期望相差甚远。

第二，利比亚机构烦冗，政府财政管理混乱，腐败成风也让它失去了原有的竞争力，受到低迷油价打击的公司签订新生产协议的积极性也大受影响。在这种情况下，联合国和美国的制裁形成“放大效果”，多边制裁由于上述原因得到了强化。

第三，制裁同样打击了仍在利比亚坚持生产的国际石油公司的积极性。尽管许多公司对开采便捷的利比亚油田颇有热情，但也没有几家公司愿意在这里继续投资。联合国制裁引发的不确定投资氛围，致使石油公司对投资回报率持谨慎态度。除了联合国制裁造成的多方面影响外，美国单边制裁仍旧严格制约着油田的日常运作和设备的更新。尽管利比亚国家石油公司联合利比亚其他公司一道维持了这些油田的生产，但是出口量的下降还是暴露了石油生产设备严重老化的弊端。据1998年的数据显示，利比亚国家石油公司接管的油田产量平均每年下降8%，这和利比亚石油公司工业设备和技术较为落后有直接关系。①

联合国、美国解除对利比亚制裁

从20世纪90年代后半期开始，利比亚为解除联合国多边制裁在对外政策上态度明显温和。1999年4月，利比亚在洛克比空难问题上退让，交出了西方国家指控的嫌疑人。6月，联合国宣布暂停对利比亚的制裁。美国虽仍坚持对利比亚实行石油禁运，但两国关系有所缓和，尤其是2001年“9・11”事件发生后，卡扎菲出人意料地及时向美国布什政府表示同情，并对美国发动反恐战争表示理解和

---

① O'Sullivan, Meghan L., *Shrewd Sanctions: Statecraft and State Sponsors of Terrorism*, p.200.

支持。这一切都彰显了利比亚不再支持恐怖主义，希望早日改善同西方的关系的决心。

多年的制裁使利比亚蒙受了巨大的经济损失，政治上陷于孤立。联合国安理会制裁利比亚长达11年，美国单边制裁时间更长，其中旅游禁令实施了23年。长期制裁让利比亚经济，尤其是作为国民经济重要支柱的石油业和旅游业深受其害。石油收入的极速缩水迫使经济发展几乎停滞，市场萧条，人民生活水平每况愈下，昔日富甲一方的北非大国变得捉襟见肘。伴随经济恶化、国际孤立而来的是社会治安恶化，民心不稳。据报道，到1998年底，经济制裁使利比亚损失约265亿美元。[①]因而，及早撤销国际制裁，保证国家安全并为国内发展营造良好的外部环境已成为卡扎菲政权的当务之急。

2003年，利比亚与英美政府达成协议，同意向遇难者家属支付总额为27亿美元的赔偿金。同年9月，安理会通过取消对利比亚制裁的提案。之后，利比亚放弃大规模杀伤性武器，积极寻求回归国际舞台。2004年4月美国解除对卡扎菲政权的制裁，9月美国取消对利比亚的贸易禁运政策，并逐步扩大双边商贸和外交关系。

为了医治制裁带来的社会经济创伤，卡扎菲政府尽其所能恢复石油工业发展。为了尽快更新和改良老化的石油生产设施，卡扎菲政府积极吸引外国石油公司投资，尤其重视美国公司的回归。在制裁解除之初，卡扎菲政府开放137个新区块，希望通过新油田刺激国际石油公司在利比亚的投资以及提高生产和开发水平。但国际石油公司普遍反映利比亚石油生产合同签订过程过于烦琐。2004年9月，卡扎菲政府宣布准备将15块油田（包括近海和陆地油田）的勘探权进行竞拍，并承诺此次竞拍将是公平、公正、公开、透明。新的产品分成合同应运而生。

第四版产品分成合同（EPSA Ⅳ）较之以前合同的改变之处在于：

第一，此次授权改变了过去通过单独谈判签约授予石油区块的

① Chris Doyle, “Libya: After Sanctions”, *Middle East International*, 23 April, 1999, p.19.

投资合作规则，采用国际通行的公开招标授予区块的做法，兑现了政府的承诺，为石油公司提供了开放、竞争的投标环境。

第二，外国公司的分成比例有所下降。卡扎菲政府选择中标者，首先要看石油公司提供的生产分成比例，比例越高，中标机会越大。此外，卡扎菲政府在开发最初五年内保留区块的绝对所有权，开发商需承担初期开发的全部成本（勘探、评估、培训）。利比亚石油行业的竞争日益激烈，来自全球的企业已经将竞标价格降到了利润率的极限。在第三轮竞标里，甚至有一些公司表示愿意接受7%的份额。而在已签订的协议中，石油公司平均获得25%的份额。[①]

第三，第四版产品分成合同规定项目管理的具体决议将由两位非公司代表和一位外部投资商代表组成的委员会投票决定。投票一致通过时决议才可生效。合同还规定一旦获得商业油气发现，利比亚国家石油公司将和承包方建立合资公司，双方各自占有50%的股权，但利比亚国家石油公司必须拥有60%—70%的产量。[②]这样，利比亚国家石油公司和其他投标公司处于同等地位了，这无疑增强了竞标的公平性和透明度。

2005年1月30日，利比亚举行了解除制裁后的第一轮EPSA Ⅳ石油勘探开发区块的开标仪式，共有56家石油公司对15个区块进行投标。最终，美国、印度、阿联酋等8国石油公司成功中标。中国三大石油公司（中石油、中石化、中海油）都参加了本轮竞标，但均未中标。美国成为此次招标的最大受益者，其中美国西方石油公司获得9个区块，美国阿美利达和美国雪佛龙各获得一个区块的勘探权。据悉，这些中标公司为获得利比亚石油区块付出了比在其他石油开采国进行石油勘探开发更为昂贵的签字费和产品分成比例。仅就106区块来说，美国西方石油公司就支付了2560万美元的费用。

2005年5月初，利比亚国家石油公司举行第二轮EPSA Ⅳ石油勘探开发区块的招标。共有来自全球27个国家的48家石油企业参加

① 姜英梅：《利比亚石油工业发展及投资环境》，《亚非纵横》2008年第4期。
② 邱立伟等译：《利比亚能源形势展望》，《石油地质科技动态》2006年第2期。

到44个石油区块的投标。中石油、中石化、中海油三家石油公司也参加。最终亚洲成为最大的赢家，有10家亚洲公司以独立或联合的方式中标。中国石油天然气探勘开发公司成功投中海上17—4区块，分成比例高达28.5%，为所有中标区块之最，实现了中国在利比亚石油区块合作上零的突破。[①]

此后利比亚在2006年和2007年举行了两轮石油探勘区块招标，其中2007年招标首次对天然气资源进行勘探开发。此次招标中，利比亚石油公司与英国石油公司签署了油气勘探开发合同，这也是后者在时隔30多年之后回归利比亚。

尽管经受多年制裁，利比亚面临基础设施建设严重不足、投资风险有待重新评估等一系列问题，但从第四版产品分成协议公布后的招标情况来看，利比亚仍旧吸引了众多的石油公司参与竞标，这说明利比亚在世界石油市场中的重要地位。此外，更加公正规范的竞标程序也说明竞标成功与否在很大程度上取决于公司提供给利比亚国家石油公司产品分成的比率。产品分成率越高，它获得石油区块的可能性就越大。但实际上，在这场石油大博弈中，稀有资源与政治权力紧密联系，石油在国际舞台上也被更多的赋予“政治砝码”的角色。作为一种战略资源，石油交易也不再是单纯的商品贸易，而成为国际关系博弈中一颗重要棋子。

三、后卡扎菲时代利比亚石油发展现状与趋势

利比亚变局对石油工业造成的损害

2011年利比亚国内发生变局，利比亚“反对派”在北约的支持下推翻卡扎菲政权，建立“利比亚过渡政府”，正式行使利比亚政府职能并积极推进国家战后重建。鉴于石油工业在利比亚国内经济和

① 周韦慧:《利比亚油气工业现状及投资环境分析》,《当代石油石化》, 2008年第6期。

国际石油市场上的重要地位，因战争中断的利比亚石油工业必将成为今后重建工作的重点。

利比亚变局给石油工业造成了巨大损失。战争开始后，外国石油公司纷纷撤离，利比亚的石油勘探、开采、生产与出口等上下游业务几乎全部停止。2011年2月21日，德国温特沙尔石油公司（Wintershal）宣布停产并开始撤离自己的员工。2月22日，利比亚最大的外国石油公司意大利的埃尼公司开始撤离，关闭了连接意大利和利比亚的天然气管道。[①]2月21日，英国石油公司也宣布暂停在利比亚沙漠进行石油钻探的筹备工作。[②]2011年2月下旬，其他石油公司开始启动疏散全体员工、关闭生产的应急计划。外国石油公司的撤离导致利比亚石油生产与出口停止。2011年1月，利比亚平均石油日产量为约157万桶。2月份，利比亚局势开始动荡，石油产量下降为每天约134万桶。3月份，产量急剧下降为37万桶。5月份，为14万桶。8月份，几乎完全停产，每天仅为3000桶。[③]

战争不仅使利比亚的石油生产与出口停止，而且使石油设施遭到了不同程度的破坏。占利比亚石油大部分产量的苏尔特盆地处在中部地区，是在内战中损害最严重的地方，这个地区有4个码头，即伊赛德、卜雷加港、拉斯拉努夫和祖埃提纳。伊赛德是其中最大的码头，在战争中受到直接攻击，其储油罐、计量设备和输油管道都遭受不同程度的破坏。而卜雷加港、拉斯拉努夫港在此次冲突中也遭到了重创。卡扎菲部队在撤退时将许多设施拆卸并四处丢弃。更糟糕的是，这些港口的石油设施周围布满了地雷等爆炸装置。在东部地区有梅斯拉（Messla）和萨里尔（Sarir）两个主要油田，这两个油田的石油通过输油管道运输到东部的托卜鲁克港口出口国外。这些设施是由阿拉伯海湾石油公司控制的，在战争期间保持了一定

① Javier Blas, “As Producers Exit, Last Man out will turn off the Oil Tap”, *Financial Times*, February 22, 2011.

② 《多家跨国公司暂停在利比亚运营》,《华尔街日报》（中文版）2011年2月22日。

③ Market Indicators 2011, http://www.opec.org/opec_web/en/data_graphs/1993.htm, 2012-07-11.

的产量。卡扎菲的部队派出了一些小分队去破坏这里的石油生产设施，但并没有用炸弹、导弹或火炮轰炸油田，也就没有对油田造成深度破坏。在冲突中，仍保持生产的是西南地区的油田，这些原油通过扎维耶炼油厂处理后送往卡扎菲控制的的黎波里地区以供消费。2011年6月底，反对派势力切断了这一地区通往扎维耶炼油厂的石油管道，并切断卡扎菲部队的汽油供应。利比亚原油含石蜡成分较多，长达半年之久的停产，使得石蜡逐渐沉淀到油田油管中，导致油管部分堵塞。反对派需要对油管进行洗蜡，才能恢复生产，修复蜡封管道需要2—3个月。许多正在开采的油田由于战争爆发而被抛弃，油田设备没有进行正常关闭，也对油田造成了严重破坏，恢复生产面临着巨大的技术困难。

利比亚重建与石油生产的恢复

2011年9月1日，60多个国家在巴黎召开“利比亚之友”会议，商讨利比亚战后重建工作，利比亚开始由内战向战后重建过渡。利比亚战后重建首先需要足够的资金解决燃眉之急，以维持临时政府的运转和民众的基本生活所需。巴黎会议解冻了150亿美元的利比亚海外资产。2011年12月底，欧盟决定解冻属于利比亚中央银行和利比亚阿拉伯对外银行970亿美元的基金与资产。加上美国之前解冻的37亿美元，利比亚获得了近1600亿美元的海外资产。[①]同时，一些国际组织承诺为利比亚提供援助。海外资产的解冻短期内满足了全国过渡委员会和过渡政府的财政需要，但它不能满足利比亚长期的政治、经济和社会生活对资金的需求。

由于利比亚经济与政府收入对石油的高度依赖，石油和天然气行业的恢复关系到过渡委和过渡政府在全国范围内建立自己的权威和行使权力。其一，油气工业是利比亚经济的命脉，只有依靠油气工业，才能挽救濒于崩溃的利比亚经济；其二，基于油气设施受到

① Barah Mikail, “The Multiple Challenges of Libya’s Reconstruction, ” *Fride Policy Brief*, January 2012, p.2.

损坏的程度，石油生产恢复期不会太长。油气恢复生产能够在短时间内给利比亚带来收入，从而增强民众对新政府的信心；其三，由于资金匮乏和基础设施破坏严重，利比亚继续寻求国外投资。利比亚油气行业有着对外合作的传统，并且能够满足西方国家的油气需求，利用油气资源招标引资是过渡政府获得资金的有效手段。过渡政府将重建的重点首先放在重新启动油气生产上，重启大型石油生产是过渡政府的核心目标。过渡政府承诺大力发展利比亚石油工业，从而获得了大量的资金保障用以发展国民经济、教育事业、健康医疗和各项社会公共服务及建设。丰富的石油资源在重建的资金需求上为利比亚提供了保障。

实际上，在攻下的黎波里之前，过渡委就一直鼓励外国石油公司回到反对派占领下的利比亚东部，恢复石油生产。7月下旬，过渡委领导人敦促雷普索尔公司返回萨里尔和梅斯拉油田。2011年7月28日，雷普索尔公司董事长安东尼奥·纽博（Antonio Niubo）表示，其公司所有人员和团队会很快回到利比亚。①阿拉伯海湾石油公司（AGOCO）的业务也主要在萨里尔和梅斯拉油田，公司管理人员和石油工人于8月初回到了东部各油田，开始了修复石油设施的工作，并很快恢复了石油生产。

萨里尔、梅斯拉和其他一些小油田生产的石油足以满足利比亚国内的需求，但不会为过渡委及其继任者提供国家重建所需的足够现金。利比亚的财政收入主要依赖石油与天然气出口，如果不迅速全面恢复石油与天然气的生产，利比亚的整个经济生活无法恢复正常，新一届政府将很难进行战后重建工作。全面恢复利比亚的石油生产，并将石油产量在最短的时间内恢复到战前水平，对取得战争胜利的利比亚过渡政府至关重要。

反对派武装占领的黎波里后，国际石油公司纷纷表示会尽快恢复在利比亚的石油生产。意大利的埃尼公司声称将尽快恢复位于佩

---

① Patrick Osgood, “After Gaddafi: Libya’s Oil Industry”, September. 14, 2011, http: //www.arabianoilandgas. com/article-9440-after-gaddafi-libyas-oil-industry /2 /, 2011-11-12.

拉杰大陆架盆地的海上石油生产，而且在数月后重启陆上石油生产设施。2011年10月初，埃尼公司重新启动了连接利比亚和意大利的被称为“绿色河流”的天然气管道，向意大利输送天然气。11月下旬，该公司在利比亚最大的油田大象油田已经开始生产，日产石油约为4万桶。该公司已经成为利比亚石油和天然气恢复生产的主要力量。德国温特沙尔石油公司和西班牙雷普索尔公司也表示其在利比亚的石油生产很快恢复。[①]国际石油公司陆续回到利比亚后，利比亚的石油生产与出口迅速恢复。2012年1月，石油日产量为99万桶，2月达到126万桶，5月已恢复至每天144万桶，相当于近年来平均生产水平的90%以上。[②]战后石油生产和出口的迅速恢复，为利比亚经济重建提供了重要的资金来源。2012年3月，过渡政府公布了总额为685.5亿利比亚第纳尔（约合553亿美元）的2012年国家财政预算。若油价变动不大，预计2012年度利比亚石油收入约为549亿美元，与财政预算基本持平。[③]石油生产的恢复和发展对于百废待兴的利比亚来说至关重要。

利比亚石油生产与重建面临的挑战

当利比亚原油重归全球石油市场之时，石油收入对于战后重建非常关键，这不但涉及整体经济的恢复，还关系到重建过程中各地区、各部落之间的利益分配与平衡。与此同时，利比亚重建中石油生产所面临的挑战也不容忽视。与卡扎非时代一样，革命后的利比亚在相当长的时间内在经济发展和政府收入方面将严重依赖石油，国际石油市场的任何风吹草动都会对利比亚的政治与经济产生重大

① Edward L. Morse, “The Libyan Oil Tap”, *Foreign Affairs*, September 6, 2011, http://www. foreignaffairs.com/articles /68245 /edward-l-morse-and-eric-g-lee/the-libyan-oil-tap, 2011-12-21.

② OPEC, “Market Indicators 2012”, http: //www. opec. org /opec _ web /en /data _ graphs /2234.htm, 2012-08-21.

③ 《利比亚公布2012年财政预算主要依靠石油收入支撑》, http: //news. xinhuanet. com/world /2012-03 /12 /c_ 111639701. htm, 2012-05-17.

影响。另外，反对派虽然取得了胜利，但持续动荡的安全局势和政治困境，也给利比亚石油产业的发展蒙上了阴影。2011年10月底，数百名利比亚过渡委领导的武装民兵在的黎波里一家医院发生内讧，爆发武装冲突，导致10多人死伤。11月2日，过渡委武装人员进入瓦尔法拉部落居住的黎波里以南的拜尼沃利德镇，开枪扫射了路边的狗和房子，烧毁了一些公寓及公共建筑物。瓦尔法拉部落警告，他们将针对该镇遭反卡扎菲武装洗劫和纵火一事展开报复行动。当时，利比亚形势堪忧。班加西选举委员会遭袭，东西高速公路被占，部落冲突不断，武器散落尚难处理，利比亚安全局势尚未恢复平静，这都会打击外国投资者和外国专家返回利比亚的信心，影响利比亚的经济重建。

另外，部落之间和地区之间的利益平衡也是影响利比亚重建的重要因素。利比亚部落的影响力很强大。有些油田所在地的部落一直不服从中央政府的命令，不允许国家石油公司进入其部落区域作业。利比亚新政权需要面对的部落势力问题将更加突出，会给石油作业带来巨大风险。2012年3月6日，利比亚东部地区的部落领导人联合宣布，东部昔兰尼加地区实行自治，准备组成自己的军队，同时呼吁在利比亚实行联邦制。7月5日，“昔兰尼加自治委员会”的示威者关闭了班加西的两个主要输油港，要求在即将举行的国民议会选举中增加东部产油区的席位。因为在即将举行的国会选举中，东部分配到60席，西部则占100席，南部仅占40席。富产石油的东部不满议席分配，“昔兰尼加自治委员会”多次呼吁抵制选举、重返“联邦自治”。过渡政府坚决反对这种分裂行为，其政治事务主管法特希·巴贾说：“这非常危险。这是分裂信号，我们彻底拒绝。我们反对分治，反对任何有损利比亚人民团结的举动。”过渡委领导人贾利勒则声称，如果需要，他将动用武力维护国家统一。[①]从利比亚的情况分析，未来统一的国家形式不易改变。为了平息东部的愤怒，

① Suliman Ali Alzway And David D. Kirkpatrick, “Eastern Libya demands a Measure of Autonomy in a Loose National Federation”, *New York Times*, March 7, 2012.

过渡委取消了本届国会指定制宪委员会成员的权力，改为另行单独选举制宪委员会的成员，制宪委员会的60名成员，将由东部、西部、南部各出20名。只要新政府从全局利益出发，兼顾各方利益诉求，东部的抵制和不满情绪会逐步得到平复。

后卡扎菲时代利比亚的石油政策

石油与天然气产业今后依然是利比亚经济发展的重点与支柱产业。利比亚战后满目疮痍，石油产业的恢复成为支持经济发展第一要务。由于油气工业在利比亚出口贸易和整个国民经济中的重要性，目前还没有其他产业能够代替石油成为利比亚的经济支柱，非石油部门的发展离不开石油产业的推动与石油收入的输血。2012年6月底，利比亚石油部长阿卜杜拉赫曼宣布，计划投资100亿美元发展长期的石油天然气项目，争取在5年内将石油产量提高至日均220万桶。[①] 2012年9月24日，利比亚石油与天然气最高会议在的黎波里召开，国家石油公司主席努里·巴勒温（Nouri Balrwin）在会上说，利比亚拥有丰富的碳氢资源，未来几十年内利比亚都会是重要的石油出口国。[②]

利比亚在油气领域将继续实行对外开放政策。由于利比亚缺乏恢复与发展石油产业所需要的技术、资金、专业技术人员，利比亚的石油产业的上下游业务在今后相当长的时期内都会向国际石油公司开放，而利比亚生产的大多数石油必然会向国际石油市场出售，尤其是要向欧洲石油市场出售。过渡政府还鼓励国际石油公司同本地运营商合作。依照利比亚的法律，外国石油公司在与当地运营商组成的合资企业可拥有的股份最高为65%。内战尚未结束时，利比

---

① 蔺妍:《利比亚靠石油重建面临机遇与挑战》, http: //news. xinhuanet. com/fortune /2012-07 /17 /c_ 112460876. htm, 2012-08-15.

② “Opening of Libya Summit Oil and Gas and Sustainable Growth”, October 4, 2012, http: //en. noclibya. com. ly /index. php? option = com_ content-task = view-id = 1606-Itemid = 1, 2012-10-04.

亚国家石油公司就开始积极劝说西方石油公司尽快返回利比亚。[①]2011年8月下旬，全国过渡委的代表专程飞到伦敦，游说英国的石油公司到利比亚投资，并称利比亚拥有“巨大机会”。利比亚阿拉伯海湾石油公司信息部经理阿卜杜勒·贾里里·马尤夫说，“后卡扎菲时代”的利比亚必将迎来更加开放的市场。他甚至认为利比亚石油公司“走出去”将是未来的选择之一，在提高技术水平的前提下向境外勘探等方向发展，建设一个更加活跃的利比亚石油产业。[②]

由于西方国家在利比亚内战中通过空中打击卡扎菲的军事目标支持了反对派，再加上欧洲与利比亚的地缘政治关系，利比亚战后石油生产与出口必然会向西方特别是欧洲国家倾斜。北约成员国对卡扎菲的空中打击消耗了大量的金钱，利比亚反对派懂得投桃报李的道理，作为全球石油储量第九位的国家，石油资源就是对西方最好的报答。利比亚过渡委在战争尚未结束时就表示会根据各国对其支持的不同力度“论功行赏”。2011年8月下旬，利比亚过渡委开始和法国天然气公司、英国石油公司、意大利埃尼集团等欧洲能源企业就其帮助利比亚尽快恢复石油开采展开对话。攻克的黎波里前夕，反对派控制的阿拉伯海湾石油公司发言人阿卜杜勒·贾里里·马尤夫表示，在利比亚石油资源重新分配问题上，最大受益者将会是北约成员国。2011年8月23日，过渡委宣布利比亚会尊重已经同国际石油公司签订的石油生产合同。过渡委重建工作负责人艾哈迈德·杰哈尼在接受记者采访时说：“在石油领域，已经签署的合同是不可侵犯的。所有合法的合同都将得到严格遵守，无论这些合同是石油、天然气方面的，还是承包方面的”。[③]与卡扎菲政权签订石油开采合同的西方石油公司有英国石油公司、壳牌、埃尼、道达尔等。

---

① Patrick Osgood, “After Gaddafi: Libya’s Oil Industry”, September. 14, 2011, http: //www. arabianoilandgas. com/article-9440-after-gaddafi-libyas-oil-industry /2 /, 2011-11-12.

② 蔺妍:《利比亚靠石油重建面临机遇与挑战》, http: //news. xinhuanet. com/fortune /2012-07 /17 /c_ 112460876. htm, 2012-08-15.

③ “Libyan Oil after Gaddafi”, http: //www. arabianoilandgas. com/pics-9366-analysis-libyan-oil-after-gaddafi, 2011-08-24.

利比亚官员经常向国际石油公司表达他们履行现有合同的意愿，同时也表示保留审查和修改那些通过腐败行为得到的合同的权力。美国和利比亚当局都已宣布要对一些国际石油公司和利比亚前政权之间的不当交易行为进行调查。

西方石油公司对利比亚石油权益的争夺

获得利比亚的石油权益是北约支持利比亚反对派的重要原因之一。西方的石油公司密切关注着利比亚的政治动向和安全问题。随着利比亚国内的战事逐步平息，西方的石油天然气公司加快了重返利比亚的步伐，展开了对利比亚石油权益的激烈争夺。利比亚内战爆发前，意大利是与利比亚关系最为密切的欧洲国家，也是在利比亚拥有最多石油开采与生产份额的西方国家。意大利石油消费量的近22%来自于利比亚，[①] 卡扎菲下台后，意大利同样不能失去利比亚的石油。卡扎菲在意大利投资估计达490亿欧元，[②] 这些资产成为意大利获取利比亚石油权益的有利杠杆。2011年4月初，意大利承认过渡委为利比亚的合法代表，并与其建立了联系。利比亚内战进行之时，埃尼集团就已经开始游说利反对派领导人，以确保其在利比亚最大能源生产商的地位。2011年8月24日，埃尼集团首席执行官保罗·斯卡罗尼表示，埃尼集团与利比亚反对派的友好合作得到了意大利外交部的支持。意大利外长弗拉蒂尼毫不掩饰地表示，埃尼公司在利比亚未来石油开发中将发挥主导作用。埃尼集团把法国道达尔石油公司视为“特别威胁”。不过，斯卡罗尼仍然坚信埃尼在利比亚有“积极的未来”。

法国在卡扎菲时代与利比亚的关系也非常特殊，法国16%的石油来自利比亚，利比亚的石油资源对于法国不可或缺。法国是第一

① IEA, “Facts on Libya: Oil and Gas”, http: //www. iea. org /files /facts_ libya. pdf, 2012-09-09.

② Tobias Vanderbruck, “Gaddafi’s Legacy of Libyan Oil Deals”, 2011 /10 /21, http: //oil-price. net /en /articles /gaddafi-legacy-of-libya-oil-deals. php, 2011-10-28.

个干预利比亚内战的西方国家，也是第一个承认过渡委为利比亚合法代表的国家。由于在利比亚战争中的积极表现，法国在战争结束后获得了利比亚最大的石油份额。2011年9月1日，“利比亚之友”国际会议在巴黎召开之际，法国《解放报》披露了利比亚过渡委曾在2011年4月3日与法国达成“秘密协定”，协定承诺将利比亚原油的35%给予法国。[①]法国将凭借曾积极主导北约空袭一事，争取利比亚原油开采优先权。法国道达尔集团要求法国政府积极争取利比亚油田开采权。2011年4月20日，法国总统萨科齐在会见利过渡委主席贾利勒时，希望凭积极主导北约空袭之功争取“后卡扎菲时代”利比亚原油开采优先权。

自1988年洛克比空难以来，英国与利比亚的关系一直比较冷淡。2009年8月20日，苏格兰司法部长麦卡斯基尔宣布释放因制造洛克比空难而在英国服刑的利比亚特工迈格拉希之后，英国石油公司获得了利比亚9亿美元的石油勘探合同。利比亚内战爆发后，英国派遣精锐特种部队对利反对派武装进行指导和训练，同时英国也加入了法国对卡扎菲军事目标的空中打击。2011年10月，英国传统石油公司（Heritage Oil PLC）购买了利比亚撒哈拉石油服务公司51%的股份，并认为这次交易是他们进入利比亚的“入场证”，使该公司在利比亚获得油气勘探与开采权成为可能。[②]英国冻结的利比亚国有资产达120亿镑，英国可以用这笔资金的解冻为杠杆，以获取石油合同。

美国和利比亚于2004年重新实现了关系正常化之后，美国石油公司获得了勘探利比亚的海上石油的许多合同。如何在利比亚石油资源重新分配上获得先机，是奥巴马政府急需考虑的问题。

综合而言，利比亚发展石油工业的出发点应是，通过现有石油收益保障国家经济的迅速发展。因而，严格的石油政策将是未来利比亚经济重建和石油工业多样化和可持续发展的强大保证。

---

① Tobias Vanderbruck, “Gaddafi’s Legacy of Libyan Oil Deals”.

② Ibid.

四、卡扎菲政权垮台的根源

从“民众革命”到威权政治

肇始于突尼斯和埃及而后遍及整个北非，席卷阿拉伯世界的“阿拉伯之春”，引起中东地区社会秩序的整体性动荡。而利比亚的政治变局更为严重，由于以法国为首的北约的外部力量的强力干预，利比亚政治变局演化成为利比亚战争，并导致卡扎菲政权被推翻，他本人也死于非命。[①]从2011年2月16日，利比亚第二大城市班加西爆发抗议示威，随后发生“大蓬头革命”和北约的强力干预。半年后的8月底，的黎波里陷落，卡扎菲父子逃亡。10月20日，卡扎菲在其家乡苏尔特被俘丧命。三天后，利比亚反对派执政当局宣布“解放”利比亚全境。利比亚局势以迅雷之势变天，“八个月颠覆42年的江山”。[②]“冰冻三尺，非一日之寒”，卡扎菲政权的垮台并不是一蹴而就的，而是有着深层根源。

卡扎菲统治利比亚42年来，一直将利比亚作为个人哲学的实验室。卡扎菲“民众革命”的实践，表面上是将民众的利益置于至高无上的地位，但更多的是靠在政治上对个人魅力的大力宣传，无条件地树立卡扎菲的绝对权威，并由卡扎菲人为地来设定利比亚的发展方向。从本质上看，利比亚政治体制并未超越传统威权主义的范畴。昔日与卡扎菲称兄道弟的革命志士（即所谓的“反水反对派”）之所以反目成仇，很大程度是不满卡扎菲垄断权力，或者自己的权力欲没有得到满足。这次利比亚政治变局仍是卡扎菲利益集团内部矛盾与部落政治斗争的延伸，再加上外部力量（特别是北约）的干预，从而使危机扩大化，发展成为利比亚战争。

---

① John Wright, *A History of Libya*, Revised and updated edition, p.231.

② 郑挺颖：利比亚：《八个月颠覆42年江山》，马晓霖主编：《阿拉伯剧变：西亚、北非大动荡深层观察》，新华出版社2012年版。

部落家族政治引发的结构性腐败

与其他国家政治变局不同的是，部落因素成为利比亚政治变局中极为活跃的因素。冷战结束后，卡扎菲思想的一个明显变化就是强化了对部落主义的依赖。卡扎菲重用个别部落成员参与政治，疏远那些没有得到重用的部落，任用部落的不同态度造成部落对待卡扎菲政权的亲疏离散，导致部落中形成许多反对派，这也为利比亚的政治分裂埋下了祸根，政治权力结构沿着种族、教派界限出现断裂的可能性增大，卡扎菲的“魅力型统治”“黯然失色”。利比亚危机始于班加西并不是偶然的，而是有一定的历史背景。东部地区和班加西的部落在很大程度上是自治的，他们的境况十分糟糕。20世纪90年代，班加西地区爆发宗教激进分子的骚乱，尽管遭镇压，但卡扎菲一直对班加西地区心存猜忌。利比亚中央财政并不向班加西投资，这里基础设施落后，民众感觉到是利比亚的二等公民。住房严重不足，一些大家族都是住在狭小的房间内，生活凄惨。[①]因此，这里的老百姓长期对卡扎菲政权不满，起义由此而起也就不足为奇了。

卡扎菲虽号称“人民领袖”，但在权力、利益分配等关键问题上仍难脱“家族政治”的窠臼。据报道，卡扎菲的八子一女分别涉足石油、燃气、酒店、媒体、流通、通信、基础设施等产业，基本控制了国家的经济命脉。其长子穆罕默德掌控通信部门；被视为继承人的次子赛义夫负责卡扎菲发展基金会；三子萨阿迪担任特种部队司令；四子穆阿塔希姆担任国家安全顾问；六子哈米斯担任精锐的第32旅旅长。这种家族、部落统治治理方式和接班人问题，削弱了民众对其统治权力的认同。

民族与国家的悖论

在理论上，卡扎菲的革命民族主义意识形态把“民族”和“国

① Alison Pargeter, *Libya: the Rise and Fall of Qaddafi*, New Haven and London: Yale University Press, 2012, p.7.

家”结合成一体。但在现实操作中，民族主义与国家权力却不是重合的，这也是卡扎菲泛阿拉伯主义联合行动失败的根本原因。每当利比亚与其他国家进行联合时，后者首先想到的是自己的、现实的、具体的“国家”，而卡扎菲那种想象的，抽象的“民族国家”则是民众与政治精英脑海中一种虚幻的想象。卡扎菲推动联合计划的激进做法，得罪了许多阿拉伯兄弟，如鼓吹推翻阿拉伯君主制，支持摩洛哥军官推翻国王，在阿拉伯峰会上用手枪逼约旦国王侯赛因退位，在阿盟峰会上与沙特国王阿卜杜拉恶言相向。[①] 阿盟本身就积聚了阿拉伯世界的各种复杂矛盾，而卡扎菲本人更是各种矛盾的集合体。在阿盟峰会中，卡扎菲与别国领导人吵架的新闻总是见诸报端。因此，阿盟一直对卡扎菲政权心存不满，从而投票赞成联合国在利比亚设置禁飞区。

20世纪90年代后期，卡扎菲的区域理念从阿拉伯民族主义转向泛非主义，对非洲国家难民施以援手。1997年，利比亚政府接纳200万非洲移民后国内失业人数剧增。2003年，利比亚失业率高达30%。利比亚政府这种盲目接纳非洲移民以迎合其革命民族主义和泛非主义的激情，造成国内失业现象严重，迟滞了现代化进程。

革命民族主义与国家资本主义的过度发展

利比亚推动革命民族主义，是为了发展国家经济、维护主权独立与确保国家安全。从理论上说，发展经济与国家安全应该是一致的。众所周知，一个国家只要拥有和平的发展环境，才能集中精力推进经济建设。但在利比亚的特殊国情里考量，二者还是矛盾的关系。利比亚以革命民族主义为国家发展取向，其标识就是抵抗美国，支持恐怖主义。因此，利比亚政府不得不将国家财政大量投入到国防预算。而过度增加军事开支，不可避免地要减少经济发展的投入，忽视国内基础设施建设。其结果造成利比亚国有企业资金投入不足，

① 田文林:《利比亚局势的多维透视》,《学习月刊》2011年第9期。

效率低下。国家也没有精力专注于对企业进行科学管理，或者制定相关政策提高劳动者的积极性。民众收入微薄，从黑市非法交易中谋取暴利。利比亚政府牢牢控制了经济运行的各个环节，不允许个人进口外国货物，因此一些人先在国有商店买进国家补贴的、价格较低的外国商品，然后到黑市转手高价倒卖以赢取厚利；另一个渠道是国外劳工携带大量外国商品回到利比亚贩卖。在利比亚，工人中50%为外国人，他们几乎都有黑市收入，甚至利比亚革命指挥委员会成员也沉溺于黑市交易。利比亚政府推进革命民族主义，极力将政权的政治合法性构筑在国家资本主义的现代化大厦之上，但国内外因素使利比亚政治精英陷入难以摆脱的政绩困局之中。利比亚现代化投入数量庞大的巨额资金，貌似规模宏大的现代化大业政绩平平，这不但削弱了利比亚统治者的合法性，也瓦解了利比亚政治制度的合法性。

突尼斯和埃及“街头革命”的示范效应

北非政治变局的原因一般来说，包括以下几点：一是经济治理和发展陷入难题；二是领导人长期执政，政治合法性出现困境；三是恐怖主义极端势力的推动；四是欧美大国的直接和间接干预。但具体到利比亚政治变局，上述原因都不同程度地存在，但更重要的原因是北非政治变局所产生的“滚雪球效应”。正如艾莉森·帕格特（Alison Pargeter）指出，利比亚革命并不是凭空产生的。[①] 突尼斯和埃及的“革命”成功地推翻了政治领袖，极大地鼓励了利比亚的反政府组织。政治变局是相互传染的。首先，“滚雪球效应”使突尼斯和埃及的政治行为向利比亚部落示范了在结束威权政体方面的能力以及具体方式。其次，全球通信与交通方面的急剧扩展，特别是通信卫星与电视网络等传媒的推动，网络、卫星电视、电脑等使得威权政府越来越难以对其精英和公众进行信息封锁。最后，突尼

① Alison Pargeter, *Libya: The Rise and Fall of Qaddafi*, p.1.

斯、埃及与利比亚在地理上相近，文化相类似，因而其“滚雪球效应”更为强烈。可以说，中东政治变局是政治合法性危机、经济治理不佳等内部因素造成的，而利比亚的政治变局更多归功于外部因素，即北非其他国家（如埃及和突尼斯）变局的“滚雪球效应”而引发的。

五、利比亚战争的性质、原因及影响

利比亚战争的性质

2011年3月19日，美军实施“奥德赛黎明”（Operation Odyssey Dawn）行动。一场由利比亚本国民众引发的利比亚骚乱，经过一个多月的演变，自2011年3月20日，演变成了法英美主导的多国部队与利比亚卡扎菲政权间的利比亚战争。利比亚战争是利比亚国内不同部落和不同派别之间的争斗而引发的国内战争，后来由于西方国家的介入发展为西方国家与利比亚卡扎菲政权间的国际战争。

探讨利比亚战争的性质比较困难。从各方的立场来看，关于利比亚战争的性质结论是不一样的。战争由三方参与：即以法、英、美为首的北约国家；卡扎菲及其支持者；受西方国家支持的反政府组织——全国过渡委员会。如果站在卡扎菲政权的角度，北约发动这场战争是一场非正义的侵略战争。它们借民主、自由与人权的旗号对利比亚发动袭击，以强凌弱，反映了国际社会“弱肉强食”的丛林规则。而卡扎菲政权是为了捍卫主权和领土完整的正义战争。如果站在北约的立场上，北约是履行联合国交给的任务，推翻卡扎菲独裁政权，因此具有合法意义，而卡扎菲镇压反政府组织具有非正义性。但从全国过渡委员会来说，他们发动战争的目的较复杂，既有推翻卡扎菲独裁政权的含义，也有长期部落斗争的印迹，同时还得到西方国家的支持，因此，既具有进步性，也具有落后性。但这场战争给利比亚人民带来了巨大灾难，它使100万人逃亡国外，造成2.6万人死亡，直接经济损失达到数千亿美元。[①]因此，现在给出利比亚战争的性质颇具难度。当前，我们尚未看到利比亚民主、民生和民权的改善，而是西方国家的直接插足、各部落的明争暗斗的复杂局面，利比亚前景难测。

利比亚战争爆发的原因

利比亚战争是由多种因素酿成的。

第一，卡扎菲的反西方情结引来祸水。自20世纪80年代以来，利比亚一直与美国处于对抗状态。一方面，卡扎菲强烈谴责对利比亚的制裁，争取国际社会的同情和支持；另一方面，他多次表示希望同美、英等国实现关系正常化。伊拉克战争后，卡扎菲放弃大规模杀伤性武器，承担洛克比空难家属赔偿费用以及与欧美国家建交，但其统治所依靠的意识形态革命民族主义中的反西方情结并没有动摇。卡扎菲在一年一次的九月革命纪念日上，仍将反西方作为赢取民众支持的革命民族主义话语，历数西方国家对利比亚的殖民伤害成为卡扎菲获得政治合法性的程序性演讲内容。在2009年9月的第64届联大会议中，卡扎菲做了长达75分钟的长篇发言，抨击西方实行种族主义和恐怖主义。这也是以法国为首的北约支持反对派，打击卡扎菲的深层历史原因。

第二，联合国制裁与设立禁飞区为西方发动利比亚战争开了绿灯。针对利比亚变局，联合国安理会先后通过了两个有关决议，即1970号决议和1973号决议，前者要求对利比亚实行制裁，后者准许在利比亚设立“禁飞区”。两个决议，特别是1973号决议要求为保护平民可以使用“一切手段”，为西方国家军事打击利比亚打开了方便之门。在西方国家看来，“禁飞”即“倒卡”，利比亚变局发生后，英美法等国抓住“卡扎菲武力镇压平民”，在国际上大造声势，声称“卡扎菲政权失去合法性，”采用一切手段颠覆卡扎菲政权，但担心

① 王晓军、劳佚：《简析利比亚战争的起因、性质与启示》，《法制与经济》2012年第1期。

国际社会的反对和舆论压力，没有进行单边行动，而是积极推动联合国的授权。联合国1970和1973号决议通过后，法国迫不及待地开始了轰炸利比亚的行动。保护平民行动的“禁飞区”，被西方国家演绎为一场武力颠覆卡扎菲政权的军事行动。打着联合国的授权颠覆卡扎菲政权是利比亚战争的一个鲜明特点。

第三，阿盟和非盟的推动。1973号决议是美英法等西方大国竭力促成的结果，阿盟和非盟也推动了该决议的通过。它们都赞成通过设立“禁飞区”，打击利比亚的卡扎菲政权。按照《联合国宪章》，在常任理事国不否决的情况下，安理会提案必须获得至少9个成员国的支持。美国等西方国家早就意识到，基于利比亚作为阿盟和非盟的双重成员国身份，征得阿拉伯国家和非洲国家的支持，对于利比亚采取行动的成败至关重要。因此，美英法等西方大国领导人，从一开始就非常重视做阿盟和非盟的工作，至少是默许，以便让他们对利比亚的武力行动具有“阿盟色彩”和“非盟色彩”。1973号决议除了得到安理会支持外，还得到三个非盟成员国（南非、尼日利亚和加蓬）和一个阿盟成员（黎巴嫩）的支持。表决结果表明，阿盟和非盟在支持利比亚禁飞区问题上起了重要作用。美英法西方国家军事打击利比亚后，阿盟秘书长穆萨颇有上当之感，并于2011年3月20日批评西方多国联军对利比亚的军事打击。阿拉伯媒体认为，阿盟在设立禁飞区问题上掉进了西方国家的圈套，盲目地上了“贼船”。西方国家把“禁飞”决议变成联合国战争授权，恐怕也是非盟始料未及的。在西方的野蛮轰炸开始后，非盟也有上当受骗之感，对西方国家立即提出严厉谴责。在经过内部磋商后，非盟决定不参加3月29日在伦敦召开的利比亚问题国际会议，以示抗议。

第四，法国和北约甘当利比亚战争的急先锋。有评论指出，美国和欧洲之所以能够在军事打击利比亚问题上达成一致，主要因为“利比亚是中东北非国家中唯一既拒绝美国‘大中东计划’，又是反对法国‘地中海联盟’计划的国家……因此，美欧在利比亚问题上找到了一个共同的突破口。当然，双方又都有各自的如意算盘。”[1]在法英美空袭利比亚的10多天后，美国总统奥巴马3月28日在华盛顿国防大学发表声明，宣布美国将在3月30日将军事指挥权交给北约。北约于3月31日从美国手中接管利比亚军事行动指挥权。美国为何从利比亚退居“二线”，其原因有五：一是美国已经深陷伊拉克和阿富汗两场战争，战争费用浩大。截至3月29日，美国在利比亚的军事花费就高达5.5亿美元。二是奥巴马政府对利比亚动武在国内面临着种种压力，此举未经美国国会批准，遭到一些国会议员的“违宪”指控。三是确保美国战略重心转移，制约中国等新兴国家的兴起；四是将英美盟国拉上利比亚战车，控制北约，制约盟国；五是奥巴马寻求2012年总统大选连任的需要，促经济复苏，保民众就业。

利比亚变局发生后，法国总统萨科齐于2011年3月10日在巴黎公开接见利比亚反对派组建的全国委员会的两名代表，宣布承认该组织，并决定双方互派大使。法国之所以当利比亚战争的“带头大哥”，受到多种因素的驱使：一是发挥法国在国际社会的大国作用。萨科齐曾经提出一个“大国相对论”的理论，竭力展示法国在世界体系中的重要作用。法国试图通过发动利比亚战争，充当欧洲和地中海地区的龙头老大。二是法国2012年总统大选的需要。萨科齐性格反复无常，在国内的民意支持率较低。卡扎菲也是法国不喜欢的“另类”，60%的法国人反对法国同利比亚修好。而萨科齐试图通过利比亚战争改善自己在民众中的形象，为大选争取选票。三是利比亚危机，乃是欧盟特别是法国多年以来所追求的一个战略扩展目标的继续，借机重振2008年7月成立的，由萨科齐倡导的“地中海联盟”，但卡扎菲反对法国谋取中东北非地区的战略利益。四是维护法国在利比亚的经济利益。利比亚幅员辽阔、资源丰富，与法国隔海相望。对法国来说，这是个潜力巨大的市场和资源供应地。伊拉克战争后，法国与利比亚改善关系，双方在能源合作，特别是核电项

① 刘中民：《关于中东变局的若干基本问题》，《阿拉伯世界研究》2012年第2期。

目上达成若干协议。利比亚变局后，利比亚石油中断，国际油价飙升，对正受国际金融风暴的法国经济给以重创。因此，面对利比亚乱局，法国积极行动，以便在后卡扎菲时代的利比亚争取更大的发言权。

那么北约为什么在军费捉襟见肘、各成员国经历经济危机和债务危机的情况下发动利比亚战争呢？这在于北约战略从防御到进攻的转变。2010年11月，北约里斯本首脑会议提出了“积极参与现代防御”的新战略。按照此说法，北约致力于自由、民主、人权和法制的原则，将积极使用政治军事手段解决全方位危机，在必要时北约可能参与预防冲突、管理危机、稳定冲突后局势和支持重建。

利比亚战争的影响

利比亚战争持续了6个月，体现了后冷战时代西方国家强力干预中东国家内政的新方式，对当前国际关系产生深远影响：

第一，利比亚战争为西方国家滥用《联合国宪章》开了个危险先例。它们把纯属国内冲突作为国际冲突来对待，这为霸权主义和强权政治欺压发展中国家尤其是弱小国家又开了新的绿灯。事实上，利比亚战争违反了《联合国宪章》第一章第二条关于联合国不得干涉“本质上属于国内管辖之事件”的原则。按照《宪章》第七章第一条即《宪章》第39条规定，安理会按照《宪章》第七章采取行动之前必须首先“断定任何和平之威胁、和平之破坏，或侵略行为是否存在。”也就是说，只有在断定存在上述三种情况之一，安理会才可以启动《宪章》第七章的程序。利比亚战争违反了联合国维和行动的基本原则，即同意、中立和非武力原则，但美英法和北约对利比亚各大城市狂轰滥炸，掩护卡扎菲政府反对派，并提供资金、武器和军事专家，利用利比亚人打利比亚人。联合国扮演了西方大国推行霸权主义、以强凌弱、干涉小国内政的工具。

第二，“利比亚化”的国际干预新模式对国际秩序产生深刻影响。国际干预新模式的主要特点是以保护的责任和“人道主义干预”

为口实，以一个主权国家失去政治合法性为借口，以联合国授权为工具，联合其他盟友对相关“不受欢迎的国家”进行“群殴”。“利比亚化”的国际干预新模式还表现出新特点，即在外力的武力干预下，反政府组织武力推翻执政当局，进行政权更迭的模式。“利比亚化”、“利比亚模式”已经成为国家政权更迭的方式之一，也是国际关系理论术语之一。

第三，利比亚战争推翻卡扎菲政权将会导致利比亚国内群龙无首，内乱不已。各个拥有自己武装的部落将会出现群雄逐鹿的局面。利比亚石油将成为西方国家瓜分的战利品。基地组织可能在利比亚迅速发展并壮大起来，北非地区的恐怖活动大大增加。由于海盗以及非洲难民的涌入，环地中海地区的安全和稳定会受到影响。

六、后卡扎菲时代利比亚的政治重建进程与挑战

利比亚政治重建进程

随着卡扎菲政权的土崩瓦解，利比亚“全国过渡委员会”（简称“过渡委”）[①]获得了国际社会的广泛承认。2011年9月16日，第66届联合国大会同意“全国过渡委员会”为利比亚在联合国的合法代表。“过渡委”得到了70多个国家和国际组织的承认。10月23日，“过渡委”主席贾利勒在班加西表示，利比亚全国解放。利比亚正式进入了后卡扎菲时代的政治重建时期。

事实上，早在2011年8月3日，“过渡委”就公布了具有临时宪法作用的《宪政宣言》（*Constitutional Proclamation*），不仅阐释了主权在民、法律面前人人平等、保障个人权利、建立多元民主制度、

① “过渡委”于2012年2月27日在利比亚第二大城市班加西成立，临时政权最初主要由利比亚东部地区，特别是班加西的“反对派”组成。卡扎菲政权倒台后，“过渡委”规模逐步扩大、代表性增强，基本囊括了利比亚的所有地区。截止到2012年4月27日，“过渡委”共有72名成员。

突出伊斯兰教的地位等利比亚政治重建的原则，而且还规定了“过渡委”的组成和职责，以及政治重建的路线图。具体而言，利比亚全国解放之后，“过渡委”将移至首都的黎波里，并在一个月之内组建“过渡政府”；三个月之内起草用于“大国民会议”（General National Conference，即制宪议会）选举的“特殊选举法”（Special Election Law），以及组建“最高国家选举委员会”（Supreme National Elections Commission）；八个月之内选举出由200人组成的“大国民会议”[①]。届时，“过渡委”将解散，“大国民会议”不仅任命总理，组建“临时政府”以取代“过渡政府”，而且还将组建一个由60人组成的委员会进行制宪。宪法草案公布之后举行全民公决，获得2/3的赞成票方可通过。2013年初，利比亚举行立法机构的选举，以取代“大国民会议”。此后，利比亚还将依据新宪法建立永久政府，从而最终完成政治重建。[②]

利比亚的政治重建正是按照这一时间表进行的。2011年10月31日，已迁至的黎波里的“过渡委”选举阿卜杜勒·拉希姆·凯卜（Abdel Rahim al-Keib）[③]为利比亚临时总理，并授权组建“过渡政府”。[④]“过渡政府”任用了许多新人，包括两名女部长，打破了之前由班加西地区部落主导利比亚过渡政府的格局，体现了地区力量的平衡。[⑤]在推翻卡扎菲政府中表现出色的军官都被授予高官。例如，抓捕卡扎菲次子赛义夫的津坦地区的军事指挥官乌萨马·朱瓦利（Osama Juili）被任命为国防部长。11月25日，“过渡政府”宣誓就职。

---

① 利比亚的西部、东部和南部分别占100、60、40个席位。Christopher M. Blanchard, “Libya: Transition and U.S. Policy”, *CRS Report for Congress*, RL33142, 2012, p.12.

② Youssef Mohammad Sawani, “Post-Qadhafi Libya: Interactive Dynamics and the Political Future”, *Contemporary Arab Affairs*, Vol. 5, No. 1, 2012, pp.12–13.

③ 凯卜出生于利比亚西部沿海城市萨布拉塔，20世纪70年代以来，因反对卡扎菲政权而长期流亡美国。

④ United Nations Documents S/2011/727, November 22, 2011, p.2.

⑤ 各部部长名单参见“Libya: Interim Government”, *Africa Research Bulletin: Political, Social and Cultural Series*, Vol.48, Issue 11, 2011, p.19047.

2012年2月，利比亚成立“最高国家选举委员会”。

3月28日，利比亚通过了选举法，规定“大国民会议”中的200个议席中80个议席由获胜政党推举产生，其余议席由独立候选人通过选举产生。

4月25日，“过渡委”颁布法令禁止以宗教、部落和族群为基础的政党参选。[①]

5月1日，利比亚“最高国家选举委员会”表示，“大国民会议”的选举于6月19日进行，选民登记已于5月1日开始。利比亚革命爆发后，各地陆续组建了“地方委员会”（The Local Councils），行使地方政府的职能。这些机构具有很强的独立性，并不完全隶属于“过渡委”。而且一些“地方委员会”还具有军事机构，控制了地方的“军事委员会”。[②]米苏拉塔、班加西、的黎波里的“地方委员会”已相继举行选举。

2012年7月7日，利比亚举行“大国民会议”的选举。议会选举是利比亚“20个月过渡期”的重要环节之一，也是自1969年伊德里斯王朝被推翻以来，利比亚进行的首次选举。280万选民将选出国民议会200议席，后者将组建新政府。374个党派及团体参选。据最高选举委员会发布的统计数字，利比亚全国共有注册选民280余万人，有2639名独立候选人和来自374个党派和政治团体的候选人登记参选。国民议会有200个议席，其中120席将在独立候选人中产生，另外80席将留给政党候选人。从当时的选情看，利比亚穆斯林兄弟会组建的“公正与建设党”、前过渡委执行委员会主席贾布里勒领导的“全国力量联盟”、前的黎波里地方民兵武装领导人贝勒哈吉领导的“祖国党”比较被看好。除了按照独立候选人和党派候选人的区别进行分配，国民议会议席还要按照地域来分配：西部的的黎

① 5月2日，“过渡委”迫于国内伊斯兰势力的压力修改了这一法令，允许宗教政党参选。“Libya Allows Religion-Based Parties”，*UMCI News* (United Arab Emirates)，May 5，2012.

② “军事委员会”为地方的军事组织，由“城市委员会建立”，在的黎波里等大城市享有独立的地位。Youssef Mohammad Sawani，“Post-Qadhafi Libya: Interactive Dynamics and the Political Future”，*Contemporary Arab Affairs*, Vol. 5, No. 1, 2012, p.16.

波里塔尼亚地区拥有100席，东部的昔兰尼加地区拥有60席，南部的费赞地区拥有40席。据利比亚全国过渡委员会7月5日发表的声明，国民议会将负责组建利比亚新政府，在国民议会成立后，全国过渡委员会将正式解散。而本应由国民议会决定的60人制宪委员会将改由全民投票选举产生。来自阿盟、欧盟等数十名国际观察员对选举进程进行监督。

2013年7月20日，利比亚国民议会通过制宪委员会选举法，该委员会将负责后卡扎菲时代利比亚首部宪法的起草。依据此法，制宪委员会将由60名委员组成，的黎波里塔尼亚、昔兰尼加和费赞三个地区将各分配20个委员名额，其中6个席位将给予女性。25岁以上、拥有高中以上学历的利比亚人都有权参加制宪委员会选举。按照既定安排，制宪委员会成立后，将在3个月内制定宪法草案，然后将宪法草案交付全民公投。2014年2月，制宪委员会选举的注册选民仅为110万，而实际参与投票人数仅为注册数量的一半。①

2014年7月，利比亚举行了立宪成功后的首次大选，成立了正式议会——利比亚国民代表大会。凭借城市居民的支持，世俗派获得胜利。拒不承认大选结果的教团民兵把新议会赶到了托卜鲁克，接着又利用其控制的最高法院发动司法政变勒令新议会解散，最后在的黎波里重建了利比亚国民议会。这样，从2015年开始，利比亚就出现了两个议会、两个政府对峙的局面。在军事上则分成以东部武装力量为主的“尊严运动”和西部武装力量为主的“黎明运动”的两大阵营。在国际层面，埃及和阿联酋倾向于支持图卜鲁格政府，而卡塔尔和土耳其则支持的黎波里政府。②

2015年12月在联合国斡旋下，利比亚两个对立议会代表签署《利比亚政治协议》，同意结束分裂局面，共同组建民族团结政府。但各派一直未按照协议接受民族团结政府统一领导，国家处于动荡

① 王金岩：《利比亚战后政治重建诸问题探究》，《西亚非洲》2014年第4期。

② 王晋：《“伊斯兰国”组织在利比亚的扩张及其制约因素》，《阿拉伯世界研究》2016年第3期。

和分裂之中。2017年10月6日，隶属利比亚民族团结政府的两派武装力量在的黎波里爆发激烈冲突，致2人死亡、3人受伤。

利比亚政治重建的挑战

埃及和突尼斯的相对中立的军方作为政治重建的制度化力量，仍掌控着国家权力，而利比亚政治重建是在政治动荡和政治体系崩溃的基础上，完成社会秩序的重建。利比亚政治重建面临更多挑战。

第一，利比亚国内政治派别鱼龙混杂，政治主张分歧较大。利比亚影响力较大的政治派别主要有部落和地方势力、伊斯兰主义者、自由主义者。利比亚国内有140多个部落，其中30多个部落影响甚大。卡扎菲政权倒台后，利比亚各部落矛盾激化。卡扎菲政权的支柱是利比亚西部的瓦法拉和马戈哈部落、苏尔特地区的卡扎法部落。[①]前两个部落已融入利比亚的新政权，并发挥着重要作用。卡扎菲政权的倒台并未对他们造成多大影响，他们对利比亚政局的发展持观望态度。卡扎法部落和支持卡扎菲的图阿雷格人（Tuareg）[②]有被边缘化的危险，后者更是成为被打压的对象，因此希望挽回自身的影响力。利比亚东部部落和西部山区的柏柏尔人在卡扎菲时期地位低下，要求新政府提高其政治地位，部分人甚至希望回到伊德里斯王朝时期的自治状态。因此，利比亚各部落的政治立场存在结构性矛盾，部落冲突也成为利比亚政治重建最严峻的挑战。

在推翻卡扎菲政权的过程中，利比亚的伊斯兰主义者发挥了重要作用。据利比亚的一位知情者透露，反卡扎菲政权的武装力量中有30%来自于伊斯兰组织，而倒戈的军队人员仅占20%。[③] 始建于

---

① 瓦法拉部落和马戈哈部落是利比亚最大的两个部落，人口达200多万，卡扎菲家族来自于卡扎法部落。Hanspeter Mattes,“Formal and Informal Authority in Libya since 1959”, in Dirk Vandewalle eds., *Libya since 1969: Qadhafi's Revolution Revisited*, p.72.

② 图阿雷格人为柏柏尔人的一支，居于南部费赞地区，与其他柏柏尔人不同，图阿雷格人不说阿拉伯语。

③ “Libya: Rebels Enter Tripoli”, *Africa Research Bulletin: Political, Social and Cultural Series*, Vol.48, Issue 8, 2011, p.18933.

1949年的穆斯林兄弟会是最重要的一股力量。2011年11月，穆斯林兄弟会选举流亡美国30多年的贝西尔·阿卜杜勒·卡布迪（Bashir Abdelsalaam al Kabti）为其领袖。穆斯林兄弟会主张在遵守宪政的基础上建立一个伊斯兰国家，强烈批评《宪政宣言》中的世俗主义精神，要求强化伊斯兰教的影响和改组“过渡委”。穆斯林兄弟会组建了自己的政党，参加2012年6月举行的选举。军事伊斯兰组织“利比亚伊斯兰改变运动”（Libyan Islamic Movement for Change）[①]也有一定的影响。其领导人阿卜杜勒哈基姆·贝尔哈吉（Abdelhakim Belhaj）曾是一名圣战者。“利比亚伊斯兰改变运动”的人数达到了2.5万人，是攻占的黎波里的主要力量，也是利比亚实力最强的武装组织。[②]贝尔哈吉多次表示支持“过渡政府”和建立文官政府，在适当的时候会交出军队，组建伊斯兰政党参选。此外，利比亚的多个城市也出现了保守的伊斯兰主义者，即“萨拉菲主义者”。尽管他们还没有表达出明确的政治立场，但在社会生活领域要求回到古典的伊斯兰原则之中。“萨拉菲主义”在利比亚的下层青年中受到欢迎。

利比亚也存在很强的世俗力量，其中最重要的是“过渡委”和“过渡政府”。尽管“过渡委”中有20多名穆斯林兄弟会成员，利比亚新政权也多次表示伊斯兰法是立法的主要来源，利比亚是一个温和的伊斯兰国家。[③]但“过渡委”和“过渡政府”由世俗主义者所主导。[④]“过渡委”《宪政宣言》中提出的人民主权、保障非穆斯林权益、伊斯兰法是利比亚法律的主要来源在一定程度上与伊斯兰传统

---

① 该组织由“利比亚伊斯兰战斗组织”（Libyan Islamic Fighting Group）分裂而来。后者建于90年代，在历史上曾是利比亚最有影响的伊斯兰组织，美国将其列为恐怖组织，但影响力并不大。

② “Belhaj Ready to Back Libya Transitional Government to Carry Duties”, *The Tripoli Post*, November 28, 2011.

③ “Libya’s New Path Heads closer to Islamic Law”, *The Seattle Times*, October 24, 2011.

④ “Sharp Splits Emerging among Libya’s New Leaders”, *The Jordan Times*, September 13, 2011.

相矛盾。[①]“过渡委”还曾一度禁止利比亚的伊斯兰政党参加2012年6月的选举。自由主义者是利比亚的另一派世俗力量。他们大多是利比亚国内的知识分子，支持“过渡委”的政治重建方案，反对穆斯林兄弟会的伊斯兰化政策。尽管他们也组建了一些政党，但却没有提出明确的政治纲领，而且在民众中影响甚微。

利比亚东部地区在历史上长期受赛努西教团的影响，与埃及、沙特等马什里克（阿拉伯世界东部）阿拉伯国家联系紧密。因此，东部地区更趋保守，伊斯兰主义的影响也更大。东部地区的伊斯兰主义者也时常批评利比亚西部地区民众贪图享乐，后者与卡扎菲政权的关系密切。[②]穆斯林兄弟会最初在班加西建立，[③]其在东部的影响远大于其在西部。[④]另一方面，“过渡委”和“过渡政府”本身无法避免地区和部落因素，其内部也存在团结问题。总之，在利比亚政治重建进程中，各派在领导权、政治发展道路等问题上矛盾重重。利比亚有成为一个“分裂社会”的危险。

第二，利比亚政治合法性的构建面临诸多挑战。李普塞特认为，政治合法性是政治制度“产生并保持现存政治机构最符合社会需要的这种信念和能力。”[⑤]政治合法性是政治稳定的重要条件。在利比亚的政治重建中，“过渡委”起着核心作用，其合法性来自于反对“独裁政权”，即“革命的合法性”。然而，卡扎菲政权倒台之后，这种革命的共识迅速减弱，各派在利比亚的政治重建中开始争权夺利，“过渡委”的革命光环逐渐褪色。与此同时，“过渡委”开始依照

---

① Christopher M. Blanchard, “Libya: Transition and U.S. Policy”, *CRS Report for Congress*, RL33142, 2012, pp.10–16.

② “Libya: Declaration of Liberation”, *Africa Research Bulletin: Political, Social and Cultural Series*, Vol.48, Issue 10, 2011, p.19018.

③ Wolfram Lacher, “Families, Tribes and Cities in the Libyan Revolution”, *Middle East Policy*, Vol. xviii, No. 4, 2011, p.143.

④ “Moderate Libyan Sufis Insist They Are not Qaeda”, *Agence France-Presse*, April 19, 2011.

⑤〔美〕李普塞特:《政治人：政治的社会基础》，刘钢敏、聂蓉译，商务印书馆1993年版，第53页。

《宪政宣言》逐步推进利比亚的政治重建，并且加强其代表性。这也标志着“过渡委”的合法性由之初的“革命的合法性”开始向“程序的合法性”或法理的合法性过渡。[①]

但“过渡委”同样面临严峻挑战。利比亚的政治重建缺乏军方的有力支持。据估计，当时利比亚有武装人员12.5万，分属于100多个较大的武装组织，[②]这些武装与地方、部落力量，以及伊斯兰主义者有着密切的联系。“过渡委”试图通过收缴武器、分发军饷、赔偿战争遇难者和伤者，以便控制这些武装人员，但却收效甚微。2012年5月7日，来自米苏拉塔的武装人员更是以此为借口袭击“过渡政府”。[③]利比亚临时政权根本无力维护利比亚的国内安全。“过渡委”还存在着贪污、政令不行、代表性不足、内部分裂等严重的问题，而且与“过渡政府”相互推卸责任，双方矛盾不断。因此，利比亚新政权并没有缓解利比亚国内日益恶化的安全状况，以及民众的基本需求。在利比亚的“制宪议会”中，350万选民中只有100多万登记，东部地区领导人要求抵制选举。因此，即便利比亚按时举行选举，其新政权的合法性也存疑义。

利比亚新政权面临的合法性挑战深植于利比亚国内的地区（部落）矛盾，以及传统与现代政治文化的冲突。换言之，利比亚新政权在以“法理”为基础建构其合法性时，不可避免地遇到传统的部落政治和伊斯兰政治文化的影响，利比亚“法理型”政治合法性的建构更像是“新瓶装旧酒”。因此，即便在形式上实现了政治重建，地区和部落矛盾、宗教与世俗冲突仍将挑战利比亚当局的合法性。

第三，政治制度的选择是影响利比亚政治重建成功与否的关键因素。利比亚的政治制度经历了急剧变迁。在伊德里斯王朝时期，利比

① 马克斯·韦伯认为政治合法性存在三种类型：魅力型、传统型和法理型。〔德〕马克斯·韦伯：《经济与社会》（上卷），林荣远译，商务印书馆1997年版，第241—242页。

② Karen Dabrowska，“Libya: Stability or Civil War?”，April 5, 2012, http://www.tripolipost.com/articledetail.asp?c=1&i=8310。上网时间：2012年5月8日。

③ “Reports Libyan Interim Government HQ Attacked Over Unpaid Stipends”，May 8, 2012, http://www.tripolipost.com/articledetail.asp?c=1&i=8322。上网时间：2012年5月9日。

亚实行在部落协商基础上的君主立宪制，以及由的黎波里塔利亚、昔兰尼加和费赞组成的联邦制。昔兰尼加地区部落和赛努西教团是其统治的基础。卡扎菲上台后，利比亚建立了实行“直接民主”制度的“民众国”（Jamahiriya）。各级“人民大会”和“人民委员会”取代议会和政府成为利比亚主要的政治制度。卡扎菲向地方派驻官员，改变部落与地方行政区划重合的状况，以便削弱部落的政治参与，[①]如由于萨阿迪部落与伊德里斯王朝有着密切联系，长期在政治上处于压抑状态[②]。卡扎菲宣扬泛阿拉伯主义，打压国内的伊斯兰主义，试图借此整合利比亚民族国家，强化中央政府权力。但这不仅未能从根本上扭转“强社会弱国家”的局面，昔兰尼加地区的部落力量和伊斯兰主义仍然是威胁卡扎菲政权的重要力量。而且卡扎菲设计的政治制度具有“去制度化”的倾向，与一般意义上的文官政府、政府职能的扩展和完善等政治发展理念背离。20世纪80年代之后，卡扎菲也不得不倚重自己的家族和部落力量维护其统治。利比亚又回到美国学者菲尔克斯·格罗斯所谓的部落等级体制之中。[③]

因此，尽管利比亚建国已有半个多世纪，但却未能解决联邦制还是集权制、伊斯兰民主还是世俗民主、总统制还是议会制，以及部落还是民族国家等一系列基本政治问题。在利比亚的政治重建中，这些问题已开始凸显。例如，利比亚东部地区宣布自治，要求恢复联邦制；伊斯兰主义者抨击利比亚新政权的世俗化倾向，要求参与政治决策；部落间的矛盾升级，支持卡扎菲的部落有被边缘化的危险，部落主义认同超越民族国家理念。因此，利比亚政治制度的选择在很大程度上决定了各政治派别权力的分配，以及政治发展的前景。事实上，利比亚的社会结构和政治传统并不会随着卡扎菲政权

① Omar I. El Fathaly, Monte Palmer, “Institutional Development in Qadhafi’s Libya”, in Dirk Vandewalle eds., *Qadhafi’s Libya, 1969–1994*, p.160.

② Alia Brahimi, “Libya’s Revolution”, *The Journal of North African Studies*, Vol. 16, No. 4, 2011, p.612.

③〔美〕菲利克斯·格罗斯:《公民与国家——民族、部落和族属身份》，王建娥、魏强译，新华出版社2003年版，第151页。

的倒台而出现突变，利比亚的政治重建不能一步到位。在保证政治进步的前提下，如何通过选择适合本国国情的包容性政治制度，吸纳包括曾支持卡扎菲的政治力量在内的各派政治力量参与政治重建，从而实现政治稳定，并在此基础上逐步推进政治改革是利比亚的政治精英面临的紧迫问题。

第四，利比亚的政治重建离不开国际社会的支持。利比亚是联合国大会“制造出来”的国家，外部势力对于利比亚当代的政治发展影响巨大。卡扎菲政权的倒台在很大程度上源于西方国家所谓的“人道主义干涉”。在利比亚的政治重建中，国际社会的支持依然显得尤为重要。对于西方国家来说，获取利比亚的能源才是其介入利比亚冲突的根本目的。2012年2月，利比亚日产原油150万桶，已恢复到战前水平。而且据西方媒体报道，利比亚的大多数油井都在北约军队的控制之下。[①]因此，西方国家在利比亚的利益基本实现，但他们对利比亚政治重建的支持严重不足。利比亚过渡政府前总理穆罕默德·贾布里勒（Mahmoud Jibril）失望地说，“西方国家抛弃了利比亚，利比亚处于权力真空和安全失序。”[②]在推翻卡扎菲政权的过程中，海湾国家向利比亚反对派提供了大量武器装备和资金，卡塔尔甚至还派遣了数百人组成的地面部队。正因如此，海湾国家与利比亚新政权的关系明显好转。但后者获得西方国家的支持，奉行亲西方的外交政策。[③]海湾国家和埃及则对利比亚伊斯兰主义者的影响更大。例如，利比亚和埃及两国的穆斯林兄弟会关系密切，贝尔哈吉的武装获得了卡塔尔的大力支持，沙特对利比亚的萨拉菲主义者有很大影响。因此，西方国家与海湾国家在利比亚的政治重建上存在很大矛盾。西方国家曾一度公开抨击卡塔尔为追求本国利益，

① “Arab Daily Notes US Administration not Denying Sending Forces to Libya”, *BBC Monitoring International Reports*, January 17, 2012.

② Robert Marquand, “Libya to Europe: Remember Us?”, *The Christian Science Monitor*, March 29, 2012.

③ Hannah Allam, “After a Year of Arab Upheaval, Islamists are Biggest Winners”, *Charleston Gazette*, January 22, 2012.

支持利比亚的个别军事组织，削弱了利比亚新政权。[①]

联合国在利比亚的政治重建中也发挥一定的作用。2011年9月，联合国在利比亚设立“联合国利比亚支助团”（United Nations Support Mission in Libya），帮助利比亚恢复公共秩序、制定宪法和举行选举，推动政治对话和民族和解，并且还解除了对利比亚海外资产的冻结。[②]但是，与阿富汗和伊拉克重建不同的是，联合国在利比亚的政治重建中只起着建议和咨询的作用，因此其作用非常有限。双方在派驻维和部队培训利比亚警察，审判卡扎菲次子赛义夫等问题上还存在一定的矛盾[③]。总的来看，尽管利比亚新政权主导着利比亚的政治重建，但却没有能力维护国家的稳定和安全。[④]而在这种情况下，国际社会并没有给予利比亚以有力的支持，反而内部争权夺利，利比亚的政治重建充满不确定性。

第五，“伊斯兰国”组织在利比亚的扩张，对利比亚国家重建造成挑战。就在利比亚形成两个政府对峙局面时，“伊斯兰国”组织乘虚而入。2012年初，在叙利亚作战的利比亚籍极端分子组建“巴塔尔旅”（Battar Bridge）。2014年，该组织部分成员潜回利比亚，在德尔纳组建“伊斯兰青年协商委员会”（Islamic Youth Shura Council，IYSC）。同年10月，“伊斯兰青年协商委员会”宣布效忠伊斯兰国，并宣布利比亚昔兰尼加为“伊斯兰国”的“拜尔加省”（Wilayat Barqa）。“伊斯兰国”在利比亚的活动范围主要集中在德尔纳、班加西、苏尔特、的黎波里以及费赞的苏克那。但“伊斯兰国”在利比亚的扩张首先遇到了本土极端组织“阿布赛利姆烈士旅”的挑战。2014年下半年开始，双方展开报复行动。同时，当地部落民众并不欢迎“伊斯兰国”。2015年6月，“伊斯兰国”组织武装最

① Peter Beaumont, “The Guardian: Qatar Stoking Libyan Tension, Say Diplomats”, *The Guardian*, October 5, 2011.

② United Nations Documents S/2011/580, September 16, 2011, p.3.

③ 联合国主张引渡到国际法庭审判，利比亚坚持在本国审判。

④ “Martin: Libya is a Unique Case and the UN Support is Based on Interests of the People”, *The Tripoli Post*, April 14, 2012.

终被德尔纳民兵逐出城区。2015年2—10月，苏尔特共发生四起反抗“伊斯兰国”组织的民众武装起义。“伊斯兰国”在利比亚扩张的主要特点是：外籍极端分子成为“伊斯兰国”在利比亚的重要依靠力量；“伊斯兰国”在利比亚竭力挑起部落矛盾，通过各种手段汲取财富，巩固其对占领区域的控制。这些都对利比亚政治重建构成挑战。

利比亚政治重建的前景

随着“制宪议会”选举的开启，利比亚迈出政治重建最关键的一步。但“伊斯兰国”的介入使原本混乱的政治秩序更为芜杂。利比亚的政治重建充满变数。

第一，利比亚分裂的可能性不大。尽管部落政治，以及与其相结合的地方主义在利比亚根深蒂固，但这并不意味着利比亚会出现“苏丹化”（南北分裂）的现象。与伊拉克、阿富汗、黎巴嫩等族群和教派分裂严重的中东国家相比，利比亚的族群和教派具有很强的同质性，[①]而且其主要政治派别在历史上并没有经历过大规模的内战。利比亚不同的族群和教派间并没有多么深的“仇恨”，矛盾也并不尖锐。利比亚的民族国家建构存在着一个以伊斯兰教信仰和阿拉伯族性为基础的民族—宗教主体。在利比亚，民众对于部落和家族的认同要强于国家认同。这主要是源于部落和家族为民众提供公共服务和安全保障，在一定程度上扮演着“国家”的角色，具有一定的权威。然而，部落既可以成为争夺资源和权力的载体，同样也可以成为国家和解的基本单位。而且利比亚部落保留着通过对话机制解决冲突的传统。正如一位利比亚学者所说，在利比亚，对部落的忠诚和认同是部落间达成一致，以及国家统治获得合法性的重要手段。[②]

① 97%的利比亚人操阿拉伯语（绝大部分为阿拉伯人），信奉逊尼派。

② Youssef Mohammad Sawani, “Post-Qadhafi Libya: Interactive Dynamics and the Political Future”, *Contemporary Arab Affairs*, Vol. 5, No. 1, 2012, p.4.

2012年利比亚公布的选举法规定，“制宪议会”的决议需2/3的议员批准，这将使利比亚的任何地区都无法控制“制宪议会”。昔兰尼加的人口只占利比亚总人口的20%，[①]而且在昔兰尼加也有相当一部分人不赞同联邦制[②]。根据民调，利比亚东部地区仅7%的人支持联邦制度。[③]利比亚因此不大可能通过一部实行联邦制的宪法。在这种情况下，利比亚的地区和部落间势必存在激烈博弈，昔兰尼加可能获得更多的自主权，各地区和部落间的关系也将向着更加平等的方向发展。这将改变在卡扎菲统治时期，昔兰尼加地位低下的状况，有助于利比亚的稳定。

第二，伊斯兰主义将在利比亚的政治重建中发挥举足轻重的作用。卡扎菲统治时期禁止成立任何政党，致使利比亚的公民社会，尤其是自由主义力量发展滞后。在利比亚政治重建中，世俗力量分散，很多人是海归派，缺乏广泛的社会基础，而且也没有提出明确的竞选纲领。[④]与此相反，伊斯兰主义已成为当今利比亚最具影响力的一股力量。他们不仅具有强大的军事组织，并且已渗透到利比亚的新政权当中。例如，利比亚“过渡委”中有23名成员来自穆斯林兄弟会。[⑤]更为重要的是，伊斯兰主义者更贴近社会底层，因此具有很强的民意基础。根据对利比亚东部地区的民调，85%的民众认为宗教应当在利比亚的政治重建中占有一席之地，73%的民众认同宗教领袖。[⑥]尽管萨拉菲主义者仍强调民主与伊斯兰传统不相容，但

---

① Chris Stephen, “Libyan Leader Vows to Use Force to Stop Breakaway by Oil-Rich Region: Cyrenaica Council Declares Autonomy from Tripoli Divisions Re-Emerge after Fall of Gaddafi”, *The Guardian*, March 8, 2012.

② “Libya: Anti-Federalism Rallies”, *Africa Research Bulletin: Political, Social and Cultural Series*, Vol.49, Issue 3, 2012, pp.19192–19193.

③ International Republican Institute, *Survey of Public Opinion in Eastern Libya*, October 12, 2011.

④ “Landmark Libyan Poll?”, *Al-Ahram Gate (Egypt)*, May 11, 2012.

⑤ “Libyan Politicians Comment on ‘Verbal Exchanges’ between PM, NTC”, *BBC Monitoring International Reports*, May 7, 2012.

⑥ International Republican Institute, *Survey of Public Opinion in Eastern Libya*, October 12, 2011.

绝大多数温和的伊斯兰主义者认为在与沙里亚法不矛盾的前提下，可以实行多党民主制度；反对“塔利班”和“基地组织”极端的伊斯兰化政策；反对联邦制和外国的干涉，主张维护国家的主权和统一。①伊斯兰组织在利比亚的各派政治力量中最具组织性。2012年3月，以穆斯林兄弟会为主体，具有广泛代表性的“正义与发展党”成立。②该党已明确表示支持妇女参加选举。同时，穆斯林兄弟会还通过媒体、清真寺、慈善组织、乌莱玛等扩展自身的影响力。穆斯林兄弟会在利比亚的政治发展中扮演着举足轻重的角色，对于弥合国内族群与地区的分裂有着一定的积极意义。

第三，利比亚地区政策的重心转向阿拉伯国家。利比亚具有阿拉伯、伊斯兰、非洲、马格里布等多重国家属性。利比亚国家属性的界定不仅影响其外交政策，而且也影响到国内的政治认同。在卡扎菲执政时期，利比亚的地区政策经历了由泛阿拉伯主义向泛非主义的转变。然而，在利比亚战争中，海湾国家给予利比亚反对派以有力的支持。利比亚反对派认为非盟站在卡扎菲一方，对非盟存有芥蒂。③据民调，在利比亚东部地区，84%的民众对阿盟有好感，对非盟仅占16%。④另一方面，利比亚新政权开始强化阿拉伯认同的同时，也出现了种族主义的苗头。卡扎菲执政时期，利比亚招募了1万人以上的黑人雇佣军，以及150万的黑人劳工。⑤卡扎菲倒台后，在利比亚的黑人成为替罪羊，数千人被逮捕入狱。这不仅使非洲国家失去大量的侨汇收入和经济援助，而且也引发了非洲国家的反感。

---

① Youssef Mohammad Sawani, “Post-Qadhafi Libya: Interactive Dynamics and the Political Future”, *Contemporary Arab Affairs*, Vol. 5, No. 1, 2012, pp.5–6.

② 该党成立时的代表来自18个城市，总人数达1400多人，其中40%属于穆斯林兄弟会。“Libya’s Muslim Brothers form Party, Elect Ex-Political Prisoner as Leader”, *BBC Monitoring International Reports*, March 4, 2012.

③ “African Union Reveals Intention to Back Libya’s Push for Democracy”, *The Irish Times*, November 19, 2011.

④ International Republican Institute, *Survey of Public Opinion in Eastern Libya*, October 12, 2011.

⑤ Charles Onyango-Obbo, “The Killing of Blacks in Libya and the Rise of the African Mercenary”, *Daily Nation*, November 16, 2011.

因此，随着伊斯兰势力的上台，利比亚的地区政策势必转向阿拉伯国家，特别是海湾国家。

第四，有可能与西方建立更为平衡的关系。利比亚对西方国家的政策也将发生转变。“9·11事件”之后，卡扎菲在满足西方国家几乎所有要求的条件下与西方的关系实现了正常化，但这种“屈辱”的方式也严重削弱了其革命民族主义的合法性。“过渡委”在安全、经济、外交等多方面依靠西方国家，而且其领导人很多都有西方背景，因此奉行亲西方的政策。由于穆斯林兄弟会具有广泛的社会基础，利比亚社会中的反西方主义势必在其外交政策中有所表达。2008年，利比亚穆斯林兄弟会就批评卡扎菲倒向西方的外交政策，要求与西方建立更加平衡的关系。[①]但利比亚的石油出口严重依赖于西方国家，[②]利比亚与西方的关系不大可能出现逆转。如果穆斯林兄弟会上台，利比亚将在一定程度上与西方国家拉开距离，采取更加平衡和独立的外交政策。

第五，利比亚的政治重建任重道远。2012年3月6日，利比亚东部地区宣布自治，要求恢复“联邦制”。它还拥有自己的警察、法庭、议会和首都，在外交、军队和石油收入分配上不服从中央政府，[③]这使利比亚有分裂的危险。东部地区的领导人声称抵制6月举行的选举。[④]利比亚“过渡委”和“过渡政府”承受了各方的压力，彼此还互相指责。[⑤]4月26日，“过渡委”的72名成员中有65名支持解散凯卜领导的“过渡政府”。[⑥]事实上，“过渡委”内部也存在严重

① “Libyan Muslim Brotherhood Official on Foreign, Domestic Policies”, *BBC Monitoring International Reports*, November 15, 2008.

② 利比亚对意大利、德国、法国、西班牙的石油出口占其出口总量的65%。Andrew Rettman, “EU Registers First Energy Shock from Libya Unrest”, *EUobserver*, February 23, 2011.

③ Rami al-Shaheibi, “Semiautonomous Region Declared in Libya’s East”, *The Washington Post*, March 7, 2012.

④ “Leader Calls for Election Boycott in Eastern Libya”, *Independent Record(USA)*, May 4, 2012.

⑤ Maggie Michael, Rami al-Shaheibi, “Libya’s Ruling Council to Meet on New Cabinet”, *Associated Press News Service*, April 27, 2012.

⑥ “Libya: NTC Fires Elkeeb Interim Government”, *The Tripoli Post*, April 27, 2012.

的分裂，对于临时总理的新人选争执不下，加之大选临近，4月29日，凯卜重新履职。此外，利比亚国内的伊斯兰主义者，特别是穆斯林兄弟会也对利比亚新政权虎视眈眈，对“过渡委”世俗化的法令非常不满，甚至一度要求占据新政府半数席位①。

2022年2月7日，总部位于利比亚东部的利比亚议会（国民代表大会）指出，新的选举将在宪法修正完成后的14个月举行。利比亚大选一波三折，迟迟不能举行，显示了利比亚政治重建的复杂性。

亨廷顿在1969年出版的《变革社会的政治秩序》一书强调，发展中国家最重要的目标是维护政治稳定，为了这一目标即使部分牺牲民主制度也在所不惜。②但利比亚借助外力摧毁了卡扎菲稳定的威权主义政权，政治秩序处于动荡之中。利比亚政治重建的成功与否主要取决于能否在维护国内安全的前提下建构一种具有广泛参与性的政治制度，并在此基础上实现部落和地区的权利分配。据统计，利比亚未来十年重建需要2000亿—4800亿美元的重建资金。③而利比亚在国外资产高达1400多亿美元，每年还有将近600亿美元的石油收入。因此，利比亚完全有条件实现政治重建。但部落政治、公民社会的发育、伊斯兰民主制度的建构无疑是长时段的变量，利比亚要实现政治重建还有相当长的路要走。

---

① “Libya: Massive Challenges”, *Africa Research Bulletin: Political, Social and Cultural Series*, Vol.48, Issue 9, 2011, p.18987.

② 〔美〕亨廷顿：《变化社会中的政治秩序》，王冠华译，上海人民出版社2008年版，第332—386页。

③ Laura Wood, “Research and Markets: Libya Infrastructure Report 2012”, *The Business Wire*, March 12, 2012.

参考文献

一、中文文献

1. 著译作

〔以色列〕埃森斯塔特:《现代化：抗拒与变迁》，张旅平等译，中国人民大学出版社1988年版。

〔英〕布伦蒂·莱斯特:《民族领袖——卡扎菲》，马福云译，时代文艺出版社2002年版。

〔英〕大卫·阿布拉菲亚:《伟大的海：地中海人类史》(上)，徐家岭等译，社会科学文献出版社2018年版。

〔美〕丹尼尔·耶金:《石油大博弈：追逐石油、金钱与权力的斗争》，艾平等译，中信出版社2008年版。

〔美〕菲利克斯·格罗斯:《公民与国家——民族、部落和族属身份》，王建娥、魏强译，新华出版社2003年版。

〔美〕菲利普·G.内勒:《北非史》，韩志斌等译，中国大百科全书出版社2013年版。

〔美〕菲利普·K.希提:《阿拉伯通史》(上册)，马坚译，商务印书馆1995年版。

〔英〕弗·哈利迪:《革命与世界政治》，张帆译，世界知识出版社2006年版。

〔苏〕И.А.盖宁:《利比亚》，冠奇、萧欣译，新知识出版社1957年版。

〔美〕李普塞特:《政治人：政治的社会基础》，刘钢敏、聂蓉译，商务印书馆1993年版。

〔美〕罗纳德·布鲁斯·圣约翰:《利比亚史》，韩志斌译，东方出版中心2011年版。

〔德〕马克斯·韦伯:《经济与社会》(上卷),林荣远译,商务印书馆1997年版。
〔美〕塞缪尔·亨廷顿:《变动社会的政治秩序》,张岱云等译,上海译文出版社1989年版。
〔美〕斯塔夫里阿诺斯:《全球通史——1500年以后的世界》,吴象婴、梁赤民译,上海社会科学院出版社1999年版。
〔埃及〕塔·谢尔夫:《利比亚地理》,唐裕生译,商务印书馆1982年版。
〔美〕托马斯·弗里德曼:《从贝鲁特到耶路撒冷》,天津编译中心译,世界知识出版社1992年版。
〔美〕约翰·库利:《利比亚沙暴——卡扎菲革命见闻录》,赵之援、汪淼、王正译,世界知识出版社1986年版。
〔英〕约翰·赖特:《利比亚》(下册),陆茵译,上海人民出版社1974年版。
郭应德:《中国阿拉伯关系史》,北京大学出版社2015年版。
潘蓓英编著:《列国志·利比亚》,社会科学文献出版社2007年版。
彭树智主编:《阿拉伯国家简史》,福建人民出版社1999年版。
彭树智主编:《阿拉伯国家史》,高等教育出版社2002年版。
彭树智主编:《中东史》,人民出版社2010年版。
任继愈、金宜久主编:《伊斯兰教史》,中国社会科学出版社1992年版。
王能全:《石油与当代国际经济政治》,时事出版社1993年版。
杨共乐主编:《世界史资料丛刊——罗马共和国时期》(上),商务印书馆1997年版。
杨雪冬:《全球化:西方理论前沿》,社会科学文献出版社2002年版。
姚大学、王泰:《中东通史简编》,吉林人民出版社2001年版。

2. 论文

姜英梅:《利比亚石油工业发展及投资环境》,《亚非纵横》2008年第4期。
刘佩成:《国际石油市场回顾与展望》,《东南亚石化市场研究》1994年第2期。
刘中民:《关于中东变局的若干基本问题》,《阿拉伯世界研究》2012年第2期。
钱乘旦:《"革命"研究:革命的原因、性质和目的——从〈国家与社会革命〉谈起》,《南京大学学报》(哲学·人文·社会科学)2002年第3期。
秦朵:《国家主导的经济发展与民族宗教运动的复兴——伊朗和埃及二例的对比研究》,《世界经济与政治》2000年第4期。
邱立伟等译:《利比亚能源形势展望》,《石油地质科技动态》2006年第2期。
田文林:《利比亚局势的多维透视》,《学习月刊》2011年第9期。
田文林:《中东民族主义与中东国家现代化》,《世界民族》2001年第4期。

王金岩:《利比亚战后政治重建诸问题探究》,《西亚非洲》2014年第4期。

王晋:《"伊斯兰国"组织在利比亚的扩张及其制约因素》,《阿拉伯世界研究》2016年第3期。

王林聪:《利比亚和美国外交关系论述》,《中国社会科学院研究生院学报》2004年第6期。

王泰:《论北非文明交往与利比亚城市的历史变迁》,《史学理论研究》2003年第2期。

王晓军、劳侠:《简析利比亚战争的起因、性质与启示》,《法制与经济》2012年第1期。

郑挺颖:《利比亚:八个月颠覆42年江山》,马晓霖主编:《阿拉伯剧变:西亚、北非大动荡深层观察》,新华出版社2012年版。

周韦慧:《利比亚油气工业现状及投资环境分析》,《当代石油石化》2008年第6期。

二、外文文献

1. 著作

Al-Qaddafi, Mu'ammar, *The Green Book, Part 1: The Solution of the Problem of Democracy-"The Authority of the People"*, London: Martin Brian & O'Keeffe, 1976.

Al-Qaddafi, Mu'ammar, *The Green Book, Part 2: The Solution of the Economic Problem- "Socialism"*, London: Martin Brian & O'Keeffe, 1978.

Al-Qaddafi, Mu'ammar, *The Green Book, Part 3: The Social Basis of the Third Universal Theory*, Tripoli: Public Establishment for Publishing , 1979.

Ander, M.S., *The Eastern Question*, New York: St. Martin's Press, 1966.

Arendt, Hannah, *On Revolution*, Westport, Conn.: Greenwood Press, 1963.

Askew, William C., *Europe and Italy's Acquisition of Libya 1911-1912*, Durham North Carolina: Duke University Press, 1942.

Ayoub, Mahmoud M., *Islam and the Third Universal Theory: The Religious Thought of Mu'ammar al-Qadhdhafi*, London: KDP Limited, 1987.

Ayoub, Muhamad Sulayman, *Fezzan: A Short History*, Kingdom of Libya: Ministry of Tourism & Antiquities, 1968.

Baldinetti, Anna, *The Origins of the Libyan Nation: Colonial Legacy, Exile and the Emergence of a New Nation-State*, London: Routledge, 2010.

Barclay, Thomas, *The Turco-Italian War and Its Problems*, London: Constable Limited, 1912.

Barth, Henry, *Travels and Discoveries in North and Central Africa in the Years 1849—1855*, Philadelphia: The Keystone Publishing Co., 1890.

Bearman, Jonathan, *Qadhafi's Libya*, London and New Jersey: Zed Books Ltd., 1986.

Bills, Scott L., *The Libyan Arena: The United States, Britain, and the Council of Foreign Ministers, 1945—1948*, Kent: The Kent State University Press, 1995.

Blake, G.H., *Misuratah: A Market Town in Tripolitania*, Durham: Department of Geography, University of Durham, research paper series No.9, 1968.

Boahen, A.A., *Britain, the Sahara and the Western Sudan, 1788—1861*, London: Clarendon Press, 1964.

Brown, Leon Carl, *The Tunisia of Ahmad Bey,1837—1855*, Princeton: Princeton University Press, 1975.

Cachia, Anthony J., *Libya under the Second Ottoman Occupation 1835—1911*, Tripoli: Government Press, 1945.

Childs, Timothy W., *Italo-Turkish Diplomacy and the War over Libya, 1911—1912*, New York: E.J.Brill, 1990.

Crisp, F., *Memoirs*, Vol.2, Translated by Princhard-Agnetti, London: Hodder and Stroughton, 1923.

Davison, Roderic H., *Reforms in the Ottoman Empire 1856—1876*, Princeton, New Jersey: Princeton University Press, 1963.

Dearden, Seton, *A Nest of Corsairs: The Fighting Karamanlis of Tripoli*, London: John Murray, 1976.

Deeb, Mary-Jane, *Libya's Foreign Policy in North Africa*, San Francisco: Westview Press, 1991.

Dodwell, Henry, *The Founder of Modern Egypt*, Cambridge: Cambridge University Press, 1967.

Dupuy, R.Ernest and Trevor N.Dupuy, *The Encyclopedia of Military History from 3500 B.C. to the Present*, New York: Harper & Row, 1977.

El-Hesnawi, Habib Wadaa, *Fazzan under the Rule of the Awlad Muhammad: A Study in Political, Economic, Social and Intellectual History*, Sabha, Malta: The Center for African Research and Studies, 1990.

El-Kikhia, Mansour O., *Libya's Qaddafi: The Politics of Contradiction*, Gainesville: University Press of Florida, 1997.

Elmayer, Abdulhafid Fadil, *Tripolitania and the Roman Empire*, Markovz Jihad al-Libya Studies Center, 1997.

Evans-Pritchard, E.E., *The Sanusi of Cyrenaica*, Oxford: Clarendon Press, 1949.

Farah, Tawfic E. ed., *Pan-Arabism and Arab Nationalism: The Continuing Debate*, Boulder: Westview Press, 1987.

First, Ruth, *Libya: The Elusive Revolution*, Baltimore: The Penguin Press, 1974.

Folayan, Kola, *Tripoli during the Reign of Yusuf Pasha Qaramanli*, Ile-Ife Nigeria: University of Ife Press, 1979.

Gergen, K.J., *The Saturated Self: Dilemmas of Identity in Contemporary Life*, New York: Basic Books, 1991.

Gibb, H.A.R. and H. Bowen, *Islamic Society and the West*, Oxford: Oxford University Press, 1951.

Giolitti, Giovanni, *Memoirs of My Life*, London, Sydney: Chapman and Dodd, Limited, 1923.

Gurney, Judith, *Libya, The Political Economy of Oil*, Oxford: Oxford University Press, 1996.

Haass, Richard N., *Economic Sanctions and American Diplomacy*, New York: Council on Foreign Relations, 1998.

Haley, P.Edward, *Qaddafi and the United States since 1969*, New York: Praeger Publishers, 1984.

Heikal, Mohammed, *The Road to Ramadan*, New York: Quadrangle /New York Times Book Co., 1975.

Herodotus, *The Histories*, Translated by Aubrey de Selincourt, New York: Penguin Books, 1978.

Higgins, Benjamin Howard, *The Economic and Social Development of Libya*, New York: United Nations Technical Assistance Programme, 1953.

Ibrahim, Abdallah Ali, *Evolution of Government and Society in Tripolitania and Cyrenaica(Libya), 1831-1911*, The University of Utah, PHD Dissertation, 1982.

Jelavich, Barbara, *The Habsburg Empire*, Chicago: Rand McNally & Co., 1969.

Khadduri, Majid, *Modern Libya: A Study in Political Development*, Baltmore: The Johns Hopkins University Press, 1963.

Khadduri, Majid, *Socialist Iraq: A Study in Iraqi Politics Since 1968*, The Middle East Institute, 1978.

Langer, William L., *European Alliances and Alignments 1871-1890*, New York: Alfred A. Knopf, 1931.

Laroui, Abdallah, *The History of the Maghrib: An Interpretive Essay*, Translated from the French by Ralph Manheim, Princeton, NJ: Princeton University Press, 1977.

Lewis, Bernard, *The Emergence of Modern Turkey*, Oxford: Oxford University Press, 1969.

Livy(Titus Livius), *Hannibal's War: Books Twenty-one to Thirty*, Translated by J.C.Yardley, New York: Oxford University Press, 2006.

Martinez, Luis, *The Libya Paradox*, New York: Columbia University Press, 2007.

McClure, W.K., *Italy in North Africa*, London: Constable, 1913.

Mclaren, Brian L., *Architecture and Tourism in Italian Colonial Libya: An Ambivalent Modernism*, Seattle and London: University of Washington Press, 2006.

Monti-Belkaoui, Janice and Ahmed Riahi-Belkaoui, *Qaddafi: The Man and His Policies*, Avebur, 1996.

Nachtigal, Gustav, *Sahara and Sudan*, Vol.1, New York: Barnes & Noble, 1974.

Naur, Maja, *Political Mobilization and Industry in Libya*, Akademisk Forlog, 1986.

O'Sullivan, Meghan L., *Shrewd Sanctions: Statecraft and State Sponsors of Terrorism*, Brookings Institution Press, 2003.

Obeidi, Amal, *Political Culture in Libya*, Richmond, Surrey: Curzon Press, 2001.

Otman, Waniss and Erling Karlberg, *The Libyan Economy: Economic Diversification and International Repositioning*, Berlin: Springer, 2007.

Pargeter, Alison, *Libya: The Rise and Fall of Qaddafi*, New Haven and London: Yale University Press, 2012.

Parker, Richard B., *Uncle Sam in Barbary: A Diplomatic History*, Gainesville, FL: University Press of Florida, 2004.

Pelt, Adrian, *Libya Independence and the United Nations: A Case Study of Planned Decolonization*, New Haven: Yale University Press, 1970.

Richardson, James, *Travels in the Great Desert of the Sahara, in the Year of 1845 and 1846*, Vol. 2, London: Richard Bentley, 1848.

Rodd, Francis James Rennell(2nd Baron Rennell), *British Military Administration of Occupied Territories in Africa During the Year 1941-1947*, London: His Majesty' s Stationery Office, 1948.

Sallust, *Jugurthine War, The Conspiracy of Catiline*, Translated by S.A.Handford, Baltimore: Penguin, 1967.

Scullard, H.H., *A History of the Roman World 735 to 146 BC*, Fourth edition, London: Methuen, 1980.

Shaw, Stanford J., *Between Old and New: The Ottoman Empire under Sultan Salim III, 1789-1807*, Massachusetts: Harvard University Press, 1971.

Simon, Rachel, *Libya between Ottomanism and Nationalism, The Ottoman Involvement in Libya during the War with Italy(1911-1919)*, Berlin: Klaus Schwarz Verlag, 1987.

St John, Ronald Bruce, *Libya and United States: Two Centuries of Strife*, Philadelphia: University of Pennsylvania Press, 2002.

St John, Ronald Bruce, *Libya: From Colony to Independence*, Oxford: One World, 2009.

Staley, Eugene, *War and Private Investor*, New York: Doubleday, Doran & Company, Inc., 1935.

Todd, Mable Looms, *Tripoli the Mysterious*, London: Grant Richard Ltd., 1912.

Vandewalle, Dirk, *A History of Modern Libya*, Cambridge: Cambridge University Press, 2006.

Vandewalle, Dirk, *Qadhafi's Libya, 1969-1994*, London: Macmillan Press Ltd., 1995.

Villard, Henry Serrano, *Libya: The New Arab Kingdom of North Africa*, New York: Cornell University Press, 1956.

Waddams, Frank C., *The Libyan Oil Industry*, Baltimore: The Johns Hopkins University Press, 1980.

Weber, Max, *The Theory of Social and Economical Organization*, New York: Free Press, 1975.

Wright, John, *A History of Libya*, Columbia University Press, 2010.

Wright, John, *A History of Libya*, Revised and updated edition, London: Hurst & Company, 2012.

Wright, John, *Libya: A Modern History*, Baltimore: Johns Hopkins University Press, 1982.

2. 论文

Abdallah Ali Ibrahim, *Evolution of Government and Society in Tripolitania and Cyrenaica(Libya), 1831-1911*, The University of Utah, PhD Dissertation, 1982.

Brahimi, Alia, "Libya's Revolution" , *The Journal of North African Studies*, Vol. 16, No. 4, 2011.

Davison, Roderic H., "The Advent of the Principle of Representation in the Government of the Ottoman Empire" , in W.R.Polk and R.L.Chambers (eds.), *Beginning of Modernization in the Middle East*, Chicago: The University of Chicago Press, 1968.

Doyle, Chris, "Libya: After Sanctions" , *Middle East International*, April 23, 1999.

El Fathaly, Omar I. and Monte Palmer, "Institutional Development in Qadhafi's Libya" , in Dirk Vandewalle ed., *Qadhafi's Libya, 1969-1994*, London: Macmillan Press Ltd., 1995.

Fagih, Ahmed, "Background Notes on Modern Libyan Literature" , *in* Ahmed Fagih ed., *Libyan Stories*, London and New York: Routledge, 2000.

Ford, Neil, "Libya and Now for the Oil" , *The Middle East*, August/September 2004.

Ford, Neil, "Libya Edges Back into the Fold" , *The Middle East*, October 2003.

Ford, Neil, "Libya: Diversifying Success" , *The Middle East*, May 2003.

Haines, G.Grove, "The Problem of the Italian Colonies" , *Middle East Journal*, Vol.1, No.4, October, 1947.

Hayford, Elizabeth, "The Politics of the Kingdom of Libya in Historical Perspective" , Tufts University, PhD Dissertation, 1970.

Lacher, Wolfram, "Families, Tribes and Cities in the Libyan Revolution" , *Middle East Policy*, Vol. XVIII, No. 4, 2011.

Layden, A., "Recent Development in Libya" , *Libyan Studies*, Vol.38, 2007.

Le Tourneau, R.L., "The Libyan Economy before Independence" , in UNESCO, Report of the Mission to Libyan, Johanness Weisbecker, Frankfurt, 1952.

Luxner, Larry, "Libya: Game on" , *The Middle East*, October 2004.

Mattes, Hanspeter, “Formal and Informal Authority in Libya since 1959” , in Dirk Vandewalle ed., *Libya since 1969: Qadhafi's Revolution Revisited*, New York: Palgrave Macmillan, 2008.

Mattes, Hanspeter, “The Rise and Fall of the Revolutionary Committees” , in Dirk Vandewalle ed., *Qaddafi's Libya, 1969—1994*, New York: St. Martin's Press, 1995.

Mayer, Ann Elizabeth, “In Search of Sacred Law: The Meandering Course of Qadhafi's Legal Policy” , in Dirk Vandewalle ed., *Qadhafi's Libya, 1969—1994*, New York : St. Martin's Press, 1995.

Mikail, Barah, “The Multiple Challenges of Libya's Reconstruction, ” *Fride Policy Brief*, No.114, January, 2012.

Neumann, Ronald E., “Libya: A US Policy Perspective” , *Middle East Policy,* Vol.7, Issue 2, February 2, 2000.

Obeidi, Amal, “Changing Attitudes to the Role of Women in Libyan Society” , *Journal of Economic Research*, October, 1999.

Sawani, Youssef Mohammad, “Post-Qadhafi Libya: Interactive Dynamics and the Political Future” , *Contemporary Arab Affairs*, Vol.5, No. 1, 2012.

Shaw, Stanford J., “The Nineteenth Century Ottoman Tax Reform and Revenue System” , *International Journal of Middle Studies*, Vol.6, No.4, 1975.

Stafford, F.E., “The Ex-Italian Colonies” , *International Affairs*, Vol.XXV, Issue 1, January, 1949.

Sury, Salaheddin Hasan, “A New System for a New State: The Libya Experiment in Statehood, 1951-1969” , in Anna Baldinetti ed., *Modern and Contemporary Libya: Sources and Historiographies*, Rome: Istituto Italiano per L'Oriente, 2003.

Vandewalle, Dirk, “The Libyan Jamahiriyya since 1969” , in Dirk Vandewalle ed., *Qadhafi's Libya, 1969—1994*, New York: St. Martin's Press, 1995.

Wright, John, “The Best Aircraft Carrier in Africa: Britain and Libya, 1943-1951” , in George Joffé ed., *North Africa: Nation, State and Region*, London and New York: Routledge, 1993.

3. 档案

7/64-12/68, Confidential, Nina Davis Howland and David S.Patterson, *Foreign Relations of the United States*(简称*FRUS*),*1964—1968*, Vol.XXIV, Africa, Washington: United States Government Printing Office, 1999.

Confidential, No.13, Paul Preston and Michael Partridge General eds., *British Documents on Foreign Affairs: Reports and Papers from the Foreign Office Confidential Print*（简称BDFA）, Part V, From 1951 through 1956, Series G, Africa 1951, edited by Peter Woodward, Vol.1, *LexisNexis*, 2005.

Document A/1089, United Nations, General Assembly, November 15, 1949.

Document A/873, United Nations, *Official Records of the Third Session of the General Assembly*, Part I, Plenary Meeting, Annexes, September 15, 1948.

Document A/873, United Nations, *Official Records of the Third Session of the General Assembly*, Part II, Plenary Meeting, Annexes, 1948.

Document A/881, United Nations, *Official Records of the Third Session of the General Assembly*, Part II, Plenary Meeting, Annexes, 1948.

Document A/C.1/453, United Nations, *Official Records of the Third Session of the General Assembly*, Plenary Meeting, Part Ⅱ, Annexes, 1948.

Document A/C.1/466, United Nations, *Official Records of the Third Session of the General Assembly*, Part Ⅱ, Annexes, 1949.

Document A/RES/338(IV) - A/RES/288(IV), United Nations, *Official Records of the Fourth Session of the General Assembly*, 1949.

Documents S/2011/580, United Nations, Bosnia and Herzegovina, Colombia, France, Gabon, Germany, Lebanon, Portugal, United Kingdom of Great Britain and Northern Ireland and United States of America: draft resolution, September 16, 2011.

Documents S/2011/727, United Nations, Report of the Secretary-General on the United Nations Support Mission in Libya, November 22, 2011.

Food and agriculture organization of the United Nations, *Development of Tribal lands and Settlements Projects: Report to the Government of Libya*, Rome, 1869.

Four Power Commission of Investigation for the Former Italian Colonies, Vol. III, Report on Libya, United Nations Archives, October 20, 1947.

Howland, Nina Davis and David S.Patterson eds., *Foreign Relations of the United States(FRUS), 1964-1968*, Vol. XXIV, Africa, Washington: United States Government Printing Office, 1999.

JT10317/12, No.2, Paul Preston and Michael Partridge General eds., *BDFA*, Part V, From 1951 through 1956, Series G, Africa 1954 , Vol.III, *LexisNexis*, 2008.

JT1052/23, No.6, Paul Preston and Michael Partridge General eds., *BDFA*, Part V, From 1951 through 1956, Series G, Africa 1953, Vol.III, *LexisNexis*, 2007.

United Nations, *Official Records of the Third Session of the General Assembly*, First Committee Summary Records of Meeting, April 5-May 13, 1949.

Yearbook of the United Nations 1950, New York: Columbia University Press in Cooperation with the United Nations, 1951.

4. 研究报告

"Arab Daily Notes US Administration not Denying Sending Forces to Libya", *BBC Monitoring International Reports*, January 17, 2012.

"Libya: Anti-Federalism Rallies", *Africa Research Bulletin: Political, Social and Cultural Series*, Vol.49, Issue 3, 2012.

"Libya: Declaration of Liberation", *Africa Research Bulletin: Political, Social and Cultural Series*, Vol.48, Issue 10, 2011.

"Libya: Interim Government", *Africa Research Bulletin: Political, Social and Cultural Series*, Vol.48, Issue 11, 2011.

"Libya: Massive Challenges", *Africa Research Bulletin: Political, Social and Cultural Series*, Vol.48, Issue 9, 2011.

"Libya: Rebels Enter Tripoli", *Africa Research Bulletin: Political, Social and Cultural Series*, Vol.48, Issue 8, 2011.

"Libyan Muslim Brotherhood Official on Foreign, Domestic Policies", *BBC Monitoring International Reports*, November 15, 2008.

"Libyan Politicians Comment on 'Verbal Exchanges' between PM, NTC", *BBC Monitoring International Reports*, May 7, 2012.

"Libya's Muslim Brothers form Party, Elect Ex-Political Prisoner as Leader", *BBC Monitoring International Reports*, March 4, 2012.

Allam, Hannah, "After a Year of Arab Upheaval, Islamists are Biggest Winners", *Charleston Gazette*, January 22, 2012.

Blanchard, Christopher M., "Libya: Transition and U.S. Policy", *CRS Report for Congress*, 2012.

International Energy Agency, "Facts on Libya: Oil and Gas", September 9, 2012.

The Organization of the Petroleum Exporting Countries, "Market Indicators 2011", July 11, 2012.

The Organization of the Petroleum Exporting Countries, "Market Indicators 2012" , August 21, 2012.

5. 其他资料

"African Union Reveals Intention to Back Libya's Push for Democracy" , *The Irish Times*, November 19, 2011.

"Belhaj Ready to Back Libya Transitional Government to Carry Duties" , *The Tripoli Post*, November 28, 2011.

"Landmark Libyan poll?" , *Al-Ahram Gate (Egypt)*, May 11, 2012.

"Leader Calls for Election Boycott in Eastern Libya" , *Independent Record (USA)*, May 4, 2012.

"Libya Allows Religion-Based Parties" , *UMCI News* (United Arab Emirates), May 5, 2012.

"Libya's New Path Heads closer to Islamic Law" , *The Seattle Times*, October 24, 2011.

"Libya: NTC Fires Elkeeb Interim Government" , *The Tripoli Post*, April 27, 2012.

"Libyan Oil after Gaddafi" , *Oil & Gas Middle East* , August 24, 2011.

"Martin: Libya is a Unique Case and the UN Support is Based on Interests of the People" , *The Tripoli Post*, April 14, 2012.

"Moderate Libyan Sufis Insist They Are not Qaeda" , *Agence France-Presse*, April 19, 2011.

"Opening of Libya Summit Oil and Gas and Sustainable Growth" , *National Oil Corporation(Libya*), October 4, 2012.

"Reports Libyan Interim Government HQ Attacked Over Unpaid Stipends" , *The Tripoli Post* , May 8, 2012.

"Sharp Splits Emerging among Libya's New Leaders" , *The Jordan Times*, September 13, 2011.

Al-Shaheibi, Rami, "Semiautonomous Region Declared in Libya's East" , *The Washington Post*, March 7, 2012.

Alzway, Suliman Ali And David D. Kirkpatrick, "Eastern Libya Demands a Measure of Autonomy in a Loose National Federation" , *New York Times*, March 7, 2012.

Beaumont, Peter, "The Guardian: Qatar Stoking Libyan Tension, Say

Diplomats" , *The Guardian*, October 5, 2011.

Blas, Javier, "As producers exit, last man out will turn off the Oil Tap" , *Financial Times*, February 22, 2011.

Dabrowska, Karen, "Libya: Stability or Civil War?" , *The Tripoli Post*, April 5, 2012.

Marquand, Robert, "Libya to Europe: Remember Us ?" , *The Christian Science Monitor*, March 29, 2012.

Michael, Maggie and Rami al-Shaheibi, "Libya's Ruling Council to Meet on New Cabinet" , *Associated Press News Service*, April 27, 2012.

Morse, Edward L., "The Libyan Oil Tap" , *Foreign Affairs*, September 6, 2011.

Onyango-Obbo, Charles, "The Killing of Blacks in Libya and the Rise of the African Mercenary" , *Daily Nation*, November 16, 2011.

Osgood, Patrick, "After Gaddafi: Libya's Oil Industry" , *Oil & Gas Middle East*, September 14, 2011.

Rettman, Andrew, "EU Registers First Energy Shock from Libya Unrest" , *EU Observer*, February 23, 2011.

Stephen, Chris, "Libyan Leader Vows to Use Force to Stop Breakaway by Oil-Rich Region: Cyrenaica Council Declares Autonomy from Tripoli Divisions Re-Emerge after Fall of Gaddafi" , *The Guardian*, March 8, 2012.

Vanderbruck, Tobias, "Gaddafi's Legacy of Libyan Oil Deals" , *Oil-Price.net*, October 21, 2011.

Wood, Laura, "Research and Markets: Libya Infrastructure Report 2012" , *The Business Wire*, March 12, 2012.

Sabki, Hisham, *International Authority and the Emergence of Modern Libya*, Indiana University, PhD Dissertation, 1967.

译名对照表

A Centrally Unplanned Economy，中央非计划经济
Aba'ahs，阿巴阿赫斯
Abbas, Farhat，费尔哈特·阿巴斯
Abd al-Jalil，阿卜杜·贾利勒部落
'Abid, Sayyid 'Abd-Allah，赛义德·阿卜杜拉·阿比德
Abidia，阿比迪亚
Abou-Hadi，阿布哈迪
Acre，阿卡
Adherbal，阿德赫巴尔
Adrianpolc，阿德里安堡
Aegates Island，埃加特斯群岛
Aelius Lamia，埃利乌斯·拉米亚
African Empire，非洲帝国
Africanus, Scipio，西庇阿·阿非利加努斯
Agades，亚甲
Agadir Crisis，阿加迪尔危机
Agdiyah，阿戈迪亚
Agha, Muhammad Jamal al-Din Bash，穆罕默德·贾迈勒·丁·巴什·阿加
Agha, Murad，穆拉德·阿加
Agha, Salem，塞勒姆·阿加
Agha, Sulayman，苏莱曼·阿加
Aghlab, Ibrahim ibn，易卜拉欣·伊本·阿格拉布
Aghlabids，阿格拉布家族
Agip，阿吉普石油公司
AGOCO，阿拉伯海湾石油公司
Ahmad Bey，艾哈迈德贝伊
Ahmad, Sayyid，赛义德·艾哈迈德
Ahmad, Sidi，西迪·艾哈迈德
Ain Zara，艾因扎拉
Ajilat，奥季拉特
Al-'Unayzi, Ali，阿里·乌纳伊兹
Al-Abaydat，阿巴达特部落
Al-Abbar, Abd al-Hamid，阿布杜·哈米德·阿巴尔
Al-Abidiya, Ali，阿里·阿比迪亚
Al-Adem，阿丹姆
Al-Adgham，奥德杰哈姆部落
Al-Adgham, Uthman Agha，奥斯曼·阿加·奥德杰哈姆
Al-Ajaylat，阿贾莱特
Al-Alaiqa，阿莱卡
Al-Alim, Muhammad Abu al-Is'ad，穆罕默德·阿布·伊萨德·阿里姆
Al-Asabiyya, Ahmad Ramadan，艾哈

迈德·拉马丹·阿萨比亚
Al-Ayn, Muhammad al-Imam Sha‘ib，穆罕默德·伊玛目·沙伊卜·艾因
Al-Azhar，艾资哈尔大学
Al-Aziz, Abd，阿卜杜·阿齐兹
Al-Azmiri, Ahmad，艾哈迈德·阿兹米利
Al-Bardiya，拜尔迪耶
Al-Barquli, ‘Abd al-Rahman bin Muhammad，阿布杜·拉赫曼·本·穆罕默德·巴尔克里
Al-Baruni, Sulayman，苏莱曼·巴鲁尼
Al-Barunni，巴鲁尼
Al-Baskari, Mustafa，穆斯塔法·巴斯卡里
Al-Busifi, Muhammad Abdullah，穆罕默德·阿卜杜拉·卜思芬
Al-Dariyah，德拉伊耶
Aleppo，阿勒颇
Al-Fallaq，法拉克
Al-Fasi, Muhammad，穆罕默德·法斯
Al-Fasi, Muntasir b. Muhammad，蒙塔塞尔·穆罕默德·法斯
Al-Fasi, Sidi Ahmad b. Idris，西迪·艾哈迈德·伊德里斯·法斯
Al-Gada，卡达
Al-Ghuzzi, Sharaf al-Din Qaraqush，谢拉夫丁·卡拉古斯·古兹
Al-Hamzawi, Abd al-Aziz，阿卜杜·阿齐兹·哈姆扎维
Al-Haraba，哈拉巴
Al-Hizb al-Watani，民族主义者政党
Al-Huni, Abd al-Munim Tahir，阿卜杜·穆尼姆·塔希尔·胡尼
Ali，阿里
Ali, Awlad，阿瓦拉德·阿里
Ali, Aziz，阿齐兹·阿里
Ali, Husayn ibn，侯赛因·伊本·阿里
Al-Ibadi, Abd Allah bin Hayan，阿卜德·阿拉·本·哈雅恩·伊巴迪
Al-Idrisi, Sayyid Muhammad bin Ali al-Sanusi al-Khattabi al-Hasani，赛义德·穆罕默德·本·阿里·赛努西·卡塔比·哈萨尼·伊德里斯
Al-Imam, Muhammad，穆罕默德·伊玛目
Al-Iqari, Muhammad Sabri，穆罕默德·萨卜里·伊卡里
Al-Is‘ad, Muhammad Abu，穆罕默德·阿布·伊萨德
Al-Jabal，杰巴勒
Al-Jabal al-Gharbi，杰巴勒盖勒比
Al-Jabha al-Wataniya al-Muttahida，联合民族阵线
Al-Jalili，贾利利家族
Al-Jashmali, Hasan，哈桑·贾什马利
Al-Jazzar, Ahmad，艾哈迈德·贾扎尔
Al-Jinayat, Majlis al-Huquq Wa，马基利斯·哈库克·基纳亚特
Al-Jirbi, Sayydi ‘Ali，赛义迪·阿里·基尔比
Al-Jufrah，朱夫拉
Al-Kabti, Bashir Abdelsalaam，贝西尔·阿杜勒萨拉姆·卡布迪
Al-Kafi, Sidi Abd，西迪·阿卜德·卡菲
Al-Kawwafi, Khalil，哈利勒·卡瓦菲

Al-Keib, Abdel Rahim，阿卜杜勒·拉希姆·凯卜
Al-Khattab, Muhammad bin，穆罕默德·本·哈塔卜
Al-Khums，胡姆斯
Al-Khuwaylidi, Mustafa al-Kharubi，穆斯塔法·哈卢比·胡维利迪
Al-Khuza, Isma'il bin Akrama，伊斯玛仪·本·阿卡拉玛·胡扎
Al-Kikhya, Fathi，法特希·基希亚
Al-Kikhya, Rashid，拉希德·基赫亚
Al-Kikhya, Umar Mansur，奥马尔·曼苏尔·基赫亚
Al-Kilani, Ali，阿里·盖拉尼
Al-Kumi, Abd al-Mu'min bin Ali，阿卜杜·穆明·本·阿里·库米
Al-Kutla，Free United Bloc，自由联合集团
Al-Kutla al-Wataniya al-Hurra，Free National Bloc，自由民族集团
Al-Maghrebi, Mohmoud Suleiman，穆罕默德·苏莱曼·马格里布
Al-Mahamid，马哈米德
Al-Mahdawi, Ahmad，艾哈迈德·马赫达维
Al-Mahkamah al-Shar'iyah,（奥斯曼帝国统治利比亚之前的）宗教法院
Al-Mahmud, Ghumah，古马赫·马哈茂德
Al-Mahmudi, Suf，苏夫·马赫穆迪
Al-Mai, Hajj Muhammad Bait，哈吉·穆罕默德·巴伊特·马伊
Al-Mai, Muhammad Bayt，穆罕默德·贝特·马伊
Al-Mansur, Ahamd bin Muhammad，艾哈迈德·本·穆罕默德·曼苏尔
Al-Mansur, Muhammad，穆罕默德·曼苏尔
Al-Marj，迈尔季
Al-Misawi, Umar，奥马尔·米萨维
Al-Misri, Aziz Ali，阿齐兹·阿里·米斯里
Al-Misurati, Abu Nuh，阿布·努赫·米苏拉提
Almohad Dynasty，穆瓦希德王朝
Almohads，穆瓦希德人
Almoravids，穆拉比德人
Al-Mu'tamar al-Watani，国民大会
Al-Mughayribi, Bashir，贝希尔·穆盖利比
Al-Muhayshi, Omar Abdallah，奥马尔·阿卜杜拉·穆海斯
Al-Muhayshi, Umar，奥马尔·穆海斯
Al-Mukni, Ali，阿里·穆克尼
Al-Mukni, Awlad，阿瓦拉德·穆克尼
Al-Mukni, Muhammad，穆罕默德·穆克尼
Al-Mukni, Muhammad al-Ghazayl，穆罕默德·贾扎勒·穆克尼
Al-Mukni, Yusuf，尤素福·穆克尼
Al-Muntasir, Ahmad，艾哈迈德·蒙塔塞尔
Al-Muntasir, Al-Hadi，哈迪·蒙塔塞尔
Al-Muntasir, Mahmud，马哈穆德·蒙塔塞尔
Al-Muntasir, Muhammad，穆罕默德·蒙塔塞尔

Al-Muntasir, Mustafa bin Qadara Ahmad，穆斯塔法·本·卡达拉·艾哈迈德·蒙塔塞尔
Al-Muntasir, Salim，萨利姆·蒙塔塞尔
Al-Muntasir, Sayyid Mahmud，赛义德·马哈穆德·蒙塔塞尔
Al-Muntasir, Umar，奥马尔·蒙塔塞尔
Al-Murabitun，穆拉比图人
Al-Murayid, Ahmad，艾哈迈德·穆拉伊德
Al-Murayyid, Tahir，塔希尔·穆拉伊德
Al-Mushayriqi, Al-Hajj Yusuf，哈吉·尤素福·穆萨里基
Al-Mutardi，穆塔尔丁
Al-Nabi, Salim Abdu，萨利姆·阿布杜·纳比
Al-Najib，纳吉布
Al-Nasir，纳斯尔
Al-Nasir, Ahmad，艾哈迈德·纳斯尔
Al-Nasir, Muhammad，穆罕默德·纳斯尔
Al-Nasr, Abd al-Jalil ben Saif，阿卜杜·贾里里·本·赛义夫·纳斯尔
Al-Nasr, Abd al-Jalil Sayf，阿布杜·贾利勒·赛义夫·纳斯尔
Al-Nasr, Saif，赛义夫·纳斯尔
Al-Nasr, Sayyid Ahmad Sayf，赛义德·艾哈迈德·赛义夫·纳斯尔
Al-Nawba, Bashaw Bey，巴沙·贝伊·纳瓦巴
Al-Qaddafi, Mu'ammar，穆阿迈尔·卡扎菲
Al-Qallal, Khalil，哈利勒·卡拉尔
Al-Qasim, Sayyid Abu，赛义德·阿布·卡西姆
Al-Qasr Lahmar，红色王宫
Al-Queda，盖达
Al-Qura, Mukhataru，木哈塔路库拉
Al-Rashid, Harun，哈伦·拉希德
Al-Rida, Al-Hasan，哈桑·里达
Al-Rida, Sayyid Muhammad，赛义德·穆罕默德·里达
Al-Rida, Sayyid Muhammad al Hasan，赛义德·穆罕默德·哈桑·里达
Al-Rida, Sayyid Siddiq，赛义德·西迪克·里达
Al-Rujban，鲁杰巴恩
Al-Sa'dawi, Bashir，贝希尔·萨达维
Al-Sahili, Ali，阿里·萨赫利
Al-Sallum，塞卢姆
Al-Sanusi, Abudullah，阿卜杜拉·赛努西
Al-Sanusi, Muhammad al-Rida，穆罕默德·里达·赛努西
Al-Sanusi, Muhammad Idris，穆罕默德·伊德里斯·赛努西
Al-Sanusi, Sayyid 'Abu al-Qasim，赛义德·阿布·卡西姆·赛努西
Al-Sanusi, Sayyid Muhammad al-Mahdi，赛义德·穆罕默德·马赫迪·赛努西
Al-Sanussi, Mohammad Rida，穆罕默德·里达·赛努西
Al-Saqizi, Muhammad，穆罕默德·萨克齐
Al-Saqizli, Muhammad，穆罕默德·萨

克兹里
Al-Sayd, Muhammad bin 'Uthman，穆罕默德·本·奥斯曼·赛义德
Al-Sha'ri, Ali，阿里·沙里
Al-Shakshuki, Mukhatar，穆赫塔尔·沙克苏基
Al-Shalhi, Ibrahim，易卜拉欣·谢勒希
Al-Sharif，谢里夫
Al-Sharif, Ahmad，艾哈迈德·谢里夫
Al-Sharif, Sayyid Ahmad，赛义德·艾哈迈德·谢里夫
Al-Shelhi, Abdul Aziz，阿卜杜尔·阿齐兹·舍尔西
Al-Shelli, 'Umar，奥马尔·谢利
Al-Shi'i, Abu Abd Allah，阿布·阿卜杜拉·希伊
Al-Tahir，塔希尔
Al-Tahir, Muhammad，穆罕默德·塔希尔
Al-Turki, Muhammad，穆罕默德·图尔基
Al-Ubaydi, Abd al-Ati，阿卜杜·阿提·奥贝迪
Al-Umar, Zahir，查希尔·奥马尔
Al-Unayzli, Ali，阿里·乌纳伊兹里
Alvarez，阿尔瓦雷斯
Al-Wahhab, Muhammad Abd，穆罕默德·阿布杜·瓦哈比
Al-Warfalli, Ahmad，艾哈迈德·瓦法利
Al-Watan，《祖国报》
Alwiyah，阿尔维亚
Al-Zaituna，宰图纳清真寺
American Overseas Petroleum，美国海外石油公司
Amin, Muhammad，穆罕默德·阿明
'Amir, Bin，本·阿米尔
Amrouche, Jean，让·安鲁什
An Exceptional Country，例外国家
Apion，阿丕安
Apologia，《辩解术》
Apuleius，阿普列尤斯
Arab Socialist Union，阿拉伯社会主义联盟
Arab Tribal and Market Law，阿拉伯部落传统与市场法
Ardiyah，阿迪亚
Arkinu，阿尔基努
Ashqar, Ali，阿里·阿斯卡尔
Askar, Khalifa bin，哈里发·本·阿斯卡尔
Augila，奥季拉
Awad Ulwan，阿瓦德乌尔万部落
Awjalah，阿乌贾拉赫
Awjila，奥吉拉
Awlad al-Mukni，阿瓦拉德穆克尼家族
Awlad Dynasty，阿瓦拉德王朝
Awlad Sulaiman，阿瓦拉德苏莱曼部落
Awlat Ali，奥拉特阿里
Awlat Sulayman，埃乌拉特苏莱曼部落
Azizia，阿齐齐耶
Azm，阿兹姆家族
'Azzam, Abd al-Rahman，阿布杜·拉赫曼·阿扎姆
B. Awn, Ghuma b. Khalifa，呼玛·本·

哈里法·阿乌恩
Bab al-Aziziyya，巴布阿齐齐亚
Badir, Abd al-Qadir，阿卜杜·卡迪尔·巴迪尔
Bagardas，巴加尔达斯
Bakkush，巴库什
Balbo, Cesare，切萨雷·巴尔博
Balbus, L. Cornelius，科尔内留斯·巴尔布斯
Balrwin, Nouri，努里·巴勒温
Banco di Roma，罗马银行
Bani Hilal，希拉尔部落
Bani Salim，萨利姆部落
Bardia，拜尔迪耶港口
Barqa，拜尔盖
Barqa al-Riyadiya，《运动评论》
Barracans，巴拉坎风雨大衣
Barth, Heinrich，海因里希·巴斯
Basic People Congress，基层人民大会
Battar Bridge，巴塔尔旅
Bazaar，巴扎
Beida，贝达
Bek, Khalil，哈利勒·贝克
Bek, Uthman，奥斯曼·贝克
Bek, Yusuf，尤素福·贝克
Belhaj, Abdelhakim，阿卜杜勒哈基姆·贝尔哈吉
Belisarius，贝里萨留斯
Benghazi，班加西
Beni Ulid，贝尼乌利德
Berenice，贝蕾妮丝
Besy，贝西号
Bevin, Ernest，欧内斯特·贝文
Bey，贝伊
Biblical Hebrew，希伯来语
Bin Idris, Mai 'Umar，马伊·奥马尔·本·伊德里斯
Bin Khalifa, Abu Qasim，阿布·卡西姆·本·哈里发
Bin Sha'ban, Sayyid Ibrahim，赛义德·易卜拉欣·本·沙班
Blackley，布莱克利
Blaesus, Junius，朱尼厄斯·布雷斯乌斯
Blaquiere, E.，布拉基埃
Boahen, Adu，阿杜·博阿亨
Bocchus，博胡斯
Bomba，邦巴
Bongiovanni, Luigi，路易吉·邦乔瓦尼
Boniface, Count，康特·博尼费斯
Bonomi, Signor，西格诺尔·博诺米
Borghul, Ali，阿里·博尔胡勒
Bornu，博尔努
Bosnia，波斯尼亚
Brak，布拉克
Bresciani，布雷夏尼
Bruniati，布鲁尼亚尔蒂
Bunker Hunt，亨特公司
Buwaysir, Salih，萨利赫·布韦斯尔
California Asiatic Petroleum，加利福尼亚亚细亚石油公司
Caligula, Caius，卡利古拉
Callimachus，卡利马科斯
Cambyses Ⅲ，冈比西斯三世
Carax，卡拉克斯
Carneades，卡涅阿德斯
Cathcart, James Leander，詹姆斯·利安德·卡思卡特

Cato，加图
Certa，塞尔塔
Childs, Timothy W.，提摩西·蔡尔兹
Christianise，基督教化
Cicilian，西西里
Cinithii，齐尼斯部落
Cirta，锡尔塔
Claudius，克劳狄
Clinyps，克林普斯
Commodus，康茂德
Constantine，君士坦丁
Constitutional Proclamation，《宪政宣言》
Corradini, Enrico，恩里科·科拉迪尼
Council of Ministers，部长委员会
Crete，克里特
Crispi，克里斯皮
Cultivation Tax，耕作税
Cydamus，卡德摩斯
D'Annunzio, Gabriele，加布里艾莱·安农奇奥
D'Ghies，迪金斯家族
D'Ghies, Hassuna，哈苏纳·迪金斯
D'Ghies, Muhammad，穆罕默德·迪吉斯
Daina，代纳
Dale, Richard，理查德·德尔
De Bono, Emilio，埃米利奥·德·博诺
De Candole, E. A. V.，坎多尔
De Rosamel, Baron，巴龙·罗萨梅尔
Decurion，地方议员
Defensive Imperialism，防御型帝国主义
Defterdar，财政主管
Delcasse，德尔卡斯
Deputy Na'ib，纳伊卜
Deputy Wakil，瓦基勒
Derna，德尔纳
Di Salacco, Caneva，卡内瓦·迪·萨拉齐欧
Dickson，迪克逊
Diocletian，戴克里先
Direct Democracy，直接民主
Dirrhytus, Hippo，希波迪尔图斯
Diwan，迪万
Dolabella，多拉贝拉
Domitian，图密善
Donatism，多纳图教派
Dorby，杜尔比
Draughut，德拉古特
Dullus，杜勒斯
East Arab Bloc，东部阿拉伯集团
Efendi, Ahamd，艾哈迈德·艾芬迪
Egyptian-Tripolitanian Union Party，埃及—的黎波里塔尼亚联合党
Elf Aquitanie，埃尔夫阿基坦石油公司
El-Kikhia, Mansour O.，曼苏尔·吉希亚
El-Mele, Sidi，西迪·梅莱
El-Mogherbi，摩赫拉比
Emmanuel, Victor，维克托·伊曼纽尔
Emporia，商业中心
Eni，埃尼公司
Enterprise，企业号
Enver，恩维尔
EPSA Ⅳ，第四版产品分成合同
EPSA Ⅱ，第二版产品分成合同
Eratosthenes，埃拉托色尼

Euro-mediterranean Partnership，欧盟—地中海合作伙伴
Evans-Pritchard，埃文斯·普理查德
Exploiting Commercial Imperialism，开拓型商业帝国主义
Exxon，埃克森石油公司
Ezzat, Ahmad，艾哈迈德·埃扎特
F. C. Newton，牛顿
Facchinetti, Rev，雷夫·法基内蒂
Fagih, Ahmed，艾哈迈德·法格赫
Farhat，费尔哈特
Farrakhan, Louis，路易斯·法拉罕
Fazzanese Representative Assembly，费赞代表议会
Federzono, Luigi，路易吉·费代尔左诺
Festus, Valerius，瓦列里乌斯·费斯图斯
Fez，非斯
Fezzani, Sanussi，赛努西·费扎尼
Foster Mother of Advocate，雄辩家的摇篮
Fragmentation，碎片化
Free Unionist Officers Movement，自由统一军官运动
Fu'ad, 'Uthman，奥斯曼·福阿德
Gaba'il，嘎巴伊尔
Gada，卡达
Gades，加德斯
Gaetulii，加埃图里部落
Gaimmagam，嘎伊姆马格姆
Gaimmagamun，地区官员
Garama/Jarma，加拉玛/加尔马
Garamantes，加尔曼特人
Gauda，高达
Gebel，绿山
Gefara，贾法拉
General National Conference，大国民会议
General People Congress，总人民大会
Generalof，格涅拉洛夫
Geneseric，杰尼斯里
Gergen，泽根
Gerwy, Mukhtar Abdallah，穆赫塔尔·阿卜杜拉·格尔温
Ggarian，盖尔扬部落
Ghadames，古达米斯
Ghat，加特
Ghibli，吉卜利风
Giolitti，焦利蒂
Godless Promoter of Political Islam，无神论政治伊斯兰的推动者
Gordianus，戈尔迪安
Graces，格雷斯
Graham, W. G. G.，格拉哈姆
Gray Areas，灰色领域
Greatorix，格雷特雷克斯
Greenhill, Denis A.，丹尼斯·格林希尔
Grigg, Edward，爱德华·格里格
Guard of the Revolution，革命卫队
Gulussa，古鲁撒
Gura，古拉
Hadith，圣训
Hadrian，哈德良
Hadrumetum，哈德鲁米图姆
Hafs, Muhammad Ben Abu，穆罕默德·本·艾布·哈夫斯

Hafsids，哈夫西德人
Hafsids Dynasty，哈夫西德王朝
Hajjaji, Salcm，塞勒姆·哈贾吉
Halfuns，哈尔法斯家族
Halim, Bin，本·哈利姆
Halim, Mustafa bin，穆斯塔法·本·哈利姆
Halim, Sa'id，赛义德·哈利姆
Hamid, Abdul，阿卜杜勒·哈米德
Hamilton, J. A. C.，汉密尔顿
Hamza, Ali Awad，阿里·阿瓦德·哈姆扎
Hamza, Bashir bin，巴希尔·本·哈姆扎
Hanafi，哈乃斐学派
Hasan, Ahmad al-Faqih，艾哈迈德·法基赫·哈桑
Hassan，哈桑
Hassan Bey，哈桑贝伊
Hausaland，豪萨兰
Haussa，豪萨语
Hawadi, Bashir，巴希尔·哈瓦迪
Hawali，哈瓦里
Heavy Ordinance，重型大炮
Heikal, Mohammed，穆罕默德·海卡尔
Herennius，赫伦尼乌斯
Heritage Oil PLC，英国传统石油公司
Higgins, Benjamin，本杰明·希金斯
Higher Council on National Orientation，国家高层委员会
Hilal，希拉尔
Hilalians，希拉利亚人
Hipponiensis，希波尼恩西斯主教区
Hood，胡德勋爵
Husainid Dynasty，侯赛因王朝
Huwaydi, Ahmad bin，艾哈迈德·本·胡韦迪
Ibjad, Ibrahim，易卜拉欣·伊本加德
Ibrahim，易卜拉欣
Ibrahim, Sidi，西迪·易卜拉欣
Idiosyncratic Ideology，特殊的意识形态
Idri，达伊德
Idris，伊德里斯人
Ihneish, Khalifa，哈利法·伊奈斯
Immediate Tribute，直接税
Ingram，英格拉姆
Insalah，因萨拉赫
Interested Governments，利益相关政府
Ishkal, Hassan，哈桑·伊沙卡尔
Islamic Call Society，伊斯兰号召党
Islamic Youth Shura Council，伊斯兰青年协商委员会
Istiqlal Party，独立党
Italian，意大利化
Italicus, Silius，西利乌斯·伊塔利库斯
Jabr, Abu Bakr Yunis，阿布·伯克尔·尤尼斯·贾贝尔
Jadu，贾杜
Jaghboub，杰格布卜
Jago，杰戈
Jallud, Abd as-Salam，阿卜杜·萨拉姆·贾鲁德
Jalo，贾洛
Jamahiriyya，《民众国》

Janduba，詹杜巴
Janduba/Al-Asaba，安萨巴
Janinazi，雅尼纳兹
Janissary，耶尼舍里
Janzur，詹祖尔
Jarabub，加拉布卜
Jarma Kingdom，加尔马王国
Jebel Nefousa，内富塞山
Jefara，贾法拉
Jerba，杰尔巴岛
Jibril, Mahmoud，贾布里勒
Joint Trusteeship，共同托管
Jonathan，乔纳森
Juba，朱巴
Juba Ⅰ，朱巴一世
Jugurtha，朱古达
Juhaym, Muhammad bin，穆罕默德·本·祖海穆
Juili, Osama，乌萨马·朱瓦利
Julianus, Salvius，塞尔维乌斯·尤利奥努什
Julius Caesar，凯撒大帝
Justinian，查士丁尼
Juvenal，尤维纳尔
Kabylie，卡比里
Kaftan，土耳其长袍
Kairouan，凯鲁万
Kalthoum, Oum，欧姆·卡司欧姆
Kanem，加奈姆
Kano，卡诺
Kapudan，卡普丹
Karaghla，库罗格鲁
Karawiyin，卡拉维因大学
Katib al-Tabrirat，秘书
Kayd, Muhammad，穆罕默德·卡伊德
Kaylah，凯拉
Khalil，哈利勒
Khaliq, Shalan Abdel，沙兰·阿卜杜尔·哈利克
Khattab，哈塔卜家族
Khoja, Janem，加涅姆·霍贾
Khoja, Nustafa，努斯塔法·霍贾
Khudah，胡达
Khurman，胡尔曼组织
Kirkbride, Alec，亚力克·柯克布
Kitchener，基齐纳
Ku'bar，库巴尔
Kuchuk-Kainarji，库楚克—凯纳基
Kuloglu，库罗格鲁
Kutama，库塔马
Labdah，莱布代
Labor party，劳工党
Laing, Gordon，戈登·莱恩
Lake Success，成功湖
Lamtuna，雷姆图纳
Land Regulations，土地改革
Lanqi, Yusaf，尤萨福·兰琪
Laroui, Abdallah，阿卜杜拉·拉洛伊
Layden, Anthony，安东尼·雷登
Leptis Magna，莱普提斯麦格纳
L'Eternal Jugurtha，《永恒的朱古达》
Liberation Committee，解放委员会
Liberation Struggle，解放斗争
Libya First，“利比亚第一”政策
Libya Superior，上利比亚省
Libyan Inferior，下利比亚省
Libyan Islamic Fighting Group，利比

亚伊斯兰战斗团
Libyan Islamic Movement for Change，利比亚伊斯兰改变运动
Libyan National Congress Party，利比亚国民大会党
Libyan Producers Agreement，利比亚生产者协议
Lire，里拉
Liwa，利瓦
Local Popular Congresses，地方民众大会
Luigi，路易吉
Ma'ama, Abu，阿布·马阿玛
Magarha，马加哈部落
Magas，马加斯
Magharha，马戈哈部落
Mahamid，马哈米德部落
Mahbub，马赫巴博
Mahmoud，马哈茂德
Mahmud Ⅱ，马哈茂德二世
Majabra，迈贾卜拉清真寺
Majallat 'Umar al-Mukhtar，《奥马尔穆赫塔尔》
Majlis al-Idarah，行政委员会
Majlis al-Ikhtiyariyah，村委会
Majlis al-Iyalah，省级议会
Majlis al-Shura，协商委员会
Makhluf，马赫鲁夫
Maktubi，总秘书
Maktubji，大臣
Maliki，马立克学派
Malta，马耳他
Mamlukes，马穆鲁克
Manar，马纳尔王宫
Mancini，曼奇尼
Manshiyya，曼斯亚
Mantran, Robert，罗伯特·曼特兰
Marabtin，马拉布廷
Marcus Aurelius Arch，马可·奥勒留门拱
Marinids Dynasty，马林王朝
Marrakesh，马拉喀什
Marsa Matruh，马尔撒马特鲁
Masallata，迈塞拉太
Mashriq，马什里克
Massaua，马萨瓦
Massinissa，马西尼撒
Mastanabal，马斯塔纳巴尔
Mature School，成人学校
Maximinus，马克西米努斯
Maximus, Claudius，克劳迪亚斯·马克西姆斯
Maziq, Husayn，侯赛因·马奇克
Mazzini, Giuseppe，朱塞佩·马志尼
McCaulley, Smith，史密斯·麦考利
Mclaren, Brian L.，布赖恩·麦凯伦
Meclis-i Kursi Eyalet，省级委员会
Medana，梅达纳
Melegari，梅莱加里
Merchant Oligarchy，商业寡头
Messla，梅斯拉油田
Metamorphoses，《变形记》
Miani，米亚尼
Micipsa，米奇普撒
Miniar, Abu，阿布·米尼亚尔
Minuill, Francesco，弗朗西斯科·米纽伊尔
Miri，国有土地

Misarata，米苏拉塔
Mithqal，密斯卡尔
Mizda，米兹达
Mizran, Mustafa，穆斯塔法·米兹兰
Mobil，美孚石油公司
Morea，摩里亚半岛
Mudir，穆迪尔
Mudir Mai，财政官员
Mudir/Na'ib，县长
Mudiriyas，县
Mudiriyat，穆迪利亚
Mufti，穆夫提
Mugharyif, Muhammad，穆罕默德·穆盖拉夫
Muhammad，穆罕默德
Muhammad Bey，穆罕默德·贝伊
Muhammad, Awlad，阿瓦拉德·穆罕默德
Muhasib，穆哈西卜
Mujahidin，穆贾西丁
Mukhtar，穆赫塔尔
Mukhtar, Umar，奥马尔·穆赫塔尔
Mukhtarun，穆赫塔伦
Municipal Committees，市镇委员会
Murad，穆拉德
Murzuq，迈尔祖格
Mustafa，穆斯塔法
Mustafa, Sidi，西迪·穆斯塔法
Musulamii，穆苏拉密部落
Mutasarrif，穆塔萨里夫
Mutasarrif，总督
Mutasarrifiyya，区
Na'ama, Abu Bakr，阿布·伯克尔·纳阿马
Nabat al-Balfah，细茎针草
Nadin, Mahmud，马赫穆迪·纳丁
Nafi, Uqba bin，奥卡巴·本·纳非
Nahiayh，纳西阿亚
Na'ib，纳伊卜
Naji，纳吉
Najib, Mustafa，穆斯塔法·纳吉布
Nalut，纳鲁特
Nasamones，纳撒摩涅司部落
Nash'at，纳沙特
Nasur，纳速尔
Nation of Islam，伊斯兰民族组织
National Association，国家社团
National Congress Party，国民大会党
Naur, Maja，马亚·诺尔
Navarino，纳瓦里诺
Nawahi，纳瓦西
Nazim，纳齐姆
Nazirs，纳兹尔
Nejm, Muhammad，穆罕默德·纳杰姆
Neratov，涅拉托夫
Nero，尼禄
Neumann, Ronald，罗纳德·诺曼
Nicholas Ⅰ，尼古拉斯一世
Nicolay, Nicholas，尼古拉斯·尼古拉
Niran, Aisha Ben，阿伊莎·本·尼朗
Niubo, Antonio，安东尼奥·纽博
Northwest African Bloc，西北非集团
Nova，诺瓦
Numidian，努米底亚
Nuri，努里
Nutasarriflik，中央政府直接管理的省份
Oasis，绿洲集团

Oea，欧伊亚
Ofella，奥法拉部落
Operation Odyssey Dawn，奥德赛黎明
Ostia，奥斯蒂亚
Pararto，帕拉尔吐
Parelli, Ernesto，埃内斯托·帕雷利
Pargeter, Alison，埃里森
Paris, Mark R.，马克·R·帕里斯
Pashan, Hilmu，赫尔穆·帕沙恩
Pastoralism，游牧主义
Patriarchal Society，族长制社会
Patron-Client，部落社会主从关系
Payable Tax，交易税
Pelt, Adrian，艾德里安·佩尔特
Pentapolis，大城邦
People Bureaus，人民局
People's Social Leadership Committees，人民社会领导委员会
Permanent Consultative Committee for Maghribi Unity，马格里布事务永久协商委员会
Phazania，费赞尼亚
Philadelphia，费城号
Phoenician，腓尼基人
Piaster，比索
Pius, Antonius，安东尼厄斯·庇护
Pliny，普林尼
Pollio，波利奥
Polular Rule，民众统治
Popular Chamber，众议院
Popular Congress，民众大会
Popular Guard，民兵组织
Popular Revolution，民众革命
Porter, William，威廉姆·波特
Post-Charter Era，后宪章时代
Preble，普雷布尔
Preparatory School，预科学校
President，总统号
Primogeniture，子承父业制
Profit and Property Taxes，收益和财产税
Propertied Class，有产阶级
Protection Money，保护费
Provincial Council，省议会
Provincial Executive Councils，地方行政委员会
Provincial Legislative Assemblies，地方立法会
Ptolemais，托勒梅斯
Ptolemy，托勒密
Ptolemy Ⅰ，托勒密一世
Pudentilla，普登提拉
Pudentilla, Aemilia，埃米利亚·普登提拉
Punic，布匿语
Punics，布匿人
Qa'imnaqamiyat/Mutasarrifiyat，省
Qadara, Mansur，曼苏尔·卡达拉
Qadara, Mustafa bin，穆斯塔法·本·卡达拉
Qadara, Sayyid Mansur，赛义德·曼苏尔·卡达拉
Qaddafism，卡扎菲主义
Qadhafi, Saif Islam，赛伊夫·伊斯兰·卡扎菲
Qadis，卡迪
Qal 'at al-Zaytuna，宰图纳协议
Qaramanli, Ahamd，艾哈迈德·卡拉

曼利
Qaramanli, Hassuna，哈苏纳·卡拉曼利
Qathathfa，卡扎法部落
Quasi-National Dynasty，准国家王朝
Qubbat al-Barudiyyin，库巴特巴鲁帝因清真寺
Qurdabiya，古尔达比亚
Quru，库鲁
Ra'if, Muhammad，穆罕默德·拉伊夫
Ra'is，拉伊斯/舰长/市长
Ra'is of Marine，海军司令
Ra'is, Murad，穆拉德·拉伊斯
Rabah，拉巴赫人
Rae, Edward，爱德华·雷
Raghib，拉吉卜
Ragusa，拉古萨
Rajab, Ali，阿里·拉杰卜
Rakhis, Al-Zarruq Bu，扎鲁克·布·拉吉斯
Ramadan，拉马丹
Ramadan Dey，拉马丹德伊
Ras al-Jadir，拉斯贾迪尔
Rasim, Ahmad，艾哈迈德·拉希姆
Reilly, Bernard，伯纳德·赖利
Repsol，雷普索尔石油公司
Republican Fascist Party，共和国法西斯政党
Richard, James P.，詹姆斯·理查德
Rida, Ali，阿里·里达
Roger Ⅱ，罗杰二世
Rohlfs, Gerhard，罗尔夫斯
Rousseau，卢梭
Rubattino，鲁巴提诺
Rusicade，拉斯基克达
Ruth，罗斯
Sa'adi，萨阿迪部落
Saadi，萨迪
Saati，萨蒂
Sabha，塞卜哈
Sabratha，萨布拉塔
Sabre，马刀
Sadiq, Iama'il，萨迪克
Safi al-Din，萨菲丁
Safi al-Din, Sayyid，赛义德·萨菲·丁
Sahel，萨赫勒
Sahil，萨希勒
Sakisli, Osman，奥斯曼·萨基斯里
Salah al-Din, Muhammad，穆罕默德·萨拉赫丁
Sallum，萨鲁姆
Salonica，萨洛尼卡
San Giuliano，圣·朱利亚诺
Sancak，桑贾克
Saqizli，萨克兹里
Sara，萨拉
Sardina，撒丁岛
Sarir，萨里尔油田
Saud, Abdullah ibn，阿卜杜拉·伊本·沙特
Sawa，萨瓦
Sayf, Awlad Bu，阿瓦拉德·布赛义夫
Sebha，塞卜哈
Selim Ⅲ，谢里姆三世
Senna，番泻叶
Septimius，塞普蒂米乌斯
Sequins，古威尼斯、土耳其金币
Severan Dynasty，塞维鲁王朝
Severus, Septimius，塞普蒂米乌斯·塞

维鲁
Sfax，斯法克斯
Sforza, Count，康特·斯福尔扎
Sha‘ban, Ibrahim bin，易卜拉欣·本·沙班
Shalhi, Omar，奥马尔·谢勒希
Shari‘a，沙里亚
Shawat, Mahmud，马赫穆德·沙瓦特
Shaykh al-Balad，谢赫巴拉德
Shinnib, Sayyid ‘Umar，赛义德·奥马尔·欣尼卜
Shukri, Fu‘ad，福阿德·舒凯里
Sidi Bital，西迪比塔尔
Sidi Qurba，西迪·库尔巴
Sidon，西顿
Simon, Rachel，雷切尔·西蒙
Sing，辛
Sirtica，锡尔提加
Siwah，锡瓦
Sl-Ajal, Wadi，瓦迪阿加尔
Small Senate，小参议院
Smyrna，士麦那
Sokna，苏克纳
Sokoto，索科托
Sophia，索菲亚号
Special Election Law，特殊选举法
Spiritual Power，精神权力
St. James，圣詹姆斯法院
Stand-still Agreement，冻结协议
Stateless Society，无国家社会
Stewart, Herbert，赫伯特·斯图尔特
Strabo，斯特拉博
Suf，苏夫
Sultan Murad V，素丹穆拉德五世
Supreme National Elections Commission，最高国家选举委员会
Surt，苏尔特
Swihli, Ramadan，拉马丹·苏维赫里
Syphax，赛法克斯
Syrtis，苏尔特
Tacfarina，塔克法里纳
Tagiura，塔朱拉部落
Tahir，塔希尔
Tajhizat Askaryah，塔杰西札特阿斯卡尔雅
Tajoura，塔朱拉
Talent，塔兰特
Tamattu，收益税
Tammam，塔曼
Tangier Conference，丹吉尔会议
Tantush, Ali，阿里·坦图斯
Tanzimat，坦齐马特
Tarablus al-Gharb，塔拉卢卡斯·加尔卜
Tarabulus，塔拉布鲁斯
Tarhuna，塔尔胡纳
Tashfin, Yusuf ibn，尤素福·伊本·塔舒芬
Tassoni，塔索尼
Tawariq，塔瓦里奇
Technical Committees，技术委员会
Technocrat Advisory Group，技术专家顾问组
The Administrative Council，行政委员会
The Akrama Agreement，阿卡拉玛协议
The al-Aqaqir Battle，阿盖吉尔战役

The al-Rajma Agreement，拉杰玛协议
The Association of Libyan Ex-Servicemen，利比亚前军人社团
The Bevin-Sforza Plan，贝文—斯福尔扎计划
The Caravan Trade，商旅贸易
The Committee of Reform，改革委员会
The Djerba Agreement，杰尔巴协定
The Forum of Companion of Qadhafi，卡扎菲伙伴论坛
The Green March，《绿色三月》
The Hassi Messaoud Agreement，哈西迈萨乌德协定
The Intelligence Bureau of The Leader，领导人情报局
The Local Councils，地方委员会
The Millitary Secret Service，军事秘密服务局
The National Association of Refugees，难民民族社团
The National Constituent Assembly，国民制宪会议
The National Party/Vataniya，民族党
The Progressive Party/Taraqqiyun，进步党
The Qujda Agreement，乌季达协定
The Socialist People's Libyan Arab Jamahiriyya，大阿拉伯利比亚人民社会主义民众国
The Unity Party/Muttahidun，统一党
Theveste，泰贝萨
Thysdrus，蒂斯德鲁斯
Tibbu，提布人
Tiberias，太巴列
Tiberius，提比略
Timbuktu，廷巴克图
Tinmallal，铁马拉尔
Tittoni，蒂托尼
Tittoni, Tomasso，托马索·蒂托尼
Tobruk，托布鲁克
Tobruq，图卜鲁格
Total，道达尔石油公司
Traghan，特拉古汉
Trajan，图拉真
Tripolis，的黎波里斯
Tuareg，图阿雷格人，图阿雷格语
Tuat，图阿特
Tumart, ibn，伊本·图马尔特
Tuscan，托斯卡纳
Ubari，乌巴里
'Umar, Sidi，西迪·奥马尔
Umar al-Mukhtar，奥马尔穆赫塔尔组织
'Umaran, As'ad bin，阿萨德·本·奥马兰
Ummais, Mahmud，马赫穆德·乌迈斯
Unified National Front，统一民族阵线
United Arab Military Command，统一阿拉伯军事指挥
United Nations Support Mission in Libya，联合国利比亚支助团
Ushr，生产税
Uthman，奥斯曼
'Uthman, Muhammad bin，穆罕默德·本·奥斯曼
Utica，尤蒂卡

'Uwaynat，欧韦纳特
Vandalism，汪达尔主义
Varese，瓦雷泽战舰
Vergil，维吉尔
Villard, Henry Serrano，亨利·塞拉诺·维拉德
Volpi, Giuseppe，朱塞佩·沃尔皮
Waday，瓦代
Waddan，沃丹
Wadi al-Gharbi，盖尔比山谷
Wage Worker，工资工人
Wali，瓦利
Waqf，宗教地产
Warfalla，瓦法拉（部落）
Warmington, B. H.，沃明顿
Warrington，沃灵顿
Web, Marx，马克斯·韦伯
Werko，树税
Wheelus，惠勒斯
Wilayat Barqa，拜尔加省
Wintershal，温特沙尔石油公司
Working Committee，工作委员会
Yafin，亚芬
Yafrin，耶夫兰
Yahya，叶海亚
Yusuf, Salah bin，萨拉赫·本·尤素福
Yusuf, Sidi，西迪·尤素福
Zafrullah Khan，扎夫鲁拉汗
Zakat，札卡特
Zanzur，扎恩祖尔人
Zaqalla'i，扎卡拉伊
Zawai，扎维耶
Zawara，祖瓦拉
Zawaya，扎维亚
Zawila，扎维拉
Zawiya al-Baida，扎维亚贝达
Zayinids Dynasty，宰德王朝
Zikri, Fadil bin，法迪勒·本·齐克里
Zirids，兹里德人
Zlitin，兹利亭
Zuaza，祖阿扎

后　记

本书是王铁铮教授作为首席专家主持的国家社科基金重大项目八卷本《非洲阿拉伯国家通史研究》之子项目《非洲阿拉伯国家通史·利比亚史》的最终成果。本书主要由韩志斌教授撰写和统稿，还有一些研究人员参与了书中个别章节的写作。全书最后由王铁铮教授审定。

具体分工：

绪论、第一、二、三、四、五、六章、第七章第一、二、三节，第八章第一、四、五节——韩志斌（西北大学中东研究所教授）；

第七章第四、五节、第八章第二节——韩志斌、文菲（西北大学中东研究所硕士研究生）；

第八章第三节——刘云（浙江师范大学非洲研究院教授）；

第八章第六节——闫伟（西北大学中东研究所教授）。